CONSELHO EDITORIAL

Flávio de Carvalho Ferraz, doutor em Psicologia Escolar e do Desenvolvimento Humano e livre-docente pela Universidade de São Paulo

Maria Cecília Pereira da Silva, doutora em Psicologia Clínica pela Pontifícia Universidade Católica de São Paulo

Walquiria Fonseca Duarte, doutora em Psicologia Escolar e do Desenvolvimento Humano pela Universidade de São Paulo

Angela Maria Resende Vorcaro, doutora em Psicologia Clínica pela Pontifícia Universidade Católica de São Paulo

Silvana Rabello, doutora em Psicologia Clínica pela Pontifícia Universidade Católica de São Paulo

Psicanálise com crianças

PERSPECTIVAS TEÓRICO-CLÍNICAS

Adela Stoppel de Gueller
Audrey Setton Lopes de Souza
(Organizadoras)

Psicanálise com crianças - Perspectivas teórico-clínicas
Copyright © 2020 Artesã Editora

2ª Ediçao - 2ª Reimpressão 2022

É proibida a duplicação ou reprodução deste volume, no todo ou em parte, sob quaisquer formas ou por quaisquer meios (eletrônico, mecânico, gravação, fotocópia, distribuição na Web e outros), sem permissão expressa da Editora.

DIRETOR
Alcebino Santana

DIREÇÃO DE ARTE
Tiago Rabello

CAPA
Sergio Kon (Máquinas de Ideias)

PROJETO GRÁFICO E DIAGRAMAÇÃO
Najara Lopes

Dados Internacionais de Catalogação na Publicação (CIP)
Angélica Ilacqua CRB-8/7057

Psicanálise com crianças / organizado por Adela Stoppel de
  Gueller, Audrey Setton Lopes de Souza. -- 2. ed. -- Belo Horizonte
  : Artesã Editora, 2020.

Bibliografia
ISBN 978-85-7074-046-5

1. Psicanálise infantil 2. Clínica psicanalítica 3. Crianças I. Stoppel de Gueller, Adela II. Souza, Audrey Setton Lopes de

13-0192   CDD 618.928917

Índices para catálogo sistemático:
1. Crianças : psicanálise infantil

IMPRESSO NO BRASIL
Printed in Brazil

(31)2511-2040   (31)99403-2227
www.artesaeditora.com.br
Rua Rio Pomba 455, Carlos Prates - Cep: 30720-290 | Belo Horizonte - MG
/artesaeditora

Sumário

PREFÁCIO VII
Flávio Ferraz

INTRODUÇÃO.. 11
Adela Stoppel de Gueller e Audrey Setton Lopes de Souza (Organizadoras)

PARTE I - HISTÓRIA

CAPÍTULO 1
PSICANÁLISE COM CRIANÇAS: HISTÓRIAS QUE CONFIGURAM
UM CAMPO..19
Maria Dias Soares e Mary Ono
Bibliografia..50

PARTE II - CASO HANS: LEITURAS

CAPÍTULO 2
CASO HANS: UM ENCONTRO DE FREUD COM A PSICANÁLISE
DA CRIANÇA..55
Maria José Porto Bugni
Bibliografia..74

CAPÍTULO 3
O PEQUENO HANS: UM DIÁLOGO ENTRE FREUD E KLEIN 75
Elsa Vera Kunze Post Susemihl
Bibliografia..86

CAPÍTULO 4
CASO HANS: O PASSO DE FREUD A LACAN 87
Adela Stoppel de Gueller
Bibliografia..97

PARTE III - ESPECIFICIDADE DA CLÍNICA PSICANALÍTICA COM CRIANÇAS

CAPÍTULO 5
ESPECIFICIDADE DA CLÍNICA PSICANALÍTICA COM CRIANÇAS:
UMA DIVERSIDADE DE OLHARES..101
Ada Morgenstern, Afrânio de Matos Ferreira e Marcia Porto Ferreira
Bibliografia..121

PARTE IV - BRINCAR

CAPÍTULO 6
MELANIE KLEIN E O BRINCAR LEVADO A SÉRIO: RUMO À
POSSIBILIDADE DE ANÁLISE COM CRIANÇAS 125
Audrey Setton Lopes de Souza
Bibliografia 136

CAPÍTULO 7
NO CAMINHO DA TRANSICIONALIDADE: BRINCANDO CRIAMOS
O MUNDO 137
Magaly Miranda Marconato Callia
Bibliografia 152

CAPÍTULO 8
O JOGO DO JOGO 153
Adela Stoppel de Gueller
Bibliografia 169

PARTE V - TRANSFERÊNCIA

CAPÍTULO 9
SOBRE A TRANSFERÊNCIA 173
Bernardo Tanis
Bibliografia 187

CAPÍTULO 10
REFLEXÕES SOBRE A TRANSFERÊNCIA NA ANÁLISE DE CRIANÇAS:
O ENFOQUE KLEINIANO 189
Audrey Setton Lopes de Souza
Bibliografia 199

PARTE VI - INTERPRETAÇÃO

CAPÍTULO 11
ESCUTA E INTERPRETAÇÃO NA ANÁLISE DE CRIANÇAS: PRIMEIRAS
APROXIMAÇÕES 203
Maria do Carmo Vidigal Meyer Dittmar
Bibliografia 238

CAPÍTULO 12
A MUDANÇA PARADIGMÁTICA DA INTERPRETAÇÃO NA ESCOLA
INGLESA A PARTIR DE KLEIN 239
Elsa Vera Kunze Post Susemihl
Bibliografia 258

CAPÍTULO 13
A INTERPRETAÇÃO PSICANALÍTICA: ENTRE O *SONHAR*, O *BRINCAR*
E O *VIAJAR* 259
Lia Pitliuk
Bibliografia 272

GUIA DE LEITURA 275

SOBRE OS AUTORES 279

Prefácio

O Curso de Psicanálise da Criança do Instituto Sedes Sapientiae vem a público contar um pouco da sua história. E não o faz à moda de uma historiografia convencional, narrando uma cronologia dos fatos que marcam sua existência. A história é viva e, aqui, é registrada da forma como convém ao conhecimento científico: por meio da apresentação de uma produção teórica e clínica.

O conjunto dos textos apresentados neste livro, antes de mais nada, atesta a consolidação de um trabalho árduo e também criativo, que vem sendo realizado desde 1988 no âmbito do Curso de Psicanálise da Criança. O que temos aqui é uma prova incontestável do grau de maturidade alcançado por um grupo que efetivamente se constituiu como *grupo de trabalho* e de produção intelectual no campo da psicanálise.

Os anos de dedicação à psicanálise com crianças, o debate interno, as dificuldades que certamente foram vividas, as vicissitudes da vida institucional e sobretudo o estudo dedicado conjugado a uma prática engajada possibilitaram uma experiência tão rica que, num dado momento, exigiu, como que naturalmente, que houvesse um registro escrito a lhe dar corpo. Vejo a publicação desta coletânea, portanto, como um nascimento que se impõe pela simples e incontornável razão de que é chegada a hora de dar à luz. O que não significa, evidentemente, que não haja angústia, sofrimento, esforço neste trabalho... de parto!

Um dos aspectos que se destacam nesta obra é o cuidado com a sistematização da experiência que a engendrou. Afinal, não basta ter a experiência; para transmiti-la com exatidão e eficácia, há que ter um *savoir-faire*, algo que transborda nos textos aqui reunidos. É possível que isso se deva à longa prática de transmissão que marca a trajetória de cada um dos autores. Nos capítulos que se sucedem, sem exceção, temos a impressão de estar diante de uma lição que é, a um só tempo, clara e complexa.

Dado o caráter abrangente do espectro abarcado neste livro, poderíamos, desavisadamente, olhando para seu sumário, supor que se trata de uma obra com finalidade didática, uma espécie de curso de psicanálise da criança. Certamente, ele cumpre e muito bem esse papel, mas o que se depreende numa leitura mais atenta e meticulosa é que as questões que vão sendo desenvolvidas acabam por levantar problemas históricos, teóricos e clínicos sofisticados, o que cria um outro extrato de leitura, que dialoga, então, com o público experiente, afeito tanto aos aspectos clínicos como aos epistemológicos e metapsicológicos envolvidos num campo tão fértil como é a psicanálise da criança. Nesse nível, o livro não relata simplesmente elementos da clínica com crianças, mas fundamentalmente *discute-os*, desnudando-os à luz de uma crítica inteligente. Eis uma das qualidades primordiais desta obra, que é a proeza de trabalhar nesses dois níveis, de funcionar nesses dois registros com *naturalidade*, num estilo que amalgama as diferentes intencionalidades. Isso lembra os versos de Olavo Bilac a propósito do resultado do trabalho da escrita: "E, natural, o efeito agrade, sem lembrar os andaimes do edifício".

Desse modo constatamos um outro aspecto que se sobressai na construção deste livro, que é o seu modelo de organização. Sabemos que *organizar* uma coletânea está longe de ser o ato de agrupar textos mais ou menos articulados a um tema. Como diz a própria palavra, *organizar* significa construir um conjunto *orgânico*, dotado de uma lógica interna tal que lhe confira *vida*. É assim que nos chama a atenção a habilidade das organizadoras na escolha dos temas e no encadeamento dos capítulos, que vão seguindo por trilhas paralelas mas articuladas. Temos um *eixo histórico*, no qual, à contribuição *princeps* de Freud ao campo da análise infantil – o caso Hans –, seguem-se, não necessariamente nesta ordem, as tematizações das obras de Melanie Klein e Winnicott, pela escola britânica, e de Lacan e seus discípulos, pela escola francesa. E há, ainda, o *eixo temático*, que não se afigura numa divisão esquemática, mas numa referência em torno da qual os conceitos mais caros à psicanálise com a criança vão sendo examinados: o brincar, o sonhar, a transicionalidade, a transferência e a interpretação. Não me ocorre nem um tema sequer, dentre os efetivamente relevantes para a clínica psicanalítica com crianças, que não tenha tido lugar neste livro.

Um outro aspecto desta obra, que eu, como participante da comunidade Sedes Sapientiae, não poderia deixar de mencionar – confesso, com certo orgulho – é o espírito plural que dela exala. Aqui, verá o leitor, não há espaço para o dogmatismo, seja teórico, seja político. O pensamento das diversas escolas psicanalíticas faz-se representar num estilo que traduz perfeitamente o compromisso do Instituto Sedes Sapientiae com a pluralidade, com a abertura para o conhecimento e o combate a toda forma de sectarismo. Além da inteligência inerente a essa postura – a de não desperdiçar contribuições relevantes em nome de pertinências empobrecedoras –, depreende-se dela um estilo político inerente ao grupo de professores-autores, que se traduz na convivência de pessoas diferentes não só no que toca às escolhas teóricas, mas também pelas instituições a que pertencem e onde circulam. As organizadoras do livro realçam essa característica na sua apresentação, e eu quis aqui repeti-lo dada a importância que reputo ao fato. E lembro que tal postura favorável à pluralidade não significa, em absoluto, que estejam em defesa do mero ecletismo.

E por que posso afirmar isso? Ora, como demonstram à exaustão os autores deste livro, numa atitude não ortodoxa, mas também não eclética, não se juntam caoticamente elementos dos diversos sistemas teóricos psicanalíticos. Cada sujeito pensante pode produzir, com tais elementos, a sua "caixa de ferramentas", com uma coerência interna própria. Aliás, conforme a recomendação de Freud. Até mesmo porque nenhum modelo é perfeito a ponto de tudo explicar. Além disso, não custa lembrar, o livre-pensar pressupõe que todas as teorias estejam sujeitas ao crivo da crítica. Desse ponto de vista, este livro é uma bela prova de que o diálogo e a tolerância rendem bons frutos.

Ademais, tanto melhor que uma instituição que se propõe a formar analistas cuide para que seus alunos e membros não venham a estabelecer com ela vínculos dogmáticos, nem com as análises ou com as supervisões e as teorias, proporcionado uma pertinência equilibrada que não redunde em alienação. Daí a importância de uma disposição que nos é tão cara, que é a manutenção do caráter pluralista da instituição, sobre o qual os autores desta obra nos dão uma verdadeira mostra.

Por fim, gostaria de reiterar que a forma de contar a própria história, por meio da produção científica e intelectual, tal como se fez neste livro, é, a meu ver, um dos mais generosos meios de fazê-lo. A publicação deste elaborado material tem por consequência, sem dúvida, a afirmação de um grupo de trabalho e pesquisa, renovando-lhe a credibilidade. Portanto, ganha com isso o Departamento de Psicanálise da Criança do Sedes. Mas este é apenas um efeito secundário do benefício maior trazido pelo livro, que é a divulgação, para toda a comunidade psicanalítica, do conhecimento e da experiência que os autores acumularam em seus percursos. Eles cumprem agora seu dever em relação aos pares, dentro da boa tradição das práticas científicas, que rezam que cada conhecimento adquirido deve ser divulgado, compartilhado em prol do avanço geral.

Saiba o leitor que seu olhar sobre a psicanálise com crianças não será mais o mesmo após a leitura deste livro. Por esse efeito sobre nós, saúdo as organizadoras, os autores e o Departamento de Psicanálise da Criança.

Flávio Carvalho Ferraz
São Paulo, março de 2008.

Adela Stoppel de Gueller
Audrey Setton Lopes de Souza
(Organizadoras)

Introdução

Adela Stoppel de Gueller
Audrey Setton Lopes de Souza
(Organizadoras)

Introdução

Introdução

Uma das dificuldades com que geralmente se defrontam aqueles que querem iniciar uma prática clínica na psicanálise é a falta de respostas únicas e imediatas para as questões que urge saber e compreender para exercê-la. Eles pedem e esperam receitas prontas, dicas sobre a técnica ou conselhos sobre o modo de interpretar, mas a Psicanálise não dá essas respostas, porque ela é um saber que tem como proposta ensinar a se perguntar. Ela avança teoricamente quando consegue, de modo mais afinado, formular melhor uma pergunta. Isso vale tanto para quem inicia sua formação quanto para quem tem um percurso de muitos anos ou para quem se submete à experiência de um tratamento psicanalítico. O método psicanalítico busca transformar o sintoma de um sujeito que sofre numa pergunta sobre o porquê, o como e o para quê desse sofrimento.

Não dar uma resposta pronta pode suscitar angústia naqueles que esperam que o preenchimento da falta de conhecimento seja uma solução, mas pode também promover um movimento. É nessa linha que os textos deste livro pretendem trabalhar: explorando dúvidas, formulando questões, propondo reflexões. Os leitores que nos acompanharem neste percurso poderão transitar pelos caminhos que foram sendo construídos pela Psicanálise para lidar com as crianças que sofrem, ou têm seu desenvolvimento inibido, ou ficam paralisadas perante medos, ou não conseguem falar ou brincar. Poderão acompanhar as perguntas que se colocaram Freud, Klein, Winnicott, Lacan, Mannoni, Dolto e tantos outros e os impasses que encontraram ao trabalhar com crianças cada vez mais novas, assim como as dificuldades que enfrentaram no trabalho com crianças abandonadas pelos pais ou que não eram aceitas em nenhuma escola. Eles não nos deram soluções, nem nos disseram como fazer. Cada um com seu estilo, em seus relatos clínicos e nos textos teóricos que conseguiram produzir, nos transmitiram fundamentalmente um modo de pensar e de se interrogar.

Os textos que compõem este volume foram escritos pelo corpo de professores do curso de especialização em Psicanálise da Criança do Instituto Sedes Sapientiae, a partir de um convite feito há muito tempo pela Editora Casa do Psicólogo, que queria publicar um livro que servisse como referência introdutória para aqueles que iniciam sua clínica psicanalítica com crianças. Mas como escrever um livro que atingisse esse objetivo, sem torná-lo um manual simplificado sobre o que fazer quando recebemos uma criança?

A possibilidade de resolver esse impasse tinha que ser construída a partir da reflexão sobre nossa prática. Como professores há mais de 20 anos, sabíamos muito bem o desafio implícito nessa proposta. Talvez se deva a isso a demora da resposta. Era preciso sermos bastante cautelosos. Tínhamos uma longa experiência de transmissão oral em sala de aula, que se estendia também à comunicação verbal mais pontual em eventos periódicos, abertos a um público mais amplo. Sabíamos que, ao preparar as aulas, éramos levados a selecionar fragmentos de livros, geralmente estrangeiros e historicamente datados mas, sentíamos falta de um texto escrito que articulasse os conteúdos que considerávamos importantes para a formação de um psicanalista que trabalhe com crianças.

O Instituto Sedes Sapientiae é reconhecidamente uma instituição que alberga a diversidade e possibilita o diálogo, e a equipe de professores de nosso curso não é uma exceção. Constituímos um corpo docente com psicanalistas de formações e escolhas teóricas diversas: freudianos, neofreudianos, kleinianos, neokleinianos, winnicottianos e lacanianos. Ser um grupo pluralista que não só inclui várias correntes de pensamento psicanalítico como também é oriundo de variadas filiações e tem inserções em diferentes instituições representativas dessas correntes traz vantagens e desvantagens. Precisamos suportar a tensão implícita entre as diferentes abordagens sobre o mesmo sujeito, mas temos a vantagem de poder explicitá-las. Não nos propomos veicular uma verdade única, mas refletir permanentemente sobre as diferenças. Em suma, o esforço de manter essa diversidade e essa tensão como um posicionamento é uma decisão ética: acreditamos que é possível transmitir sem dogmatismos o fazer e o pensar psicanalíticos a quem deseje se iniciar na clínica psicanalítica com crianças e também que é possível ensinar a se interrogar sobre os conceitos fundamentais e necessários no processo de formação.

Por esse motivo, os leitores encontrarão aqui versões diferentes sobre um mesmo tema como o brincar, a transferência e a interpretação, na análise de crianças. Introduzir a diversidade não significa dar todas as visões de um mesmo fenômeno nem supõe que as diferentes perspectivas sejam complementares entre si - supõe que aquele que se inicia pode, em algum momento de seu percurso, escolher um modo singular de se apropriar das linhas mestras que guiam sua prática. Nesse sentido, também consideramos importante preservar e mostrar o estilo de cada autor, seu modo de se apropriar dos conceitos e de falar da clínica.

Há neste livro capítulos introdutórios, escritos a várias mãos, sobre a história dos conceitos e da prática com crianças, que derivou numa diversidade resultante de conjunturas histórico-políticas, de transferências e de problemas novos que surgiram na clínica, e outros que visam explorar conceitos fundamentais da clínica psicanalítica, escritos por um único autor, em que se apresentam o brincar, a transferência e a interpretação com o uso de recortes teóricos específicos.

A primeira parte visa traçar caminhos sobre a ideia de infância e mostrar como e quando surgiu um campo no qual a criança pôde ser considerada um sujeito apto a se analisar. Ele fala sobre os momentos iniciais dessa prática, cujos precursores foram Hug-Hellmuth, Sophie Morgenstern, Anna Freud e Melanie Klein, e conta como foram surgindo novos pensadores como Winnicott, Lacan, Mannoni e Dolto. Também nos pareceu importante mostrar como essas ideias chegaram ao Brasil, de que modo foram sendo trabalhadas e em que tipo de prática se inseriram, tendo vindo de lugares tão distantes.

A segunda parte, composta por três textos, se detém no caso *princeps* da psicanálise com crianças: o caso Hans, publicado por Freud em 1908, com o título "Análise da fobia de um menino de 5 anos". A esse texto inaugural de nossa prática, dedicamos um lugar especial, para mostrar como um mesmo material clínico - um mesmo caso - pode receber diferentes leituras.

A terceira parte, também escrita a várias mãos, se detém nas diferentes formulações que dão uma configuração específica à clínica psicanalítica com crianças cotejada com a clínica de adultos. Recorreu-se às principais correntes teórico-clínicas da Psicanálise com o objetivo de se colocarem lado a lado diferentes maneiras de se pensarem o aparelho psíquico, a constituição da subjetividade da criança e os diferentes impasses que podem surgir nesse processo.

A quarta parte se detém no brincar, atividade fundamental na infância e na clínica que se ocupa dela. Os leitores encontrão aqui as perspectivas kleiniana, winnicottiana e lacaniana sobre o brincar.

A quinta parte mostra duas perspectivas diferentes para se pensar a transferência na clínica com crianças, e a sexta se debruça sobre o complexo tema da interpretação.

Enfim, levantam-se grandes temas e questionamentos diversos sobre essa prática, esperando-se que suscitem no leitor que deseja nela se iniciar o mesmo interesse com que nós nos dedicamos há duas décadas a interrogar e a lecionar nesse campo repleto de enigmas.

Adela Stoppel de Gueller
Audrey Setton Lopes de Souza
(Organizadoras)

História

Parte I

Psicanálise com crianças: histórias que configuram um campo

Maria Dias Soares
Mary Ono

Capítulo I

Psicanálise com crianças: histórias que configuram um campo

Dir-se-ia que nada é mais favorável à expansão da psicanálise do que uma batalha permanente e um desejo insatisfeito de reconhecimento.

Roudinesco, 1988.

A infância – considerada hoje uma etapa privilegiada da vida, e até mesmo idealizada como um sonho que o homem moderno desejaria perpetuar – nem sempre teve tanto prestígio. Crianças de muitas épocas, certamente, pareceram encantadoras às mães e aos cuidadores; mas esses sentimentos, quando existentes, não transpareciam no domínio social: até meados do século XVI, alcançando condições mínimas de autonomia, a criança era vista como integrante do universo adulto, e participava, como tal, na comunidade social, como nos lembra Philippe Ariès (1981).

O conceito de infância ganhou outros contornos ao longo dos últimos séculos, e seu investimento adquiriu as dimensões de um projeto social, que se agregou ao narcisismo parental[1] mas, transcendendo-o, tornou as crianças as grandes depositárias de ilusões e expectativas relativas ao futuro, sobretudo no Ocidente, durante o século XX.

Vimos a instituição de seus direitos[2] e intensa ênfase na atenção a elas, através de saberes que incluem a Pedagogia e suas experiências escolares inovadoras, a Pediatria e a puericultura

---

[1] Em "Sobre o Narcisismo: Uma introdução", de 1914, Freud coloca que "o narcisismo da criança nada mais é que o narcisismo revivido dos pais" (p. 108), "uma vez que o homem se acha incapaz de abrir mão de uma satisfação que outrora desfrutou, o que ele projeta diante de si como sendo seu ideal, é o substituto do narcisismo perdido de sua infância, na qual ele era seu próprio ideal" (p. 111). "Sua Majestade, o Bebê, como outrora nós mesmos nos imaginávamos". Veremos assim que a criança encarna no real algo da ordem do eu ideal dos pais, ao mesmo tempo em que, enquanto projeto de futuro, virá a ser depositária do ideal de eu parental. Podemos acrescentar ainda que o narcisismo deriva, assim, de um campo intersubjetivo, em Freud, quando tomado na acepção que aqui descrevemos (há outras) e que, em princípio, isto não indica a patologia da maternidade ou da paternidade, mas constitui sua normalidade. Essa ilusão narcísica que a criança representa para os pais virá a ser amplamente discutida a partir das teorizações lacanianas: será considerada fundamental, enquanto investimento parental na criança, para que se constitua seu eu/ego. Lacan nos apontará ainda a importância da interdição do gozo dos pais em relação ao corpo da criança, recentrando a questão da problemática edípica e da castração na constituição do sujeito como uma via de duas mãos: do lado da criança e também do lado dos pais.

[2] "Virá o dia em que o progresso das nações não será mais apreciado de acordo com suas forças militares ou econômicas, [...] mas de acordo com o bem estar dos habitantes: seu nível de saúde, de nutrição, de educação; a possibilidade de obter uma remuneração justa, a possibilidade de participar nas decisões sobre sua existência, a ajuda dispensada aos mais vulneráveis e desvalidos e a proteção do crescimento físico e mental de seus filhos". Trecho do relatório anual da UNICEF, de 1996, que, segundo P. Julien (2004), pode ser entendido como uma "lei do bem-estar a ser transmitido" e que já inclui a segurança, a proteção, a prevenção e a assistência como "palavras-mestras do discurso social sobre a família", na atualidade (2004: 24).

dela derivada, a Psicologia e também a Psicanálise. Discursos múltiplos que buscam especificar as necessidades e o desejo da criança, criando figuras diversas que, na qualidade de representantes do social - convocados como auxiliares e/ou "terceiros", visando ao interesse da criança e também determinando ideais -, virão a concorrer com o lugar parental: os/as professores, pediatras, psicólogos, assistentes sociais, juízes de menores ou de varas de família, incluindo nos também, os/as psicanalistas de crianças.

A Psicanálise, que nasce na transição entre o século XIX e o XX, trazendo concepções como o inconsciente, a sexualidade infantil e o Édipo, tem tido, desde aí, participação significativa, explícita ou implicitamente, como referência e parâmetro na ideia de criança e nos ideais sociais que a ela se relacionam.

Em nosso percurso, veremos algumas proposições sobre a infância como objeto de investigação e investimento nos últimos séculos, abrindo vias para uma Psicanálise com crianças e para o entendimento de como nossos primeiros analistas, participando desta aventura, formularam premissas para pensar este campo.

OLHAR SOBRE A INFÂNCIA

Philippe Ariès, em sua *História social da criança e da família*, aponta o século XVII como marco inicial dessa nova mentalidade na qual a infância passa a ser "levada a sério": "Trata-se de conhecer as crianças, para melhor corrigi-las, já que estas são 'seres de razão ainda frágil'" (1981: 163).

Um interesse que, pressupondo a imaturidade das crianças, passou a se ocupar da questão de sua disciplina e de impor uma racionalidade a seus costumes, como uma proposição educativa, que já incluía uma preocupação com o conhecimento psicológico.

Promovida pelo movimento moralizador de reformadores católicos e protestantes em que se associaram a Igreja e o Estado, essa ideologia ainda inspira nossa educação e culminará na formalização da escola como meio de educação que substituiu a aprendizagem informal, ensejando a formação de futuros cidadãos adequados aos padrões morais estabelecidos.

Já no século XVIII, podemos identificar uma outra face desse investimento na infância: uma ideologização que celebrou o "reinado da criança" através de obras "que concitam os pais a novos sentimentos e particularmente ao amor materno", como propõe E. Badinter[3] (1985: 54). Para essa autora, o texto *Émile*, publicado por J. J. Rousseau em 1792, deu um verdadeiro impulso à *ideia de família moderna*, ou seja, à família proposta como fundada no amor materno e caracterizada pela intimidade que liga os pais aos filhos, objetivando assegurar uma continuidade da prole, que, por seu valor de investimento, começa a ser considerada uma questão de administração pública.

Inicia-se, assim, uma gestão sobre a vida, por sua majoração e multiplicação, que implicou também numa administração dos corpos, em que os governantes passaram a intervir sobre os cidadãos como "população" que se caracteriza por fenômenos naturais e próprios (natalidade, morbidade, incidência de doenças e outros) e não mais como simples indivíduos, como nos propõe Foucault (2005).

---

[3] Para Badinter, o 'Amor' é submetido a um determinismo humano, e a mulher, é um ser histórico e dotado da faculdade de simbolizar, em quem, "os processos inconscientes predominam amplamente sobre seus processos hormonais" (p. 16). Ela propõe "o amor materno", como uma concepção, historicamente determinada.

Para ele, como a sexualidade é acesso tanto à vida do corpo como à da espécie, seu "uso pelo cidadão" passou a sofrer intervenção do poder instituído, que o reconheceu como uma conduta que tem implicação econômica e política. Por essa via, toda sexualidade periférica à do casal conjugal – como a dos loucos, a dos criminosos e a das crianças – veio a ser interrogada, por se tratar daquela dos "hábitos inquietantes" que colocavam em risco a "economia estrita da reprodução", única considerada "útil".

A partir dessa nova forma de intervenção, que Foucault nomeia dispositivo da sexualidade[4], a *repressão* explícita a essa sexualidade "impertinente" – conduzida inicialmente no âmbito do jurídico determinando penalidades – foi substituída por *normas* que incidem diretamente na família: reconhecendo-se já no século XIX a família monogâmica como uma rede também "saturada de sexualidades múltiplas e fragmentárias", preceitos foram instituídos para administrá-las e interditá-las, como a separação estabelecida entre o quarto dos pais e o das crianças, a segregação de meninos e meninas, regras sobre a amamentação e a masturbação infantil. O reconhecimento da sexualidade da criança e sua concomitante interdição integravam, fundamentalmente, uma campanha pela saúde da raça.

Esse dispositivo apoiando-se no campo social, na Pedagogia e na Medicina, e posteriormente na Psiquiatria também nomeou o enigma sempre inquietante da sexualidade que se manifesta nas irregularidades sexuais: de hábitos inconvenientes a corrigir a fator que causa doença mental, tornando o corpo sexual "uma 'coisa' médica e medicalizável, visto como lesão, disfunção ou sintoma" (Foucault, 2005: 44).

Acompanhando Foucault, podemos pensar, portanto, que a sexualidade infantil não foi libertada do "véu" a que a época clássica a submeteu pelos *Três ensaios* freudianos sobre a sexualidade, nem tampouco "descoberta" pela descrição das angústias do pequeno Hans. A Psicanálise constituiu-se, a seu ver, num outro discurso menos prescritivo em contraposição ao discurso médico do século XIX, por ser uma "teoria que cria uma *implicação mútua e essencial entre a lei e o desejo* e ao mesmo tempo, técnica, para eliminar os efeitos da interdição, lá onde seu rigor a torne patogênica" (Foucault, 2005: 121).

Os séculos XVIII e XIX, através dos discursos pedagógico e médico e, depois, do desenvolvimento da Psicologia, vieram, dessa forma, a se caracterizar por uma preocupação com a criança e "sua imaturidade e irracionalidade", elaborando estratégias e dispositivos institucionais para administrá-la, tendo como pano de fundo uma preocupação "civilizatória" com a criança que já envolvia a sua futura importância na cadeia produtiva.

A Psicanálise e a Psicanálise com crianças, constituídas nesse cenário, não se excluíram desses ideais, nem de seus impasses, mas se tornaram também constitutivas deles, pois abriram vias para a investigação da subjetividade da criança que marcam hoje, segundo pensamos, a ideia de criança tanto em relação à intervenção clínica como, também, criando parâmetros sobre a infância, por sua incidência na cultura.

PSICANÁLISE E CRIANÇA

Freud reconheceu a sexualidade da criança a partir da sexualidade recalcada dos neuróticos. Para ele, apesar de negada, a sexualidade das crianças era reconhecida tanto por pais como

---

[4] Por dispositivo, em Foucault, J. Freire entende ser: "Um conjunto de práticas discursivas e não discursivas que agem à margem da lei, contra ou a favor delas, mas de qualquer modo, empregando uma tecnologia de sujeição própria. As práticas discursivas são compostas de elementos teóricos que reforçam as técnicas de dominação, enquanto conhecimento e racionalidade". (1999: 51)

por educadores, o que constatou no esforço educacional realizado "através da perseguição às manifestações daquilo que negam que exista e que descrevem como 'traquinagens pueris'" (1917: 365).

Subvertendo a lógica naturalista de um corpo biológico determinado unicamente por sua condição anátomo-fisiológica, a Psicanálise apontou para a existência de um *corpo erógeno*, marcado por inscrições significantes, que não se desenvolve apenas seguindo padrões evolutivos, o que permitiu pensar a sexualidade e a sexualidade da criança para além de uma perspectiva unicamente *reguladora* e *normativa*, colocando em pauta a singularidade de cada história.

A Psicanálise sublinhou, também, a *repressão* da vida pulsional como a grande causadora das neuroses. Ainda assim, como afirma M. Mannoni (1982), o recalcamento, para Freud, não tem só o sentido nefasto que a ele se pode atribuir. É um mal necessário, fazendo parte integrante "do trajeto percorrido pela criança antes de ser recebida como adulto, no mundo dos adultos" (1982: 67).

Podemos pensar com ela que a criança, na qualidade de ser social, está submetida a coerções inerentes a qualquer tipo de vida em sociedade. Se isso é causa de "mal-estar" – aquele "da Cultura"[5], pela exigência de certa renúncia pulsional, como vemos em Freud –, é também condição de seu *vir a ser humano*, do processo de aculturação ao qual ninguém escapa.

Mannoni sugere também que mais do que formar crianças revolucionárias, o que Freud propõe é que "é o adulto que deve reconciliar-se com 'a criança que há nele', a partir das conclusões 'bem revolucionárias' formuladas pela psicanálise com referência à vida psíquica da criança e ao papel nela desempenhado pelas pulsões sexuais" (1982: 68).

Essas colocações nos remetem à ideia freudiana de que o infantil do adulto, mesmo moldado pelos conflitos infantis, que permanecem operando, não coincide com "a criança". A sexualidade da criança que virá a sucumbir à amnésia infantil como efeito da renúncia edípica pode ser entendida como um tempo constitutivo, fundante, mas perdido, que só pode ser reconstituído e significado a partir de seus efeitos posteriores, apontando questões relacionadas tanto ao aspecto preventivo quanto à cura analítica típica na intervenção com crianças.

Indica-nos ainda a questão do *vir a ser* que uma criança representa, e o hiato que a infância pode configurar em relação ao infantil que o adulto virá a sustentar, levando-nos à consideração da "distância que impede que se estabeleça uma relação direta entre neurose infantil como lugar provável da origem, e as crianças, como destinatárias da cura analítica", como afirmará S. Fendrik (1991: 13).

Outra questão que se coloca ainda é a da dependência real da criança à palavra do adulto e a sujeição à sua influência, que se apresenta como questão ética na intervenção com crianças.

A Psicanálise concebida por Freud – como método de investigação dos processos anímicos, método terapêutico e um corpo teórico que sistematiza o conhecimento assim adquirido – tem hoje o estatuto de um saber constituído e instituído, ainda que em constante re-indagação.

---

[5] Citando Schiller, o poeta, Freud coloca em "Mal-estar na civilização", que "são a fome e o amor que movem o mundo", fatores que, no homem, podem se confrontar: por temor da perda de amor, renuncia-se às satisfações pulsionais, mas a renúncia não basta, porque a consciência moral - a qual ele nomeia, nesse momento, superego - reconhece, ainda assim, a permanência do desejo enquanto moção interna: "uma ameaça de infelicidade externa perda de amor por parte da autoridade externa foi permutada por uma permanente infelicidade interna, agora transformada em sentimento de culpa ou medo da consciência. [...] É provável que este sentimento de culpa produzido pela civilização permaneça inconsciente, ou apareça como uma espécie de 'mal-estar', uma insatisfação para a qual se procura motivação, em outras razões", supondo a condição neurótica como inerente à condição de ser social (1930: 151, 160).

Se alguns dos princípios da cura analítica, caso da *transferência* e da *associação-livre*, nos permitem pensar na aplicação de uma teoria, já que se encontram sistematizados, convém lembrar que o corpo analítico é o produto da reflexão sobre os obstáculos que foram surgindo a partir de intervenções terapêuticas com pacientes neuróticos; e, nesse sentido, as intervenções analíticas com crianças e seus avatares vêm sendo um obstáculo bastante producente. Se perguntas acerca da validade e da possibilidade de analisar uma criança continuam no ar, isso não constitui algo negativo - são indagações que fazem possíveis novas formulações e seu avanço.

Citam-se repetidamente dois marcos como precedentes na relação entre a Psicanálise e a criança: o historial clínico da fobia do pequeno Hans (1909) e a observação que Freud faz de seu neto de 18 meses, um relato bastante posterior (1919), que remete à experiência do *fort-da*[6], em que ele faz referência à questão do brincar como atividade psíquica que indica seu acesso à simbolização, introduzindo também, como seu elemento subjacente, a compulsão à repetição.

Desde então, a intervenção com crianças tem servido à investigação de sua constituição psíquica e, também, à corroboração de hipóteses obtidas com o tratamento de pacientes adultos. Permitiu aproximar-se de patologias aquém da neurose, ademais de inspirar inovações em medidas educativas.

Seguiremos, então, examinando como essas questões foram configuradas nos aportes de alguns de nossos autores analíticos: apostas iniciais na subjetividade e na analisabilidade das crianças.

AS RAÍZES

Apesar dos padrões morais da época, Freud, já em suas primeiras conceituações, colocou-nos diante de um sujeito que, submetido a moções pulsionais não domesticáveis, escapa em certa medida ao controle social e da educação, propondo um sujeito psíquico que não coincide com o eu da consciência, nem corresponde ao simples desenvolvimento de um conjunto de funções.

Freud descobriu com seus pacientes adultos que curiosidades e manipulações dirigidas aos órgãos sexuais e também, prazeres ligados a atividades como a sucção e a defecação acontecem a todos na infância e deixam marcas, ainda que venham a sucumbir ao recalque. Na neurose, essa censura tem efeitos num segundo momento, levando a uma produção de sintoma.

A *sexualidade infantil*, caracterizada como autoerótica, parcial, sem objeto fixo, amplia a noção de sexualidade para além do genital e do ato de procriação, implicando numa criança sexual desde o início, o que não significa necessariamente pensá-la como fator endógeno[7]. É isso que Freud nomeará pulsão, figura que permite representação "àquilo que não se submete", ou seja, o irracional – temor e preocupação dos educadores e médicos, mas que também, por sua condição "errática", pode encontrar fins socialmente produtivos.

---

[6] O episódio está longamente descrito e analisado em seu texto "Mais além do princípio do prazer", de 1919. Desenvolvimentos sobre o tema podem ser acompanhados no capítulo 8.

[7] A primeira hipótese freudiana, a da introdução da sexualidade através da sedução da criança pelo adulto, é substituída pela ideia de sexualidade infantil, ou seja, pela ideia de fantasias sexuais da criança, que apontou à de realidade psíquica, mas pode sugerir uma vertente endógena em sua leitura. Ainda assim, em outros momentos de sua obra ele recuperará uma vertente intersubjetiva, propondo a questão da sedução dos cuidados maternos como a que introduz a outra ordem de satisfação, sexual, para além da necessidade, aquela do a mais de satisfação.

Freud, em suas primeiras proposições, coloca assim, a importância dos esclarecimentos sexuais à criança, vendo nisso a possibilidade de ampliar o horizonte da "educação" em seu sentido abrangente, supondo que é a censura de uma educação mais coercitiva que pode vir a produzir neurose:

> Certamente, se a intenção dos educadores é sufocar a capacidade da criança de pensamento independente, em favor de uma pretensa bondade, não poderiam escolher melhor caminho do que ludibriá-la em questões sexuais e intimidá-la pela religião. (Freud, 1907: 142)

A perspectiva aqui aberta é a da educação analítica, como profilaxia às "doenças nervosas", evitando também que a inibição da curiosidade sexual das crianças ameaçasse sua produção intelectual futura. Freud chega, assim, a postular uma reforma educacional em "Moral civilizada e doença nervosa moderna" (1908).

Se Freud, em 1898, no texto "A sexualidade na etiologia das neuroses", ainda considerava improvável a aplicabilidade da terapia analítica às crianças, duvidando de sua maturidade e capacidade de compreensão, em 1907, o material de que já dispunha sobre o pequeno Hans serviria de subsídio ao texto sobre o "Esclarecimento sexual das crianças" e, em 1908, à colocação em cena da vida de fantasia da criança através de suas teorias sexuais, como vemos em seu texto de 1908, "Sobre as teorias sexuais infantis".

Publicado em 1909, o historial da fobia do pequeno Hans, um menino de cinco anos, descreve uma neurose infantil que leva à constatação *in situ* das raízes da neurose do adulto e sua relação com a sexualidade infantil; nesse texto, o autor aponta a relação entre sintoma e recalque e, também, registra suas primeiras ideias sobre o Édipo.

O tratamento, segundo Freud (naquele momento), teria levado a dificuldades incontornáveis se não fora conduzido pelo pai de Hans. Reunir-se numa só pessoa "a autoridade de um pai e a de um médico" foi, a condição que permitiu ter-se acesso à criança, pois, neste caso, ela tinha liberdade para se expor, e a questão da sugestão não se apresentava.

Freud, que "supervisionou" o pai, surpreende-se em muitos momentos com a sagacidade do menino. Chega a observar que Hans, se no início da análise apenas seguia a orientação do pai - que dizia ou interpretava de antemão o que estava por vir -, logrou, a partir de certo momento, seguir sua própria orientação. De forma rápida e firme, desenvolvendo suas teorias, Hans monta sua mitologia sobre o "Lumf"[8], tentando equacionar o enigma da produção e nascimento de bebês. Hans faz deduções que o pai encontra dificuldade em acompanhar, só depois vindo a entender algumas de suas elaborações, como a que se refere à castração, indicando o futuro como possibilidade de vir a exercer sua masculinidade genital.

Naquele momento, Freud já reconhece os benefícios dessa *análise*, que substituiu o processo de repressão, automático e excessivo, por um controle moderado e resoluto "pela parte das mais altas instâncias da mente" (1909: 150). Afirma que se tivesse conduzido o tratamento, teria levado os esclarecimentos sexuais até mais adiante, e, ainda assim, em alguns momentos denomina-o também "*experiência educacional*" (1909: 151).

Justamente porque sua ideia de inconsciente é referida a um tempo que não é o cronológico, mas o da *retroação*[9], Freud situa a criança num tempo que pode ser pensado como

---

[8] Fezes. Ver capítulo 2.

[9] A "criança" freudiana é, sobretudo, um argumento que corrobora os efeitos *a posteriori* da experiência sexual no adulto, sempre traumática, pela via da sedução, seja pensada como factual ou como fantasmática. O conceito de retroação ou posterioridade - o *après-coup*, a *Nachträglichkeit* - revela uma incompatibilidade com a ideia de desenvolvimento que tratar crianças pode sugerir.

constitutivo, de aprendizagem ou mesmo desenvolvimento, à diferença do adulto. Ideia que aponta para a distinção entre o conceito de *originário* na obra de Freud e a questão das origens como uma perspectiva evolutiva e genética.

Também a oscilação que se apresenta em Freud – ora conferindo à criança o mesmo estatuto do analisando adulto ("Não aprendi nada de novo que não tivesse visto em análise de pacientes em idade mais avançada" [1909: 152]), atribuindo a Hans uma atividade fantasmática equivalente ao fator *infantil* do adulto; ora nomeando a análise de Hans como *experiência educacional*, acompanhando, talvez, a ideologia vigente, segundo a qual a infância estava sob a égide do discurso educacional – deu margem a questões referentes à educação, mas deixou, sobretudo, indagações em relação à clínica analítica com crianças.

Em 1932 e 1933, nas "Novas conferências introdutórias à psicanálise", Freud renuncia à ideia de que uma educação psicanalítica pudesse evitar o aparecimento das neuroses, admitindo que as pressões externas têm um papel mais restrito em sua etiologia do que supunha originalmente[10]. Para ele, a Psicanálise só pode contribuir à Pedagogia a título preventivo por meio da análise de pais e educadores, não tendo também avançado em relação à questão do tratamento analítico com crianças, que, em parte, parece ter delegado à filha Anna.

O arcabouço teórico e a própria clínica psicanalítica com crianças já desenvolvidos deram margem a essas conclusões? Ou essa era também a defesa de um pai em relação à sua filha?

PRIMEIRAS TENTATIVAS

Hermine von Hug-Hellmuth, pedagoga vienense, é considerada uma das precursoras da intervenção psicanalítica junto às crianças.

Admiradora da obra de Freud, cujos ensinamentos tratou de aplicar na educação das crianças, Hug-Helmuth dirigiu, até sua morte, o serviço de ajuda à educação de Viena, procurando levar a teoria psicanalítica ao conhecimento de pais, mestres e educadores.

Pioneira – apesar do quase desconhecimento de sua obra, pouco publicada[11] –, sua principal contribuição foi, segundo Petot, uma comunicação lida em 1920, no Congresso de Haia.

Sua proposta não tem um caráter conceitual; aponta dificuldades na análise de crianças, justificando seu método de tratamento educativo. Considerava que a criança não se propõe ao tratamento por vontade própria: está imersa em experiências reais que provocam sua neurose e não deseja mudar nem modificar sua atitude em relação aos que a cercam.

Foi ela a introdutora dos "ardis" no contato analítico com crianças. Uma de suas proposições era a de que a criança fosse analisada em casa, de maneira a diminuir a resistência dos pais. Também foi sua a proposta de usar o jogo como forma de aproximação – para "preparar o terreno", e também para "provocar reações da criança" –, o que não deixa de ser, já, uma estratégia. Questões essas que veremos Anna Freud retomar.

O traumático se realiza como fixação que terá efeitos no *a posteriori* da vida adulta, de tal forma que o tratamento analítico da criança, além da dificuldade do ponto de vista metapsicológico, gera uma certa incongruência, pois corresponderia a antecipar algo que depende de um segundo tempo. Como afirma Fendrik, "não é a mesma, a criança como futuro adulto, que a criança construída na transferência analítica" (1991: 12).

[10] Nesse momento, o conceito de recalque já está formalizado e a teoria freudiana já estará revista à luz do que Freud considerou sua segunda tópica, incluindo, além das noções de inconsciente, consciente e pré-consciente, as de ego, id e superego, e também a questão da compulsão à repetição, que introduz a noção de pulsão de morte, como segunda formulação da teoria das pulsões (pulsão de vida *versus* pulsão de morte), revendo sua proposição anterior (pulsões sexuais *versus* pulsões de ego).

[11] Com exceção do "Diário Psicanalítico de uma Menina", Denol, Paris, 1987. (*in* Fendrik, 1991).

Hug-Hellmuth propôs o brincar como uma linguagem e um modo de expressão figurada, propício à comunicação com o inconsciente da criança. Nesta aposta, aparece seu aporte mais conceitual: o de que a análise de crianças deve limitar-se a tornar pré-conscientes os conteúdos inconscientes, acreditando que os elementos patogênicos inconscientes podem se modificar sem passar necessariamente pela linguagem e pela consciência[12]:

> Na análise de adultos esperamos uma tomada de consciência plena dos impulsos inconsciente, nas crianças basta uma "espécie de confissão" sem palavras, em um ato simbólico. A análise de crianças nos ensina que os acontecimentos psíquicos são admitidos em *organizações muito diferentes daquela dos adultos,* [...] possivelmente, o ato de relacionar proposições novas com impressões antigas se dá no pré-consciente. (Hug-Hellmuth, apud Petot[13], 1982: 114, grifo nosso)

Configura-se aí uma diferença com Melanie Klein, que pontuou a necessidade da interpretação.

A trágica morte de Hug-Hellmuth em 1924 – causada por um sobrinho que ela educara sob a inspiração de sua formação como pedagoga e seus conhecimentos da Psicanálise – talvez não deixe de ter implicações na obscuridade em que se manteve sua produção e, também, na maneira em que se desenvolveria o debate entre Melanie Klein e Anna Freud, em torno dessa mesma época, como sugere S. Fendrik (1991: 19).

A PSICANÁLISE COM CRIANÇAS

> *A "insubmissão" da criança à psicanálise é, de fato, uma resistência da psicanálise [...] resistência que é mais que um conceito "aplicável" ao analisando ou ao analista. [...] Nesse sentido, o psicanalista é, por vezes, intimado a ocupar lugar de Outro primordial, ou mesmo o lugar de secretário. Essa mudança de posição - temida, evitada, obliterada, angustiada, mal tratada, tomada como impossível, viria de fato revirar a psicanálise.*
>
> Ângela Vorcaro

O começo da Psicanálise com crianças "coincide" com o intenso debate sobre a formação do analista e as primeiras tentativas de *institucionalizar essa formação*, em torno de 1920.

A difusão da Psicanálise, sua apropriação pela cultura e a cautela em torno das modificações técnicas que vinham sendo propostas por autores como Ferenczi e Reich levam à discussão e à definição de seus limites e possibilidades.

O tema da análise leiga incluiu tanto o debate da *análise didática* como a delimitação *de um novo espaço*: a Psicanálise de crianças. Por decisão da comissão internacional de ensino em 1927[14], os psicanalistas de crianças, diferentemente dos analistas de adultos, ficaram desobrigados da formação médica. Os fundamentos dessa resolução talvez se devam ao

---

[12] Para Mannoni (1987), isto significará não entrar em contato com o recalcado, ou seja, não tocar no problema edípico.

[13] Petot (1982) relacionará esse tipo de efeito "analítico" ao que, no âmbito do xamanismo, Lévi-Strauss (1961) nomeará "eficácia simbólica".

[14] O famoso tripé da formação – análise pessoal, estudo teórico e supervisão da atividade clínica – foi proposto em 1926, no recém-instituído Instituto de Psicanálise de Berlim.

nexo pouco claro entre a pedagogia de orientação psicanalítica e o alcance da psicanálise de crianças, como vimos acompanhando, historicamente[15].

Podemos pensar que o período após a Primeira Guerra Mundial caracterizou-se, na Europa, tanto pela desilusão com o progresso da humanidade como pelo renascimento dessa ilusão, impulsionado pela aposta nas ciências "positivas". Assim, tudo que pudesse ajudar na construção do futuro e de "um novo homem" era objeto de grandes expectativas. Tais propostas se chocam com o momento da postulação da pulsão de morte por Freud, que, por sua incidência de repetição na vida psíquica, mostrava um limite à ilusão do homem novo.

A abordagem direta de crianças pelo método analítico surge nesse contexto, na forma de um debate – Anna Freud e Melanie Klein –, como um terreno promissor para a cura analítica. Trata-se das "Controvérsias" em torno das quais a comunidade psicanalítica se dividiria[16].

O DEBATE

Melanie Klein inicia sua leitura da obra de Freud quando se muda para Budapeste, pouco antes da Primeira Guerra Mundial. Lá realiza, com Sandor Ferenczi, sua primeira análise.

Em 1918, assiste ao Congresso de Psicanálise de Budapeste e, no ano seguinte, faz sua primeira comunicação à Sociedade Húngara de Psicanálise. Seu artigo, relativo à observação do desenvolvimento de uma criança que recebe de sua mãe esclarecimentos sobre sua curiosidade sexual (na realidade, seu filho Eric, sob o pseudônimo de Fritz), confere-lhe o ingresso na Sociedade Húngara como membro titular.

Em 1920, durante o Congresso de Psicanálise de Haia (no qual tem a oportunidade de ouvir Hermine Hug-Hellmuth), Klein é apresentada por Sandor Ferenczi a Karl Abraham, que se tornará seu segundo analista e terá grande influência em sua teorização.

Em 1921, publica seu trabalho de admissão na Sociedade Psicanalítica de Berlim, sob o título "O desenvolvimento de uma criança"; e, em 1923, lança também *A análise de crianças pequenas*.

Na juventude de Anna Freud, não havia escolas de Psicanálise, nem normas estabelecidas de como se formar analista. É durante as conferências a que assiste no Hospital Psiquiátrico de Viena durante 1914 e 1915 que ela entra em contato com jovens psiquiatras que lá trabalham, como Wilhelm Reich, Helen Deutsch e Heinz Hartmann. Com eles, começa a participar de seminários e intercâmbios clínicos, e assiste a apresentações de pacientes. É pela psicanálise com crianças que Anna Freud ingressa no movimento, apresentando em 1922 à Wiener Psychoanalytische Vereinigung (WPV) um primeiro trabalho, intitulado "Fantasias

---

[15] Na França, essas questões entram em pauta em 1953. Segundo Roudinesco, as propostas de Lacan sobre formação dirigidas à Sociedade Psicanalítica de Paris naquele momento versavam também, uma, sobre a formação de didatas, e outra, sobre a de conselheiros/as de criança; visavam torná-la realmente uma sociedade psicanalítica que regesse uma associação de psicanalistas. As conselheiras e os conselheiros de crianças, através de um programa de urgência definido pelo regulamento, por terem fortes probabilidades de virem a se tornar psicanalistas de crianças, deviam "ser analisados tão completamente quanto possível, por um analista qualificado e nas condições habituais da chamada análise didática". (Lacan, apud Roudinesco, 1988: 245) Naquele momento eles eram considerados psicoterapeutas.

[16] Silvia Fendrik vê nesse fato um ponto de encontro com a afirmativa freudiana de que "somente a confluência da autoridade médica e paterna, numa só pessoa, permitiu aplicar o método em uma utilização para a qual ele próprio não se teria prestado, fossem outras as circunstâncias", preceito que foi levado adiante nas intervenções dos primeiros analistas de criança, que observaram e, em alguns casos, trataram seus próprios filhos ou parentes próximos. Segundo a autora (1991), as duas versões seriam formas de responder a essa filiação, e seu antagonismo adviria do fato de que num caso, a versão da criança-paciente viria de uma filha analisada por seu pai (A. Freud) e, em outro, de uma mãe que analisou seu filho (M. Klein), remetendo também à dimensão sintomática da obra de cada uma delas.

e devaneios diurnos de uma criança espancada". Sua análise didática realizada por seu pai, Sigmund Freud, entre 1918 e 1921, tornara-se de conhecimento público[17].

O ano de 1927 marca a oposição das ideias de Melanie Klein e Anna Freud, com a publicação de seus respectivos textos *Fundamentos psicológicos da análise de crianças*[18] e *Tratamento psicanalítico de crianças*[19].

Inicialmente, Melanie Klein discorda de Anna Freud, especialmente no que se refere à legitimidade da análise de crianças: necessária apenas quando a neurose se manifesta, diz Anna; parte integrante da educação geral de toda criança, afirma Klein.

Convencida da ideia freudiana que entende a angústia e a inibição como resíduos da libido recalcada, na qual se baseara para a condução da análise de seu filho Eric (Fritz), Klein vê no tratamento analítico das crianças a possibilidade de liberação da vida de fantasia e o retorno das aptidões inibidas. Pensando que a *capacidade de fantasiar* é pré-condição ao êxito de toda educação, o tratamento psicanalítico é entendido por ela, no dizer de Petot (1982), como uma reeducação dessa capacidade; nesse sentido, podemos perceber uma certa perspectiva pedagógica da ordem de uma pré-educação. Tal concepção, entretanto, não deve ser confundida, como veremos, com a ideia de Anna Freud e de Hug-Hellmuth, que vêm o psicanalista de crianças desempenhar simultaneamente os papéis analítico e pedagógico.

Ao contrário de Klein, para quem é sempre legítima e imediata a intervenção analítica com crianças, Anna não considera que essas tenham elementos necessários à entrada em análise, pois vê como condição para o trabalho analítico que as crianças demonstrem "consciência de sua enfermidade" e manifestem seu desejo de se libertar dos sintomas. Anna propõe, então, uma etapa anterior ao tratamento, considerando indispensável avaliar, em cada caso, a possibilidade de estabelecer a situação analítica, isto é, de a criança saber que está em análise e aceitar sua regra fundamental.

O cuidado de Anna Freud se refere, aqui, à capacidade de transferência da criança: por não acreditar que a criança seja realmente capaz de estabelecer uma neurose de transferência, Anna dirá que sua análise não se pode separar de um certo trabalho pedagógico preliminar.

Pelo mesmo motivo, embora concorde com Klein em que os sonhos, os devaneios, as histórias de fada e os desenhos trazidos pelo pequeno paciente vão pôr em cena a vida fantasmática da criança, Anna entende que esses elementos não equivalem direta e necessariamente à associação livre, pois a criança pode não ter consciência do contrato analítico.

Distinguindo transferência e neurose de transferência, objeta que o que Melanie Klein chama de transferência *não é transferência analítica*. Enquanto os pais estão presentes como objetos reais, sustenta, a criança vai apenas deslocar os afetos dirigidos a eles para o analista, não realizando, assim, a operação de substituição simbólica necessária para que se possa falar em análise em sentido estrito, e que garante a validade da interpretação.

Anna vê, ainda, nos limites de possibilidade de verbalização da criança e em sua tendência à ação, dificuldades para o estabelecimento da regra fundamental da associação livre;

---

[17] Nessa época, a análise de filhos realizada por pais analistas já não era mais usual, o que torna intrigante esta condução de Freud: "análise didática", aqui, se limitaria à mera aprendizagem técnica? Ou se deveria ao caminho que vinha traçando para Anna na Psicanálise, para o qual ninguém melhor que ele poderia prepará-la? Ou, ainda, o quê? – já que Freud propõe reservas a essa forma de intervenção, como vemos em 1935, em resposta a uma consulta de E. Weiss sobre a possibilidade de analisar seu filho: "Não o aconselharia, mas não tenho motivo para proibi-lo". (Freud, apud Fendrik, 1991: 41)

[18] Texto de Klein que retoma e amplia seu anterior, de 1926, "Princípios psicológicos da análise infantil".

[19] Transcrição de um ciclo de conferências proferidas por Anna Freud durante 1926, no Instituto de Psicanálise de Viena.

e, embora tenha modificado seu ponto de vista posteriormente, concebe nesse momento o papel da brincadeira na psicanálise como aquilo que favorece a relação da criança com o analista, despertando seu interesse pelo tratamento. Mais do que uma descrença na capacidade da criança em associar, este é também um cuidado, como sugere Fendrik (2004) com o aspecto sugestivo da transferência, de forma que o dizer da criança não se traduza em simples submissão ao desejo do analista.

Melanie Klein, ao admitir a existência de um ego (ainda que rudimentar) e de processos mentais inconscientes desde o nascimento e postular que, de seu ponto de vista, não há diferença entre o inconsciente da criança e o do adulto – tomando como premissa seu caráter atemporal –, subverte as bases da argumentação de Anna Freud.

Propõe, assim, o contato direto com o inconsciente e formula, de saída, um efetivo campo transferencial na análise de crianças, estabelecendo também a equivalência entre a técnica do jogo e a da associação livre. Nesse sentido, consideramos esclarecedora a observação de Elias M. Rocha Barros:

> Para Klein, a transferência era fruto de uma externalização de relações objetais internas sob a pressão exercida pela ansiedade. Neste sentido, a relação com os pais reais não era determinada somente pela realidade de suas atitudes, mas por uma imago interna, uma representação imaginária e deformada dos pais produzida por uma sucessão de movimentos projetivos e introjetivos. Assim, *a relação com os pais* já é de certa forma uma *transferência desta relação interna com suas representações*. (Barros, in Petot, 1987: XXIII, grifo nosso)

Melanie Klein propõe que a diferença entre a psicanálise de crianças e a de adultos está no *método* e não em seus princípios básicos, postulando o jogo como o substituto da associação livre, por entender que este expressa, pela ação, as fantasias inconscientes através de seus simbolismos. Para ela, o impulso contínuo de brincar adviria da necessidade infantil de elaborar suas fantasias masturbatórias em torno da cena primária.

É também de 1927 sua comunicação "Os estádios precoces do conflito edipiano"[20], na qual explicita suas discordâncias com Sigmund Freud sobre a datação do complexo de Édipo – propondo um Édipo precoce – e sobre seus elementos constitutivos. Para Klein, nesse momento, a fantasia tem papel fundamental; deriva da cena primária, pré-genital e edípica da qual a criança é excluída[21]. A principal questão em que diferem Anna Freud e Melanie Klein apoia-se em como cada uma concebe o superego[22].

As ideias kleinianas, como veremos mais adiante, suscitaram fortes oposições, que tomaram uma amplitude considerável com a chegada à Inglaterra dos psicanalistas expulsos pelo nazismo, entre os quais Anna Freud e Edward Glover, os quais avaliavam suas ideias metapsicológicas como uma heresia.

---

[20] Nesse trabalho, Klein postula um superego arcaico e contemporâneo a um Édipo precoce, que se caracteriza por uma extrema crueldade, pois é constituído pela distorção das imagos parentais ocasionadas pelo sadismo da criança, e que lhe confere autonomia em relação aos pais reais (Início da teorização da relação de objeto). Para ela, a agressividade e o sadismo correspondem a expressões da pulsão de morte.

[21] Seu posicionamento já é diferente em "Notas sobre alguns mecanismos esquizoides" (1946), em que o privilégio é colocado na ideia de posição, que corresponde à estruturação de angústias e defesas em relação à ambivalência ante o objeto. O texto foi publicado no *International Journal of Psycho-Analysis*, vol. XVIII, e, mais tarde, incluído em *Os progressos da Psicanálise*.

[22] Para Anna Freud, diferentemente de Klein (ver nota 20), o superego da criança não é uma instância completamente interior. Decorre dessa concepção o entendimento de que os sintomas nem sempre são de origem intrapsíquica. Há que se ressaltar aqui, que, para Anna, o superego se constitui em consequência do complexo de Édipo, mas apenas em seu aspecto de ideal de ego, o que a leva a reafirmar o trabalho analítico com crianças como dependente de uma boa vinculação afetiva com o analista, que deve, assim, procurar eliminar a transferência negativa.

Esse primeiro debate suscita algumas reflexões. Podemos entender as colocações de Anna ironizadas por Klein – que as atribuía a uma filiação às ideias do pai e a uma pedagogização do tratamento – como sendo, além de "soluções", perguntas referentes ao lugar do analista e também à sua ética, como nota Fendrik (1991).

Lido para além do caráter pedagógico ao qual ficou associado, o pensamento inicial de Anna lança questões que acabaram retomadas na atualidade – como demanda e sintoma na cura analítica, o lugar dos pais, as múltiplas transferências a que o analista de crianças se vê submetido, a distinção entre vínculo e transferência –, as quais têm implicações fundamentais na posição do analista em seu trabalho com crianças e se recolocam a partir de questionamentos trazidos por novas experiências e elaborações teóricas, sobretudo na vertente francesa da Psicanálise.

Anna Freud, entretanto, parece não ter podido continuar nessa reflexão, caminhando, então, em direção a um trabalho egoico/pedagógico. Em 1937, publica *O Ego e os mecanismos de defesa*, enfocando os aspectos inconscientes do ego que se diluindo em momentos posteriores de sua obra, viriam a assimilar a noção de ego ao terreno do domínio da vontade e da consciência.

Mais tarde, e cada vez mais aderida à Psicologia do Ego[23], Anna se distanciará de suas primeiras formulações, e também das de seu pai, direcionando-se à sustentação do que viria a ser a corrente americana de Psicologia do Ego e os culturalistas[24], ponto de partida para a crítica lacaniana dos desvios da Psicanálise em relação ao pensamento freudiano.

Já Melanie Klein, em 1932, publica sua primeira obra-síntese, *A psicanálise de crianças*, na qual expõe a estrutura de seus futuros desenvolvimentos teóricos, sobretudo os conceitos de *posição esquizoparanoide* e *depressiva*, assim como sua concepção ampliada da pulsão de morte. Introduz a noção de *objeto bom* interno, corolário do *objeto persecutório*. O principal objetivo da análise passará a ser, então, a reparação do objeto interno atacado pelo sadismo[25].

A disputa política entre a Sociedade Psicanalítica Britânica (Ernest Jones) e a de Viena (Sigmund Freud) levou Melanie Klein e Anna Freud a radicalizarem suas posições. A reflexão teórico-clínica do debate inicial, profundamente comprometida com a aposta de ambas na psicanálise de crianças, perde sua riqueza, transformando-se num enfrentamento de posições dogmáticas.

Logo após a morte de Freud (1939), entre os anos de 1941 e 1945, a Sociedade Britânica de Psicanálise torna-se palco de violentos debates. Irrompem controvérsias sobre a validade e o *status* das ideias introduzidas na Psicanálise por Melanie Klein. Em que extensão essas ideias divergiam das proposições básicas de Freud? O que deveria ser feito a respeito? Embora as discordâncias fundamentais recaíssem sobre a teoria e a técnica, estavam igualmente em jogo o poder e a futura organização da Sociedade, através de questões centrais como a difusão e a transmissão da Psicanálise.

---

[23] Heinz Hartmann, Ernst Kris e Rudolf Loewenstein (que foi analista de J. Lacan por vários anos) são três dos analistas europeus que, vindos de uma formação com S. Freud, emigraram para os EUA por ocasião da guerra. Anna Freud se associaria a eles no desenvolvimento da Psicologia do Ego.

[24] Ver *Infância e Sociedade*, de Erik H. Erickson (Rio de Janeiro: Zahar, 1970). O autor relata vários casos, inclusive o de Sam, um menino de cinco anos que apresenta "crises" designadas, de início, como "neurológicas" – como descreve M. Mannoni, fazendo também considerações sobre o caso, em *A criança, sua doença e os outros* (1987).

[25] Ver capítulo 5.

Em novembro de 1946, depois de intermináveis negociações – marcadas, sobretudo, pela demissão de Edward Glover[26], grande opositor das ideias de Klein –, institucionaliza-se uma divisão da Sociedade Britânica de Psicanálise entre kleinianos, annafreudianos e independentes, também conhecidos como *middle group*.

Decreta-se, assim, uma divisão esquemática - "mundo interno" para Melanie Klein e "mundo externo" para Anna Freud - pela qual elas seriam muitas vezes reconhecidas, marcando uma divisão entre Psicanálise "pura" e evolutiva, sugestiva ou adaptativa, desconsiderando-se o que hoje pode referir-se a concepções de análise e aos modelos metapsicológicos que as embasam.

Embora a proposição do brincar como instrumento da cura psicanalítica tenha mostrado a viabilidade da abordagem psicanalítica no tratamento de crianças graças a Klein, o "como" fazê-lo e entendê-lo torna-se alvo de discussão dos futuros analistas de crianças[27].

O kleinismo, apoiando-se na corrente mais endogenista de Freud sobre a constituição do inconsciente, abriu caminho, fixando premissas que tornaram possível a análise de crianças. A partir de Klein, os "pós" começam a retomar a questão da dependência infantil, reconsiderando os fatores ambientais e a mediação do outro na estruturação psíquica da criança quando pensada psicanaliticamente; coloca-se então em xeque o que, no início, foi dado como inato ou constituído.

OUTRAS HISTÓRIAS

Em 1955, no Congresso da IPA[28] em Genebra, Melanie Klein apresenta sua comunicação "Um estudo sobre a inveja e a gratidão", na qual desenvolve o conceito de inveja, articulando-o como uma extensão da pulsão de morte, e lhe confere, como já dissemos, um fundamento constitucional. Ao fazê-lo, dá início a uma nova controvérsia que, se não tem a amplitude da precedente, a leva a romper, dessa vez, com Donald Winnicott.

Em 1935, quando Winnicott deseja avançar na compreensão analítica das crianças que chegavam a seu consultório e ao Paddington Children Hospital, onde trabalhava como consultor, encontra-se com Melanie Klein, por sugestão de James Strachey, com quem ele se analisava há muitos anos.

Num trabalho pioneiro como pediatra, Winnicott reconhecia a importância do meio emocional da criança na compreensão e no atendimento de suas doenças físicas. Entretanto, nem sua análise pessoal, nem a descoberta da Psicanálise ainda ao final da faculdade de Medicina o levou a buscar, de início, uma formação analítica.

Ao constatar que a compreensão de Klein a respeito das angústias próprias ao início de vida (com as quais estava tão familiarizado em sua prática pediátrica) poderia ajudá-lo, decide continuar estudando e realizar supervisões clínicas com ela. Ao mesmo tempo, a pedido de Klein, aceita conduzir a análise de Eric (o mesmo Fritz, agora adulto).

---

[26] Glover foi analista de Melitta Schmideberg, filha de Melanie Klein.

[27] Ver capítulos 6; 7 e 8.

[28] *International Psychoanalytical Association*, ou Associação Psicanalítica Internacional, a instituição oficial de Psicanálise cujos fundamentos foram definidos em 1910, no Congresso de Nuremberg, por S. Freud em conjunto com seus primeiros colaboradores analistas – S. Ferenczi (que apresentou a proposta), K. Abraham, A. Adler, O. Rank, E. Jones e C. Jung, que foi seu primeiro presidente, mas já a partir de 1913 adotaria posições de confronto com Freud. E. Jones, retornando a Londres em 1913, funda a Sociedade Britânica de Psicanálise.

A trajetória de Winnicott na Psicanálise tem, assim, a marca de sua transferência com Klein; o pano de fundo são as disputas da Sociedade Britânica de Psicanálise.

Talvez isso explique a grande distância que Winnicott manteve, durante anos, entre sua prática pediátrica analiticamente orientada – baseada em sua observação direta e na superação de sintomas, em que abundavam evidências da importância do meio familiar das crianças na gênese de seus transtornos físicos e psíquicos – e a análise propriamente dita – baseada na transferência e nos objetos internos. Sem estabelecer reciprocidade entre as duas práticas, evitou uma situação que, certamente, suscitaria um questionamento da desconsideração kleiniana da realidade externa, do ambiente e da influência dos pais.

Embora Winnicott tivesse feito sua segunda análise com Joan Rivière[29] e se supervisionado com Klein, integrando assim o grupo kleiniano, sua discordância sobre a noção de pulsão de morte, bem como seu questionamento ao kleinismo radical, levaram-no a aproximar-se do *middle group*[30].

É somente em 1951, quando Winnicott expõe sua concepção dos objetos e fenômenos transicionais, que se distingue definitivamente do *corpus kleiniano*, e começa a trilhar um caminho próprio. A partir daí, seu modelo tem como base não mais a cena primária, mas *a relação primária entre a mãe e o bebê, sendo esta pré-edípica e constitutiva do sujeito*, a princípio indiferenciado de sua mãe. Ao propor a noção de *objeto transicional* como algo que não é interno nem externo, procura designar a transição entre o erotismo oral presente na sucção do polegar e o que chama de verdadeira relação de objeto. Winnicott discorda da concepção kleiniana de relação de objeto, assinalando a passagem do que é, de início, subjetivamente concebido ao que virá a ser objetivamente percebido[31].

Tanto sua noção de *objeto transicional* como sua diferenciação entre *relação de objeto* e *uso do objeto* introduzem, quando transpostas para a situação analítica, uma nova dimensão no conceito de transferência, alterando a ideia kleiniana de reedição das primeiras relações objetais. O paciente também pode *usar* o analista, seja como objeto transicional, seja como objeto objetivo. Este último poderá ser usado e "destruído", possibilitando o substrato para o amor ao objeto real.

Assim, o manejo da transferência e do *setting* variará de acordo com cada situação específica, o que lhe permite, por exemplo, criar as *consultas terapêuticas* e os atendimentos "de acordo com a demanda". O "tratamento analítico propriamente dito" só é necessário quando a criança não dispõe de um *ambiente facilitador*.

Durante muitos anos, Winnicott entende que a "psicanálise propriamente dita", mesmo de crianças, deve obedecer a normas de duração e frequência das sessões. Mas em 1958, quando já é presidente da Sociedade Britânica, afirma-se incapaz de distinguir análise e psicoterapia, atribuindo exclusivamente à formação analítica do terapeuta, por seu conhecimento do

---

[29] Psicanalista inglesa analisada por Ernest Jones e, depois, por Sigmund Freud; tornou-se colaboradora e forte aliada de Melanie Klein após entrar em contato com suas ideias em 1924, no congresso de Salzburg. É conhecida sua participação no simpósio de 1926 na Inglaterra, em que questionou as colocações de Anna Freud, defendendo as de Melanie Klein. Em posterior carta a Jones, lamentaria o ocorrido.

[30] Hoje conhecido como o Grupo Independente, que contou com figuras importantes como Michael Balint, John Bowlby, Masud Khan, Pearl King, John Klauber, Margaret Little, Marion Milner, Charles Rycroft e vários outros. O middle group constituiu um espaço intermediário entre kleinianos e freudianos e, apesar de ter sempre se recusado a liderá-lo formalmente, Winnicott ficou sendo o mais importante e produtivo incentivador dessa nova linhagem de analistas dentro da Sociedade Britânica de Psicanálise.

[31] Ver capítulo 5.

inconsciente e da transferência, a condição analítica (ou não) do tratamento (1983). Alguns anos mais tarde, escreve: "Faço análise porque o paciente o necessita e lhe faz bem. Se o paciente não necessita análise, faço outra coisa" (1983: 152).

Ainda assim, o peso da posição institucional se faria sentir. Winnicott que ocupou a presidência da Sociedade Britânica por duas vezes (1956-59 e 1965-68); participou também de uma das duas comissões de investigação com que a IPA[32] interveio nas sociedades psicanalíticas na França. Nessas ocasiões, embora captando a importância dos trabalhos de Françoise Dolto, fará o "jogo da normatização"[33], recriminando-a por seu aspecto "carismático" e por ser "avançada para a época", críticas que sofreu na própria pele. "Perplexo" ante as formulações de Lacan e suas "sessões curtas"[34], expressará dúvidas também em relação a seu trabalho.

DO OUTRO LADO DO CANAL DA MANCHA

Em 1924, Sophie Morgenstern, psiquiatra polonesa nascida em 1875 que trabalhou com Eugen Bleuer[35] na clínica de Burghötzli, já se encontra na França. Junto com Eugénie Sokolnicka, tornar-se-ia uma das primeiras psicanalistas de crianças, integrando a leva dos analistas pioneiros que emigrou do Leste Europeu para outros países e continentes, sobretudo por efeito das guerras, contribuindo à difusão da Psicanálise.

Sophie foi assistente de Georges Heuyer durante 15 anos, membro da Sociedade Psicanalítica de Paris e do grupo "A evolução psiquiátrica". Faleceu em 1940.

Seu livro *Psicanálise infantil*, publicado em 1937, é resultado dessa sua experiência. Descreve seu método de análise, baseado, sobretudo, no uso de desenhos. Ocupou-se dos contos, sonhos, jogos e desenhos infantis, procurando, sob o conteúdo manifesto, o latente.

Sua preocupação com a relação entre crianças e pais se aproximava do ensino de Anna Freud. Dolto, que foi sua supervisionanda, a considera sua inspiradora.

Na década de 1940, os trabalhos de Klein e Anna Freud mal eram conhecidos na França, embora, nessa mesma época, Winnicott tenha alguns de seus artigos publicados, lá[36]. Quanto a Dolto, avançou passo a passo, com uma técnica de psicanálise muito clássica, mas seguindo sua intuição, segundo Ledoux (1991).

---

[32] No cenário psicanalítico internacional, em 1953, Winnicott e vários colegas (Phyllis Greenacre, Hedwig Hoffer e Jeanne Lampl-de Groot) participam do comitê de investigações da IPA, que examina o pedido de filiação da Société Française de Psychanalyse. Um dos pontos questionados é a prática de Lacan; outro, Dolto (Roudinesco, 1988: 272, 340 e 528). A segunda intervenção da IPA, em 1963, é coordenada por Turquet; decide interditar as atividades de Lacan e Dolto como didatas, provocando a cisão que levaria ao encerramento a Sociedade Francesa de Psicanálise (idem: 362, 378).

[33] Referência à standartização da técnica no que se refere à frequência e à duração das sessões analíticas, proposta pela IPA como garantia de "prática correta", combatendo, assim, seus desvios como "maus exemplos" para impedir uma imitação, mesmo que supostamente inevitável.

[34] Lacan, em sua reformulação teórica, introduziu também uma prática considerada heterodoxa - sobretudo pelas sessões de tempo indeterminado, uma forma de introduzir um sentido de "urgência", considerando o tempo lógico do inconsciente e não o cronológico.

[35] E. Bleuer, psiquiatra suíço, é autor do termo esquizofrenia, que difundiu através do livro *O grupo das esquizofrenias*. O novo termo vem substituir a denominação kraepeliana demência precoce, num debate ao qual [o próprio] Freud faz referência em sua análise do caso Schreber (1911). Bleuer também foi responsável pela introdução do termo autismo como uma das características do quadro das esquizofrenias, além de ambivalência, distúrbios de atenção e afeto. O termo seria descrito como diagnóstico infantil em 1943, a partir de um estudo realizado com 11 crianças por Leo Kanner. Bleuer dirigiu a clínica do hospital universitário público de doentes mentais em Zurique, e teve Jung como um de seus internos. Já em 1907, envia comunicação a S. Freud sobre estudo e aplicação da teoria freudiana em Burghölzli; discordaria depois das ideias freudianas, publicando, em 1913, "Crítica da Teoria Freudiana", como relata Freud em *História do movimento psicanalítico*, de 1914.

[36] Lacan será o responsável pela publicação de seu artigo sobre os objetos transicionais, um pouco mais tarde.

Françoise Dolto é, segundo Roudinesco (1986), uma das personagens mais populares da comunidade psicanalítica francesa, tendo se associado de início à Sociedade Psicanalítica de Paris, em 1938.

Psicanálise e Pediatria, sua tese de Medicina defendida em torno de 1937, publicou-se por primeira vez em 1939[37] e só receberia nova publicação oficial em 1971 – suas ideias eram tão inovadoras que, inicialmente, não tiveram repercussão. Françoise Dolto funda uma apreensão da psicanálise infantil, "distante da visão médica e na escuta do inconsciente e dos traumas genealógicos – o mais perto possível da criança, e levando em conta o discurso parental" (Ledoux, 1991: 12).

Propondo-se, a princípio, como médica da educação, Dolto inicia suas atividades como analista, após uma análise que tem caráter pessoal, com René Laforgue, recebendo, principalmente, crianças e psicóticos. De 1940 a 1978, ela atenderá também crianças, semanalmente, no Hospital Trousseau.

Abandona o método do jogo, chegando a afirmar que nunca utilizou um brinquedo em atendimento. Sem interpretar diretamente os desenhos, traduz a significação dos movimentos gráficos, manuais ou corporais da criança na sessão, utilizando as próprias palavras da criança ou criando expressões que possam traduzi-las, inclusive com bebês, sendo por isso conhecida como "lactente douta" (Caldagues, 1982).

Para Klein, a criança é dotada de um aparelho mental; Dolto enfatiza o papel dos orifícios, locais de trocas e de sensações, a erogeneidade das diferentes partes do corpo, o papel do tátil, dos gestos e da experiência vivenciada no corpo pela mediação da função materna, como a que confirma o bebê em seu direito de viver. Para ela, a voz materna, mobilizando as zonas erógenas no encontro com o outro, terá um valor *simboligênico*, ou seja, que produz simbolização.

Mais do que o universo caótico do bebê e sua vivência de despedaçamento, Dolto é sensível àquilo que cria laços, que amarra, propondo uma estrutura relacional de investimentos recíprocos, ou seja, um campo interpsíquico. Assim, a segurança e a humanização do bebê se fazem pelo *holding*, aproximando-a da concepção winnicottiana da *mãe suficientemente boa*, mas também pela fala, que diz, organiza e designa um mundo diferente daquele das necessidades e sua saciedade, segundo Ledoux (1991). Para Dolto, o *narcisismo primário* é um narcisismo vital, ligado ao bem-estar corporal e às percepções nomeadas pela mãe, que virá a ser um centro coerente de "mesmidade". O *pré-eu*[38] se origina para ela, na dialética da presença-ausência materna, esperada e reencontrada, através da memorização na linguagem.

Quanto ao tratamento, à diferença de Klein - para quem o fato de os pais terem confiado a criança ao analista para tratar sua neurose garantia-lhe fundamentos para decidir seu tratamento (1970)[39] e a criança deve ser conscientizada de sua implicação, sobretudo quando, no material inconsciente, dê indícios de querer ser informada (1976)[40] –, Dolto,

---

[37] Ela própria reeditou sua obra até 1971. Dolto já era enfermeira em 1930 e realiza seus estudos de Medicina entre 31 e 37. Em algumas biografias, supõe-se que ela tenha assistido a alguma atividade de Lacan, já em 1939.

[38] O pré-eu designa a consciência do sujeito em seu esquema corporal e em sua imagem do corpo, ainda não sexuada de forma consciente, mas, já erógena.

[39] "Se os pais nos enviam as crianças para serem analisadas, não vejo razão para que seja impossível levar a bom fim a análise, simplesmente porque a atitude dos pais demonstre falta de intuição ou seja desfavorável de qualquer maneira". (Klein, 1970:229)

[40] "No caso de Richard, fui eu a formular a pergunta. Essa maneira de agir se me afigurou adequada em alguns casos em que a criança embora sequiosa de informação, não se atreve a propor a questão. De outra forma, podem transcorrer várias sessões

sublinhando o elemento demanda e a implicação da criança na análise, era atenta ao fato de a criança ter consciência de seu sofrimento e solicitar ajuda. Daí, sua proposta de contrato e pagamento simbólico.

Seu caso Dominique, apresentado em 1967 na Jornada de Psicose organizada por Maud Mannoni, traz concepções como *imagem inconsciente do corpo, sujeito inato, etapas libidinais e de maturação* e *castrações simboligênicas*.

O trabalho já foi considerado, no cone Sul, a versão lacaniana da psicanálise de crianças, epíteto esse que, para Fendrik (2006), parece equivocado: assim, Françoise não teria sido a fiel discípula de Lacan, especializada em crianças. Em Dolto, "os conceitos clássicos de psicanálise – e também seus clichês – estão sujeitos a variações, improvisos, adições e desvios [...] uma espécie de quadro cubista [...]" (Fendrik, 2007: 14); nem por isso ela deixará de ser prestigiada por Lacan.

O encontro de Dolto com Lacan acontece em torno de 1950[41]. No Congresso de Roma, ela se entusiasma com sua conferência sobre a importância do símbolo e adere fervorosamente a "Função e campo da palavra"[42].

Se há proximidades entre Dolto e Lacan, referem-se à importância dada à linguagem, ponto em cuja elaboração ela toma as primeiras colocações de Lacan, respectivas à fala que tece o laço simbólico no ser humano; ao lugar e papel de um terceiro (o *falo*) entre a mãe e o filho (portanto, à retomada da questão edípica, descentrada pela ênfase na relação primária mãe-filho da proposta kleiniana); à diferenciação desejo-necessidade; e também à necessidade da criança de destituir o objeto, como condição para que advenha a linguagem.

Ainda assim, também se podem reconhecer desvios: se, para Dolto, tudo é linguagem, encontramos confusão entre o sentido estrutural do humano como um ser de linguagem, segundo Lacan, e sua proposta, que se aproxima mais das noções de linguagem como relação e comunicação.

Lacan reconhece no Nome do Pai o suporte da função simbólica, tornando-nos devedores do Outro e, assim, ocupando certa posição em determinada estrutura, como efeito da estruturação edípica; para Dolto, porém, o ser nunca é completamente um joguete: tem um desejo próprio, que manifesta desde muito cedo. Ela insiste na questão do inato.

Dolto fala ainda em maturação e etapas libidinais, seguindo Freud, sugerindo as *castrações simboligênicas* relativas a cada momento do desenvolvimento e a pulsão como centrada em

---

antes que o analista consiga explicar as razões para o tratamento. Crianças há, porém em cujo material inconsciente tivemos de descobrir em primeiro lugar o desejo de conhecer seu relacionamento com o analista, e assim constatar de sua parte que a análise lhe é necessária e benfazeja". (Klein, 1976:22)

[41] A psicanálise desperta realmente atenção nos meios intelectuais, na França, a partir da difusão de Jacques Lacan, que correspondeu a uma renovação de ideias, com o movimento estruturalista, entre 1950 e 60. Segundo Roudinesco (1986), naquele momento, confrontaram-se a escola francesa de Psicanálise - que tenta reencontrar o ímpeto da mensagem freudiana - e uma escola americana mais pragmática, que descentra a teoria do inconsciente em psicologia da consciência e reduz o tratamento a um trabalho adaptativo, ou seja, à Psicologia do Ego.

[42] Em 1953, no Congresso dos Psicanalistas de Língua Francesa, em Roma, Lacan deveria ser o relator oficial das elaborações anuais da Sociedade Psicanalítica de Paris. No entanto, surgem divergências entre ele e a Sociedade a propósito da formação de analistas, o que leva a um rompimento e à criação, em Paris, pela IPA, de um instituto de Psicanálise, ao qual serão confiados o ensino e a formação de candidatos. Data daí a proposta para a formação dos conselheiros/as de crianças referida na nota 15. Discordantes, Lacan, D. Lagache e F. Dolto rompem com Sacha Nacht, que comanda os adeptos da ordem médica, e criam a Sociedade Francesa de Psicanálise, levando consigo um grupo numeroso de alunos (J. Laplanche, M. Safouan, D. Anzieu, J.B. Pontalis, S. Leclaire, F. Perrier, G. Rosolato e P. Aulaignier são alguns dos "juniores"). Lacan, então, em 26 de setembro de 1953, lê seu trabalho "Função e campo da palavra e da linguagem" no Instituto de Psicologia da Universidade de Roma, selando o fim da ruptura.

zonas erógenas preponderantes; enquanto Lacan coloca a Demanda materna como aquela que marca o corpo em seus orifícios, nas zonas de borda, onde a pulsão fará seu circuito – ou seja, a pulsão arma seu circuito passando pelo Outro; logo, pela linguagem. Nesse movimento, o lugar da fonte da pulsão se inverte, transformando-se em demanda do Outro, o que "desnaturaliza" o lugar do corpo.

Se Lacan coloca o Simbólico-Imaginário-Real como registros da realidade humana, Françoise evoca, sobretudo, o Simbólico, e raramente o Real, registro retomado e rearticulado por Lacan, na década de 1970, já sugerido em algumas de suas colocações – como as de 1967, "de que ao real, em uma experiência falada, não se acede, senão virtualmente e que este, no edifício lógico se define como o impossível" (Lacan, 1971: 156).

Numa aposta sem limites, tendo como norte a questão da pulsão e da economia libidinal, Dolto busca encontrar "a verdade dita", abordando, assim, com palavras, bebês recém-nascidos, rejeitados por seus pais e submetidos a desamparos e maus-tratos, chegando a colocações como "desejo de nascer" e "comunicação humanizante" desde os inícios da vida fetal.

Se Freud e Lacan acabaram por admitir o limite do *verbo*, para Dolto, ele está no princípio e ao final: "ela, definitivamente não acreditava no real de Lacan, como limite, porque não acreditava no indizível, como não acreditava em 'meias-medidas'" (Fendrik, 2007:15).

Dolto é sobretudo "companheira de estrada" de Lacan na militância contra o "esclerosamento" da Psicanálise, compartilhando com ele a fundação da Escola Freudiana de Paris, em 1964, após a ruptura com a Sociedade Francesa de Psicanálise.

Em 1979, cria a Casa Verde, que recebe crianças de zero a três anos de idade acompanhadas de seus pais, para colocar à prova sua hipótese da importância da socialização precoce, em que a função do analista se restringiria a conter o desbordo da angústia.

ALGUNS APORTES DE LACAN

Mesmo que Lacan não tenha se ocupado da clínica de crianças, as contribuições dos analistas de crianças foram objeto de seu interesse e estão presentes no desenvolvimento e na ilustração de muitas de suas formulações, como em suas primeiras apresentações sobre o registro do Simbólico, do Real e do Imaginário, em que comenta o caso Dick, de Melanie Klein. Suas visitas a Bonneuil, sua participação na Conferência na Sociedade Francesa de Psicanálise, em 1955, durante a projeção do filme *La Carence de soins maternels*[43], e seu discurso no encerramento da Jornada de Psicose Infantil[44] organizada por Maud Mannoni demonstram essa preocupação. Suas indagações iniciais já se dirigiam às questões teóricas – tendo como foco a questão do pré-verbal[45] –, abertas com as propostas técnicas nas intervenções com crianças, campo inaugurado por Anna Freud e Melanie Klein.

---

[43] Trata-se de uma sessão científica transcrita, sobre a apresentação do caso de uma criança abrigada, a que Jenny Aubry intitulou "Ambivalência e mecanismos autopunitivos numa criança separada". Desse encontro participaram, além de Aubry e Lacan, F. Dolto, A. Berge, C. Pidoux, M. C. Ortiguez, R. Lefort, D. Lagache e outros.

[44] Organizada por M. Mannoni, em 1967, publicada em duas partes (1967 e 68), teve como eixo a "confrontação entre as concepções estruturais do grupo francês e as existenciais do grupo inglês, representado por D. Cooper e R. Laing. [...] o colóquio questionou os fundamentos da psiquiatria clássica e os autores preferiram substituir a classificação sistemática das entidades nosológicas pelo estudo do sujeito que fala" (Mannoni, in Prefácio à edição argentina, 1971: 9).

[45] A aproximação de Lacan à Psicanálise se fez por via da psicose. Seus primeiros trabalhos se referem à discussão de casos de paranoia. Para ele, verbal / pré-verbal é uma falsa dicotomia; retoma a questão do pré-verbal em referência ao campo da linguagem, e não por sua exclusão dele.

No Congresso da IPA acontecido em 31 de julho de 1936, em Marienbad, Lacan havia realizado uma primeira apresentação de suas ideias sobre o eu e o *estádio do espelho*. Interrompido após dez minutos, ele se "esqueceria" de entregar seu texto para as atas do Congresso, de forma que o trabalho consta nos anais como de 1938, episódio que relata no texto "De nossos antecedentes" (1998). De fato, só o retomaria para publicação em 1949, sob o título "O estádio do espelho como formador da função do [Eu] tal qual nos é revelada na experiência psicanalítica".

Comunicação inaugural de Lacan no campo da Psicanálise, o estádio do espelho atravessa toda a sua obra, tendo ingressado no *corpus* da teoria psicanalítica por encetar uma retomada da questão do narcisismo freudiano, numa vertente constitutiva, como um dos momentos da estruturação do psiquismo[46].

Nesse percurso, Lacan[47] empreende, assim, uma formalização das teorias de Freud, a partir do que considera original em suas descobertas, introduzindo parâmetros essenciais acerca do narcisismo primário e da imagem especular – conceitos referenciados por uma ordenação, que concebe o Édipo como estrutural, trans-individual, ou seja, para além das vicissitudes individuais –; introduzindo também uma ideia de inconsciente que o aproxima dos parâmetros de estruturação da linguagem e, além disso, o afirma como linguagem. Esses temas se alastrariam pelo mundo, em consequência de uma internacionalização da Psicanálise preconizada pelo próprio autor, que foi o pivô de muitas querelas em seu percurso na instituição analítica oficial (IPA) desde suas apresentações primeiras.

Sua leitura do caso Dick, de Klein, abre questões sobre os momentos constitutivos da estruturação psíquica, num tipo de apreensão que nos indaga em relação à lógica com que nos confrontamos com a realidade,

> [...] uma lógica binária, baseada no par identidade/oposição. Pela introdução de um terceiro termo, Lacan desestabiliza esse par e uma série de oposições bem estabelecidas, levando ao questionamento das categorias de verdadeiro e falso (aparência), sujeito e objeto, realidade e fantasia o visível e o invisível. (Stoppel de Gueller, 2006: 49)

O caso Dick se refere a um menino que, hoje, poderia ser pensado como autista: Dick olha para a analista como se ela fosse um móvel ou como se fosse invisível[48]; não brinca livremente.

Para Klein, a ideia é a da detenção ou inibição da fantasia, levando a uma relação demasiadamente real com a realidade, até por um desenvolvimento precoce do ego. Lacan nos lembra, no entanto, que a realidade resulta da conjunção entre o que ele considera o registro do real e o plano imaginário. Se o imaginário falta, como nessa situação (sem entrar no mérito do que o determinou), veremos a criança vivendo no nível do funcional, sem realizar a transcrição do pulsional ao narcísico, condição de humanização.

> Para Lacan, no caso de Dick, o real e o imaginário são equivalentes porque o eu (je), como aparelho de estruturação do mundo exterior, está numa posição tal que não permite a conjunção do imaginário com o real, logo, o moi (ego) não está constituído. (Stoppel de Gueller, 2006: 53)

---

[46] Ver capítulo 5.

[47] Entre 1952 e 1973, Lacan desenvolve seminários de forma sistemática, durante dez anos no Hospital de Sainte Anne e, depois, na Ècole Normale Superièure. Esses seminários foram publicados posteriormente.

[48] Colocando-nos frente à diferença entre "visão", enquanto função orgânica e o "olhar", referido à sua dimensão pulsional.

Nessa situação, ainda que tenhamos uma "criança", o *sujeito* que, por sua posição simbólica, permitiria estabelecer a distinção entre real e imaginário não está constituído.

Essa tese pode ser rediscutida à luz da leitura que se faz da intervenção inicial de Klein no caso Dick[49]: Klein interpreta Dick nomeando-o "trem pequeno", e "trem grande" o pai. O menino imediatamente balbucia "estação", a que Klein acrescenta: "a estação é mamãe, Dick está entrando em mamãe" (Klein, 1970: 303), o que faz com que a criança se angustie e busque a babá. A angústia liberada entra em cena, segundo ela; e, com isso, novos objetos começam a ser investidos para se escapar da persecutoriedade. Equivalência simbólica ou equação?

Nesse caso, a interpretação do psicanalista estará desvelando o inconsciente da criança, trazendo à luz objetos soterrados em sua forma original, tal qual na metáfora arqueológica de Freud? Ou "estará produzindo o inconsciente situacionalmente, cenificando e denominando o inexistente até então?", conforme indaga ainda, Nasio (1991, apud Graña, 2001: 13).

Ampliação do imaginário, a partir da interpretação simbólica sobre o real. Injeção do núcleo da célula edípica, num mundo indiferenciado, quase sem vida psíquica, dirá Lacan.

AINDA MAUD

Para Maud Mannoni, os anos mais ricos da produção francesa situam-se entre 1950 e 1963, como também aponta Roudinesco, com a criação de *La Psychanaliyse*, publicação que permitiu um grande nível de pesquisa e interlocução, incluindo um grupo de Psicanálise de crianças, que reunia os alunos de Dolto, J. Aubry e Lacan, de quem ela foi analisanda.

Para ela, embora a aproximação do adulto à criança traga a questão da adaptação técnica, o campo em que o analista opera é o da linguagem mesmo se a criança não fala, pois o discurso que acontece envolve pais, a criança e o analista – um discurso coletivo que se constitui em torno do sintoma apresentado pela criança.

A queixa dos pais, mesmo tendo por objeto a criança real, implica, sobretudo, a representação do adulto em relação à sua infância, conduzindo-nos - dirá ela – à sua problemática, trazendo de volta à cena analítica com crianças os pais tão firmemente alijados na proposta kleiniana, embora referidos a seus próprios fantasmas.

Em "Nota sobre a criança" que dirigiu a Jenny Aubry em 1969, Lacan (2003) concebe o *sintoma da criança* como respondendo ao que existe de sintomático na estrutura familiar, definindo-o como sua verdade - a verdade do casal parental, para ele o mais complexo, mas, também, mais acessível a intervenções.

Outra articulação do sintoma será, segundo esse autor, a que pode decorrer da subjetividade da mãe, em que a criança é a representante do fantasma materno, indicando que a falta de mediação, aquela normalmente assegurada pela função do pai, deixa a criança exposta a todas as capturas fantasmáticas, tornando-a *objeto da mãe*, revelando a verdade de seu objeto. Como coloca em 1967, "o importante não é que o objeto transicional (aproximando-se e distanciando-se de Winnicott) preserve a autonomia da criança, e sim que a criança sirva ou não de objeto transicional à mãe" (Lacan, 1971: 159).

---

[49] Não confundir com Richard, cujo caso foi descrito em Narrativas da análise de uma criança.

Mannoni, na leitura que faz do pequeno Hans, em *A criança, sua doença e os outros*, apontará esse lugar ocupado pela criança no fantasma maternal e, também, como suporte das dificuldades do casal, colocando os impasses a que Hans está sujeito, "na medida em que lhe cumpre atravessar o campo dos desejos dos pais, para ter acesso à verdade de seu próprio desejo, acesso vedado pela oposição inconsciente do desejo da mãe" (Mannoni, 1987: 15).

Nessa sua análise do caso, ressaltará os expedientes usados pelo adulto para que a criança permaneça num certo *não saber*, que corresponde ao que a própria mãe não pode saber sobre sua falta e seu desejo, à sua resistência. Um *não dito* que traduz o drama do casal, segundo ela, nitidamente percebido pela criança. Essa resposta que o adulto lhe recusa, "Hans a procura por intermédio de um tema fantasmático" (idem: 36).

A história de Hans é, assim, a de uma criança em confronto com a mistificação do adulto. O que conta como traumático para ela não é o acontecimento real, mas a "mentira" do adulto (em confronto com sua "verdade" enquanto sujeito do desejo) pois "onde o adulto pode ver apenas o que chama de manifesto, a criança, menos recalcada, recebe mensagens mais ricas" (idem: 49).

Retomando Freud, e citando Lacan, define o *fantasma* (fantasia) como uma palavra às vezes perdida para a consciência, sob os efeitos fantásticos que suscitou. A criança que, em seu brincar, reordena seu mundo, sua vivência, o faz como mensagem dirigida a alguém (o outro e o Outro, lugar a partir do qual a questão lhe foi endereçada) - expressão codificada no sintoma; neste caso, enganadora enquanto instituída pelo e para o interlocutor em jogo.

A questão para ela não é, portanto, a supressão do sintoma. Deve-se antes entendê-lo, ou até decifrar o que a criança que o apresenta procura dizer, encontrando a palavra justa. Com essa finalidade, a escuta analítica deve ser estendida para além do sintoma que a criança apresenta: estendida até seu meio familiar e social, enfatizando, assim, a dimensão histórica de cada sujeito, pois, se as respostas (sobre seu desejo) lhe forem vedadas, a criança terá dificuldades em introduzir sua questão de outro modo que não pelas desordens, sejam corporais, funcionais ou comportamentais.

No centro de toda experiência analítica estará: "De que se trata este discurso? De que lugar o sujeito fala ou é falado?", perguntas que, formuladas por Lacan, traçam para Mannoni o eixo que deve ordenar a escuta, arrancando o discurso de uma objetivação que muitas vezes se encontrou após Freud.

Mannoni enfatiza o *meio ambiente*[50], isto é, o *discurso* em que o bebê se encontra envolvido desde antes de seu nascimento, da palavra de acolhida ou rejeição que vai lhe significar o seu lugar. A condição de sujeito da criança tem origem no desejo existente entre os pais, mas revela, ao mesmo tempo, sua posição em relação ao casal, sua busca em identificar-se ao que julga ser o objeto materno (o falo). O discurso parental é, assim, privilegiado como desvendamento da posição da criança no fantasma parental, não como simples informe anamnético.

Mannoni propõe, seguindo Lacan, que a criança não tem objeto a princípio; ela é que é o objeto (da mãe). Apenas a partir da experiência do espelho a criança se torna um, podendo assim, ser "eu para você" e "um eu com você". Então, a experiência da separação abre à criança uma possibilidade de vivência no nível do ter, pois, para se "ter" o seio, é preciso não "sê-lo", como ocorre na identificação primordial.

---

[50] Ela e Ginette Raimbault realizaram supervisões clínicas com Winnicott, por indicação de Lacan.

A autora considera a demanda social como uma questão importante num período de desenvolvimento das especialidades, criticando o que chama de "delegação ao social como confiança concedida 'ao especialista'" (1967: 69); com isto, alerta para o excesso de delegação, que faz os pais procurarem consulta induzidos por professores, assistentes sociais e outros, o que acaba por obscurecer sua responsabilidade própria. Convoca-os Mannoni a se ocuparem de seu lugar e também se incumbirem de suas prerrogativas educacionais.

Nessa colocação, podemos já encontrar a vertente polêmica e militante de Mannoni; aspecto pelo qual algumas vezes, ela também será "desqualificada" por mostrar-se apaixonada pelas crianças com problemas de adaptação social e utilizar-se da Psicanálise como instrumento para suas convicções políticas postas a serviço de sua paixão por "crianças diferentes", como resume Fendrik (2007).

De muitas formas, Mannoni pôs em prática essa convicção, buscando a inserção social da criança "diferente". Uma das tentativas foi a experiência da Escola Experimental de Bonneuil--sur-Marne, fundada em 1968, junto com Robert Lefort, como parte de um Centro de Estudos e de Pesquisas Pedagógicas e Psicanalíticas, inaugurada com o seguinte dizer: "Longe de nós, a ideia de descrever um lugar ideal. É simplesmente isto: de um lugar à margem do estabelecido (como Bonneuil) é que se pode formular interrogações, ordenar uma pesquisa e viver uma experiência" (Mannoni, 1977: 20). Nessa experiência, segundo Fendrik,

> [...] lutar contra os efeitos da idealização da instituição era essencial, tanto para os membros da equipe que trabalhavam ali, de um modo transitório ou permanente, como para as crianças, pois o que se pretendia é que em Bonneuil encontrassem uma "saída", e não um lugar de permanência. (Fendrik, 2007: 86)

Ideias com que Mannoni desejava inspirar outras experiências pelo mundo[51], participando da história e produzindo-a: histórias institucionais, histórias de teorias da clínica com crianças como as que contamos e que prosseguem nas interrogações teórico-clínicas dos analistas, neste campo aberto por nossos autores iniciais.

NOTAS SOBRE O BRASIL

Se a Psicanálise foi, em seus princípios, pensada como um método que pudesse tratar da neurose, tendo sua história associada à Psiquiatria e à Neurologia também aqui no Brasil[52], nossas primeiras publicações sobre Psicanálise e criança[53] têm como referência as ideias freudianas *dos efeitos preventivos de uma educação*, que considera a descoberta das *moções pulsionais* das crianças.

---

[51] A Pré-Escola Terapêutica Lugar de Vida, associada ao Instituto de Psicologia da USP, de1990 a 2007, seria uma delas. Atualmente a instituição é autônoma.

[52] Os primeiros registros clínicos brasileiros conhecidos ocorrem no Rio de Janeiro, em torno de 1914, referindo-se a pacientes adultos de Juliano Moreira e Genserico A. de S. Pinto, autor da primeira tese médica sobre o tema, intitulada *Da psychanalyse: a sexualidade nas nevroses*, segundo registros próprios cedidos por Carmem Lucia M. Valladares de Oliveira, que é autora de *História da Psicanálise – São Paulo (1920-1969)*, publicado em 2006. Em São Paulo, já em 1920, Franco da Rocha, eminente psiquiatra, fundador e diretor do Hospital do Juquери, publica seu livro *O panssexualismo da doutrina de Freud*, reeditado em 1930 como *A doutrina do Dr. Freud*.

[53] No desenvolvimento deste texto, recorreremos também à pesquisa de Jorge L.F. Abrão, que realizou um levantamento da história da psicanálise de crianças em São Paulo e no Rio de Janeiro. Dissertação de Mestrado defendida em 1999 e publicada como *A história da Psicanálise de Crianças no Brasil em 2001*.

Um dos pioneiros é Deodato de Moraes, que tem sua origem acadêmica na pedagogia e publicou, em 1927, o livro *A Psychanalyse na Educação*. Outro é Julio Pires Porto-Carrero[54], que, em seu primeiro artigo, "Psychanalyse: A sua história e o seu conceito" (1928), aula inaugural ministrada no curso de Psicanálise Aplicada à Educação, já propõe como prática na educação primária os esclarecimentos sexuais à criança. Diversamente de seu antecessor, que só estava preocupado em familiarizar o professor com essa nova ideia, Porto-Carrero pensa também na possibilidade de utilização da Psicanálise como método terapêutico para campanha de higiene mental em patronatos de menores e de pequenos contraventores, entregues naquele momento a um tribunal especial.

Da teoria à prática, o conhecimento analítico é convocado, embora com cautela. As teses da Psicanálise sobre a sexualidade da criança vão sendo aceitas, discutidas e comentadas pelos médicos e pedagogos da época porque, para eles, seus princípios são adequados ao projeto de construção da nação brasileira, em que a criança passa a ter importância para as autoridades, segundo Valladares (2007)[55]. Os precursores investem no campo pedagógico, também buscando adesão entre os professores – uma estratégia de difusão. Sua preocupação é com uma Psicanálise aplicada, e eles estão atualizados com a produção freudiana da época.

Além da experiência no campo pedagógico, veremos também alguns traços desse interesse no meio pediátrico.

Em fevereiro de 1934, Arthur Ramos, na época em Salvador, publicou número especial da *Revista Médica* dedicado à Psicanálise. A revista trazia um artigo de Josef K. Friedjung, de Viena, intitulado "A contribuição da Psicanálise à Pediatria", em que são comentadas as teses de Melanie Klein e Anna Freud; entre outros, aparecia também o do pediatra baiano Hosannah de Oliveira, intitulado "A evolução da afetividade no lactente". Em São Paulo, registrou-se conferência de um importante pediatra, Pedro de Alcântara, da Associação Paulista de Medicina, intitulada "A objeção da psicanálise ao uso da chupeta", em 12 de maio de 1936.

VIAS INICIAIS DA PSICANÁLISE NO BRASIL

A esses primeiros encontros com o pensamento psicanalítico, seguir-se-á outro passo, *a criação das primeiras Clínicas de Orientação Infantil*[56], uma das vias oficiais de entrada da Psicanálise em São Paulo (1939) e também no Rio de Janeiro (1934): a da educação e tratamento de crianças nas instituições públicas, que virão, também, a ser vias para a institucionalização da Psicanálise.

A proposta sustentada pelas Clínicas de Orientação Infantil tinha por fundamento priorizar uma atuação junto *ao meio* onde a criança estava inserida – família, escola –, e apenas secundariamente, em alguns casos mais graves, realizar intervenção direta com a criança.

No Rio de Janeiro, ela estará vinculada à Seção de Ortofrenia e Higiene Mental do Instituto de Pesquisas Educacionais do Rio de Janeiro, criada em 1934 e coordenada por Artur Ramos[57],

---

[54] Em 1929, Porto-Carrero tornou-se professor catedrático de Medicina Legal da Universidade do Rio de Janeiro.

[55] Colaboração direta da autora ao texto.

[56] Baseadas nas Child Guidance Clinics, fundadas em Chicago em 1909, que vêm no esteio das primeiras instituições fundadas por analistas para bebês abandonados ou para delinquentes. Posteriormente, aparece a Taviscock Child Department for Children and Parent (Anna Freud), onde também se dispensa ensinamento aos analistas em formação. Outras experiências de vertentes mais psiquiátricas, voltadas ao tratamento de crianças retardadas e jovens esquizofrênicos, também se desenvolvem.

[57] Artur Ramos, médico de profissão, antropólogo por vocação, edita, em 1934, *Educação e Psychanalyse*, que se propõe à vulgarização da teoria analítica aplicada à educação. Em *A criança problema* (1939), introduz uma distinção, inovadora na

que migrou da retórica para a prática: introduziu uma modalidade de atendimento fundamentada em princípios psicanalíticos, aliando seu conhecimento com o ideário escolanovista[58].

Sua concepção dinâmica sobre o problema já inclui, uma aproximação às teses kleinianas, considerando que só os graves casos sejam tratados; nestes casos, propõe como mais apropriado o emprego *da técnica de Klein,* em detrimento à de Anna Freud: "Não fazemos *análises diretas, ortodoxas,* na criança, a moldo de *A. Freud.* Damos preferência ao *método indireto de M. Klein*, nos casos indicados de correção analítica" (Ramos, 1939, apud Abrão, 2001: 123, grifo nosso).

Em São Paulo, a criação da Clínica de Orientação também sofrerá a influência do ideário da Escola Nova, e será determinada pela atuação de Durval Marcondes, na Liga Brasileira de Higiene Mental, sob uma legislação que dispõe sobre a profilaxia mental, a assistência e a proteção aos psicopatas[59], aprovada em 1934[60].

Em dezembro de 1938, ele inaugura a Clínica de Orientação Infantil, ligada ao Serviço de Saúde Escolar da Secretaria de Educação do estado de São Paulo, onde se formam as primeiras profissionais que realizam o serviço de acompanhamento psicológico da infância. São *visitadoras psiquiátricas* ou *psicologistas*, cargo criado por Marcondes[61], algumas das primeiras profissionais a tentar aplicar as teses freudianas no Brasil.

Valladares (2006) transcreve, a respeito da experiência em São Paulo, as palavras de três participantes, liderados por Marcondes: Darcy Uchoa, Ligia Amaral e Virginia Bicudo. Falam, respectivamente, de profilaxia mental e fortalecimento psíquico; adaptação do indivíduo à sociedade e desenvolvimento mental relacionado às experiências de infância; e vida familiar e personalidade como resultado de compromisso entre exigências sociais e necessidades biológicas e psíquicas do indivíduo.

Naquele momento, cumpre ao médico *psicoanalista*[62] realizar tratamento médico e psicoterápico em casos de distúrbios psiquiátricos. Já se lançava mão de recursos como *entrevista com a criança e observação em sala de brinquedos e recreio*, ainda que com ressalvas, pois, como escreveu Vélez em 1946, "a psicanálise é ótimo método diagnóstico e melhor ainda meio terapêutico, apenas requer tempo dilatado e mais entrevistas do que em geral são possíveis nas clinicas de orientação infantil" (apud Abrão, 2001: 131).

época, entre crianças com déficit intelectual e crianças com problemas emocionais, afirmando que "a grande maioria, 90%, das tidas como 'anormais', verificamos na realidade serem crianças difíceis, 'problemas', vítimas de uma série de circunstâncias adversas" (Ramos, 1939, apud Abrão, 2001: 101).

[58] A Escola Nova ou Progressista, cujo mentor é Anísio Teixeira, parte do princípio de que a escola deve atuar como um instrumento para a edificação da sociedade, através da valorização das qualidades pessoais de cada indivíduo, enfatizando as peculiaridades da criança enquanto ser em desenvolvimento, diferenciado do adulto, com uma lógica de pensamento própria, tornando vital compreender suas características "para melhor gerir sua educação".

[59] Aqui entendida como patologia psíquica em geral. Durval Marcondes propõe a infância como momento estratégico para prevenir e corrigir anomalias que impedem a adaptação da criança ao meio social. Foi dele o projeto de "classes especiais" para crianças com dificuldades, em S. Paulo.

[60] Essa proposta se inscreve no período que vai culminar no Estado Novo (1937/45), em que o governo de G. Vargas busca o estabelecimento de novos dispositivos e controles mais eficazes das políticas sociais, intervindo diretamente o Estado em temas referentes ao domínio privado da família, através de medidas de proteção da maternidade, infância e adolescência.

[61] D. Marcondes realizou antes desta tentativa bem sucedida, várias outras de expansão da psicanálise a espaços institucionais, fazendo sucessivas intervenções na Associação Paulista de Medicina. Ele será o fundador, em 1949, da primeira Sociedade de Psicanálise oficial no Brasil, ligada a IPA. Anteriormente, em 1927, fundou com Franco da Rocha, uma Sociedade Brasileira de Psicanálise, a primeira da América Latina, que foi uma associação de caráter cultural e contou com a participação de médicos, pedagogos, intelectuais e escritores, mas foi dissolvida após algum tempo.

[62] O decreto que instituiu a Seção de Higiene em São Paulo pressupunha a contratação de dois médicos psicoanalistas - termo empregado, ao que parece, em substituição a psiquiatra (Abrão, 2001: 115).

Tanto na experiência paulista como na fluminense, o uso de observação em atividades de jogos ou brinquedos revela influência da *play technique*, produção kleiniana; mas demonstra também que a Psicanálise no Brasil, mesmo ainda não institucionalizada, já sofre os efeitos das controvérsias entre Anna Freud e Melanie Klein.

Quem é o analista ou o que é a análise são indagações. Para Artur Ramos, a proposta annafreudiana é considerada "a da cura analítica ortodoxa", enquanto a de Klein é citada como "método indireto". Essa formulação parece indicar que esse entendimento se deva, naqueles inícios, à leitura da proposição kleiniana como mero artifício técnico para o tratamento (técnica de jogo com crianças como modificação técnica), antes que sua teorização viesse a fundamentar, de fato, uma outra concepção em relação à teoria annafreudiana. Adiante, veremos como a situação de certa forma se inverte e a "verdadeira psicanálise" passa a ser a kleiniana, em contraposição a outras intervenções psicanalíticas, designadas como psicoterápicas, e à própria proposta annafreudiana, que viria a ser considerada pedagógica.

O serviço oferecido nas Clínicas de Orientação Infantil pode ser considerado, assim, a origem de uma prática psicanalítica com crianças de forma mais institucionalizada. Sem erigir uma nova posição na problemática da Saúde Mental, essa prática teve uma preocupação mais científica com as dificuldades e o sofrimento psíquico da "criança problema" em relação ao caráter corretivo e até mesmo erradicador e moralista inicial. Com bons propósitos, esse momento ficará marcado como de sistematizações psicanalítico-psiquiátricas[63] justificando também diversas medidas médico-psicológicas ou certas reeducações a partir de diagnósticos analíticos de distúrbios comportamentais. Apesar de a Psicanálise subsidiar intervenções que visavam à adaptação, possibilitou questionamentos aos pais sobre a forma de educar os filhos; facultou aos professores falar de transferência na relação professor/aluno; e propiciou uma escuta dirigida à criança "desnormatizada", diversa da exclusão.

Essa prática psicanalítica caminhou, assim, em direção à resolução da problemática de uma formação, necessária e adequada, levando também a uma bifurcação no sentido do perfil profissional proposto como mais adequado à sua sustentação.

Durval Marcondes propôs à época uma formação na Secretaria de Educação de São Paulo, com duração de três anos, inspirada na *formação didática* proposta pela IPA[64]. Auxiliava-o Virginia Bicudo[65]. Naquele momento, a Psicologia experimental faz sua entrada como disciplina no próprio serviço de Higiene, agora já parte da Faculdade de Higiene e Saúde Pública da Universidade de São Paulo.

Nessas circunstâncias, a influência da Psicanálise divide o grupo: as *psicologistas* voltam-se ao emprego de técnicas específicas, circunscrevendo sua atenção à psicometria, procurando uma solução mais racional aos problemas de conduta e personalidade das crianças. Por essas características de sua atuação, podemos dizê-las as primeiras "psicólogas". Já as *visitadoras psiquiátricas* encaminham-se para uma visão psicodinâmica da criança, aderindo à teoria psicanalítica, nomeando-se *visitadoras psicologistas* ou *psicanalistas* e até mesmo *psicoterapeutas*, acentuando o caráter psicossocial do tratamento, que representava o aspecto subjetivo da

---

[63] Desenvolvimento de instrumentos como a anamnese psicológica, testes e escalas de habilidades, aos quais se incluíam compreensões dinâmicas, com embasamento psicanalítico.

[64] Em outubro de 1936, chega ao Brasil Adelheid Koch, que, fugindo da guerra, é autorizada a vir para iniciar atividades como analista didata aqui. No ano seguinte, coadjuvada por Durval Marcondes, inicia a formação dos futuros analistas de São Paulo. A Sociedade de Psicanálise de SP é integrada à IPA (Associação Internacional Psicanalítica) em 1951.

[65] Socióloga, ela foi uma das fundadoras da Sociedade de Psicanálise de S. Paulo.

cultura, constitutivo da personalidade do indivíduo. Estas seriam as primeiras "psicanalistas". Já em 1940, encontraremos bem delimitadas as fronteiras que separam essas práticas.

Deixando a descrição e avaliação dessas experiências, nosso interesse, no momento, será relatar algumas questões da institucionalização da Psicanálise em São Paulo, e alguns de seus desdobramentos posteriores em relação à Psicanálise com crianças, já que esses personagens, profissionais em formação a que nos referimos, se tornariam os primeiros analistas da Sociedade de Psicanálise paulista.

A PSICANÁLISE COM CRIANÇAS EM SÃO PAULO

Podemos situar o atendimento psicanalítico de crianças, em sentido lato, nas experiências dessas clínicas, que viriam também a servir de local de estágio no momento da constituição dos cursos de especialização em Psicologia (precursores da faculdade de Psicologia).

Nessa época, iniciam-se de fato os intercâmbios com os analistas britânicos, apoiando-se na integração da Sociedade de Psicanálise de São Paulo (fundada em 1949) à IPA. Muitos profissionais vão a Londres para estagiar e estudar, o que marcará o pensamento psicanalítico brasileiro com as proposições de Melanie Klein e seguidores.

A formação analítica passa a ter efeitos, ocasionando a passagem da esfera preventiva-educativa à atividade psicoterapêutica.

O início da psicanálise propriamente de crianças, em São Paulo, tem, portanto, um caráter bastante prático; a prática é subsidiada por textos de Klein e por analistas formados no exterior, como Virginia Bicudo, Lygia Alcântara e Frank Philips.

A necessidade de formação responde à demanda crescente por atendimentos a crianças, inclusive em consultórios, encaminhadas por médicos ou instituições educacionais - situação também favorecida, provavelmente, pela conjuntura de desenvolvimento econômico, pois isso ocorre em torno de 1950/60[66].

Iniciam-se, assim, algumas atividades de transmissão e formação dentro da Sociedade (que até aí não fizera grandes investimentos no tema criança), levando a que o ano de 1964[67] seja considerado por Amazonas A. Lima (1987) uma data inicial, com a vinda de Arminda Aberastury para ministrar seminários e supervisões em São Paulo e Rio de Janeiro. Mesmo assim, a formação, durante muito tempo, continuou como iniciativa informal, ocorrendo até aí por meio de encontros esporádicos.

Em 1972, Arminda Aberastury[68] retorna a São Paulo junto com Mauricio Knobel para um novo curso[69], atuando como um elemento aglutinador das necessidades de profissionais da área.

---

[66] Em 1969, São Paulo concentrava 35,6% da renda bruta do país, o que beneficiou, segundo Valladares (2006), um pequeno extrato da classe média urbana, que se voltaria para essas novas práticas psicoterápicas, embalada pelos acontecimentos políticos e culturais da época que culmina na rebelião "da geração de 60", produtora de subjetividade.

[67] Ainda assim, só em 1980 o curso de formação seria oficializado no Instituto de Psicanálise de São Paulo como especialização em Psicanálise de Crianças, propondo-se como uma atividade que demandava o percurso inicial de formação oficial em Psicanálise, referida à prática com adultos. Na Argentina, essa especialização já está instituída desde 1948.

[68] O primeiro número da *Revista Brasileira de Psicanálise* traz um artigo seu, intitulado "La existencia de la organización genital en el lactante", sobre a teoria da libido no primeiro ano de vida.

[69] Patrocinado pela Associação de Candidatos da Sociedade; teve uma frequência de 77 profissionais da área e foi nomeado "Psicoterapia infantil de orientação psicanalítica".

Além do marco histórico que essa situação representa, vemos aí uma forte razão para que seu livro, *Teoría y técnica del Psicoanálisis de niños* (1962), tenha sido, durante tantos anos, um manual constante para o iniciante na Psicanálise com crianças. A transferência às suas contribuições, eminentemente baseadas nas ideias kleinianas, promove e mantém o mesmo movimento em curso.

Temos aqui alguns elementos para pensar a passagem da psicoterapia à "psicanálise" de crianças, ou seja, ao atendimento kleiniano considerado "o psicanalítico", em que a formalização da *teoria das relações de objeto* subsidiará a relação transferencial, vista como instrumento privilegiado para operar transformações e reparações, demarcando o trabalho analítico como produto do par analista-analisando.

A interpretação transferencial, no "aqui e agora", será proposta como a mais próxima das emoções originais, da alucinação, da satisfação de necessidades primárias, da dramatização das primeiras frustrações, afastando-se da ideia da análise como busca do não nomeado, ou de esquecidas lembranças da infância, como avalia Lima (1987).

Em depoimento a Jorge Abrão, em 1998, Izelinda G. de Barros[70] reafirma essas colocações, comentando que Klein se destacou por uma preocupação em trabalhar todos os acontecimentos da sessão como transferenciais, sendo sua interpretação considerada fundamental; além da questão da dualidade instintiva, que levou à exigência de interpretar, sobretudo, as manifestações destrutivas. Ela também contextualiza o dogmatismo dos profissionais brasileiros, considerando-o fruto da situação institucional, com a divisão da Sociedade Britânica de Psicanálise em três grupos, o que deu origem a uma filiação quase militante. "[...] O acordo de cavalheiros era de que todo aluno do Instituto (em Londres) passaria pelos três grupos, mas faria análise e supervisão naquele de sua escolha" (Barros, 1998, in Abrão, 2001: 185). Acrescenta ainda outra dificuldade: a de não contarem, àquela época, nem com boas traduções para o português ou mesmo uma cronologia dos textos kleinianos, em virtude do que se produziam muitas vezes interpretações conflitantes ou equivocadas do ponto de vista técnico[71].

Assim, os conceitos kleinianos que tiveram um uso mais livre no trabalho psicoterápico de inspiração psicanalítica parecem ter se enrijecido, acompanhando um ajustamento da teoria geral da Psicanálise freudiana às novas contribuições, direções e desenvolvimento que a institucionalização do grupo kleiniano promoveu na IPA, e que também viria a incidir de forma contundente em sua institucionalização em São Paulo.

Nessa etapa, o enraizamento das teses kleinianas[72] gerou, por um lado, questões sobre a verdadeira Psicanálise, dando margem a discussões como aquelas que dividiam Psicanálise e Psicoterapia; por outro, trouxe contribuições para uma atuação menos higienista: tentou-se

---

[70] Analista didata da Sociedade Brasileira de Psicanálise/S.Paulo, recebeu em 1978, o Prêmio Sigmund Freud pelo artigo: "Dentro dos seus olhos: reflexões sobre a atitude do terapeuta e o desenvolvimento de relação terapeuta paciente na psicanálise de criança", um relato sobre seu pioneiro atendimento psicanalítico a uma criança autista, publicado em *Psicanálise da Criança* (1987).

[71] Apesar de comentado desde os anos 1930, o livro de Melanie Klein, *Psicanálise da criança*, seria traduzido ao português pela primeira vez somente em 1969, pela editora Mestre Jou.

[72] Em 1970, dez anos depois de sua criação, 55 dos 61 candidatos formados no Instituto de Psicanálise da SBP/SP estavam afiliados à Sociedade de Psicanálise. Entre 1970 e 1977, o número de didatas passou de um para quatro, e o de efetivos, de zero para 13. Essa geração, "além do apego à vida societária e ao poder institucional, se caracterizou também pela formação recebida. A maioria dos entrevistados afirma ter sido formada lendo Freud em espanhol, seguido de uma interpretação kleiniana de seus mestres e de Bion, cujo primeiro livro foi traduzido em 1966" (Valladares, 2006: 257). A partir de 1970, com a volta a São Paulo de F. Philips, que foi analisado por Klein e também por Bion, "boa parte se fez reanalisar para se tornar majoritariamente adepta das teses de Bion, na vertente *philipiana*, sendo também a primeira geração a sofrer os efeitos da formação normativa ipeísta" (Valladares, 2006: 257).

subtrair a intervenção terapêutica de uma ortopedia, salientando-se o lugar da fantasia em contraposição a uma visão unicamente voltada à saúde mental como ideal coletivo. Ao introduzir-se a ideia de "normalidade" no próprio âmago da doença, abriu-se caminho para uma abordagem menos rígida dos sintomas. Também foi esse o tempo, aqui, do estudo de investigações do desenvolvimento da criança sob premissas analíticas: René Spitz, Margareth Mahler, Frances Tustin são alguns dos autores lidos.

Além do desenvolvimento dessas ações mais específicas, nomeadas agora Psicanálise[73], essa década viria também a se nutrir de outras vertentes psicológicas, tanto do ponto de vista teórico quanto do técnico. Psicanálise começa a deixar de ser o mesmo que Psiquiatria, juntamente com as variadas práticas "psicológicas" que entram em circulação, como o psicodrama.

Apesar de modificações e mudanças estratégicas de concepção e prática, o lugar de formação que ocupou o Serviço de Higiene Mental Escolar permaneceu até meados dos anos 1970, sendo, aos poucos, deslocado para as Clínicas Psicológicas, a partir da criação dos cursos de especialização em Psicologia Clínica, depois legalizados como cursos universitários de Psicologia[74].

Por essa época, a clínica analítica já tem um caráter eminentemente privado, afastando-se de projetos públicos de saúde mental ligados à educação. Ainda assim, ser psicanalista é, nessa época, uma opção a cuja formação poucos podem ter acesso, já que a Sociedade de Psicanálise é a única que a propõe de forma sistemática. Entra-se, então, à busca de alternativas.

A partir de meados dos anos de 1970, vê-se uma queda dessa hegemonia a partir de novas formas de institucionalização. A intervenção psicanalítica com crianças continua florescendo pelo desenvolvimento de práticas psicoterápicas dos cursos universitários de Psicologia, que passam a ser divulgadores do ensino de Psicanálise em suas Clínicas-Psicológicas, origem do próprio curso que hoje propomos como Psicanálise da Criança[75]; papel relevante desempenha também a institucionalização de outros grupos que entram a dividir o campo sob a égide de outras vertentes teóricas – sobretudo do movimento lacaniano, cujo Centro de Estudos Freudianos será o pioneiro, em 1975. Outras instituições criadas na época foram o Núcleo de Estudos de Psicologia e Psicanálise (NEPP – 1976) e o Grupo de Estudos em Psiquiatria, Psicologia e Psicoterapia Infantil (GEPPI – 1974), ligado à Comunidade Terapêutica Enfance[76].

---

[73] Entre 1961 e 1970, os candidatos do Instituto de Psicanálise eram basicamente médicos e a formação, bastante cara, apesar de não representar o mesmo ônus que recairia sobre a geração dos anos 1970. Em contrapartida, o esforço era rapidamente compensado por uma demanda cada vez maior por tratamento, tanto na clínica quanto nos recém-criados serviços psiquiátricos públicos e privados.

[74] Segundo Éster Botelho (1989), alguns dos conteúdos iniciais dos cursos de Psicologia referem-se às teorias psicanalíticas de Freud e Klein, fundamentos de testes psicológicos e observação da relação mãe-bebê provável influência do trabalho da Tavistok. Os estágios realizados na clínica da orientação infantil eram predominantemente voltados ao atendimento a crianças (apud Abrão, 1999).

[75] A Clínica Psicológica da hoje extinta Faculdade de Psicologia Sedes Sapientiae foi ponto de partida para o Curso de Psicanálise da Criança do Instituto Sedes Sapientiae, que, em 1977, se formalizou como Curso de Psicodinâmica Infantil e depois se renomeou como Psicoterapia Psicanalítica da Criança, antes de chegar a sua designação atual, em 1997. O Instituto Sedes Sapientiae, desde 1977, é uma instituição que se propõe como um espaço para projetos de caráter formativo-educacional, compondo-se de cursos, centro de estudos e pesquisa e uma clínica psicológica.

[76] Apesar de não propor uma especificidade psicanalítica, foi um celeiro importante da formação de profissionais ligados à intervenção com crianças (sobretudo psicóticas), muitos dos quais, mais tarde, vieram a se tornar psicanalistas.

Em 1976, também se institucionaliza o Curso de Psicoterapia de Orientação Psicanalítica do Instituto Sedes Sapientiae[77], que ofereceu, de 1980 a 1987, como atividade optativa, mas sistemática dentro da formação, um seminário teórico e supervisão em Psicanálise de crianças, com duração de dois anos, o qual contemplava leituras de várias vertentes psicanalíticas.

Esse foi um momento em que se retomaram diversos projetos de saúde mental através da Secretaria de Saúde de São Paulo[78], tendo como diretriz, sobretudo, reformular a assistência psiquiátrica pública e sua política manicomial, colocando em xeque o asilamento psiquiátrico[79]. Esses projetos contemplavam a atenção à saúde mental da criança, e alguns deles propunham a Psicanálise como subsídio teórico, iniciando uma outra etapa de difusão e de atuação em psicanálise com crianças, com medidas como a intervenção em grupo, o posterior desenvolvimento de hospitais-dia para crianças, as discussões e intervenções multiprofissionais hoje pensadas como transdisciplinares, além de outras ações visando à detecção precoce de comprometimentos psíquicos. Essas ações viriam a constituir uma das vias atuais de investigação, por meio da retomada da clínica com bebês e de estudos sobre competências precoces, suas interações e laços, renovando interrogações neste campo que buscam ampliar sua esfera de alcance e também continuar investigando os fundamentos da especificidade desta práxis.

---

[77] Sua denominação já indica conflitos em relação ao campo científico e psicanalítico instituído na época. Em 1979, ocorre uma cisão, e o Instituto Sedes passa a oferecer dois cursos de Psicanálise, hoje designados como "Psicanálise - Teoria e Clínica" e "Formação em Psicanálise". O curso Psicanálise – Teoria e Clínica propõe uma formação alternativa à oficial (IPA), tendo como uma de suas vertentes a identificação aos movimentos do campo social, pretendendo ampliar a clínica psicanalítica visando pesquisas de intervenção em campos diversos como grupo, psicanálise de crianças e, também, o diálogo com outras produções e práticas do campo da cultura. (Departamento de Psicanálise – Instituto Sedes Sapientiae, 2006).

[78] Em 1971, Luiz Cerqueira era o coordenador de Saúde Mental do estado de São Paulo; seria responsável por um projeto proposto às cadeiras de Psiquiatria das cinco principais faculdades de Medicina do estado para desenvolver pesquisas sobre modelos de atenção à saúde mental alternativos à internação psiquiátrica, caso do Centro de Saúde Mental de Parelheiros (Med. OSEC) e do Centro Saúde Escola do Butantã (Med. USP), que serviriam a experiências de caráter psicanalítico a muitos profissionais até meados de 1990.

[79] Política de Saúde Mental influenciada por movimentos que vinham se processando na Europa e nos Estados Unidos, por meio de propostas como as comunidades terapêuticas inspiradas pela antipsiquiatria na Inglaterra, o modelo comunitário-preventivo norte-americano, a psiquiatria democrática na Itália etc.

Bibliografia

ABRÃO, Jorge L. F. (1999) *Um percurso pela história da Psicanálise de Crianças no Brasil.* Dissertação de Mestrado defendida junto ao Programa de Pós-Graduação em Psicologia e Sociedade da FCL-UNESP de Assis.

_____. *A história da Psicanálise de Crianças no Brasil.* São Paulo: Escuta, 2001.

ARIÈS, Phillipe. (1960) *História Social da Criança e da Família.* 2 ed. Rio de Janeiro: LTC, 1981.

AUBRY, Jenny. (2003) *Psicanálise de crianças separadas – Estudos clínicos.* Caps. 5 e 14. Rio de Janeiro: Companhia de Freud, 2004.

BADINTER, Elisabeth. (1985) *Um amor conquistado – O mito do amor materno.* Rio de Janeiro: Nova Fronteira.

BARROS, Elias M. (1987) "O pensamento de Melanie Klein e da Escola Kleiniana: A contribuição de Jean-Michel Petot". Prefácio à edição brasileira de PETOT, Jean-Michel. *Melanie Klein I (Primeiras descobertas e primeiro sistema. 1919-1932).* São Paulo: Perspectiva.

DEPARTAMENTO DE PSICANÁLISE Instituto Sedes Sapientiae (2006). *História do Departamento de Psicanálise do Instituto Sedes Sapientiae.* Comissão Organizadora: Daisy M. R. Lino, Heidi Tabacof e Verônica Mendes de Melo. São Paulo: Narrativa.um.

DOLTO, Françoise. (1982) *Seminário de Psicanálise de Crianças.* Colaboração de L. Caldaguès. Rio de Janeiro: Zahar, 1985.

_____. (1971) *O caso Dominique.* Trad. Álvaro Cabral. Rio de Janeiro: Zahar, 1972.

FENDRIK, Silvia I. (1989) *Ficção das origens – Contribuição à história da teoria da psicanálise de crianças.* Porto Alegre: Artes Médicas, 1991.

_____. (1996) "Winnicott: Not Less Than Everything", in *Neurose infantil – Cem anos de Winnicott – Uma contribuição à psicanálise.* Letra freudiana. Escola, Psicanálise e Transmissão. Ano XV, n. 19/20. Rio de Janeiro: Revinter.

_____. (2004) *Psicoanalistas de niños – La verdadera historia*, vol. 1: Melanie Klein y Anna Freud, vol. 2: Winnicott y la Sociedad Británica. Buenos Aires: Letra Viva.

_____. (2006) *Psicoanalistas de niños: Orígenes y destinos de su obra.* Maud Mannoni (Clase 6) e Françoise Dolto (Clase 7). Apostilas de curso ministrado em 2006.

_____. (2007) *Psicoanalistas de niños – La verdadera historia*, vol. 4: Françoise Dolto y Maud Mannoni. Buenos Aires: Letra Viva.

FREIRE, Jurandir C. (1999) *Ordem médica e norma familiar.* Cap. III. Rio de Janeiro: Graal.

FREUD, Sigmund. (1905-15) "Três ensaios sobre a teoria da sexualidade". Cap. II: Sexualidade infantil. In *ESB*, vol. II. Rio de Janeiro: Imago, 1976.

_____. (1907) "Esclarecimento sexual das crianças", in *ESB*, vol IX. Rio de Janeiro: Imago, 1976.

_____. (1908) "Sobre as teorias sexuais infantis", in *ESB*, vol IX. Rio de Janeiro: Imago, 1976.

_____. (1909) "Análise da fobia de um menino de cinco anos", in *ESB,* vol X. Rio de Janeiro: Imago, 1976.

_____. (1914) "Introdução ao narcisismo", in *ESB*, vol XIV. Rio de Janeiro: Imago, 1976.

_____. (1917) "A vida sexual dos seres humanos" – Conf. XX das *Conferências introdutórias sobre Psicanálise*, in *ESB*, vol. XVI. Rio de Janeiro: Imago, 1976.

_____. (1930) *O mal-estar na civilização*, in *ESB,* vol XXI. Rio de Janeiro: Imago, 1976.

FOUCAULT, Michel. (1976) *História da sexualidade – A vontade de saber.* Vol. I, 16 ed. São Paulo: Graal, 2005.

GRAÑA, Roberto B. "Sobre a atualidade da psicanálise de crianças", In *A atualidade da psicanálise de crianças – perspectivas para um novo século*. São Paulo: Casa do Psicólogo, 2001.

JULIEN, Philippe. (2000) *Abandonarás teu pai e tua mãe*. Rio de Janeiro: Companhia de Freud, 2004.

KLEIN, Melanie. (1927) "Simpósio sobre a análise infantil" e (1930) "A importância da formação de símbolos no desenvolvimento do ego", In *Contribuições à Psicanálise*. São Paulo: Mestre Jou, 1970.

_____. *Narrativa da análise de uma criança*. Rio de Janeiro: Imago, 1976.

LACAN, Jacques. (1968) "Discurso de clausura de las jornadas sobre psicosis infantil", In *Psicosis infantil*. Buenos Aires: Nueva Visión, 1971.

_____. (1966) "De nossos antecedentes". In: *Escritos*. Rio de Janeiro: Zahar, 1998.

_____. (2001) "Nota sobre a criança". In: *Outros escritos*. Rio de Janeiro: Zahar, 2003.

LEDOUX, Michel H. (1990) *Introdução à obra de Françoise Dolto*. Rio de Janeiro: Jorge Zahar, 1991.

LIMA, Amazonas A. (1987) "A Psicanálise da criança no Brasil". In: *Psicanálise da Criança*. São Paulo: Revista dos Tribunais.

MANNONI, Maud. "Prefacio" para a edição argentina de *Psicosis infantil*. Buenos Aires: Nueva Visión, 1971.

_____. (1967) *A criança, sua doença e os outros*. Rio de Janeiro: Guanabara Koogan, 1987.

_____. (1973) *Educação impossível*. Rio de Janeiro: Francisco Alves, 1977.

_____. (1979) *A teoria como ficção*. Caps. 2 e 4. Rio de Janeiro: Campus, 1982.

PETOT, Jean-Michel. (1979) *Melanie Klein, Primeros descubrimientos y primer sistema (1919-1932)*, Buenos Aires: Paidos, 1982.

ROUDINESCO, Elisabeth. (1986) *História da Psicanálise da França A batalha dos cem anos*, vol. 2: 1925-1985. Rio de Janeiro: Jorge Zahar, 1988.

STOPPEL DE GUELLER, Adela. (2006) "A ilusão especular", in *Ide - Psicanálise e Cultura*. Sociedade Brasileira de Psicanálise de São Paulo, vol. 29, n. 42, SBPSP, São Paulo.

VALLADARES, Carmen L. M. (2006) *História da Psicanálise – São Paulo (1920-1969)*. São Paulo: Escuta.

WINNICOTT, Donald W. (1965) *O ambiente e os processos de maturação: estudos sobre a teoria do desenvolvimento emocional*. Porto Alegre: Artes Médicas, 1983.

ZORNIG, Silvia A. (2000) *A criança e o infantil em Psicanálise*. São Paulo: Escuta.

Caso Hans: Leituras

Parte II

Caso Hans: um encontro de Freud com a psicanálise da criança

Maria José Porto Bugni

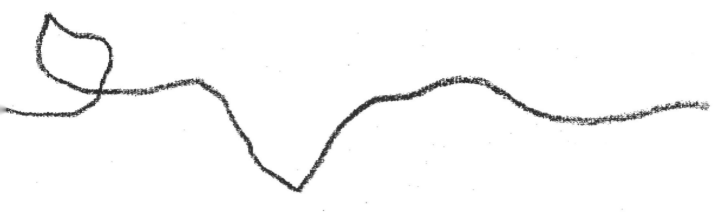

Capítulo II

Caso Hans: um encontro de Freud com a Psicanálise da criança

O caso do pequeno Hans é um dos historiais clínicos escritos por Freud e refere-se ao relato da fobia de um menino de 5 anos. Ao descrever o caso em 1909, Freud fez uma ampla investigação e uma detalhada descrição das fobias, abordando a questão da neurose infantil.

A narração de histórias clínicas foi utilizada por Freud como um dos instrumentos de transmissão e de produção teórica da Psicanálise. Seus relatos eram feitos num estilo literário, cativando a atenção dos leitores ao antecipar-lhes o que seria encontrado adiante no texto. O paciente tornava-se personagem de uma história investigada com vistas à construção e à exposição do pensamento psicanalítico.

Freud (1925) realçou os cuidados que deviam ser tomados na exposição de um caso clínico, pois, como a natureza do material desses casos referia-se à intimidade da vida psicossexual dos enfermos, cujos sintomas expressavam desejos reprimidos, as publicações das histórias clínicas eram aguardadas por muitos de seus colegas para entretenimento particular. Ele evitava, então, as informações que pudessem identificar o paciente e postergava a publicação do material após o término do tratamento, fazendo-a sempre em revista profissional especializada e científica. Outro cuidado apontado por ele referia-se ao registro dos dados, sua recomendação era de que não se tomasse nota alguma durante as sessões, pois isso despertaria a desconfiança dos pacientes e perturbaria o analista na própria apreensão do contexto das sessões. Como o material trazido livremente pelo paciente durante o tratamento surgia fragmentado, entremeado em diversos contextos e distribuído em diferentes épocas, Freud narrava os fatos sem se prender à sucessão linear dos acontecimentos, procurando obter coerência na exposição.

No caso do pequeno Hans, a publicação do historial foi autorizada pelo pai, que foi também quem realizou a análise e fez anotações durante suas observações, expondo o surgimento, o desenvolvimento e o tratamento da fobia, com o registro das associações e verbalizações do menino. Ao publicar o relato desse caso, Freud tinha três objetivos: buscava, por meio das descrições de acontecimentos da infância, a ratificação de suas descobertas sobre a sexualidade infantil nos adultos, publicadas em 1905 nos "Três ensaios sobre a teoria da sexualidade"; visava à compreensão do quadro da fobia e, ainda, à investigação da vida mental das crianças, sobre a qual desdobrou uma reflexão acerca dos objetivos da educação formal. Foi o primeiro relato de incidência, desenvolvimento e tratamento de uma neurose em criança, e Freud considerou a fobia a "neurose da época da infância" (Freud, 1909: 1425). O caso trouxe muitas contribuições à Psicanálise, tornando-se exemplar ao descrever a origem e o desenvolvimento de uma neurose e oferecer um panorama dos principais aspectos do desenvolvimento psicossexual das crianças. A partir da análise de Hans, Freud propôs as teorias sexuais infantis, e o material do caso contribuiu para a origem de dois outros textos: "O esclarecimento sexual das crianças" (1907) e "Sobre as teorias sexuais infantis" (1908). Além disso, a especificidade da fobia articula noções centrais da teoria freudiana: a sexualidade infantil, o complexo de Édipo e o complexo de castração. Esses componentes centrais, embora já estivessem presentes no relato do caso em 1909, foram mais desenvolvidos posteriormente, provocando importantes mudanças na teoria, como veremos na retomada do caso no texto "Inibição, sintoma e angústia", de 1926.

O presente capítulo terá como fio condutor os três objetivos de Freud no estudo desse caso, utilizando como referencial os conceitos freudianos desenvolvidos após 1909, que possibilitarão um acompanhamento da expansão de sua teoria da sexualidade, da compreensão dos distúrbios neuróticos e da concepção do infantil em sua obra, com implicações na clínica.

Em relação ao primeiro objetivo, no texto "Três ensaios sobre a teoria da sexualidade", Freud havia desenvolvido os principais pontos da sexualidade infantil atrelados ao conceito de pulsão, retirando a criança de seu lugar de inocência e atribuindo-lhe uma sexualidade perversa-polimorfa. As ideias apresentadas nesse texto passaram por transformações desde sua primeira edição, em 1905, até a quinta e última edição, em 1925. Nesse período, Freud desenvolveu e aprofundou sua teoria da sexualidade, articulando-a ao complexo de Édipo e ao complexo de castração. Desse período, os textos "A Organização genital infantil" (1923), "Dissolução do complexo de Édipo" (1924) e "Algumas consequências psíquicas da diferença sexual anatômica" (1925a) nos servirão de referência para o acompanhamento do desenvolvimento psicossexual de Hans, suas fantasias, brincadeiras, sonhos e sintoma fóbico. Veremos a contribuição para a compreensão dos distúrbios neuróticos na retomada da fobia de Hans no texto "Inibição, sintoma e angústia" (1926), e finalmente abordaremos algumas contradições de Freud, presentes na discussão do caso de Hans e que são representativas de sua concepção do infantil.

Na teoria psicanalítica atual, falar em complexo de Édipo implica a referência às relações primordiais da criança com a mãe, que mereceu especial atenção de Freud a partir da década de 1930, nos textos "A sexualidade feminina" (1931) e "A feminilidade" (1932), que focalizaremos ao longo desta exposição.

INÍCIO DO CASO

O pai de Hans era discípulo de Freud, interessava-se pela teoria psicanalítica e costumava informar Freud sobre a vida sexual de seu filho de 5 anos através de relatos enviados por carta, pois Freud pretendia encontrar nas próprias crianças as ideias desenvolvidas sobre sexualidade infantil, descobertas em sua clínica com pacientes adultos. Em uma dessas cartas, o pai comunicou o sintoma de fobia apresentado pelo pequeno, que temia ser mordido por um cavalo, recusando-se a sair de casa. Relatou também suas atitudes exibicionistas, seu interesse pelos órgãos genitais, e os atribuiu à ternura pela mãe. Freud se propôs a orientar o pai através de correspondência, tendo se encontrado com Hans uma única vez. O próprio pai realizou o atendimento, prática comum nos primórdios da psicanálise com crianças, e Freud atribuiu a eficácia do tratamento a essa singularidade: "somente a união da autoridade do pai e a autoridade médica em uma única pessoa, e a coincidência do interesse familiar com o científico tornaram possível dar ao método analítico uma utilização para a qual teria sido inadequado em outras condições" (Freud, 1909: 1365).

Antes do aparecimento do sintoma de fobia, por volta dos 3 anos de idade, Hans achava-se bastante interessado pela "coisinha de fazer pipi", denominação dada a seu pênis. Investigava a presença e o tamanho do órgão genital nas pessoas, nos objetos e animais, mostrava prazer visual nessa investigação e, além dessa curiosidade sexual, manifestava interesse em tocar seu "faz pipi". Esse tema da masturbação ocupou grande parte de sua análise e, inicialmente, a origem de seu sintoma foi atribuída aos seus atos masturbatórios. Ao longo dessa investigação, Hans chegou à conclusão de que todos os seres animados tinham "faz pipi", obtendo confirmação da mãe de que também ela tinha um. Esse relato nos conduz ao tema da sexualidade infantil.

A SEXUALIDADE INFANTIL

No texto "Três ensaios sobre a teoria da sexualidade" (1905), Freud aponta para uma sexualidade infantil autoerótica, com as pulsões parciais e as zonas erógenas buscando satisfação de forma autônoma, na busca de um prazer determinado como único alvo sexual; só na puberdade essas pulsões se organizariam em torno de um objeto único, visando à reprodução, com as zonas erógenas subordinando-se ao primado da zona genital. Posteriormente, Freud fará uma revisão dessa concepção, aproximando a sexualidade infantil da sexualidade do adulto. Assim, no texto "A predisposição para a neurose obsessiva" (1913), atribui uma certa organização das pulsões parciais já nas fases oral e anal, denominada *organização pré-genital*, com a predominância de uma atividade sexual ligada a uma determinada zona erógena e um modo específico de relação de objeto. No texto "A organização genital infantil" (1923), Freud afirma que a organização das pulsões parciais sob o primado da zona genital – organização genital só ocorrerá na puberdade, mas é precedida pelo período fálico, denominado *organização genital infantil*. Nesse período, a sexualidade infantil aproxima-se muito da forma definitiva da vida sexual dos adultos, com uma escolha de objeto e uma certa convergência das pulsões em torno do genital. A diferença é que somente um único órgão genital conta para os dois sexos: o órgão sexual masculino; não existe uma primazia genital, mas sim a primazia do falo[1]. O caso clínico de Hans é exemplar dessa fase da organização pulsional, em que o complexo de Édipo, o investimento libidinal na zona genital e a questão da diferença dos sexos ocupam lugar de destaque.

Nessa fase há uma intensa carga libidinal investida na região dos órgãos genitais e isso leva às frequentes apalpações autoeróticas da criança, bem como a uma curiosidade sexual, como bem nos mostra o comportamento de Hans. A criança atribui a posse do pênis a todos, na crença infantil de que não haveria diferença sexual anatômica entre os órgãos genitais dos homens e os das mulheres. A polaridade sexual nessa fase fálica não se faz entre masculino e feminino, mas entre possuir órgão genital masculino ou ser castrado. O pênis torna-se depositário de um intenso amor narcísico por parte da criança. O primeiro objeto de amor para a criança é a mãe, que, por meio de seus cuidados, de suas palavras e seus toques, proporciona a excitação de determinadas partes do corpo, que se constitui em grande fonte de prazer.

---

[1] O termo *falo* raramente é utilizado por Freud, que utiliza o termo *pênis* para designar a parte ameaçada do corpo do menino e ausente no corpo da mulher. Jacques Lacan desenvolverá o conceito analítico de falo, reservando a palavra *pênis* para designar o órgão anatômico masculino, sendo que Lacan localiza tal diferença já na teoria freudiana. "O elemento organizador da sexualidade humana não é, portanto, o órgão genital masculino, mas a representação construída com base nessa parte anatômica do corpo do homem" (Nasio, 1989: 33).

No autoerotismo, a própria criança buscará satisfação da pulsão através da manipulação de determinadas partes excitáveis de seu corpo, que na fase fálica é seu órgão genital: o pênis para o menino e o clitóris para a menina. Essas experiências reais dos cuidados de higiene exercidos pela mãe estimulam e despertam as primeiras sensações prazerosas e, apesar do espanto que tal ideia possa causar, essa função materna é essencial, pois são essas primeiras sensações de prazer que possibilitarão os desejos, inclusive os mais sublimes, na vida adulta.

> Talvez não se queira aceitar o fato de que o terno sentimento e estima que a criança desperta identificam-se com o amor sexual [...] A relação da criança com a pessoa que a cuida é para a criança uma fonte inesgotável de excitação sexual e de satisfação das zonas erógenas. Os cuidados desta pessoa, em geral a mãe, vêm acompanhados de sentimentos procedentes de sua própria vida sexual, a mãe a acaricia, a beija, a toca e claramente a toma como substituto de um objeto sexual. A mãe provavelmente ficaria horrorizada ao tomar conhecimento desta explicação, e ver que com sua ternura desperta a pulsão sexual de seu filho e prepara sua posterior intensidade. Mas a pulsão sexual não é tão somente despertada pelas excitações da zona genital [...] Se a mãe soubesse a enorme importância que têm as pulsões para toda a vida psíquica, para todas as funções éticas e psíquicas, não se recriminaria. Ensinando seu filho a amar, cumpre seu dever. A criança se tornará um homem íntegro, com necessidades sexuais vigorosas e poderá realizar em sua vida tudo aquilo para o que a pulsão conduz o ser humano. (Freud, 1905: 1225)

A ORIGEM DO SINTOMA

O pai de Hans suspeitava que os sintomas podiam estar relacionados à intensa ternura do menino por sua mãe. Relatou duas situações antes do aparecimento do sintoma fóbico, que demonstram seu intenso apego à mãe e a angústia de perdê-la. A primeira referia-se a um sonho, quando o menino, aos 4 anos e 9 meses, acordou chorando e disse à mãe: "Quando estava dormindo, pensei que você tinha ido embora e já não tinha uma mamãe que me acariciasse" (p. 1374). Alguns dias depois, ocorreu a segunda situação, quando Hans sai a passeio com a babá e começa a chorar na rua e pede para voltar para casa para que a mãe o "mime".

A ideia fundamental de Freud, baseada em sua primeira teoria da angústia, é que a angústia surgida nesses episódios corresponderia à transformação da libido não saciada. A ausência da mãe, objeto a quem a libido se dirige, causou angústia. Quando essa libido é saciada – Hans vai ao encontro da mãe e lhe faz carinho –, a angústia desaparece. Freud avalia que nesse primeiro passeio ainda não há o temor aos cavalos, não há objeto fóbico.

Em um segundo passeio, quando Hans sai com sua mãe, mesmo o objeto de amor estando disponível, há um desejo, uma demanda incondicional de amor impossível de ser satisfeita, que se transforma em angústia. A libido, uma vez convertida em angústia, não tem caminho de volta, não há como espontaneamente reverter angústia em libido; algo mantinha a libido sob repressão. Nesse segundo passeio, aparece o objeto fóbico no qual a angústia se fixará. Essa fixação se dá secundariamente e constitui a fobia[2].

Freud (1909) supõe que o objeto no qual a angústia se fixa deveria ter um vínculo com a situação libidinal recalcada. O cavalo seria inicialmente o substituto da mãe, a ela associado

---

[2] A partir desse caso clínico, Freud situou a fobia como o sintoma central de uma neurose, a histeria de angústia, assim denominada pela semelhança com a estrutura da histeria de conversão. Em ambas, frente a um conflito psíquico, atua o mecanismo do recalque, que recai sobre a representação desagradável. A diferença entre elas é que na histeria de conversão o afeto se transforma em expressão no corpo; na histeria de angústia, aparecerá como angústia livre, flutuante, que só posteriormente se fixará num objeto, constituindo o sintoma fóbico.

pelo tamanho do pênis, sendo o amor pela mãe convertido em medo pelo cavalo. Mais tarde, essa ideia será modificada. Freud diz que a mãe tinha um papel predestinado a desempenhar, provavelmente referindo-se ao complexo de Édipo.

Os 3 primeiros anos de vida contêm importantes aspectos para a compreensão das neuroses, no que concerne às relações das crianças com seus progenitores. No trabalho "A sexualidade feminina" (1931) Freud enfatizará essa fase pré-edípica, marcada por uma relação ambivalente com a mãe, mais intensa e conflituosa na menina do que no menino; relação de intenso apego, com um amor apaixonado que exige exclusividade, e com manifestação de ciúmes muito intensos e possessivos na presença de outras crianças ou outros interesses da mãe. Para o menino é uma fase difícil de ser delimitada, uma vez que a mãe continuará a ser o objeto de amor durante a fase edípica, enquanto a menina fará um deslocamento de objeto, da mãe para o pai.

Diante dessa exigência de exclusividade do amor materno, o nascimento de um irmão é um momento doloroso, mas importante na constituição da trama edípica, pois a criança faz um questionamento sobre o lugar narcísico que acreditava ocupar até então, quando supunha ser o centro das atenções e dos interesses maternos. Freud considerou que, a partir do nascimento de sua irmã Hanna, quando Hans tinha 3 anos e meio, houve uma intensificação e uma frustração das suas necessidades eróticas, e a hostilidade proveniente dessa situação expressou-se através de fantasias. A criança sente ódio e ciúmes em relação ao irmão intruso, e rancor contra a mãe traidora. Agora, Hans presenciava a irmã obtendo todos os cuidados que antes eram a ele direcionados. Sua hostilidade em relação a ela manifestou-se no medo que ele tinha da banheira, expressão do seu desejo de que a irmã morresse ao ser banhada, pois atrapalhava seu anseio de ter a mãe só para si.

Freud (1932) diz que as relações libidinosas da criança com a mãe estão presentes nas três fases da sexualidade infantil e incluem suas características, manifestando-se em desejos orais, sádicoanais e fálicos. Esses desejos representam impulsos tanto ativos como passivos, e são ambivalentes; isto é, tanto de natureza carinhosa, como hostil e agressiva. Esses últimos desejos costumam aparecer depois de se transformarem em representações angustiantes.

Assim, os desejos agressivos orais e sádicos podem se manifestar nas crianças no medo de ser morto pela mãe, consequência de seus próprios desejos de que ela morra. Freud (1931) diz que o medo dos meninos de serem devorados pelo pai provavelmente seja consequência da transformação da agressão oral dirigida à mãe, que o alimentou.

A fantasia de Hans, em que ele retira um cavalo da estrebaria e o golpeia, também revela esses impulsos sádicos da sexualidade infantil, o prazer de bater na mãe por sua gravidez, por ter sido destronado, despojado de seu lugar de exclusividade, a partir da chegada de sua irmã. "Tomei um chicote e dei no cavalo até que ele caiu e começou a fazer barulho com os pés" (Freud, 1909: 1405). Pai: "Em quem gostaria de bater realmente, na mamãe, em Hanna ou em mim?" Hans: "Na mamãe" (p. 1406).

Segundo Freud (1932), os precoces desejos sexuais pertencentes à fase fálica são os que mais claramente se manifestam. Nessa fase, o desejo ainda não reprimido de ter um filho é uma manifestação da feminilidade da criança, menino ou menina, através da identificação com a mãe, com a intenção de fazer com os filhos o que a mãe fazia com ela; passagem de uma posição passiva para uma ativa, como vemos tão frequentemente nas brincadeiras infantis. Freud diz que, das perdas ocasionadas pela vinda de sua irmãzinha, Hans se compensou com a fantasia de que também ele tinha filhos. Hans referia-se às amigas como "minhas filhas" e, além de ter filhos como sua mãe, desejava dar um filho a ela, como realização de um precoce desejo sexual da fase fálica. As relações de objeto de Hans incluíam traços autoeróticos, escolha de objeto homossexual e heterossexual. Os traços autoeróticos estavam presentes em sua brincadeira de "fazer pipi" escondido no celeiro como se fosse em um banheiro, e nas fantasias nas quais seus filhos eram concebidos por ele mesmo. Apresentava escolha de objeto homossexual como qualquer criança, na medida em que não conhece senão um tipo de órgão genital, o semelhante ao seu, e se dizia enamorado por um amigo, assim como se interessava pelas meninas fazendo escolha de objeto heterossexual. No desejo de dormir com sua amiga Maruja, exprime os sentimentos eróticos surgidos dos impulsos eróticos ao dormir com os pais[3].

Expressava seu desejo de ser tocado pela mãe: "Por que não pega minha coisinha?" A mãe: "Porque seria uma porcaria" (p. 1372). Revelava todo o prazer em ser tocado, além do prazer exibicionista de ser visto "fazendo pipi", expresso num sonho aos 4 anos e 3 meses, no qual alguém o levava a "fazer pipi": "Escuta o que pensei esta noite. Alguém me disse: 'quem quer vir comigo'? Logo outro disse: 'Eu. Depois tem que pô-lo a fazer pipi'" (p. 1372). A análise do sonho revelou o desejo de Hans de que a amiga o levasse ao banheiro, desabotoando-lhe as calças, tocando seu pênis ao tirá-lo para fora, tal como a mãe o ajudava.

Ao lado dessas intensas vivências na relação com a mãe, o aparecimento de um irmãozinho aciona a curiosidade infantil. O nascimento de Hanna se constituiu em um estímulo para Hans investigar a origem dos bebês e seus desdobramentos, formulando respostas através das teorias sexuais infantis, e estas estão presentes na formação de seu sintoma fóbico. "[...] as teorias sexuais infantis são edificadas durante uma época em que os componentes sexuais podem emergir nelas sem obstáculos ou modificações [...] logo sucumbem à repressão ficando relegadas ao inconsciente" (Freud, 1908: 1270). Assim, por intermédio destas construções teóricas, a pulsão sexual torna-se a matéria prima do infantil. Durante o nascimento de sua irmã, Hans observou tudo o que ocorreu, percebeu os gemidos da mãe, a maleta do médico, a bacia de água com sangue, e comentou que de seu "pipi" não saía sangue. Após o parto, recebeu com ceticismo tudo o que se referia à fábula da cegonha. A análise demonstraria que, em contradição com suas manifestações, Hans sabia muito bem de onde provinha Hanna e o lugar onde permanecera confinada até o parto. Esse conhecimento foi confirmado pela fantasia relatada aos 4 anos e 9 meses, quando Hans afirma que Hanna já estava com eles em uma viagem feita a Gmundem, quando a mãe ainda estava grávida. Freud (1908) afirma que tal conhecimento é mantido em segredo e sucumbe, posteriormente, à repressão e ao esquecimento, com todos os demais resultados da investigação sexual infantil. Posteriormente, Hans mostraria como imaginava um parto, ao brincar com um canivete da mãe, introduzindo-o no orifício redondo aberto no corpo de uma boneca e fazendo-o cair, abrindo as pernas da boneca. Hans questionava a participação do pai no nascimento de Hanna, pois este dizia que ela também era sua filha. Além disso, Freud diz que a excitação que a criança sente em seu órgão genital sempre que pensa nessas questões a faz suspeitar que seu pênis tem algo a ver com esses processos enigmáticos. "A esta excitação se enlaçam obscuros impulsos a um ato violento, a uma penetração, a romper algo ou abrir um buraco em alguma parte" (Freud 1908: 1267). Esses impulsos colaborarão com a fantasia de que o coito é sempre de caráter

---

[3] O costume frequente e tão "carinhoso" de os pais compartilharem a cama com os filhos reativa os desejos erotizados destes, que buscarão dentro de seus recursos administrar a tensão que aflora em seus corpos.

sádico, um ato violento. Nessa investigação, a criança se depara com a teoria da universalidade do pênis, e assim formula a teoria de que as crianças são paridas pelo ânus, o que permite aos meninos também desejarem ter filhos sem qualquer conflito.

Para Freud, essas teorias são desenvolvidas de forma semelhante por todas as crianças, por terem suporte nos componentes das pulsões parciais que nelas atuam, mas principalmente por serem uma herança filogenética.

> É possível que todas as fantasias que hoje nos contam em análise tenham sido uma realidade outrora, nos tempos primitivos da família humana e que, ao criar fantasias, a criança apenas preencha, valendo-se da verdade pré-histórica, as lacunas da verdade individual. (Freud, 1917: 2354)

Isso implicaria, segundo Laplanche (1964) que o que foi realidade na pré-história teria se transformado em realidade psíquica[4].

A fantasia universal da castração tenta dar conta do problema da diferença sexual anatômica entre homem e mulher. Com o nascimento de sua irmã, Hans a viu sendo banhada e, a princípio, a descoberta visual da região genital feminina não produziu nenhum efeito. Dentro da lógica da fase fálica, a criança não vê o órgão sexual feminino, mas a falta do pênis. Dada sua crença na posse universal do pênis e seu apego narcísico a seu órgão genital, o menino dá várias explicações para o que vê, não podendo admitir de imediato que um ser semelhante seja desprovido de tal órgão; como bem nos diz Hans: "que coisinha pequena ela tem" ou "crescerá mais tarde" (p. 1368); ou seja, a menina tem um pênis, só que é pequeno e vai crescer[5].

A AMEAÇA DE CASTRAÇÃO

Na fase fálica, a intensa carga libidinal na região dos órgãos genitais leva à masturbação, que se torna alvo de reprovações e ameaças por parte dos adultos. Aos 3 anos e meio, a mãe de Hans o ameaçou diante de seu comportamento de masturbação, dizendo que chamaria o Dr. A "para cortar fora seu faz pipi" (p. 1366). Freud localizou aí a origem do complexo de castração.

Freud havia indicado ao pai de Hans que fosse esclarecida a ausência de pênis na mãe. Apesar da percepção visual do corpo da menina, é a percepção da mãe desprovida de pênis que representa de fato a ameaça de castração. Surgiu em Hans a lembrança de uma cena da advertência de um pai para a filha: "não ponha o dedo no cavalo, pois ele pode morder" (p. 1378). A expressão é semelhante à advertência usada para inibir a masturbação: "não ponha o dedo no pipi".

Após um período de resistência, a constatação da ausência de "pipi" nas mulheres somou-se às lembranças das ameaças verbais ouvidas havia mais de um ano, e a perda de seu próprio pênis tornou-se uma possibilidade real. Hans buscou um reasseguramento: "meu pipi está colado em meu corpo" (p. 1380), mas a ameaça feita meses antes foi reavivada. Freud (1909)

---

[4] Na busca pela etiologia das neuroses, Freud partirá de acontecimentos primitivos, denominados *cenas*, e que ilustram a tentativa de localizar essa etiologia em acontecimentos reais arcaicos, em traumatismos infantis, e chegará à ideia de *fantasia originária*, que exprime de um modo imaginário a vida pulsional.

[5] Freud (1908) também atribuiu aos obstáculos colocados pelos adultos em relação à investigação sexual infantil as dificuldades das crianças no reconhecimento da diferença sexual.

diz que o fato de a ameaça produzir efeito algum tempo depois de sua formulação é típico de episódios ocorridos na infância[6].

A ameaça de castração adicionada à constatação de a mãe ser castrada torna o menino um alvo potencial dessa ameaça, acompanhada da angústia correspondente, do medo da castração. A ausência de pênis na menina é frequentemente interpretada como um castigo por desejos proibidos. Na fase fálica, esses desejos se relacionam a fantasias que incluem a mãe e o erotismo genital. A ameaça de castração coloca o menino frente a um conflito entre o interesse narcisista de seu pênis e o investimento libidinoso em relação à mãe.

COMPLEXO DE ÉDIPO

Freud fez suas considerações sobre o sintoma fóbico de Hans dentro de um contexto edípico, tendo suas hipóteses confirmadas por fantasias relatadas pelo pequeno.

Hans após ter ido dormir com os pais numa noite em que ficara com medo, faz este relato no dia seguinte: "Havia de noite em meu quarto uma girafa muito grande e outra toda enrugada, e a grande começou a gritar, porque lhe tirei a enrugada. Depois deixou de gritar, e então eu me sentei em cima da girafa enrugada" (p. 1381). Essa fantasia será tomada como uma manifestação dos componentes do complexo de Édipo referentes ao caráter de desafio e triunfo em relação ao pai, quanto ao seu desejo de apossar-se da mãe. Hans costumava ir à cama dela, apesar da insistência do pai para não fazê-lo, e expressava seu desejo de que o pai partisse e ele pudesse ficar a sós com a mãe.

Ainda com referência ao complexo de Édipo, Hans relatou duas fantasias ao pai: "Ouve, hoje pensei duas coisas. A primeira é que fui com você a Schoenbrunn, ao lugar onde estão as ovelhas, e passamos por baixo da corda. Depois contamos ao guarda que fica na porta e ele nos prendeu. A segunda esqueci." (p. 1383). Completa depois: "Ouve, esta manhã pensei outra coisa. Andei com você no trem e quebramos uma janela, e o guarda nos prendeu" (p. 1384). Freud dirá tratar-se de novas fantasias de apropriação da mãe, revelando que seu desejo proibido podia resultar em punição. Ambas se referiam a algo proibido e passível de ser punido. Percebemos que em ambas o pai está envolvido nos dois papéis ocupados pelo pai no complexo edípico, ou seja, como agente da interdição e como modelo da transgressão, como se dissesse: "Eu desejaria fazer alguma coisa com a mamãe, alguma coisa proibida por você; não sei o que é, mas sei que você faz com ela". Hans demonstrou, com essa segunda fantasia, como concebia o envolvimento entre pai e mãe, e que as relações sexuais eram representadas como ações violentas, fantasias simbólicas do coito, dando sequência às suas teorias sexuais.

Essas fantasias confirmaram a nova hipótese de Freud, na qual o objeto fóbico era atribuído ao pai e não mais à mãe. O medo de Hans de que o cavalo entrasse no quarto e outros elementos do sintoma fóbico, como o medo de cavalo "com coisa preta" sobre o focinho, levaram Freud a associar esse detalhe ao bigode do pai, associando-o ao cavalo. Na única visita que Hans fez a Freud, este desempenhou o papel de oráculo, e a história de Édipo foi anunciada

---

[6] Esse dispositivo definido como *nachträglich* (só depois) é usado por Freud para compreender a etiologia das neuroses, bem como o funcionamento do psiquismo em geral, da perspectiva temporal. Um acontecimento, no momento em que ocorre, não tem efeito tão importante para o sujeito, mas, posteriormente, conforme se associa a outros elementos, ganha nova significação. Há nesse primeiro acontecimento uma impossibilidade de estabelecer sentidos representacionais que signifiquem a experiência vivida. Esta só deixa marcas, sem possibilidade de conexões. Só depois, quando um segundo acontecimento evoca a associação com alguns elementos, mobiliza, reativa a primeira experiência, que vai, então, adquirir valor psíquico, tornando sua lembrança traumática. É nessa temporalidade *a posteriori* que Freud encontrará a possibilidade para o processo do recalcamento.

na tentativa de tranquilizar Hans, por estar inserido em uma história comum a todos os meninos. Freud comunicou-lhe, nessa ocasião, que temia seu pai como consequência de seus desejos ciumentos e hostis em relação a ele, por desejar a mãe só para si.

Para Freud, até os 3 anos de idade, o menino tem sentimentos carinhosos pelo pai, que persistirão na relação de ambos. A disposição bissexual dos seres humanos se apresenta nas atitudes femininas e masculinas, presentes especialmente na fase anterior ao complexo de Édipo, quando o menino também quer substituir a mãe na condição de objeto de amor do pai. Porém, entre 3 e 5 anos de idade, as relações de objeto das crianças se caracterizam por intensos desejos amorosos pelo genitor do sexo oposto, acompanhados de rivalidade e desejos hostis pelo genitor do mesmo sexo. Aqui, temos a chamada versão positiva do complexo de Édipo[7]. O menino produz intensas fantasias eróticas de possessão da mãe, e deseja não só tomar o lugar do pai como também seu desaparecimento, expresso por fantasias de parricídio; em decorrência dessas fantasias, aparece o temor da retaliação por parte do pai. A relação com ele, até então marcada por uma identificação amorosa, irá tornar-se ambivalente. É essa antítese de sentimentos, de amor e ódio dirigidos para a mesma pessoa, que será caracterizada como ambivalência. Dentro do complexo edípico, o menino quer ser o pai, fazer o que o pai faz, e quando isso inclui a mãe, além de modelo, o pai torna-se rival. Não deixa de ser amado, mas surge um conflito entre amá-lo e odiá-lo. Assim, para Freud, o medo de Hans podia ser entendido como medo do pai e medo pelo pai. O medo do pai vinha da hostilidade em relação a ele, enquanto o medo pelo pai vinha da ambivalência, e era a expressão da afeição por ele.

Os casos clínicos vistos por Freud e sua concepção da disposição bissexual nos seres humanos conduzirão, posteriormente, a uma versão negativa do complexo de Édipo, na qual o objeto de desejo será o genitor do mesmo sexo, e o rival, o genitor do sexo oposto. Ambas versões coexistirão. A ambivalência do menino em relação ao pai, a partir de então, não será determinada pela simples rivalidade, mas pelo Édipo negativo (Freud, 1923a).

No relato do caso, podemos identificar componentes de ambas as versões do complexo de Édipo, mas Freud, em 1909, fará suas considerações utilizando os componentes centrais do Édipo positivo, de sentimentos ternos em relação à mãe e hostilidade em relação ao pai.

O enunciado de Freud sobre o mito de Édipo, durante a visita que Hans lhe fez, surtiu efeitos:

> [...] ao esclarecer Hans sobre este assunto, liquidei sua resistência mais poderosa contra permitir aos seus pensamentos inconscientes tornarem-se conscientes, pois seu próprio pai estava agindo como seu médico. O pior do ataque estava então acabado; havia uma torrente abundante de material; o pequeno paciente convocou coragem para descrever os detalhes de sua fobia, e logo começou a tomar parte ativa em sua análise. (Freud, 1909: 1384)[8]

Hans passa a conduzir sua análise, que até então fora direcionada pelo pai, de acordo com os interesses das investigações do mestre Freud.

---

[7] O complexo de Édipo dito positivo é um conceito desenvolvido por Freud a partir dos sonhos de morte dos entes queridos. Cf. o texto *A Interpretação dos sonhos,* de 1900.

[8] Freud referirá a intervenção feita pelo analista como uma *arte interpretativa*: "Mas tendemos em primeiro lugar não à obtenção de um resultado terapêutico, senão colocar o paciente em situação de aprender conscientemente seus impulsos inconscientes. Para isso, baseando-nos em suas manifestações e, com o auxílio de nossa arte de interpretação, colocamos diante de sua consciência, expresso em nossa forma verbal, o complexo inconsciente" (Freud 1909: 1427). Nos primeiros tempos de sua clínica, Freud tinha como objetivo tornar consciente o inconsciente, com vistas a preencher os vazios de memória. Os obstáculos nos tratamentos e a introdução, em sua teoria, do segundo dualismo pulsional e de conceitos como o da compulsão à repetição o conduzem, posteriormente, ao trabalho de construção em análise para a produção de sentido e à própria limitação desta quanto ao desaparecimento do sintoma.

NOVOS ELEMENTOS DO SINTOMA

Hans foi acrescentando novos dados ao seu sintoma, dizendo em diferentes ocasiões que agora temia que os cavalos caíssem, temia os que estavam em movimento e os que estavam carregados, pois eram pesados e podiam cair. A queda do cavalo foi associada à queda de um amigo que, brincando de cavalinho, caiu e se machucou. O pai interpretou que essa situação evocava o desejo de Hans de que o pai caísse e morresse. Ao ouvir tal interpretação, Hans a confirmou com uma brincadeira em que deixava o brinquedo cair, e passou a expressar mais livremente sua agressividade, relatando a fantasia de espancamento dos cavalos, citada anteriormente. Freud observou que esse desejo de espancar os animais continha, além do impulso sádico referente à mãe, um impulso de vingança contra o pai. Assim, o medo de Hans seria expressão de um conflito entre desejo de queda e morte do pai e culpa por esse desejo. O medo dos cavalos que se movimentavam estava ligado à ideia de partida, ao desejo de que seu pai partisse e se afastasse de sua mãe e ao consequente medo da reação do pai frente a esse desejo.

Freud identificou nesse episódio da queda do cavalo o motivo ocasional da aparição da fobia da neurose. Não atribuiu à cena um caráter traumático, mas atribuiu sua importância à conexão do desejo de queda e morte do pai ao conjunto de ideias referentes ao parto da mãe: "[...] graças à flexibilidade e à ambigüidade das cadeias associativas, o mesmo acontecimento agitou o segundo dos complexos que se escondiam no inconsciente de Hans, o complexo do parto de sua mãe grávida. A partir desse momento, o caminho ficou livre para o retorno do reprimido, de tal forma que o material patógeno foi transferido ao complexo do cavalo e todos os afetos concomitantes transformados em angústia" (p. 1435).

O objeto temido foi se revestindo de novas características, e em todas é possível constatar a presença das teorias sexuais formuladas por Hans. Cavalos e carroças que faziam mudança, em movimento e repletos de bagagem, eram temidos, pois havia a possibilidade de queda. Hans os associara às "caixas de cegonhas"; eram, assim, representações simbólicas da gravidez, de mulheres grávidas, com ventre "carregado". Ao presenciar a queda de um desses cavalos carregados, associou-a a um parto, a um desprendimento, pois o rebuliço que o cavalo fez com as patas quando caiu lembrou-lhe o modo como ele próprio mexia seus pés ao defecar. Freud dirá que, para Hans, o cavalo que caiu representava não só seu pai moribundo, mas também sua mãe no parto. Os elementos do sintoma de Hans aproximaram o tema das excreções (das fezes) ao tema da gravidez e do nascimento.

Assim, a gravidez e o nascimento são compreendidos por meio de uma teoria sexual infantil, segundo a qual os excrementos passam a ter a significação de "crianças", onde a fertilização ocorre pela boca e o nascimento pelo ânus. A defecação torna-se o modelo do ato do nascimento. Segundo Freud (1909), tal teoria teria que fazer Hans passar pelo complexo do excremento. Através do jogo em que introduziu um canivete numa boneca e depois, abrindo-lhe as pernas, fez com que ele caísse, mostrou como concebia um parto. Nascimento e defecação, bebê e excrementos foram tratados por Hans segundo uma equivalência simbólica, ideia desenvolvida por Freud (1917b), que apontou a equivalência simbólica entre pênis, fezes, bebê, presente e dinheiro. Assim Hans chegou à ideia de que Hanna saíra da mãe como um cocô, correspondência reafirmada pela escolha do nome de Lodi[9] para seu

---

[9] Hans, ao ser questionado sobre o nome Lodi, associa-o a uma "saffalodi", uma espécie de salsicha.

filho imaginário, numa associação de filho-salsicha-cocô. Pai: "Uma saffalodi não se parece um cocô?" Hans: "Sim". Pai: "Quando estava sentado no urinol e saía um cocô, imaginava que tinha uma criança?" Hans (rindo): "Sim. Já na outra casa. E depois aqui" (p. 1414). O desejo de ter filhos, expresso através de fantasia relatada anteriormente, associava-se ao prazer por ele obtido na excreção das fezes. Tinha também prazer em ver sua mãe evacuar.

O episódio da queda do cavalo associou-se tanto à gravidez e ao parto da mãe, quanto à queda do pai. A queda expressaria o desejo de morte da mãe pela gravidez indesejada, bem como da morte do pai, seu rival[10]. O medo de que o cavalo o mordesse, assim como o medo de que o cavalo caísse, ocultava o terror da punição por esses maus desejos.

Na epícrise do caso clínico de Hans, buscando a compreensão do surgimento do sintoma fóbico, Freud ressaltou uma sucessão de acontecimentos na vida de Hans. Do nascimento de Hanna decorreram tanto a frustração da satisfação libidinal em relação à mãe, quanto o desencadeamento da investigação sobre a origem dos bebês e a diferença dos sexos; formularam-se, então, as teorias sexuais infantis; estabeleceu-se um conflito ambivalente com o pai, a quem amava, mas que o frustrava em sua ânsia de ficar com a mãe, e o decepcionava em sua investigação sobre a participação na gravidez materna, e isso se conjugava aos componentes sexuais recalcados em sua vida.

Vários componentes foram recalcados: seu voyeurismo nas atividades excrementícias, seu exibicionismo em relação ao pênis, sua atividade masturbatória. Entretanto, Freud localizará o conteúdo do sintoma fóbico nos impulsos hostis e ciumentos em relação ao pai e sádicos em relação à mãe, os quais nunca puderam exteriorizar-se livremente e foram suprimidos[11]. Dirá que "numa situação de privação e aumento de excitação uma parte das inclinações agressivas, que não haviam encontrado exutório, forçou seu caminho para a consciência e aí surgiu a luta chamada fobia durante a qual uma parte das representações reprimidas penetrou deformada na consciência como conteúdo da fobia (Freud, 1909:1436)"[12]. Esses foram os componentes que agitaram o motivo ocasional da fobia, atribuído à queda do cavalo.

---

[10] Temos aqui um modo de funcionamento no qual vários conteúdos inconscientes se unem e se sobrepõem, expressando-se através de um único elemento, para o qual se transfere a intensidade pulsional. Trata-se do processo de condensação e do processo de deslocamento. Ambos cooperam na formação de sintomas e sonhos, e são característicos do funcionamento dos processos inconscientes.

[11] Freud compreendia essa agressividade como um dos componentes da libido sexual. Somente no texto "Além do Princípio do Prazer", de 1920, ele proporá o conceito de pulsão de morte, em oposição à pulsão de vida, atribuindo à agressividade uma origem independente dos elementos sexuais.

[12] No texto *Conferências Introdutórias à Psicanálise*, Freud se ocupa da etiologia das neuroses em sua dimensão econômica, buscando relações existentes entre os fatores determinantes para o aparecimento dos sintomas neuróticos: a frustração, a fixação da libido e o conflito psíquico. Faz as seguintes considerações sobre o surgimento dos sintomas neuróticos: "Os sintomas são uma substituição para a satisfação frustrada, realizada por meio da regressão da libido a fases anteriores, circunstância que traz consigo o retrocesso aos objetos ou organizações características destas fases" (Freud, 1917: 2350). E mais: "A libido é atraída para o caminho da regressão pela fixação que ela havia deixado para trás em seus estados evolutivos. Se esta regressão provocar uma oposição por parte do eu, surge o conflito e surgirá a neurose" (p. 2346). Mas também segundo Freud, "tudo isso é apenas uma parte da causação, que produz seus efeitos no sentido regressivo a partir da realidade na direção da formação dos sintomas". Juntará a esta parte uma segunda influência progressiva, "que produz seus efeitos desde as impressões infantis, assinalando o caminho da libido que se retira da vida e permite compreender a regressão à infância, que de outro modo seria incompreensível. Ambos os fatores se conjugam na formação dos sintomas. Mas há uma colaboração anterior que me parece importante, pois a influência da infância já se faz sensível na situação inicial da formação da neurose, determinando, de modo decisivo, se o indivíduo irá fracassar, e em que ponto, na superação dos problemas reais da vida" (Freud, 1918: 1969).

A COMPREENSÃO DA FOBIA NA SEGUNDA TÓPICA

Hans conduziu sua análise de forma independente em direção aos problemas relativos ao nascimento, à defecação e também à castração. O complexo de castração é a grande descoberta de Freud no estudo desse caso clínico. Ao retomar o caso Hans, em 1926, no texto "Inibição, sintoma e angústia", Freud o interpretará com os componentes do complexo de Édipo e de castração, que em 1909 ainda não tinham sido formalmente conceituados e, desde então, passaram por maior elaboração. O nascimento, o desmame e a defecação serão apontados como experiências de separação vivenciadas anteriormente pela criança. São modos precursores da castração, embora afirme que o termo *castração* deva ser aplicado exclusivamente à castração genital na fase fálica, que terá um efeito de ressignificação retroativa sobre as lembranças dessas separações anteriores. Dirá, também, que na fobia de Hans todos os componentes do complexo de Édipo foram recalcados: a relação sádico-terna com a mãe e a amorosa-hostil com o pai. A produção teórica de Freud que se ocupara até então do recalcado, nesse texto de 1926, volta-se para a instância recalcante. Com a elaboração da segunda tópica, em 1920, surge a diferenciação das instâncias psíquicas *isso*, *eu* e *supereu*, e aparece o jogo de forças entre tais instâncias. O recalque será considerado uma das modalidades de defesa do eu, e o complexo de castração, o referente central do sintoma fóbico.

Nesse texto, Freud investigou a formação do sintoma de Hans, a pulsão recalcada e principalmente o motivo de tal recalcamento. Nessa busca, aproximou-se do tema da angústia e desenvolveu sua segunda teoria a respeito, na qual há uma mudança importante: a partir de então, dirá que não é a repressão que cria a angústia, mas a angústia que cria a repressão. O motor da repressão é a angústia de castração. Nessa nova abordagem, a noção de perigo ocupa lugar de destaque, pois a angústia será concebida como uma reação a um estado de perigo, que se reproduzirá quando tal estado voltar a surgir.

A SEGUNDA TEORIA DA ANGÚSTIA

Freud faz uma distinção entre angústia automática e angústia como sinal de perigo. A angústia automática decorre de uma situação traumática[13], tendo seu modelo na vivência de nascimento do bebê, quando se vê impotente diante do acúmulo de excitação interna e externa que é incapaz de dominar, o que o leva a uma situação de desamparo biológico e dependência em relação à mãe, a qual é o objeto capaz de lhe satisfazer as necessidades de sobrevivência. Para Freud, o nascimento é a primeira experiência de angústia do bebê, enquanto, para a mãe, essa experiência de nascimento do filho é vivida como uma castração, de acordo com a equivalência simbólica pênis = filho[14].

A criança, ao perceber que a presença da mãe satisfaz suas necessidades, atribuirá o perigo à ausência de objeto, à separação da mãe, e isso é o que deverá ser evitado. A angústia surgida inicialmente pela separação do objeto, enquanto objeto da necessidade de sobrevivência, irá

---

[13] O conceito freudiano de trauma contempla desde a ideia de um fato real de sedução por parte de um adulto até a impossibilidade de simbolização, em que o traumático diz respeito a um excesso na intensidade do estímulo, que não pode ser ligado a representações, a uma cadeia associativa que lhe dê sentido, o que causa desprazer.

[14] A menina, diante da descoberta da diferença sexual, reconhece sua castração, inveja o pênis e quer possuí-lo. Atribui à própria mãe o fato de não possuir tal atributo e direciona-se ao pai na esperança de obter dele o pênis almejado. De acordo com a equivalência simbólica, o desejo de possuir um pênis é substituído pelo desejo de ter um filho.

tornar-se angústia pela perda de um objeto já investido pulsionalmente. A angústia infantil aparece diante de pessoas estranhas, no escuro e na solidão, e em todas essas situações o que está em jogo é a ausência da pessoa amada; a angústia infantil refere-se à perda da mãe.

Assim, a angústia experienciada no nascimento torna-se modelo; ou se produz automaticamente em situações análogas à que apareceu originariamente, e pode ter uma influência traumática sobre o eu, se houver um transbordamento, deixando-o desamparado; ou é reproduzida como sinal de prevenção contra um perigo interno ou ameaça externa, permitindo que o eu acione as defesas adequadas. A angústia, além de sinal de perigo, é também uma reação frente a uma perda ou uma separação. Cada período da vida [do sujeito] tem seu próprio determinante de angústia, sendo nos primeiros tempos o desamparo psíquico, seguido da perda de objeto na primeira infância, o perigo da castração na fase fálica e o medo do supereu na latência.

Na fase fálica, o pênis é uma garantia para o menino de que ele pode ficar unido à mãe no ato da copulação. Estar castrado na fase fálica corresponde à impossibilidade dessa união e, se não houver saída para essa necessidade instintual, há o perigo de ficar submerso numa tensão, num afluxo de excitação. Diante de situações de perigo, advindas das forças pulsionais indomáveis ou do meio ambiente, a angústia dá o sinal de alerta e o eu se defende com o mecanismo do recalque, presente na gênese do sintoma neurótico[15].

O recalque se faz sobre os desejos e fantasias eróticas ou hostis do sujeito, os quais, se realizados, causariam desprazer. A representação fica reprimida, mas o *quantum* pulsional deve ligar-se a outra representação. A pulsão é insistente na busca de expressão e satisfação, e encontrará no sintoma uma forma disfarçada de obtê-las. O desejo passa a se realizar através de um disfarce, uma formação substitutiva, um elemento designado de maneira simbólica, podendo ser por deslocamento, como no caso da fobia. Esse deslocamento aparece disfarçado para o eu na busca de uma satisfação. Freud (1926) diz que o que o autorizava falar de um sintoma neurótico no caso Hans era a substituição do pai pelo cavalo. O deslocamento do pai para o cavalo foi facilitado pelo pensamento totêmico presente na infância, quando um animal pode ter o mesmo status de um adulto. Além disso, a queda e o ferimento de um amigo que brincava de cavalinho, tal como ele mesmo fazia com seu pai, facilitou a ligação do pai com esse amigo, e determinou a escolha do animal como objeto causador de angústia. Também colaboraram as experiências do cotidiano de Hans, tiradas da proximidade de sua casa com o depósito da Alfândega, com circulação de carros e cavalos[16].

Assim, para Freud, o sintoma é o retorno do reprimido e tem um sentido, uma mensagem dos conteúdos inconscientes recalcados, e pode ser decifrado. Também é sobredeterminado, havendo vários fatores constituintes. É expressão de um conflito entre uma reivindicação pulsional do isso e uma instância recalcante, que cria a necessidade de um recalcamento. É uma formação de compromisso que busca satisfazer simultaneamente as exigências de defesa e as de satisfação pulsional.

---

[15] Freud diferencia a representação e o afeto na pulsão. O recalque é a defesa do eu que incide somente sobre a representação, mantendo-a afastada da consciência. A carga de afeto é um *quantum* de energia, ímpeto da pulsão, que se espalha sobre os traços mnêmicos das representações, como um deslocamento sobre uma rede, podendo aumentar, diminuir ou ser descarregado. Esse *quantum* pulsional é percebido [pela sensação] como afeto, sendo a angústia também um afeto.

[16] A escolha dos elementos do sintoma se assemelha aos "restos diurnos" dos sonhos, *nos quais* elementos insignificantes para o indivíduo, por uma série de associações, se relacionam a um material fantasmático inconsciente bastante significativo.

Em relação ao sintoma fóbico de Hans, Freud (1926) afirma que a ideia de ser castrado pelo pai, em decorrência da hostilidade a ele dirigida, foi recalcada e substituída pelo medo de ser mordido pelo cavalo. Hans desistiu da agressividade direcionada ao pai pelo medo de ser castrado, medo de que o cavalo lhe arrancasse seu "faz pipi", tornando-o semelhante a uma mulher.

> Eis, agora, o resultado inesperado a que chegamos: o motor do recalque é a angústia de castração; o conteúdo da angústia ser mordido pelo cavalo é substituto obtido por deformação do conteúdo ser castrado pelo pai. A angústia, que constitui a essência da fobia, não tem por origem o processo de recalque, nem os investimentos libidinais dos movimentos recalcados, mas o próprio recalcante; a angústia da fobia de animais é a angústia de castração, inalterada, angústia diante de um perigo real, diante de um perigo efetivamente ameaçador ou, pelo menos, julgado real. (Freud, 1926: 2846)

A diferença, para Freud, entre a angústia real e a angústia da fobia é que o conteúdo desta última é inconsciente e chega à consciência deformado e disfarçado. A angústia das fobias é uma angústia do eu diante da castração, mediante as exigências da libido; angústia nascida no eu e que provoca o recalcamento, e não surge dele.

> Atribuí à fobia o caráter de uma projeção, na medida em que ela substitui um perigo pulsional interno por um perigo perceptível exterior. A vantagem desta substituição reside em que podemos defender-nos contra o perigo exterior, fugindo dele ou evitando percebê-lo, recurso que não nos serve para os perigos que vêm do interior. Essa observação não é falsa mas não vai ao fundo das coisas, pois a exigência pulsional não é, em si mesma, um perigo, muito pelo contrário, só o é na medida em que acarreta um verdadeiro perigo exterior, o da castração. (Freud, 1926: 2856)

Assim, para Freud, a fobia é um meio de projetar para o exterior a fonte da angústia, que não surgirá se o objeto fóbico for evitado, tornando o desenvolvimento da angústia facultativo. Além dessa vantagem, o conflito de ambivalência de Hans em relação ao pai encontrou uma solução, pois o cavalo ficou sendo temido, sendo mais fácil evitá-lo. Além do medo do cavalo, havia uma inibição para sair de casa, definida por Freud como limitação normal de uma função e consequência do sintoma. Essa inibição permitiu a Hans ficar perto da mãe, mas, ao mesmo tempo, restringiu seus movimentos que se referiam aos impulsos libidinais direcionados à mãe e que deveriam ser inibidos.

O recalque não foi o único meio a que o eu recorreu como defesa contra o impulso indesejado. A hostilidade pelo pai foi inicialmente transformada, tornando-se agressividade do pai para ele; sofreu regressão à fase oral, que apareceu de modo sutil no medo de ser mordido, fantasia típica do psiquismo infantil.

A fobia de Hans suprimiu todos os componentes do complexo de Édipo, ou seja, o hostil contra o pai, o amoroso em relação à mãe e todos os outros complementares. O conjunto de pulsões do complexo de Édipo sucumbiu diante do complexo de castração.

Hans apresentou duas fantasias que foram reconhecidas por Freud como fantasias de cura, de superação de sua angústia de castração. Vendo Hans brincar com seus filhos imaginários, seu pai lhe perguntou: "Suas crianças ainda vivem? Já não sabe que um menino não pode ter filhos?" Hans: "Sim, eu sei, mas é que antes eu era mamãe e agora sou papai". Pai: "E quem é a mamãe?" Hans: "A mamãe, e você é o avô". Pai: "Então você queria ser grande como eu, estar casado com mamãe e que ela tivesse filhos?" Hans: "Sim, e a mamãe de Lainz [mãe do pai de Hans] seria a avó" (p. 1415). Essa fantasia lhe permitiria ficar com a mãe, dando ao pai a chance de também ele ficar com sua própria mãe.

E alguns dias depois: "Ouve o que pensei. O encanador veio com umas ferramentas, tirou-me primeiramente o traseiro e pôs-me outro e depois a coisinha. Ele me disse: 'mostra-me o traseiro' e tive que voltar-me e ele o tirou de mim. E depois disse: 'mostra-me a coisinha'". O pai interpreta: "E te deu uma coisinha maior?" Hans concorda. "Como o do papai, porque você queria ser o papai. Não é verdade?" Hans completa: "Sim. E também queria ter bigode e pelos no peito como você" (p. 1416).

Essa segunda fantasia mostra o desejo de uma troca, de uma aquisição que permitirá a Hans ter os mesmos atributos fálicos do pai, tornando possível novas conquistas. A primeira diz respeito à ligação de Hans com sua mãe, seu primeiro objeto de amor. A partir da ameaça de castração, o menino renuncia à mãe enquanto objeto de seus investimentos eróticos, como sua parceira sexual, pelo intenso amor narcísico a seu pênis. O menino renuncia à mãe por angústia de castração.

Como vimos, a importância da relação com a mãe, para as crianças de ambos os sexos, no período pré-edípico é enfatizada por Freud em 1932 (no texto "A feminilidade"). Essa relação é marcada por um vínculo intenso, narcísico, com exigências de exclusividade de carinho, diante de uma ânsia de amor desmedida. A perda do seio materno é uma separação jamais perdoada, marcada com ressentimentos por ter causado insatisfação. Além disso, o papel da mãe de educar faz com que esta imponha limites, causando agressão e rebeldia na criança.

As decepções sofridas na relação com a mãe, diante da demanda por amor intenso e exclusivo, são quase inevitáveis. O nascimento de um irmão, a falta de exclusividade e o carinho que não supre o desejo inesgotável de satisfação fazem a criança se sentir desprezada, destronada, prejudicada e muito insatisfeita. Há a própria limitação desse amor infantil, num corpo infantil, condenado ao fracasso na busca de satisfação. Esses desejos sexuais infantis insatisfeitos constituem fonte de hostilidade contra a mãe, que colabora para a criança dela afastar-se. Pode acontecer que tais componentes hostis da relação com a mãe sejam recalcados e deslocados para a relação edipiana com o pai. A hostilidade está presente na separação do menino em relação à mãe, mas de forma muito menos intensa do que na menina; esta se separa da mãe com hostilidade, o menino se separa com decepção e angústia.

Freud (1932) diz ser inevitável o afastamento dada a natureza da sexualidade infantil, sua desmedida exigência de carinho e a impossibilidade de satisfazer os desejos sexuais. Essas precoces cargas de objeto são sempre ambivalentes, e quanto mais intensamente se ama, maior é a sensibilidade diante das decepções e privações advindas desse amor. Assim, o intenso amor sucumbe num processo doloroso.

> O florescimento da vida sexual infantil achava-se destinado a sucumbir em conseqüência da incompatibilidade de seus desejos com a realidade, e da insuficiência da etapa evolutiva em que a criança se encontrava, desaparecendo entre as mais dolorosas sensações. A perda do amor e o fracasso deixaram como seqüela um dano permanente do sentimento de si, como uma cicatriz narcísica. (Freud, 1920: 2515)

CONSIDERAÇÕES FINAIS

Freud (1909) considerou a histeria de angústia como a típica neurose da infância, que pode desaparecer ou servir de base para uma neurose adulta. Esses sintomas, próprios da infância, através da instauração do processo de recalcamento, por sua articulação com as vicissitudes do Édipo e a angústia de castração, apontam para a constituição da neurose infantil do sujeito, para a organização e a estruturação da realidade psíquica da criança. A criança estrutura uma neurose infantil para se defender de uma sexualidade advinda de suas relações com os adultos, traumática, que ela não entende, e não consegue obter satisfação, dada sua condição psíquica e biológica imatura. A resolução ou dissolução do complexo de Édipo implica no tipo de escolha de objeto que a criança fará, no acesso a sua genitalidade, nas identificações resultantes do complexo de Édipo. Isso tudo tem ainda consequências na tópica psíquica, com a diferenciação do supereu, apontado por Freud (1924) como herdeiro do complexo de Édipo. A separação em relação à mãe, que é a proibição do incesto, é regra constituinte da sociedade humana, que organiza as relações sociais, insere o indivíduo na ordem cultural, constituindo-o como sujeito.

A neurose infantil é uma saída para a história edípica e se faz presente na neurose de transferência. Freud (1920) diz que todas essas situações afetivas dolorosas e os acontecimentos indesejados (pelos quais inevitavelmente as crianças passam em seu desenvolvimento psicossexual) são recalcados e depois ressuscitados com grande habilidade e repetidos pelos neuróticos na neurose de transferência. Por isso Freud diz não ter encontrado no caso Hans nada que não tivesse visto nas análises dos pacientes neuróticos adultos. Essa convicção mostra que as fantasias, os desejos, os conflitos e os traumas das crianças permanecem nos adultos, numa concepção do infantil relacionada às inscrições inconscientes recalcadas.

Mas podemos perceber uma ambiguidade nessa concepção confrontando diferentes momentos da obra freudiana. Freud tinha como um dos objetivos no estudo desse caso refletir sobre os propósitos educativos em relação às crianças. Dessa reflexão podemos apreender o lugar do analista de crianças, os objetivos do tratamento e o próprio lugar do pequeno paciente.

Assim Freud (1908) explicita sua visão da educação da época: "Nossa única diretiva na educação das crianças é que elas nos deixem em paz, que não nos oponham dificuldade alguma" (p. 260). Como alternativa, propunha uma educação menos coercitiva, na qual uma atitude não repressiva dos adultos frente à sexualidade infantil, acrescida dos devidos esclarecimentos sexuais, poderia evitar o desenvolvimento de uma neurose. Quando em tratamento, por sua condição de dependência dos cuidados e ensinamentos dos adultos, pela verbalização e por outros recursos intelectuais ainda em desenvolvimento, a criança precisaria de um auxílio intenso por parte do analista. Este deveria colaborar nas associações, suprir a insuficiência de expressão espontânea da criança, fazer esclarecimentos das dúvidas apresentadas, num papel próximo ao de um educador. Em relação a Hans, Freud chegou a afirmar que alguns esclarecimentos sobre o coito parental e a existência da vagina na mulher teriam colocado fim às questões do pequeno, fazendo-nos entrever uma proposta de tratamento na infância próxima a uma educação analítica. Freud refere-se à análise de Hans como uma experiência pedagógica, somente possível se realizada pelo próprio pai, dadas a dependência do vínculo afetivo da criança com os pais e a combinação do interesse científico com o familiar. Mas Freud (1909) também destaca e valoriza a produção independente de Hans através das fantasias e das teorias sexuais, buscando responder aos enigmas da sexualidade, conduzindo sua própria análise, e atribui às crianças uma elevada capacidade mental que surpreende os adultos. Afirma que a cura de Hans só se fez possível pelo acesso a seus desejos inconscientes num ritmo próprio, independente da sugestão do pai.

Em *Novas conferências introdutórias sobre psicanálise* (1932-1933), Freud negará que uma educação menos repressora da vida pulsional infantil evitaria o desenvolvimento de uma neurose. Essa reconsideração é coerente com a concepção preponderante em sua obra, de uma sexualidade infantil que escapa ao controle, que independe de ensinamentos, esclarecimentos, e cujas fases não são determinadas por um desenvolvimento cronológico, mas por modos de organização da pulsão. O papel repressor atribuído à educação como opositora da vida pulsional será ocupado por uma instância do próprio psiquismo. A criança, como bem nos mostrou Hans, produz suas própria teorias, fantasias, e é um sujeito produzido pelas vivências com o outro humano, e nessa relação o fundamental está muito distante dos ensinamentos pedagógicos.

Se muitas dúvidas surgiram em 1909, quanto à validade e à possibilidade de as crianças se submeterem a um processo de análise, o reencontro de Freud com Hans, em 1922, dissipou grande parte delas. Freud deparou-se com um jovem que dizia sentir-se muito bem, não padecer de transtornos nem de inibições, afastando a desconfiança que cercava o futuro dessas crianças.

Portanto, acima das contradições, o que se torna preponderante na obra de Freud é a concepção da criança como sujeito produzido pelo desejo inconsciente, que se presentifica na neurose de transferência, possibilitando a reedição de sua história.

Bibliografia

FREUD, Sigmund. (1905) "Tres ensayos para una teoría sexual". In: *Obras completas*. Trad. Luis Lopez Ballesteros Y. de Torres. Vol. II. Madrid: Biblioteca Nueva, 1973.

_____. (1907) "La Ilustración sexual del niño". In: *Obras completas*. Trad. Luis López Ballesteros. Vol. II. Madrid: Biblioteca Nueva, 1973.

_____. (1908) "Teorías sexuales infantiles". In: *Obras completas*. Trad. Luis Lopez Ballesteros. Vol. II. Madrid: Biblioteca Nueva, 1973.

_____. (1909) "Análisis de la fobia de un niño de cinco años (caso 'Juanito')". In: *Obras completas*. Trad. Luis Lopez Ballesteros. Vol. II. Madrid: Biblioteca Nueva, 1973.

_____. (1913) "La disposición a la neurosis obsesiva". In: *Obras Completas*. Trad. Luis Lopez Ballesteros. Vol. II. Madrid: Biblioteca Nueva, 1973.

_____. (1917) Conferencia XXIII in Lecciones Introductorias al psicoanálisis. In: *Obras completas*. Trad. Luis Lopez Ballesteros. Vol. III. Madrid: Biblioteca Nueva, 1973.

_____. (1917a) "Sobre las transmutaciones de los instintos y especialmente del erotismo anal". In: *Obras completas*. Trad. Luis Lopez Ballesteros. Vol. III. Madrid: Biblioteca Nueva, 1973.

_____. (1920) "Mas allá del principio del placer". In: *Obras completas*. Trad. Luis Lopez Ballesteros. Vol. III. Madrid: Biblioteca Nueva, 1973.

_____. (1923) "La organización genital infantil. Adición a la teoría". In: *Obras completas*. Trad. Luis Lopez Ballesteros. Vol. III. Madrid: Biblioteca Nueva, 1973.

_____. (1923a) "El 'yo' y el 'ello'". In: *Obras completas*. Trad. Luis Lopez Ballesteros. Vol. III. Madrid: Biblioteca Nueva, 1973.

_____. (1924) "La disolución del complejo de Edipo". In: *Obras completas*. Trad. Luis Lopez Ballesteros. Vol. III. Madrid: Biblioteca Nueva, 1973.

_____. (1925) "Algunas consecuencias psíquicas de la diferencia sexual anatómica". In: *Obras completas*. Trad. Luis Lopez Ballesteros. Vol. III. Madrid: Biblioteca Nueva, 1973.

_____. (1925a) Introducción (a la edición de 1925 de "historiales clínicos"), in Análisis fragmentario de una histeria (Caso Dora 1905). In: *Obras completas*. Trad. Luis Lopez Ballesteros. Vol. I. Madrid: Biblioteca Nueva, 1973.

_____. (1931) "Sobre la sexualidad femenina". In: *Obras Completas*. Trad. Luis Lopez Ballesteros. Vol. III. Madrid: Biblioteca Nueva, 1973.

_____. (1932) "Conferencia XXXIII: la feminidad in nuevas lecciones introductorias al psicoanálisis". In: *Obras completas*. Trad. Luis Lopez Ballestero. Vol. III. Madrid: Biblioteca Nueva, 1973.

FENDRIK, Silvia Inês. *Ficção das origens: contribuição à história da teoria da psicanálise com crianças*. Trad. Francisco Franke Settineri. Porto Alegre: Artes Médicas, 1991.   GURFINKEL, Aline C. *Fobia*. São Paulo: Casa do Psicólogo, 2001.

LAPLANCHE, Jean. *Problemáticas I: a angústia*. 3 ed. Trad. Álvaro Cabral. São Paulo: Martins Fontes, 1998.

LAPLANCHE, Jean & PONTALIS, Jean Baptiste. *Fantasia Originária, Fantasias das Origens, Origens da Fantasia*. Trad. Álvaro Cabral. Rio de Janeiro: Jorge Zahar, 1988.

NASIO, Juan David. *Lições sobre os 7 conceitos cruciais da psicanálise*. Rio de Janeiro, Jorge Zahar, 1989

OCARIZ, Maria Cristina. *O sintoma e a clínica psicanalítica. O curável e o que não tem cura*. São Paulo: Via Lettera, 2003.

ZORNIG, Silvia A. *A criança e o infantil em psicanálise*. São Paulo: Escuta, 2000.

O pequeno Hans: um diálogo entre Freud e Klein

Elsa Vera Kunze Post Susemihl

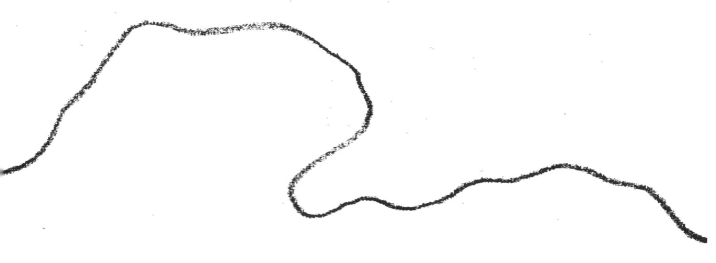

Capítulo III

O pequeno Hans: um diálogo entre Freud e Klein

Klein nos legou grandes descobertas a partir do novo campo da Psicanálise da criança, que foi abraçado e desenvolvido por ela, mas penso que, antes de tudo, ela foi uma leitora muito atenta de Freud, não deixando de considerar tanto suas grandes conclusões teóricas como suas observações e seus comentários mais finos e sutis, que nem sempre estão completamente articulados e explícitos. Pretendo, com base nisso, mostrar como muito do que hoje é reconhecido como pertencente e próprio ao universo kleiniano já se encontra embrionariamente nas observações de Freud, tendo sido talvez o maior mérito de Klein ler as linhas e entrelinhas e voltar-se, então, à sua clínica, redescobrindo, refletindo e elaborando teoricamente seus próprios achados. Para tanto, farei um exercício que consiste em, de um lado, procurar um pouco de Klein em Freud e, de outro, ler Freud a partir de Klein.

Klein inicia seu trabalho como psicanalista na década de 1920 atendendo crianças pequenas, e descobre, nessa experiência, como aplicar as principais regras técnicas da Psicanálise (ou seja, a associação-livre, a abstinência e o uso instrumental da transferência) a essa nova situação clínica. A partir da aplicação radical dessas regras no convívio com crianças, nasce o que se costuma chamar de uma "nova técnica", que traz em seu bojo múltiplos desdobramentos. O ponto crucial em torno do qual ela se desenvolve é a ideia de que o brincar espontâneo da criança em um uma sala de análise apresenta simbolicamente suas fantasias, ansiedades e defesas, sendo, assim, a expressão simbólica de seus conflitos inconscientes. Klein é radical ao equiparar esse brincar a um sonho. Não um sonho qualquer, mas conforme a compreensão e a elaboração teórica extensa e contundente feita por Freud, que fez do sonho o paradigma da Psicanálise. O brincar, assim como o sonho, é para Klein uma atividade com sentido psíquico que aponta para o inconsciente, e ambas as atividades são por ela consideradas como uma associação-livre numa sessão de análise, como elos de uma cadeia associativa que comporta verbalizações, atitudes, desenhos, gestos corporais, expressões e manifestações de todos os tipos. Todos esses elementos sempre são compreendidos no seu movimento e no seu momento dentro da sessão, é isso o que lhe dá o seu sentido específico na relação transferencial com o analista. Para Klein, ao brincar, a criança tenta dar conta de realidades dolorosas internas e externas, dominando seu medo ao projetá-lo no exterior, nos brinquedos e no próprio brincar e, por meio disso, experimenta diversas maneiras de se aproximar e se adaptar a essas realidades a interna e a externa. A função do brincar é expressar situações excessivas, isto é, traumáticas para o eu. Brincando, a criança tem possibilidade de elaborar tais excessos e lhes atribuir sentido.

É quando descreve o "jogo do carretel" (Freud, 1920) de seu neto, um jogo de esconder e achar um carretel conhecido como "fort-da", que Freud nos mostra de forma muito clara como a criança elabora situações dolorosas através da repetição ao brincar. Mas muito antes disso, já no texto do pequeno Hans (1909), encontram-se passagens nas quais essa compreensão do brincar e da fantasia expressa pela criança, sua função e o sentido psíquico inconsciente subjacente aparecem em toda sua riqueza. Ajudado pela fina capacidade de observação e registro do pai de Hans, Freud tece suas interpretações a respeito das sucessivas fantasias e jogos apresentados pelo menino. Assim ocorre, por exemplo, quando Hans, já mais no final do tratamento, "...brinca uma manhã inteira com uma boneca de borracha, que ele chamava de Grete. Ele tinha metido um pequeno canivete através da abertura à qual estava originalmente pregado um pequeno guincho, e depois separou bem as pernas da boneca, de modo a deixar a faca sair..." (p. 80). Freud comenta essa brincadeira com as seguintes palavras: "Como os pais ainda hesitavam em dar-lhe a informação [correta a respeito do nascimento dos bebês] que já estava, a essa altura, muito atrasada, o pequeno Hans, com um golpe audaz, tomou em suas próprias mãos a direção da análise. Por meio de um brilhante ato sintomático, 'olhem!', ele tinha lhes dito: `é assim que eu imagino que acontece um nascimento'" (p. 82). Afirma Freud aqui, sem deixar qualquer dúvida, que o brincar da criança é simbólico e que transmite as concepções internas e inconscientes dela.

Durante todo o texto, notamos como as mais variadas fantasias e imaginações expressas por Hans no seu cotidiano são tratadas por Freud com a maior seriedade, por entender que se trata de expressões do mundo interno inconsciente que manifestam os conflitos inconscientes com os quais Hans se debate. A esse respeito, podemos lembrar ainda a fantasia que Hans apresenta no meio do trabalho, quando está se confrontando com questões relativas às diferenças entre os sexos, à castração e aos desejos intensos que sente pela mãe. Ele conta, numa manhã, ao procurar pelos pais no quarto deles, que "de noite havia uma girafa grande no quarto, e uma outra, toda amarrotada; e a grande gritou, porque eu levei a amarrotada para longe dela. Aí, ela parou de gritar; então eu me sentei em cima da amarrotada" (p. 40). O pai interpreta, com a posterior aprovação de Freud, que a girafa grande era o pai, o seu pênis, e a girafa amarrotada, a mãe com seu órgão genital, visto sob a ótica do pequeno Hans como castrado ou amarrotado. Freud acrescenta a essa interpretação do pai que o sentar-se em cima da girafa amarrotada expressa a fantasia do pequeno Hans de tomar posse da mãe, possuí-la, expressando seus intensos desejos amorosos em relação a ela e a vontade de afastar o pai, a girafa grande. Freud também deixa registrada sua ideia de que a apresentação reiterada de fantasias e brincadeiras da criança testemunha um processo elaborativo e é expressão dele:

> Não devemos nos surpreender ao encontrar os mesmos desejos reaparecendo constantemente no curso da análise. A monotonia só se prende às interpretações que o analista faz desses desejos. Para Hans, eles não eram meras repetições, mas passos num desenvolvimento progressivo do tímido indício para a clareza plenamente consciente e sem distorção. (p. 117)

São inúmeras as vezes que Freud nomeia, nesse historial de Hans, a fantasia infantil, e a coincidência disso com a importância dada por Klein para a fantasia inconsciente dá o que pensar. São essas as fantasias que, para Klein, a criança expressa no seu brincar, as fantasias inconscientes, que permeiam toda a vida emocional e modelam a conduta e a maneira de ser do indivíduo. A importância da fantasia inconsciente na vida psíquica faz dela, ao lado da angústia e da defesa, um dos três elementos básicos a serem observados pelo analista em uma sessão. A fantasia inconsciente para Klein é o correlato psíquico da pulsão (Isaacs, 1952), é através dela que a pulsão se manifesta em termos psíquicos e é por meio dela que podemos ter acesso à pulsão. A fantasia é o modo de existência básico do inconsciente. Ela expressa a pulsão na sua relação com o objeto e as emoções subjacentes a tal relação. Isso pode ser visto bastante claramente na fantasia da girafa descrita acima, a pulsão seria o desejo pela mãe, que se manifesta psiquicamente pela fantasia de sentar-se em cima da girafa, a pulsão já vem à mente numa fantasia que inclui a relação com um objeto que poderá satisfazê-la, no caso, a girafa-mãe. A emoção decorrente é o medo, a angústia da girafa grande que foi posta de lado e que faz Hans procurar seus pais logo de manhã cedo. Para Klein, não existe pulsão sem objeto, a expressão da pulsão na mente já se dá pela fantasia de um objeto que vai apaziguar ou satisfazer essa pulsão. São essas fantasias, em última instância, que atribuem sentido às experiências emocionais.

Para Klein, as experiências da criança com a realidade externa são influenciadas pela fantasia inconsciente. O contato com a realidade é influenciado pela fantasia através dos mecanismos psíquicos de projeção e introjeção atuantes desde os primeiros momentos de vida. E a fantasia também se modifica nesse contato com a realidade. Se lembrarmos que a fantasia expressa a relação da pessoa com os seus objetos, entendemos a importância, para Klein, da ideia de um objeto interno que é resultado da introjeção da experiência emocional com um objeto real modificado pela fantasia e, a seguir, modificando a fantasia inconsciente. Esse conceito de objeto interno deriva das ideias de Freud, tanto da noção apresentada em "Luto e Melancolia" (1916), a respeito da introjeção de um objeto perdido-abandonado no luto, quanto da sua concepção da formação do superego como herdeiro do complexo de Édipo, quando essa instância se consolida a partir da introjeção da experiência real de interdição do pai (1923). Klein vale-se dessas vias abertas por Freud e faz desses processos por ele descritos processos mais flexíveis e dinâmicos, que não se cristalizam num estado patológico nem em uma instância psíquica, antes, são parte integrante do desenvolvimento da vida mental.

Para Klein, a importância do movimento emocional que se desenvolve, durante a sessão, entre paciente e analista é central na análise. É através da experiência emocional ali em andamento que se dá a compreensão e o esclarecimento das questões psíquicas do paciente. Também nesse texto inaugural de Freud encontramos atenção e cuidado em relação a isso que faz parte da situação transferencial que se estabelece. Há uma passagem na qual Freud relata que Hans conta inúmeras histórias e mentiras extravagantes a seu pai, insistindo em que seriam verdadeiras, acontecimentos reais. Freud, com muita perspicácia, dá um sentido a tais histórias dentro do movimento emocional que está ocorrendo entre o filho e o pai. Hans vivia, naquele momento, a investigação a respeito da origem dos bebês, e muitas histórias e mentiras lhe foram contadas pelos seus pais, que assim encobriram os fatos reais. Freud interpreta as histórias de Hans como uma espécie de "vingança" bastante esperta do menino, quase uma brincadeira. Hans devolve na mesma moeda o que vinha recebendo: contam-lhe muitas histórias enganadoras, querendo que ele lhes dê crédito, então ele também inventa histórias e quer ver firmada sua veracidade. É como se ele dissesse: "Se você realmente pensou que eu acredito que a cegonha trouxe Hanna [a irmã], então, em troca, eu espero que você aceite as minhas invenções como sendo verdade" (p. 117).

Depois destes comentários iniciais, que visaram ressaltar a origem do pensamento de Klein no texto de Freud, passo, agora, para aquilo que explicitamente a diferença do mestre. No seu texto "As relações entre a neurose obsessiva e os estágios iniciais do superego" (1932), Klein descreve o embate entre as pulsões de vida e de morte nos estágios iniciais da vida psíquica, mostrando como essa interação entre as duas pulsões é um fator fundamental nos processos dinâmicos da mente. Nas fases precoces de desenvolvimento, o sadismo, expressão da pulsão de morte, está em seu auge, e a pulsão de vida tem que exercer seu poder ao máximo, a fim de se manter contra aquelas pulsões. Nesses estágios iniciais do desenvolvimento, há um florescimento do sadismo (oral e anal), que acaba se expressando somente em parte, através de fantasias sádicas exuberantes inconscientes. A criança expressa seu sadismo somente de forma atenuada em relação aos objetos reais (em objetos pequenos ou inanimados). Os impulsos genitais também contribuem para exercer uma influência restritiva sobre o sadismo nessa fase. Klein descobre a existência de um superego precoce e arcaico, bem anterior à dissolução do complexo de Édipo, ao contrário do que Freud havia proposto. Para ela, existe também muito precocemente o estabelecimento de um complexo de Édipo que se configura em torno de objetos parciais, submetido a essa vida pulsional intensa e aos impulsos sádicos[1]. Assim, nesse momento o superego é, para a criança pequena, um estágio de desenvolvimento inicial, um objeto interno que contém em si todas possibilidades sádicas fantasiadas por ela e que, dessa forma, desperta medo e ansiedade avassaladores, precipitando reações muito violentas. O ego se protege e se defende dessa situação interna insuportável cindindo e projetando essas fantasias.

Klein descreve com muito detalhe, no texto acima referido, o processo de desenvolvimento emocional que se dá a partir dessa situação inicial. Resumindo em poucas palavras, é possível dizer que há um ódio que vai diminuindo ao longo de uma série de processos psíquicos em andamento: cisão, projeção, recalque, desenvolvimento do ego, submissão deste ao superego, reconhecimento e diferenciação entre realidade interna e externa, desenvolvimento em direção à fase genital, sublimação levando à possibilidade de brincar, etc. E o resultado disso é um indivíduo cada vez mais eficiente na superação dos medos e das ansiedades. Na medida em que as forças do superego até então esmagadoras são abrandadas, o ego pode encontrar apoio contra elas nos seus relacionamentos positivos no mundo externo:

> Quando, por razões internas ou externas, as situações arcaicas são ativadas com grande intensidade, a criança exibirá traços psicóticos. E se ela for pressionada por suas imagos amedrontadoras e não conseguir contrabalançá-las suficientemente com ajuda de sua imagos protetoras e seus objetos reais, a criança sofre uma perturbação psicótica, que muitas vezes se transforma em uma psicose na vida adulta. (p. 175)

Klein passa, então, a dialogar com Freud, especificamente com relação à compreensão por ele apresentada em 1927 no texto "Inibição, sintoma e angústia", a respeito da fobia de Hans. Para ela, as fobias infantis arcaicas

> [...] contêm ansiedades que surgem em estágios arcaicos da formação do superego, por volta da metade do primeiro ano de vida, ocasionadas pelo aumento do sadismo. Estas ansiedades consistem de medos de objetos violentos (isto é, devoradores, cortantes, castradores), tanto externos quanto introjetados, e esses medos não podem ser suficientemente modificados em um estágio tão arcaico assim. (p. 176)

Para Klein, as fobias infantis nada mais são do que uma expressão dessas ansiedades arcaicas,

> [...] baseiam-se na ejeção do superego aterrorizador, que é a característica do primeiro estágio anal. As fobias infantis representam, assim, um processo constituído de diversos movimentos,

---

[1] Para Klein, o superego tem origem em identificações muito precoces, em um período no qual a criança está imersa em impulsos e fantasias sádicas, o que lhe confere características de severidade, tirania e exigência extremada. Nesse sentido, ele deixa de ser o herdeiro do complexo de Édipo, conforme Freud o via. Klein também observa o surgimento do complexo de Édipo em uma época bastante precoce, sendo que as tendências edípicas já se manifestam sob forma de pulsão oral e anal e com objetos parciais antes que cheguem à sua forma mais desenvolvida, descrita por Freud.

pelos quais a criança modifica o medo que sente do seu superego aterrador e do id. O primeiro movimento é o de ejetar o superego e o id e projetá-los no mundo externo, onde o superego fica equacionado com o objeto real. O segundo movimento, com que estamos familiarizados na forma de um deslocamento para um animal do medo sentido pelo pai real, está em muitos casos baseado em uma modificação da equação em fantasia do superego e do id com animais selvagens e perigosos, que é característica dos estágios mais arcaicos do desenvolvimento do ego (p. 176).

Nessa altura, após uma citação de Freud em que ele afirma a presença do medo na fobia como um medo diante de um perigo real, o perigo da castração, Klein assume sua posição, contrapondo-se; diz que o que subjaz à fobia é, no final das contas, um perigo interno, é o medo que a pessoa tem da sua própria pulsão destrutiva e de seus pais introjetados (p. 177). À vantagem apontada por Freud no deslocamento que Hans faz, do perigo de ser castrado pelo pai para o perigo de ser mordido pelo cavalo (facilitando uma manobra evitativa e fóbica é mais fácil evitar cavalos do que evitar o pai), Klein dará relevo maior. Em sua abordagem, explicará que, por meio de uma fobia em relação a um animal, o ego pode não apenas efetuar o deslocamento de um objeto externo (pai) para outro (cavalo), como Freud observou, mas também a projeção de um objeto interno muito temido, do qual, por ser ele internalizado, não haveria como escapar. "Vista sob esta luz, a ansiedade de castração não é apenas uma distorção da sentença 'mordido pelo cavalo em vez de castrado pelo pai' como também uma ansiedade mais arcaica de um superego devorador que está na base das fobias a animais" (p. 178).

Klein assim desenvolve essa reflexão:

[...] observamos que a fobia do pequeno Hans continha muitos traços de sentimento positivo. O seu animal de ansiedade não era aterrorizador em si mesmo; o menino era até amistoso em relação a ele, como se via na sua brincadeira de cavalo com o pai um pouco antes de sua fobia se manifestar. Sua relação com os pais e com o seu ambiente era no geral muito boa; e o seu desenvolvimento real mostrava que ele havia superado com êxito o estágio sádico-anal e alcançado o estágio genital. Sua fobia de animal apresentava apenas poucos traços daquele tipo de ansiedade que pertence aos estágios anteriores, em que o superego está equacionado a um animal selvagem e aterrorizador e o medo que a criança sente em relação ao seu objeto é correspondentemente intenso. De modo geral, ele parecia ter superado e modificado aquela ansiedade arcaica bastante bem. [...] Assim sendo, sua neurose infantil pode ser considerada como uma neurose suave, até 'normal´; sua ansiedade, como sabemos, foi prontamente dissolvida por um curto período de análise. (p. 178)

Aberastury, em seu livro *Teoria y técnica del psicoanálisis de niños*, retoma o pequeno Hans e destaca a importância desse estudo, sublinhando que nele foi estabelecida a base para a compreensão da linguagem pré-verbal, da utilização da interpretação na análise de crianças e do manejo da transferência na situação analítica. Na discussão desse caso, ela destaca o falseamento de informações a que Hans foi submetido enquanto observava o que acontecia ao redor, tanto no tocante às questões de que qualquer criança se ocupa (ou seja, sobre sua origem e a diferença entre os sexos), quanto em relação ao grande evento de sua vida, que foi o nascimento da irmã quando ele tinha 3 anos e meio. Hans conversa e observa com bastante liberdade inicialmente, e grande parte de seu desenvolvimento pode ser acompanhada pelas anotações que seu pai fez, publicadas por Freud. São muitos diálogos, nos quais transparece a acuidade da observação de um pequeno garoto e a sua preocupação em lidar com as questões decorrentes das descobertas que faz e que conduzem a um amadurecimento intelectual e emocional.

Mas Hans, ao indagar seus pais, obtém como resposta histórias falsas, que deixam muita ambiguidade no ar e exacerbam sua curiosidade. Assim ocorre, por exemplo, quando Hans pergunta para a mãe se ela também tem um pênis (para ele, um "fazedor de xixi") e ela lhe responde que tem, deixando em suspenso a diferença sexual que Hans vinha supondo e observando, e que queria esclarecer. O mesmo se dá com relação ao nascimento da irmãzinha, quando lhe contam que uma cegonha a trouxe e Hans observa uma série de indícios (como o chapéu do médico na entrada de casa e a bacia com água e sangue, por exemplo) de que outras coisas aconteceram além da suposta visita de uma cegonha. Tais falseamentos impedem um desenvolvimento mais livre de Hans e o confundem. Agregados a outras situações, como as ameaças que ouvia quando se masturbava, acabaram resultando em um sintoma fóbico.

Aberastury ainda traz uma contribuição interessante para compreensão do que aconteceu com Hans, quando interpreta um evento que Freud relata de passagem e ao qual ele não dá grande valor, como um evento de relevante significado emocional que muito tenha reforçado a situação de ansiedade do pequeno. Trata-se de uma amidalotomia à qual Hans foi submetido depois de passar algumas semanas muito gripado e fraco. Nesse período, a fobia de Hans já havia se configurado, mas, pelo relato de Freud, Hans estava passando por uma fase de relativa tranquilidade. Hans se mostra com a curiosidade bastante aguçada nessa época e está investigando a diferença entre os sexos; fica, então, acamado durante duas semanas e sofre uma cirurgia, passando mais uma semana de cama. No entender de Aberastury, essa operação é vivida como o cumprimento real de uma ameaça de castração: através de um deslocamento corporal do pênis para a boca, equacionando esses dois elementos inconscientemente, Hans teria vivido a cirurgia como a realização das ameaças de castração de que tanto havia ouvido falar. Ou seja, no entender de Aberastury e aqui ela segue Freud na maneira de compreender a formação do sintoma, as ameaças de castração não foram traumáticas em si, mas se tornam traumáticas na medida em que se ligam ao evento concreto de uma cirurgia na qual uma parte do corpo é arrancada. Aberastury analisa a nova característica que o objeto fóbico de Hans apresenta imediatamente após a cirurgia, agora o medo é de um cavalo branco. Para Aberastury, trata-se do branco do avental do cirurgião, o branco do cirurgião castrador foi deslocado para o cavalo que também se torna branco, pois também está no lugar do castrador. Nesse sentido, tudo leva a crer que Hans viveu a operação como um castigo pela masturbação realizada sob a égide das fantasias edípicas subjacentes.

Aberastury ainda comenta que Freud, analisando os jogos, fantasias e sonhos de Hans, estudou as diferentes formas simbólicas por meio das quais uma criança representa o corpo da mãe e seus conteúdos, por exemplo, uma banheira, um ônibus, um carro de mudanças... objetos que contêm outros, que carregam e descarregam coisas. Ela chama a atenção também para o fato de que Freud descobriu que uma criança de 3 anos já percebe a gravidez da mãe, tendo sua própria concepção de como se desenvolve uma criança no ventre materno. Sobretudo, ela sublinha, essa história clínica mostra a capacidade da criança em compreender a linguagem verbal de uma interpretação, de maneira que, compreendendo o significado latente de seus jogos, desenhos, sonhos e associações, a interpretação se mostra tão eficaz como em tratamentos de adultos (p. 32). A experiência revela que, mesmo que a criança não consiga se expressar totalmente com palavras, ela é capaz de entender o que o adulto fala, desse modo compreendendo o sentido latente dos jogos, desenhos e sonhos que o adulto pode interpretar verbalmente.

RETOMANDO O CASO À LUZ DE KLEIN

A fobia de Hans se anuncia aos 4 anos e 9 meses, quando ele tem um sonho de angústia: sua mãe foi embora e ele não tem mais em quem se aconchegar. Tinha, então, uma irmãzinha de 1 ano e 3 meses. Após o relato do sonho, segue o comentário de que meio ano antes Hans esteve muito carinhoso com a mãe e havia manifestado questões a respeito do que aconteceria com ele caso sua mãe morresse. O nascimento de sua irmã fora um evento de máxima importância no desenvolvimento psicossexual de Hans e ele evidentemente está, nesse momento, às voltas com ideias sobre morte, separação, abandono. Freud interpreta esse sonho de angústia dentro da sua primeira teoria de angústia, ou seja, é um sonho de realização de desejo Hans sonhava que estava aconchegado à sua mãe, a libido se transforma em angústia. A seguir, Hans manifesta sua angústia de estar na rua, pede pela companhia da mãe, e rapidamente vai se estabelecendo a situação fóbica.

Podemos lembrar, aqui, a descoberta de Klein sobre uma posição esquizoparanoide. Essa posição que se estabelece no início da vida mental, e que se repete ao longo da vida, é uma configuração mental com defesa, angústia e fantasia específicas. Vimos que os objetos internos se formam a partir dos mecanismos de projeção-introjeção e da polaridade pulsional atuante na vida psíquica, isto é, as pulsões de vida e de morte. As sucessivas experiências do bebê no início de sua vida levam-no a constelar dois polos de experiência diferentes e separados. Num deles, aglutinam-se as experiências ligadas aos impulsos de vida e à satisfação pulsional, que, introjetadas, vão constituindo o núcleo do objeto bom e depois do objeto idealizado. No outro polo, ficam as experiências de frustração que geram raiva e ódio e atraem, com isso, as pulsões de morte, formando a base do objeto mau que, então, se torna um objeto perseguidor. Tudo é sentido como se existissem de fato dois objetos diferentes, e não um só objeto total que ora satisfaz e ora frustra. Essa divisão da experiência emocional em dois objetos origina também dois relacionamentos com tais objetos, fantasias que correspondem a essa situação mental e também um ego que cinde e se relaciona separadamente com esses dois objetos. Essa constelação mental se estabelece nos primórdios da vida psíquica, mas pela vida toda vai se repetindo sempre em novas edições.

Podemos agora pensar que, no início da fobia, Hans apresenta esse tipo de configuração mental, ou seja, sua posição mental é esquizoparanoide. Por um lado, existe uma exacerbação do objeto idealizado, buscando no mundo externo a mãe que agora deve protegê-lo e a quem se sente especialmente ligado, e, por outro lado, existe o objeto persecutório que é projetado no mundo externo, primeiro em algo vago na rua, a seguir, no cavalo. Este se torna o objeto fóbico no qual é projetado o objeto interno mau e perseguidor e com o qual Hans se relaciona a partir da pulsão de morte, enquanto os impulsos de vida são projetados no objeto idealizado, protetor, mãe. Há uma cisão do objeto e uma necessidade de manter ambas as partes separadas, interna e externamente.

Na interpretação que se segue, Freud faz uma ligação entre os sentimentos amorosos de Hans pela mãe, o medo de cavalos, a masturbação e a curiosidade. Aqui, Freud orienta os pais a esclarecerem Hans a respeito da diferença entre os sexos. Penso ser este um ponto de extrema importância, tanto para Freud quanto para Klein, ou seja, o esclarecimento, o compromisso profundo com a verdade e a realidade. Vale lembrar que Klein iniciou seu trabalho em Psicanálise se interessando pela inibição intelectual decorrente de problemas emocionais e estudando modos de lidar com as inibições emocionais que impedem o conhecimento, o acesso à verdade e às realidades interna e externa.

Como vimos, três meses depois do início da fobia de Hans, houve o episódio da amidalotomia. A seguir, a curiosidade de Hans a respeito do corpo feminino se torna cada vez mais aguçada, ele faz brincadeiras com a nova empregada e, por fim, sonha que vê sua mãe nua. Sobre um lapso apresentado por Hans, Freud comenta que ele se aproxima da percepção real da diferença existente entre os sexos, mas ainda não pode aceitar a realidade totalmente, pois acaba, por meio desse lapso, demonstrando que ainda está preso a uma ideia de uma mulher fálica, seu sonho era, na verdade, com uma mãe fálica. É por volta dessa época que Hans apresenta a fantasia com as girafas, na qual também dá mostras de estar se aproximando da constatação da realidade. Depois disso, faz sua primeira e única visita a Freud, acompanhado de seu pai, e é aí que Freud lhe dirá que ele, Hans, tem muito medo do pai por amar tanto a mãe, e que o cavalo seria o pai; o medo do cavalo, o medo do pai. É trazido à tona o sentimento hostil em relação ao pai, e o que se segue, no relato clínico, é a indicação de que houve uma melhora real do menino.

Com base nisso, Freud se detém numa discriminação interessante. Ele se pergunta qual o medo de Hans especificamente. Poderia ser um medo *do* pai, cuja origem seria uma hostilidade de Hans em relação ao pai, nele projetada, e que causaria medo. Ou poderia ser, ainda, um medo *pelo* pai e, nesse caso, o que estaria na origem do medo seriam os sentimentos amorosos pelo pai em conflito com os hostis, que fomentariam uma preocupação com o pai. Freud descreve assim as duas faces do complexo de Édipo, o positivo e o negativo, baseadas nos impulsos amorosos e hostis. Podemos pensar nessa diferenciação também do ponto de vista das contribuições de Klein: o medo *do* pai seria um medo próprio da posição esquizoparanoide, os impulsos de morte foram projetados em um objeto mau, e este, projetado no exterior, se torna persecutório, causando sentimentos de perseguição e medo. Já na posição depressiva, existe uma confluência das duas pulsões, os dois objetos são percebidos como um único, que ora frustra, ora satisfaz, e o que caracteriza essa posição mental é uma preocupação com o objeto, o cuidado e a consideração pelo objeto, pois ele, afinal de contas, é o objeto amado. Caberia pensar no medo *pelo* pai como indicativo de angústia depressiva, o medo de que algo possa lhe acontecer, de que algo possa acontecer ao objeto amado, o que mostra uma capacidade de preocupação com o objeto.

Mais adiante, a partir das observações e dos diálogos com Hans que o pai analista vai enviando, Freud chega à conclusão de que a angústia da fobia não está primariamente ligada a cavalos, mas se ligou secundariamente a esse complexo. Na sua origem, houve um passeio com a mãe, no qual Hans viu a queda de um cavalo preto, o que despertou o desejo de ver seu pai cair e morrer. Para Freud, esse desejo está intrinsecamente ligado à situação edípica e aos impulsos dela decorrentes. Para Klein, essa cena primitiva expressaria o sadismo atuante no psiquismo desde muito cedo na vida.

O texto de Freud sobre Hans vai seguindo com a descrição de várias fantasias que se tornam brincadeiras, através das quais podemos acompanhar nitidamente a elaboração de tais situações internas por Hans. Dessa forma, Hans finalmente aceita a diferença sexual entre homens e mulheres sem se sentir tão tremendamente ameaçado pela castração, e aceita também sua condição de filho sem deixar de expressar seu desejo pela mãe e sua fantasia de realização desse desejo. Pôde compartilhar com o pai a solução de "final feliz" como se relatasse um sonho ou fizesse uma brincadeira, ao propor que seu pai ficaria com sua própria mãe (avó de Hans) e ele com "mamãe". Da mesma forma, também apresentou uma brincadeira na qual soluciona seu sentimento de inferioridade: um encanador vai desparafusar seu bumbum e lhe colocar um novo ("como o do papai", faltou dizer, ou já não precisava mais ser dito).

Como comentário final, gostaria de ressaltar que, a meu ver, esse estudo de Freud segue sendo muito instrutivo e atual, ao descrever o processo de elaboração de uma situação psíquica de sofrimento agudo a partir da conversa, do diálogo, da narrativa, da consideração da realidade psíquica. Mostra, ainda, que interpretações podem ser de grande ajuda e que parte do processo analítico se dá na medida em que se propicia uma situação adequada para a criança, afastando-se os obstáculos ao desenvolvimento natural. Talvez essa seja nossa principal tarefa como analistas em casos desse tipo.

Bibliografia

ABERASTURY, Arminda. *Teoría y técnica del psicoanálisis de niños*. Buenos Aires: Paidós, 1978.

FREUD, Sigmund. (1909) "Análise de uma fobia em um menino de cinco anos". Trad. José Octavio de Aguiar Abreu. *ESB*, vol. X. Rio de Janeiro: Imago, 1996.

_____. (1916) "Trauer und Melancholie". In: *Gesammelte Werke*, Band X. Frankfurt: Fischer Verlag, 1972.

_____. (1920) "Jenseits des Lustprinzips". In: *Gesammelte Werke*, Band XIII. Frankfurt: Fischer Verlag, 1972.

_____. (1923) "Das Ich und das Es". In: *Gesammelte Werke*, Band XIII. Frankfurt: Fischer Verlag, 1972.

ISAACS, Susan. (1952) "Natureza e função da fantasia". In: *Os progressos da psicanálise*. Trad. Álvaro Cabral. Rio de Janeiro: Zahar, 1978.

KLEIN, Melanie. (1932) "As relações entre a neurose obsessiva e os estágios iniciais do complexo de Édipo". Trad. Liana Pinto Chaves. In: *A psicanálise de crianças,* cap. IX. Rio de Janeiro: Imago, 1997.

Caso Hans:
o passo de Freud a Lacan

Adela Stoppel de Gueller

Capítulo IV

Caso Hans:
o passo de Freud a Lacan

Não há uma única leitura de um caso. Este só surge da interpretação, que, por sua vez, depende da perspectiva teórica de que a lemos. Essa afirmação é um outro modo de dizer que o simbólico antecede logicamente a realidade e a determina. Partindo desse postulado, Lacan retomou o legado freudiano e propôs um retorno aos textos de Freud que teve como consequência o surgimento de uma nova escola dentro da psicanálise.

O caso Hans surgiu de um pedido de Freud a seus discípulos – "tragam observações de crianças" –, porque ele queria verificar as afirmações que tinha feito em 1905 sobre a sexualidade infantil, nos *Três ensaios*. O pai de Hans respondeu enviando relatos de seus diálogos e das observações que fazia seu filho[1], então com 3 anos. Por ser resposta a uma demanda específica, a correspondência de Max Graff (nome verdadeiro do pai do Hans) não comenta ao acaso os ditos do pequeno, mas exclusivamente as questões referentes à sexualidade, e tampouco os pais davam ao menino respostas quaisquer, posto que ambos tinham uma relação transferencial com Freud (a mãe tinha sido sua paciente e o pai era seu discípulo) e, portanto, estavam inseridos no discurso psicanalítico[2]. Esses dados, que – segundo os princípios do positivismo científico – poderiam invalidar as informações fornecidas, por carecerem de total objetividade e neutralidade, são, na perspectiva psicanalítica, considerados essenciais. Todo caso surge no seio de uma relação transferencial que o modela e carece de sentido fora dessa consideração.

Lacan faz seus comentários invariavelmente partindo da psicanálise contemporânea a ele. Retoma textos que circulam no meio psicanalítico, principalmente no *International Journal*, seu veículo oficial na época, e parte do que está sendo dito na psicanálise para confrontá-lo com os textos de Freud. É desse confronto que surge sua própria interpretação da obra freudiana. Nesse sentido, não se trata simplesmente de um retorno a Freud. O que veio depois fica incorporado na retomada do texto original, que, *après-coup*, ganhou um novo sentido.

Nos anos 1950, já havia várias interpretações dos textos de Freud que se abriam em direções diferentes, dentro de duas grandes escolas: a ego psychology[3] e a escola kleiniana[4].

---

[1] Assim como Max Graff, Ferenczi também publicou em 1913 a observação de uma criança que se celebrizou como O pequeno homem-galo, ou como caso Arpad (Ferenczi, 1992) e, na mesma linha, Alexander Lorand (1930), um texto sobre a observação de um caso de fetichismo infantil – o caso Harry.

[2] Inclusive, Freud, que costumava ir às festas familiares dos Graff, tinha presenteado Hans com um cavalinho para se balançar, em seu terceiro aniversário.

[3] Os principais representantes dessa escola são Anna Freud (1895-1982), Heinz Hartmann (1894-1970) e Rudolph Lowenstein (1898-1976).

[4] De que, além da própria Melanie Klein, suas discípulas Paula Heimann (1899-1982), Hanna Segal (1918-) e Joan Rivière (1883-1962), assim como Arminda Aberastury (1910-1972), na Argentina, são algumas das principais representantes.

Nesse panorama, Lacan propôs sua releitura, que incluía e questionava as leituras que se faziam, ou seja, o que ele propunha era uma retificação. Mas, nesse mesmo movimento, afirmava também que se pensa com e contra os pares, inserido na trama discursiva da psicanálise, e não isolado. O sujeito de que se ocupa a psicanálise e os analistas que se ocupam dele são sempre produtos um laço simbólico, já que estão enlaçados a outros sujeitos.

Naquele momento, Lacan centra suas críticas em três pontos a) o Ideal de normalidade associado à genitalidade, b) as leituras desenvolvimentistas pautadas num modelo evolutivo, e c) a psicanálise que propunha como finalidade da cura uma melhor adaptação do sujeito à realidade. A contrapartida lacaniana foi enunciada em forma de aforismos, de ditos espirituosos ou frases assertivas como "não há relação sexual", "o desejo é a essência da realidade" ou "o real é impossível".

O objetivo de Lacan era criar um incômodo entre os psicanalistas, questionar a fundamentação do que se dizia na psicanálise, buscando bases mais sólidas, e também mostrar que, desde que fosse rigoroso, qualquer um se podia autorizar a construir uma leitura singular dos textos de Freud. Não façam o que eu digo, façam o que eu faço, ou, como ele mesmo disse, "sejam vocês lacanianos, se quiserem, eu sou freudiano" (Lacan, 1980).

Sua proposta metodológica de leitura surge da matriz da análise e implica conceituar a escuta psicanalítica como um trabalho de leitura e, mais especificamente, como uma clínica do escrito (Allouch, 1995). A ideia que comumente se tem da leitura é que o leitor é um decifrador. Na análise, o analista teria esse papel: desvelar o sentido oculto do sintoma. Mas, segundo Lacan, essa ideia de leitura e essa função do analista são insuficientes, pois estão calcadas no modelo da psicologia centrada na consciência. Por isso, ele propõe que o analista se deixe levar pelas associações do paciente, que as tome como um escrito. O analista deve se submeter ao texto do analisando e a esse texto subordinar a interpretação – daí que os arranjos significantes do paciente tenham um valor privilegiado. O analista não deve tentar compreender de imediato o que diz seu paciente. Deve-se deixar guiar pela sequência de letras, que nesse momento é um termo equivalente ao significante. Vale a pena lembrar que, em francês, *lettre* quer também dizer "carta", ou seja, mensagem, e o mesmo se aplica aos próprios textos de Lacan – seus *Escritos* –, o que revela um dos motivos pelos quais sua compreensão não surge de imediato, mas requer um esforço do leitor para suportar o não sentido inicial (Lacan, 1971).

SIGNIFICANTE, SIGNIFICAÇÃO, SIGNIFICÂNCIA

Mas o que é um significante? Não é qualquer palavra, nem é qualquer dito, mas uma palavra ou um dito trabalhados pelo inconsciente. "O inconsciente é o significante em ação" (Lacan, 1999: 110). Por isso, "a própria forma da palavra é absolutamente essencial, quando se trata de interpretar"[5] (Lacan, 1984: 270).

São próprios do significante a ambiguidade semântica, o deslocamento, a possibilidade de girar, de armar diferentes circuitos e de montar roteiros que, quando criados pela criança, podem produzir efeitos de significação diferentes. Por isso, a mesma palavra não terá o mesmo significado, se usada num contexto diferente. É o caso do significante "cavalo", no caso Hans. O que é o cavalo? Por que Hans tem medo deles? É suficiente responder que o cavalo é o pai

---

[5] Não necessariamente os significantes são vocábulos verbalizados (Lacan, 1984: 226). A noção de significante acaba sendo equivalente à de estrutura: "A noção de estrutura e a de significante mostram-se inseparáveis" (Lacan, 1984: 210).

de Hans? Que Hans transformou, por deslocamento, o medo do pai em medo de cavalos? Por que o cavalo pode representar, segundo Freud, ora o pai, ora a mãe?

Quando pensamos em desvendar o sentido oculto de um sintoma, nos aproximamos da via da significação, o que nos leva a procurar uma analogia formal ou figurativa ou um fragmento de discurso que permitam decifrar a cena (fantasia inconsciente) que explicaria o sintoma. Esse caminho supõe que o inconsciente está estruturado como uma fantasia[6].

Na perspectiva lacaniana, o relato e sua significação pertencem ao registro imaginário. A via da decifração possibilita que o sintoma desapareça temporariamente, mas trata-se, segundo Lacan, de um efeito de sugestão. Freud usou muito essa metodologia, principalmente em *A Interpretação dos sonhos* (1900), em *O Chiste e sua relação com o inconsciente* (1905) e em *A Psicopatologia da vida cotidiana* (1901). Lacan insiste em que essa via não dissolve o sintoma, só o apazigua. A vertente que ele privilegia é a do *sentido* que procede ampliando as cadeias associativas, seguindo a direção que elas indicam. Trata-se de transitar pelo trabalho do sintoma, assim como se percorre o trabalho do sonho. Trabalhar o sentido é trabalhar a trama discursiva, e Lacan chama isso de *significância*. A significância se inclina sobre a montagem do significante no discurso, sobre seu movimento. É por isso que, para Lacan, o inconsciente está estruturado como uma linguagem. Trata-se de focar o mecanismo estrutural de produção do sintoma, que é simbólico. O objetivo da análise não é explicar o sintoma, mas descongelá-lo.

O CAVALO COMO SIGNIFICANTE

Vamos pensar agora sobre o caso Hans. Lacan se pergunta para que serve o cavalo? Ou seja, está muito mais preocupado com para quê, com a função que tem o cavalo, do que com o porquê[7] e afirma que o cavalo é um significante. Retoma, então, a ideia freudiana do complexo do cavalo e nos chama a atenção primeiramente para o fato de que os cavalos arrastam carros, que os carros estão engatados aos cavalos, e que os carros carregam coisas. Num primeiro momento, Lacan diz que Hans se vê arrastado pela situação em que está com a mãe, como por um carro. Fala de um jogo de engano jogado por Hans e sua mãe, no qual a criança brinca de ser o falo da mãe. Essa interpretação enfatiza o valor metafórico do carro, que representaria Hans engatado ao cavalo, que, nesse momento, seria sua mãe. Ainda estamos na via da significação, mas a ênfase não está na representação metafórica de cada um dos sujeitos pensados isoladamente, mas na relação entre ambos, no "engate" de Hans à mãe. Lacan diz que isso ainda não é suficiente; passa a analisar os circuitos que os carros percorrem e descobre que, na fantasia de Hans, eles não têm como chegar ao destino esperado e, portanto, tampouco Hans pode sair do lugar onde está (fantasia do dia 21 de abril)[8]. Lacan diz que Hans quer ir além, quer se soltar, mas se sente preso. Essa situação é para ele insustentável, porque ele não sabe, como sujeito, onde pode estar. Assim, Lacan analisa não uma fantasia isolada, mas uma série delas, para percorrer suas sutis transformações e o que nelas se repete. As transformações interessam a Lacan porque mostram os progressos

---

[6] Segundo Melanie Klein, desde o início, há um ego rudimentar que fantasia. Segundo Lacan, o ego só se constitui no estádio do espelho.

[7] Lembremos que, em Conferencias de introducción al psicoanálisis (1916-17), Freud tinha afirmado que todo sintoma tinha um porquê e um para quê. Ver conferência XVII, "El sentido de los síntomas".

[8] No Seminário IV (1957), Lacan vai ordenando a análise do caso segundo as datas que Freud deu à sequência de fantasias de Hans.

do sujeito nas tentativas de transpor elementos do registro do imaginário para o registro do simbólico; a repetição, porque indica a insistência do real - por isso se define o real como o que volta sempre ao mesmo lugar (Lacan, 1987).

Lacan percorre essa série reconstruindo as linhas de trens das que fala Hans, seguindo a via da significância, do movimento do significante no discurso. Na primeira fantasia do dia 11 de abril, Hans parte com os cavalos, a passarela de descarga se afasta e depois ele volta a se reunir com a mãe, algo muito desejado e muito temido. Na segunda fantasia da série, do mesmo dia, Hans parte com o pai. Ele está com o pai dentro de um vagão, onde trocam de roupa, mas ainda não estão vestidos quando o trem parte. Na terceira fantasia, do dia 21 de abril, Hans diz que pensou que ia a Lainz com a avó paterna, embarcou com ela no trem antes que o pai conseguisse cruzar a passarela, mas, como passavam muitos trens, Hans diz que chega à plataforma a tempo para tomar o segundo trem com seu pai. A pergunta que lhe faz o pai é: como vai partir com o pai, se já partiu com a avó? Hans não tem como responder a essa pergunta, pois é essa justamente a saída que está procurando.

Considerando, então, a estruturação do significante nas fantasias de Hans, quais seriam as etapas de seu progresso? Quais seriam os diferentes tempos da formação psíquica significante, os objetos que passam sucessivamente a ocupar o primeiro plano do interesse de Hans? Quais seriam os progressos que, correlativamente, se produzem no significado nesse período particularmente ativo e fecundo, durante o qual a relação de Hans com seu mundo sofre uma espécie de renovação ou de revolução? Podemos captar o que, paralelamente, vai escandindo essas sucessivas cristalizações que se apresentam em forma de fantasias?

Na série acima, Hans nos mostra simultaneamente a via do impossível e o progresso que tenta articular na construção das fantasias – segundo Lacan, um mito em desenvolvimento. Parte-se de um obstáculo, de uma impossibilidade, e chega-se a outra. No primeiro caso, é impossível livrar-se dessa mãe – acaba-se sempre voltando a ela. Por isso, Hans poderia ter dito algo como: não me diga que, se estou ansioso, é porque ela não está. No segundo caso, a ideia é que não há mais o que fazer, a não ser uma permutação (mãe por pai) e ir embora com o pai. Mas essa saída também encontra obstáculos: ou eles não estão prontos (ainda não se vestiram), ou ele já partiu com a mãe do pai. A saída que Hans procura é a do Complexo de Édipo. É com essa dificuldade que se defronta a cada passo, e Hans é um trabalhador incansável – não desiste.

O que insiste nessa sequência? Nas três fantasias, Hans está preocupado em partir; a questão é com quem pode ir embora, do lado de quem ele fica e a quem ele abandona? Ou seja, trata-se de resolver em que lugar ele mesmo está ou a que lugar lhe é possível advir. Esse é o ponto importante da interpretação lacaniana. Se Lacan fala da direção da cura, é para sublinhar que não tem sentido pensar em que lugar o sujeito está ou esteve, senão pelo confronto com o lugar a que o sujeito deseja poder aceder. "Onde isso estava, o sujeito deve advir."[9] Não se trata de desalojar "isso" e substituí-lo por um ego fortalecido (crítica a ego psychology), mas de permitir que o sujeito desejante possa fazer-se um lugar para poder transitar entre os impossíveis que a lei determina.

Esses mesmos elementos também aparecem no que Lacan denomina esquema do engate (lembremos que os carros estão engatados aos cavalos). Lacan diz que esse é um dos elementos que explica a escolha do significante cavalo. No dia 9 de abril, Hans diz ao pai que "pegou

---

[9] Tradução proposta por Lacan para a frase que encerra o texto "O Ego e o Id" (Freud, 1923).

a bobagem" quando estava brincando de cavalinho, e seu amigo Fritz caiu e machucou um pé. A uma pergunta de seu pai, Hans responde que o cavalo pode ir *"ohne Wagen"* ("sem carro"); nesse caso, o carro fica em casa ou pode ir engatado a um cavalo. Hans está dizendo que o cavalo é um elemento para ser engatado e desengatado, que pode se acoplar e se desacoplar. Esse caráter do funcionamento do cavalo o coloca como algo que une e coordena, e é justamente essa a função que Lacan atribui ao significante. Nesse mesmo momento, o próprio Hans diz: foi aí que peguei a bobagem *"da hab ich die Dummheit gekriegt"*. O verbo *kriegen* (pegar), empregado sempre a propósito da bobagem, pode ser usado em alemão quando alguém se refere a pegar uma criança, como quando se diz "te peguei". Freud e Max se dão conta disso e, por esse motivo, Freud escreve uma extensa nota de rodapé na qual explica que Hans diz sempre *"wegen dem Pferd"*, por causa do cavalo, peguei a bobagem. Freud reconhece que pode se fazer uma associação entre *wegen* e *Wägen*, que quer dizer "os carros", e ainda acrescenta:

> Hans não quer dizer que pegou a bobagem *nessa época*, mas *em conexão* com isso. [...] A palavrinha "wegen" aplainou o caminho para a extensão da fobia do cavalo ao "Wagen" (ou, como Hans está habituado a escutar e pronunciar: "Wägen"[10] [o "ä" soa como "e" (nota do tradutor)]. Nunca se deve esquecer quanto mais do que o adulto a criança trata as palavras como se fossem coisas do mundo e quanto são importantes para ela as homofonias entre elas. (Freud, 1909: 50)

Lacan traz esse exemplo para mostrar como funciona o inconsciente: o cavalo arrasta o carro exatamente da mesma forma como isso arrasta a palavra *wegen*. Não se trata de um porquê, mas antes de uma falta de porquê - o cavalo é pura e simplesmente uma qualquer coisa que "pescou" a angústia e a transformou em medo. Em outras palavras, diz Lacan, no nascimento da fobia, encontramos o processo típico da metonímia, ou seja, muda-se a ênfase – ou o sentido – pela mudança às vezes de uma simples vírgula. Nesse caso, em particular, troca-se uma letra "a" por um "e" – *Wagen* x *wegen* – e o sentido do texto passa a ser outro. Se "cavalo" adquire valor articulatório e se torna depositário de todas as esperanças de fornecer a solução é porque transfere a *wegen* todo seu peso, e assim fica velado. Não é por causa de uma metonímia, mas *com* uma metonímia que o objeto fóbico produz uma fratura no universo do Hans. "O impasse em que se encontra Hans está completamente vinculado a essa transferência de peso gramatical"[11] (Lacan, 1994: 317).

Vê-se, assim, como Lacan recorta do caso certos elementos que considera privilegiados para construir sua interpretação. No último exemplo, mostra a promessa de simbolização que há no significante *wegen dem Pferd* e afirma que esse é o valor positivo do sintoma. Para torná-lo eficaz, é preciso fazer o sintoma trabalhar, seguindo a via da significância[12].

A FUNÇÃO PATERNA

Diferentemente de Freud, Lacan pensa que Hans não consegue elaborar satisfatoriamente a castração, e, embora desapareça seu medo de cavalos, persiste, no final da análise, um resto de angústia. A simbolização da castração daria uma solução para o enigma do desejo,

---

[10] Wagen é singular e Wägen é o plural

[11] Esse processo será explicado com mais detalhes no Capítulo 8.

[12] Observe-se também que a dimensão prospectiva é novamente sublinhada com a palavra "promessa".

permitindo que Hans se afastasse da frustração e da privação sem precisar do medo. Vejamos de perto essa diferença.

> Na última fantasia do dia 2 de maio, Hans diz "Escuta [...] eu pensei uma coisa hoje." Primeiro, ele tinha esquecido o que era; mais tarde, porém, contou o que se segue, mas com sinais de considerável resistência: "*O bombeiro veio; e primeiro ele retirou o meu traseiro com um par de pinças, e depois me deu outro, e depois fez o mesmo com o meu pipi*. Ele disse: "Deixe-me ver o seu traseiro!" Tive que dar uma volta, e ele o levou; depois disse: "Deixe-me ver o seu pipi!" O pai de Hans compreendeu a natureza dessa fantasia apaixonada, e não hesitou um momento quanto à única interpretação que ela poderia admitir.
>
> eu: "Ele te deu um pipi maior e um traseiro maior."
> Hans: "É."
> eu: "Como os do papai, porque você gostaria de ser o papai."
> Hans: "Sim, e eu gostaria de ter um bigode como o seu e cabelos como os seus." (Ele apontou para os cabelos no meu peito.)
>
> Freud comenta, então "À luz desse fato, podemos rever a interpretação da fantasia anterior de Hans quanto ao conteúdo de que o bombeiro tinha vindo e tinha desparafusado a banheira e golpeado seu estômago com uma broca. A banheira grande significava um "traseiro", a *broca*, ou chave de parafuso, era (como foi explicado na época) um pipi. (Freud, 1909: 55)

Segundo Freud, com essa fantasia, Hans elaborou o complexo de castração; Lacan, no entanto, discorda. Para ele, a simbolização proposta na fantasia da banheira não resolve de modo definitivo a questão da castração, já que, embora o bombeiro leve o pipi, coloca outro no traseiro - logo, a questão da posição viril de Hans não está completa resolvida.

Na análise dessa fantasia, Lacan tampouco enfatiza as simbologias "broca = pênis do pai" e "banheira = estar na cama com mamãe", mas sublinha o elemento destacável mobilizável representado pela ação de desparafusar relacionando-o ao temor de que o pênis possa se soltar. Se o bombeiro desparafusa a banheira, pode vir a parafusar outra coisa em seu lugar. Por isso, essa ação serve para ilustrar o caminho de Hans ao tentar simbolizar sua própria castração. Faltou, no entanto, uma intervenção paterna que permitisse a desidentificação de Hans (como falo imaginário) com o falo simbólico materno, ou seja, que a palavra do pai tornasse o falo imaginário um equivalente à significação (significação fálica). A castração simbólica implica, pois, para o menino, a perda da identificação com o falo imaginário, e, para a mãe, a perda do falo simbólico como uma posse de que pode dotar ou privar alguém.

A lei paterna deve regular o poder materno, limitá-lo, por isso tem efeito normatizador. O pai estabelece um pacto simbólico com o filho, pelo qual o falo será o objeto imaginário de uma dívida simbólica: quando você for grande, terá um, assim como seu pai tem, e lhe será permitido o acesso às mulheres; você poderá escolher entre todas as mulheres, menos uma, que é a minha. O estabelecimento da dívida simbólica inscreve, pois, o sujeito numa filiação generacional.

> Para a criança, está muito claro. Como lhes disse no outro dia, a mãe faz da criança como ser real símbolo de sua falta de objeto, de seu apetite imaginário de falo. A saída normal dessa situação é que a criança receba (do pai) simbolicamente o falo de que necessita. Mas, para necessitá-lo, antes teve que experimentar a ameaça da instância castradora, primordialmente a instância paterna. A identificação viril que está na base de uma relação edípica normativa se funda aqui no plano simbólico, ou seja, no plano de uma espécie de pacto, do direito ao falo. (Lacan, 1994: 84)

Portanto, Hans está detido na passagem da mãe para o pai. O objeto fóbico o protege da angústia, ao encobrir a falha na simbolização da castração. No entanto, a elaboração proposta pela fantasia do bombeiro tem efeito terapêutico. Sua mãe diz que ele está restabelecido - consegue então encontrar uma saída para o Édipo, embora seja uma saída atípica: o pai será o avô dos filhos que ele terá com sua mãe. E, para não suscitar a cólera do pai, casa-o com a avó paterna, ou seja, com sua própria mãe. Essa saída lhe permite certo conforto dentro de uma situação que ainda lhe causa angústia, pois permanece "engatado" na mãe e teme que o pai fique raivoso. Logo, trata-se do pai imaginário do segundo tempo do Édipo, ou seja, de um pai rival, para quem Hans encontra uma saída semelhante à que encontra para si mesmo.

Desse modo, Lacan assinalou a solidariedade entre a estrutura do sintoma e a da metáfora, pela articulação com a metáfora fundamental, que é a metáfora paterna. Essa operação permitiria que Hans conseguisse uma estabilização do imaginário, ao amarrar o significante ao significado. O caso Hans serve ainda para Lacan distinguir a presença paterna da função do pai. Max está o tempo todo ao lado do filho e, no entanto, falha na função paterna, porque não consegue que se opere o corte que separa o filho da mãe. Falha na função porque não consegue fazer valer a interdição maior de nossa cultura, que é a proibição do incesto.

FINAL DA ANÁLISE

Pode-se considerar que a análise de Hans chegou ao fim, até onde deve chegar a análise de uma criança? Sem dúvida, a análise teve êxito, do ponto de vista terapêutico, porque Hans aos poucos foi perdendo o medo de cavalos. Freud pensa que sim, que a análise está concluída:

> Já consideramos as duas fantasias concludentes de Hans, com as quais sua recuperação foi fechada. Uma delas, a do bombeiro, dando-lhe um novo e, como seu pai adivinhou, maior pipi, não era simplesmente a repetição da fantasia anterior, que dizia respeito ao bombeiro e à banheira. A nova era uma fantasia triunfante e apaixonada, e foi com ela que ele superou seu medo de castração. Sua outra fantasia, que confessava o desejo de ser casado com sua mãe e de ter muitos filhos com ela, não esgotou simplesmente o conteúdo dos complexos inconscientes que tinham sido agitados pela visão do cavalo caindo e que tinham gerado sua ansiedade. Também corrigiu aquela porção daquelas idéias que era inteiramente inaceitável; pois, ao invés de matar seu pai, tornou-o inofensivo, incentivando-o a um casamento com a avó de Hans. Com essa fantasia, tanto a doença como a análise chegaram a um final apropriado. (Freud, 1909: 106)

Freud distingue claramente o resultado terapêutico a resolução da fobia - do resultado da análise e considera que a análise chegou a um fim apropriado porque Hans superou o medo da castração. Reconhece, no entanto, que a análise não esgotou todos os complexos inconscientes ligados ao complexo de Édipo que tinham suscitado a angústia. Para Lacan, no entanto, como a análise ocorre durante o tempo em que Hans vivia seu Édipo, não se pode considerar o resultado plenamente satisfatório. A evidência disso seria sua relação com as meninas, que segue sendo completamente imaginária. Hans diz que terá suas filhas e Lacan pensa que, com isso, ele será futuramente um homem que se submeterá as mulheres: as amará, mas nunca deixará de temê-las. É uma hipótese. Em todo caso, teria sido preciso que Hans, já adulto, se deitasse num divã e falasse... sobre o que bem entendesse.

O SURGIMENTO DA FOBIA

Segundo Lacan, a origem da fobia de Hans não é o nascimento de Hanna, fonte de ciúme, mas as ereções que começa a ter, mostrando-lhe que seu pênis tem autonomia. Nasce a irmã, começa a masturbação e, um ano depois, surge a fobia. Ele é destituído do lugar de falo materno pelo nascimento da irmã, e o falo passa a intervir como pênis real. Para Lacan, trata-se do mesmo objeto nos dois casos, mas que se apresenta de modo muito diferente quando Hans tenta integrar as sensações vinculadas com a ereção. Só então podemos falar em sujeito barrado, já que Hans não sabe o que fazer com esse membro que de alguma maneira se tornou independente dele. Para dar conta dessa divisão, Hans faz uma fobia e começa a constituir uma série de fantasias em torno dela.

Seu pênis está de algum modo fora de seu corpo. É por isso que o angustia a possibilidade de perdê-lo. Não se trata, então, da ameaça de castração, mas da ressignificação da ameaça de castração à luz das alterações que o órgão sofre, independentemente de sua vontade. Se o pênis está "parafusado" ao corpo (lembremo-nos da banheira e dos cavalos engatados aos carros), ele pode se soltar. Mas Hans quer que seu pênis cresça junto com ele e funcione em conjunção com o resto do corpo narcisista - que esteja colado, e não apenas engatado. Só assim poderia ser uma posse imaginária. Mas a lei do homem é que deve perder o falo imaginário, para ganhar um falo simbolizado. Para isso, deve simbolizar esse órgão que está fora do corpo que ganhou autonomia e funciona comandado pelo desejo. Nessa operação, o órgão viril pode vir a tornar-se fonte de gozo, não só para o homem, mas para ambos os sexos. Essa é a condição da posição heterossexual do homem adulto. A mulher, que não tem o falo, pode recebê-lo, e o homem, que o tem, depois de tê-lo perdido, pode oferecê-lo a ela como dom. O falo simbólico é, então, algo que circula, que se dá e que se recebe[13].

---

[13] Um homem pode ter uma ereção incontrolável diante de uma mulher de que não gosta e não tê-la diante de uma que o fascina, já que gozar não é desejar (Yafar,1991: 63).

Bibliografia

ALLOUCH, Jean. (1984) *Letra a letra. Transcrever, traduzir, transliterar*. Rio de Janeiro: Companhia de Freud, 1995.

FERENCZI, Sandor. (1913) "O pequeno homem-galo". In: *Obras completas*. Vol. II. São Paulo: Martins Fontes, 1992.

FREUD, Sigmund. (1923) *El yo y el Ello*. In: *Obras completas*. Vol. XIX. Buenos Aires: Amorrortu, 1996.

_____. (1909) *Análisis de la fobia de un niño de 5 años*. In: *Obras completas*. Vol. X. Buenos Aires: Amorrortu, 1996.

_____. (1905) *El chiste y su relación con lo inconsciente*. In: *Obras completas*. Vol. VIII. Buenos Aires: Amorrortu, 1996.

_____. (1905) *Tres ensayos de teoría sexual*. In: *Obras completas*. Vol. VII. Buenos Aires: Amorrortu, 1996.

_____. (1901) *Psicopatología de la vida cotidiana*. In: *Obras completas*. Vol. VI. Buenos Aires: Amorrortu, 1996.

_____. (1900) *La Interpretación de los sueños*. In: *Obras completas*. Vol. IV e V. Buenos Aires: Amorrortu, 1996.

_____. (1916-17) *LConferencias de introdución al psicoanálisis*. In: *Obras completas*. Vol. XV e XVI Buenos Aires: Amorrortu, 1996.

LACAN, Jacques. (1957) *La relación de objeto*. Seminario IV. Buenos Aires: Paidós, 1994.

_____. (1964) *Los cuatro conceptos fundamentales del psicoanálisis*. Seminario XI. Buenos Aires: Paidós, 1987.

_____. (1957) *Las Psicosis*. Seminario III. Buenos Aires: Paidós, 1984.

_____. (1980) *Disolución*. Seminario XXVII. Seminario de Caracas (aula 7, 12/7/1980, inédito).

_____. (1966) La dirección de la cura y los principios de su poder. In: *Escritos*. México: Siglo XXI, 1971.

_____ (1957). *Las formaciones del inconsciente*. Seminario V. Buenos Aires: Paidós, 1999.

LORAND, Alexander. (1930) "Fetichism in status nascendi". In: *International Journal of Psychoanalysis*, n. 11: pp. 419-427.

YAFAR, Raul. *El caso Hans. Lectura del Historial de Freud*. Buenos Aires: Nueva Visión, 1991.

Especificidade da Clínica Psicanalítica com crianças

Parte III

Parte III

Fabricidade com thumas seguenta de Química

Especificidade da Clínica Psicanalítica com crianças: uma diversidade de olhares

Ada Morgenstern,
Afrânio de Matos Ferreira e
Marcia Porto Ferreira

Capítulo V

Especificidade da Clínica Psicanalítica com crianças: uma diversidade de olhares

A clínica psicanalítica com crianças apresenta particularidades em relação à clínica com adultos? Se a Psicanálise se debruça sobre o infantil, tratamos das mesmas coisas quando trabalhamos com adultos e com crianças?

Obviamente, essa questão não se restringe a um âmbito meramente técnico. Embora pareça simples, ela abre um campo irresoluto de discussões sobre a aplicabilidade do método psicanalítico ao objeto "criança" e – caso se admita essa possibilidade – as diferenças que esse objeto pode impor em relação ao método aplicado ao "adulto".

Mas o que é mesmo uma criança? Respostas são dadas segundo diversos discursos, por diversos campos do saber, ao longo da história da humanidade. Freud teve a genialidade de desconstruir a representação social da criança dominante em sua época, que era a de uma criança inocente e moldável, promovendo-a ao estatuto de enigma, atravessada pela sexualidade. Retirou a criança de um olhar meramente regulador e normatizante, elevando-a à categoria de sujeito, produzido pelo desejo inconsciente. No entanto, essa criança freudiana, perversa polimorfa[1], abre caminho para uma tensão teórica sobre as vicissitudes da sexualidade. Ela é inata? Existe constitucionalmente desde as origens? É direta ou parcialmente implantada pelo outro humano? Se isto, de que maneira? Segue uma progressão evolutiva e desenvolvimentista? Sob quais perspectivas?

Na medida em que o pensamento freudiano é marcado por movimentos oscilatórios e dialéticos de idas e vindas em suas descobertas, pelo encontro de novas ideias que ora abandonam, ora retomam antigas concepções supostamente ultrapassadas, foi gerada uma ampla variedade de leituras psicanalíticas. Essa produtiva ambiguidade teórica freudiana, portanto, fundou um permanente debate entre diferentes correntes teóricas da Psicanálise, que dela recortaram, realçaram e recriaram as diversas concepções sobre como o psiquismo se constitui, como adoece e, consequentemente, como deve ser tratado na clínica. Em decorrência dessa diversidade, a criança annafreudiana, kleiniana, winnicottiana, lacaniana e, arriscaríamos dizer, neo-freudiana (citando apenas algumas das mais conhecidas linhas teóricas da Psicanálise) não é a mesma criança, nem é tratada clinicamente de uma mesma forma. Na verdade,

---

[1] A experiência psicanalítica revelou o pluralismo dos componentes da sexualidade e sua origem infantil, assim como a existência de outras zonas erógenas além dos órgãos genitais. Para Freud, em 1905, a primeira fase da evolução da sexualidade é concebida como essencialmente marcada pela emergência do pluralismo das correntes pulsionais, cada uma das quais tendendo isoladamente à satisfação que lhe é própria. A ausência de vínculos dessas correntes entre si é o que caracteriza essa fase. A criança é, então, um "perverso polimorfo". O desenvolvimento posterior leva à submissão das zonas erógenas não genitais à primazia dos órgãos genitais.

sendo todos freudianos, os sucessores do pensamento psicanalítico privilegiam determinados momentos da obra e do pensamento de Freud para desenvolverem suas ideias.

Com isso, desejamos salientar a necessidade de se restituir a riqueza e a diversidade das formulações teóricas provocadas pela obra freudiana, de maneira que cada psicanalista que atende crianças se veja confrontado com esse complexo cardápio teórico/clínico para se apropriar, também de forma particularmente consistente, de um modo de pensar e fazer clínico.

Esbocemos, pois, sumariamente, algumas das premissas de onde partem essas diversas escolas psicanalíticas quando se deparam com a clínica com crianças.

Comecemos por **Anna Freud**, a polêmica e, em certa medida, incompreendida e injustiçada herdeira dos ensinamentos paternos para o campo da Psicanálise com crianças. Longe de ser uma pensadora obtusa, como quiseram muitos de seus detratores, essa pioneira[2] foi uma fiel seguidora das ideias paternas, com a diferença de que não retomou algumas concepções que o próprio Freud ultrapassara. Podemos afirmar que, tanto quanto os demais autores, privilegiou alguns e desprezou ou subestimou outros ensinamentos freudianos.

O embate criado por Anna Freud pode ser mais marcadamente apontado quando põe em dúvida se a Psicanálise é viável para o atendimento de crianças. Para ela, a criança dificilmente conseguiria cumprir as condições exigidas para se estabelecer uma relação analítica, como acontece ao adulto: ter consciência do sofrimento e aceitar o tratamento. Seguindo proposições de seu pai, suas justificativas se referem aos momentos constitutivos do Complexo de Édipo. O superego da criança se instala por volta dos cinco anos de idade e não é independente do mundo exterior; essa independência vai sendo conquistada ao longo do tempo, até que se constitua um superego internalizado. A concepção de superego da criança annafreudiana é diretamente dependente de vínculos com os pais da realidade, perfeitamente coerente com as primeiras teorias freudianas sobre a etiologia das neuroses. Esses vínculos primários não poderiam ser reeditados no processo analítico porque a primeira edição ainda não teria se esgotado. Para Anna Freud, a criança é incapaz de desenvolver uma neurose de transferência e, também, de associar livremente, o que motivou uma estrondosa polêmica com Melanie Klein.

Anna Freud não preconizava a psicanálise para todas as crianças, mas decidia cautelosamente sua indicação caso a caso. Levando em conta que há distúrbios transitórios na infância, somente os casos mais severos de neurose infantil deveriam ser enviados à psicanálise, quando "as constelações da libido se tornam rígidas, estabilizadas e monótonas em suas expressões"[3] (Anna Freud, 1971a: 123). Para isso, julgava necessário desenvolver uma etapa prévia à análise propriamente dita, utilizando-se de estratégias pedagógicas e pouco analíticas, ao que ela chamou de "adestramento para a análise". Segundo ela, o analista terá que considerar tanto um superego independente e agir analiticamente quanto um superego dependente e atuar pedagogicamente. Seja como for, ela não dava por assentado que qualquer criança desejasse e pudesse ser analisada. Como já dito, a criança não poderia desenvolver uma neurose de transferência, porque ainda estaria sob o influxo das vivências com os pais reais. Esse seria o obstáculo para uma possível substituição das imagos paternas e das relações afetivas com

---

[2] Iniciou sua prática clínica em meados de 1922.

[3] E chama a atenção para o "fato traumático", afirmando que este não deverá ser tomado tal qual se apresenta ao analista, mas sim traduzido em seu significado específico para determinada criança. Enfatiza, portanto, o reconhecimento de uma singularidade.

eles para a figura do analista. Essa passagem seria a condição do estabelecimento da neurose de transferência.

O lugar do analista de crianças, para Anna Freud, é o lugar de autoridade: um adulto que sabe e permanecerá assim para sempre, mesmo depois de finda a análise.

A demanda de análise, por parte da criança e não somente dos pais, haveria que ser artificial e ativamente criada pelo analista, e a transferência e o método analítico clássico, baseado no levantamento do recalque e na livre associação, estavam corajosamente colocados em questão. Nesse sentido, a finalidade da análise de crianças se diferenciaria da de adultos[4]. Se, para essa última, a cura se relacionava com a suspensão do recalque pelo afrouxamento do superego, com as crianças a finalidade da análise estaria mais do lado do fortalecimento do processo de constituição do superego.

Uma clara especificidade da clínica psicanalítica com crianças foi por ela, a seu modo, defendida. Também nisso está de acordo com algumas afirmações de seu pai e em desacordo com outras. Freud reviu sua posição sobre uma suposta impossibilidade da análise das crianças depois de reencontrar o "pequeno Hans" já adulto[5].

Por causa dessas teses e de suas ideias sobre os mecanismos de defesa do ego, Anna Freud é acusada de ter proposto uma pedagogização da Psicanálise. Porém, como assinala Fendrik, Anna Freud nem sempre defendeu que o que importa é fortalecer o ego da criança, como fizeram os psicanalistas americanos. Em seus primeiros trabalhos, pelo contrário, afirma que o *ego* forte é um *ego* infeliz, porque inflexível. O que propõe nesses tempos é o fortalecimento do *superego*.

É especialmente criticada por sua publicação *Infância normal e patológica* (1965), onde traça parâmetros desenvolvimentistas que não escapam de uma normatização próxima do modelo educacional vigente em sua época.

Em sua clínica com crianças, valia-se de informações colhidas na família, ao mesmo tempo em que dava grande valor para os sonhos noturnos e devaneios diurnos enriquecidos pelos contos de fadas, mitos, histórias infantis e desenhos. Mas, surpreendentemente, não os considerava como equivalentes à associação livre[6]. Como justificativa, aponta algumas questões; entre elas que a criança, por estar sob a pressão do inconsciente, *atua* em vez de *falar*, impondo assim muitos limites à situação analítica[7]. Para ela, a liberdade de ação recai principalmente sobre as tendências agressivas. "A transferência agressiva é excessivamente enfatizada e eclipsa a libidinal" (Anna Freud, 1971b: 33). Em geral, o que as crianças apre-

---

[4] Em outros aspectos – como a verbalização, a tendência curativa e outras –, Anna Freud afirma que a diferença entre a análise de crianças e a de adultos não está na finalidade (ampliação da consciência), mas no tipo de material que se apresenta para interpretação (Anna Freud, 1971b: 34).

[5] Segundo Silvia Fendrik (1991: 7), "na publicação do historial do pequeno Hans, Freud não se pronunciou sobre a conveniência da análise para todas as crianças, e foi muito cauteloso quanto ao alcance e a generalização da experiência. Seria somente em 1922, mediante o testemunho do próprio Hans, que poderia afirmar que, de fato, os temores acerca do futuro da criança analisada eram absolutamente infundados? Neste sentido, o "Apêndice", onde Freud consigna o encontro com Hans, já adulto, teria a função de alentar o desenvolvimento sem temores da análise infantil, em um momento em que as questões concernentes à analisabilidade das crianças e ao modo como se poderia realizar a análise começavam a ser objeto de um debate aberto na comunidade psicanalítica".Curiosamente, como já vimos, neste mesmo ano de 1922, Anna Freud inicia seu trabalho clinico.

[6] Segundo Anna Freud, "jogar com brinquedos, desenhar, pintar, encenar jogos de fantasia, atuar na transferência, foram recursos introduzidos e aceitos em lugar da livre associação e, à falta de melhor, os analistas infantis tentaram convencer-se de que tudo isso são substitutos válidos daquela. Na verdade, estão muito longe de o ser" (Anna Freud, 1971b: 33).

[7] Considera que "palavras, pensamentos e fantasias igualam o sonho em sua falta de impacto sobre a realidade, ao passo que as ações pertencem a uma diferente categoria" (idem).

sentam na transferência é "o lado agressivo de sua pré-genitalidade, que as impele a atacar, agredir, cuspir, dar pontapés e provocar o analista" (1971b: 34), criando dificuldades técnicas, na medida em que o analista é convocado a contê-la.

É ainda Fendrik que tenta desvendar esse impasse teórico, ou suposta contradição annafreudiana, com uma hipótese valiosa, que, no mínimo, possibilita um novo olhar sobre essa tão desprestigiada pensadora. Propõe pensar que o que Anna Freud estaria apontando sobre a impossibilidade da associação livre na Psicanálise com crianças teria a ver com uma postura *ética* do analista. Se o adulto aceita o pacto analítico de livre decisão de se analisar, a responsabilidade por seus atos, palavras, gestos e sonhos fica assim colocada. Para ela, isso não equivale ao que acontece à criança, uma vez que seu desejo de se analisar é induzido por todos aqueles artifícios utilizados, mas nem por isso suficientes para legitimá-lo. Problematizando os pareceres depreciativos sobre o pensamento annafreudiano, Fendrik vai nos desvendando que Anna Freud tem, ao menos, uma grande preocupação ética sobre a posição do analista de crianças e antecipa o que dirá Lacan sobre a diferença da responsabilidade da criança em relação à palavra.

Passemos agora a situar as concepções defendidas por **Melanie Klein**. Veremos que uma das questões essenciais – marco divisório entre Klein e Anna Freud – são as concepções relativas à transferência e ao superego.

Para Klein, em contraposição a Anna Freud, a análise com crianças pouco difere da que se aplica a adultos. E pode chegar até mais longe com os pequenos. "Toda criança pode ser analisada na medida em que o analista se abstenha de empregar medidas pedagógicas" (Millot, 2001: 134).

Vejamos como Melanie Klein postula a questão da constituição do sujeito, pois, ao privilegiar uma vertente mais estrutural da obra freudiana, constrói uma nova metapsicologia, a qual definirá, por sua vez, postulações clínicas inovadoras.

Realçando e dando um especial colorido às concepções freudianas de pulsão de vida e de morte, Klein afirma que a criança é determinada pela quantidade de instinto de vida e de morte presentes na inveja[8]. É em função dessa luta intrapsíquica que se estabelecem as ansiedades básicas paranoides e depressivas e as neuroses como defesas diante dessas ansiedades.

Portanto, a questão do *originário* está relacionada à angustia que a polaridade inata das pulsões – pulsões de vida e de morte – provoca no recém-nascido. Postula que desde o nascimento já existe um ego capaz de experimentar angústia, utilizar mecanismos de defesa e estabelecer relações de objeto primitivas[9]. "Isto não significa um ego integrado, mas um ego passível de reagir sob o impacto de uma angústia, por meio de mecanismos de projeção e de transformação de parte dessa angústia em agressividade" (Zornig, 2000: 88). As fantasias incons-

---

[8] Para Klein, a inveja opera desde o inicio da existência e tem uma base constitucional; é uma expressão das pulsões destrutivas. "O primeiro objeto a ser invejado é o seio que amamenta, pois o bebê sente que aquele possui tudo o que ele deseja e dispõe de um fluxo ilimitado de leite e amor, mas que o seio guarda para sua própria gratificação. Esta sensação adiciona-se ao seu sentimento de frustração e ódio e o resultado é uma relação perturbada com a mãe" (Klein, 1974: 37). A sensação de estrago causada pela inveja, a ansiedade persecutória que dela se origina e a dúvida com relação à "bondade" do objeto têm o efeito de incrementar a voracidade e os impulsos destrutivos. Como analisa Petot (1988: 156), "a inveja é, como fator pulsional, antagonista da gratidão", pois ela é o inverso da reparação (que busca o resgate do objeto bom que havia sido destruído pelas fantasias sádicas). Segundo esse autor, a teoria da inveja parece estar em completa ruptura com as concepções kleinianas anteriores das pulsões destrutivas, pois aponta para um ataque (não acidental) ao objeto bom. A criança sente-se atacada e frustrada sem que tenha atacado de antemão o objeto. No esquema clássico kleiniano, o objeto torna-se mau como resultado de uma projeção (de um ataque), enquanto, no caso da inveja, o objeto "torna-se mau", e é só a partir daí que passa a ser atacado.

[9] Em virtude dos mecanismos de projeção e introjeção, o objeto internalizado não é uma cópia do objeto externo. E será conforme as características desses objetos internos que as vivências emocionais encontrarão um determinado significado.

cientes já estão presentes na fase mais primitiva da vida. Klein privilegia a dimensão imaginária da fantasia e faz dela o eixo principal em torno do qual giram suas concepções.

Klein propõe o conceito de *posição* para descrever o modo de funcionamento do psiquismo, em vez de falar em fases do desenvolvimento. Postula duas posições que se organizam e se alternam durante toda a vida como forma de dar sentido às experiências emocionais[10]. E será na alternância entre essas duas posições – esquizoparanoide e depressiva – que se dará a estruturação do sujeito.

Desde muito cedo, o ego é capaz de estabelecer uma relação com o objeto primário[11] – o seio materno –, cindindo-o em seio bom (ideal) e seio mau (persecutório). A fantasia do objeto ideal está ligada às experiências gratificantes recebidas através da mãe real, enquanto a fantasia do objeto persecutório se constitui a partir das experiências reais de privação e de dor. Essa incapacidade de perceber os objetos como uma unidade é que permitirá à criança desenvolver isoladamente o amor e o ódio.

Esse funcionamento inicial, caracterizado pela divisão no ego entre o bom e o mau objeto – o bom sendo predominantemente idealizado e introjetado, e o mau (persecutório), projetado –, assinala a *posição esquizoparanoide*. Como nos aponta Souza (1995), trata-se de um modo de ser no qual o conhecimento de si mesmo e do mundo real é muito precário, na medida em que os aspectos dolorosos de si e do mundo não podem ser reconhecidos. Ao mesmo tempo, ao projetar sobre o mundo fora de si esses aspectos, a experiência do mundo também é distorcida[12].

A *posição depressiva* se inicia por volta dos seis meses de idade, quando a criança começa a reconhecer tanto a realidade interna quanto a realidade externa, identificando a mãe como um objeto total, uma pessoa completa, real e amada. Com isso, a criança consegue organizar o mundo caótico dos *objetos parciais*, identificando-os como *objetos totais*, o que de alguma maneira diminui a angústia. Ao mesmo tempo, começa a perceber que é ela mesma quem ama e odeia a mesma pessoa – a mãe. Daí a depressão, o luto e a culpa pela destruição real e imaginária infringida ao objeto. Concomitantemente, cria-se a possibilidade de reparação da relação objetal.

A *posição depressiva* representa um avanço tanto do ponto de vista psíquico como do da experiência emocional, pois implica na possibilidade de viver a subjetividade e a historicidade, ao perceber a ambivalência na relação com o objeto e se dar conta das emoções dela decorrentes.

Podemos verificar que, ao propor as posições *esquizoparanoide* e *depressiva*, Klein supera o conceito de fixação em Freud. Para ela, essas posições são retomadas permanentemente durante a vida; não se sucedem nem se precedem, mas coexistem numa relação dialética. E cada posição determina uma forma de angústia, de defesa e de relação de objeto, assim como uma forma de simbolização e de subjetividade decorrentes. "O sujeito kleiniano não existe

---

[10] O conceito de posição foi originalmente apresentado por Klein em 1935, em "Uma contribuição à psicogênese dos estados maníacos depressivos"; ao longo de sua obra, a autora foi delineando melhor as duas diferentes posições. Em 1946, em "Notas sobre alguns mecanismos esquizoides", descreve com mais clareza a posição precedente e a denomina posição esquizoparanoide. Em 1952, com a publicação de "Algumas conclusões teóricas sobre a vida emocional do bebê", elabora uma síntese de sua concepção, na qual as duas posições estão sistematizadas e relacionadas entre si: (Souza, 1995: 52).

[11] Para Klein e seus seguidores, não há relação pré-objetal. Diferentemente de Freud e outros autores, o objeto interno corresponde às pulsões e existe desde as origens.

[12] Ogden (1996: 31) descreve a posição esquizoparanoide como uma organização psicológica que produz um estado de ser a-histórico, relativamente desprovido da experiência de um sujeito interpretativo que faça a mediação entre a sensação de "eu--dade" e a "própria experiência sensorial vivida". Esse modo de funcionamento produz, entre outras, uma sensação de imediatez e de exterioridade dos pensamentos e sentimentos, ou seja, não permite que estes sejam percebidos como criações pessoais, mas sim como acontecimentos factuais.

numa determinada posição ou nível hierárquico de posições, mas numa tensão criada entre posições" (Ogden, 1996: 30).

Segundo Petot (1988: 57), serão as modificações provenientes da descoberta da posição depressiva que projetarão os mais vivos clarões sobre os fenômenos edipianos. Relacionar-se com uma mãe completa e ao mesmo tempo distinta da criança, uma mãe que não se satisfaz totalmente com a criança, cria um vazio onde se instala um terceiro – o pai. É a passagem da díade para a tríade.

A proposição inovadora de Klein com relação à teoria edipiana é a afirmação da existência de formas pré-genitais do complexo de Édipo, principalmente ao descrever um Édipo primitivo e, paralelamente, um superego precoce e cruel. Esse superego não é visto como o superego freudiano (herdeiro do complexo de Édipo), mas como constitutivo do Édipo primitivo.

Enquanto Anna Freud concebia o superego como dependente do mundo externo e *consequência* de um processo psíquico – herdeiro do complexo de Édipo –, Melanie Klein, ao contrário, concebia-o como uma instância interna, independente do mundo externo e *causa* das patologias. Vemos, então, como o Édipo kleiniano se diferencia do freudiano em vários aspectos – embora se somem em outros. É daí que decorre a forma original de Klein de pensar e fazer na clínica.

Nesse sentido, o Édipo precoce defendido por ela – o qual, aos três anos de idade, já teria praticamente completado seu percurso –, permite a transferência para o analista de objetos primitivos e exige que ele atue com neutralidade, tal qual procede com adultos.

Ao conceber o superego como uma instância fundamentalmente interna e independente do mundo externo, Klein dispensava as informações sobre acontecimentos na realidade, ou melhor, considerava-as desnecessárias para que uma análise se pusesse em marcha. Ainda assim, como relata Fendrik, Klein não acreditava no superego como uma instância inteiramente interna, pois se ocupava de saber como a criança vinha se comportando fora da situação de análise (na família, na escola, por exemplo). Mas, em seus escritos, jamais admitiu essa curiosidade pelos efeitos promovidos pela análise.

Com relação à entrada da criança em análise, Klein considerava a hostilidade e a desconfiança como elementos transferenciais importantes – valorados como transferência negativa – que, assim, deveriam ser interpretados[13] para que a transferência positiva se instalasse, permitindo ao analista ter acesso ao inconsciente da criança. Ainda que a análise iniciasse sob a égide de uma transferência positiva, Klein considerava necessário analisar as hostilidades, a recusa ou qualquer outra forma de resistência inicial com relação à análise e ao analista.

Analisava, portanto, tanto a transferência positiva quanto a negativa, fosse com a criança ou com o adulto. A finalidade da análise seria entrar em contato com as fantasias – em seus aspectos cindidos – buscando, a partir desse contato, alcançar uma maior integração. Para isso, ela se utilizava do *brincar*, que corresponderia à associação livre do adulto, buscando com isso a possibilidade das crianças virem a verbalizar essas fantasias. Então, a partir desse momento, a análise com crianças não mais manteria qualquer particularidade em relação à do adulto.

Para Klein, o ego da criança, mais frágil do que o do adulto, não constituía desvantagem para o processo analítico. Pelo contrário, permitia melhor acesso ao inconsciente sem passar

---

[13] Diferentemente da concepção de Anna Freud.

pelo ego. E, se o ego das crianças difere do ego adulto, o superego, nesses dois momentos da vida, guarda muito pouca diferença.

A criança é considerada como um indivíduo; é ela quem é diagnosticada, de acordo com as forças intrapsíquicas em conflito. O grande mérito de Klein foi recuperar, em contraposição a Anna Freud, a soberania dos processos inconscientes.

Passemos agora às concepções de **Donald Winnicott**. Para esse autor, só se pode pensar o ser humano quando relacionado com seu meio ambiente. O ser humano nasce histórica e psiquicamente antes de nascer fisicamente, isto é, está inserido em seu contexto familiar e social e, desde muito cedo, atravessado por questões do ambiente que o precede e que o acolherá. Essa é uma proposição central na obra do autor, que não só nos remete à grande importância do ambiente na constituição humana, como traz consequências para o trabalho clínico.

Quando nasce, o ser humano se apresenta em um *estado de não integração*, e revela uma tendência inata para se desenvolver e se unificar, desde que encontre um ambiente *suficientemente bom* que o ajude a lidar com as tensões instintuais e a integrar o seu *self* como unidade. Está tão interligado, vivendo um estado de *dependência absoluta* com a mãe ou substituta, que não pode ser tomado como um indivíduo separado, mas como uma unidade mãe-bebê.

Nesse momento inicial, *não existe o bebê sem a mãe*: não há, para ele, noção de tempo, espaço ou intencionalidade; não há qualquer tipo de consciência ou realidade "*não eu*"; não se pode ainda considerar que haja um indivíduo. É a partir das condições pessoais e da adaptação absolutamente singular que cada mãe pode oferecer a seu bebê que ele vai integrando as diversas áreas de sua sensorialidade – no início, ainda desconectadas umas das outras; vai iniciando o vínculo entre o corpo e a psique e constituindo as bases para a *integração do self*. Dessa forma, inicia o reconhecimento de que existe alguém além dele, uma realidade "*não eu*", alguém que, em contato com ele, lhe permite *viver em continuidade, adquirir o senso de unidade e poder ser criativo*.

Tendo em vista essa síntese, podemos dizer que, diferentemente do bebê freudiano ou kleiniano, o bebê winnicottiano, no estágio inicial, não projeta, não introjeta, não tem inveja. Ele simplesmente *existe ou perde continuidade da existência* se há ou não *sustentação* ("*holding*"), continência ou *falhas ambientais*.

O segundo estágio de constituição humana, denominado por Winnicott *dependência relativa*, configura-se como o momento em que o bebê e a mãe se diferenciam, e o bebê vai alcançando um *sentido de eu*, que já se prenunciava no estágio anterior. Vai surgindo o indivíduo, e, no *espaço potencial* entre a mãe e o filho, a *transicionalidade* e o início da capacidade de usar símbolos. O bebê winnicottiano se desenvolve na *interdependência e na intersubjetividade*. O desenvolvimento da subjetividade para Winnicott requer experiências na intersubjetividade e na transicionalidade. Para Klein, tal questão se centra na intra-subjetividade.

No estágio seguinte, o indivíduo dirige-se para a independência que nunca alcança na totalidade. Experimenta amor e ódio nas relações e *concernimento*, conceito próximo à reparação de Klein, mas que não inclui a culpa, e sim *reconhecimento e preocupação* com o objeto.

Nesse percurso rumo à independência, a relação e a comunicação que o indivíduo desenvolve com a realidade externa e o assentamento da psique no corpo vão acontecendo gradualmente. Estas são conquistas que podem ou não ocorrer. Mais uma vez, aqui o ambiente é fundamental, e uma das principais tarefas da mãe é, justamente, fazer essa vinculação da psique com o soma, alojamento que dá início ao processo de *personalização*.

Nesse estágio primitivo de constituição psíquica, há também outro aspecto a destacar. Desde sua origem, o recém-nascido precisa sentir que *existe nos olhos da mãe, estando em comunicação com ela*. Para isso, precisa receber do ambiente uma resposta exata a sua necessidade e, assim, conquistar a *confiança* que o leve ao anseio de poder existir e se comunicar.

Desse modo, inspirado em Lacan, mas dando ênfase ao vínculo e não à subjetividade da mãe, Winnicott ressalta a importância do papel do espelho da mãe e da família no desenvolvimento infantil. Para o autor, há dois momentos: no primeiro, o bebê vê a si mesmo no olhar da mãe, e essa comunicação lhe dá um lugar humano. No segundo, o rosto da mãe não é mais um espelho, não é mais apercepção, mas percepção. O bebê passa a ver o rosto da própria mãe e a perceber a existência de um mundo "*não eu*"; este mundo existe para alguém que se encontra ali e se comunica.

> Quando olho, sou visto, logo existo.
> Posso agora me permitir olhar e ver... (Winnicott, 1967: 157)

Para o autor, os distúrbios psíquicos primitivos decorrem dos graus e das variedades das carências de adaptação materna e da maneira como o bebê os processa. Winnicott considera também os distúrbios decorrentes das angústias e conflitos próprios das relações interpessoais em etapas mais avançadas. Diverge de Klein quanto ao acento que ela dá à instintividade inata, e discorda do determinismo do olhar da mãe sobre o bebê, advogado por Lacan, conforme veremos adiante.

Outro aspecto em que Winnicott se diferencia de Sigmund Freud, Anna Freud e Melanie Klein diz respeito ao complexo de Édipo. Para o autor, este não é nuclear; muitas angústias se dão em períodos muito precoces que antecedem o Édipo freudiano e o Édipo precoce de Klein. O problema fundamental não é a instintividade (pulsão), mas as *necessidades* que precisam ser acolhidas e respondidas pela mãe-ambiente, permitindo assim a continuidade da existência do indivíduo e a manutenção e integridade do *self*.

Dessa forma, a realidade do mundo externo – tal como a personalidade da mãe, seus conflitos identificatórios e seu narcisismo – influenciam em grande escala a constituição do indivíduo. Para Klein, o acento está no mundo interno.

Chegamos a mais uma diferença entre Winnicott e Klein: para ela, o objeto interno é um objeto mental; para ele, é construído a partir das experiências com o outro. A ênfase, para Winnicott, é na transicionalidade, área em que a separação é uma forma de união.

A transicionalidade torna-se possível se o bebê for atendido nas suas necessidades e no devido tempo. Assim, o bebê terá a possibilidade de viver repetidas experiências de ilusão, isto é, de poder encontrar o que cria. Passará a acreditar que o seu gesto estabelece um sentido no mundo, o que favorece o desenvolvimento de um senso de continuidade e confiabilidade. Esse senso lhe permite experienciar ausências como presença e dá origem ao espaço potencial, que não é mental, nem de simbolizações, mas de experiências.

Esse terceiro espaço, situado entre o mundo subjetivo e o objetivamente percebido, e sob influência de ambos, varia grandemente de acordo com as experiências que o bebê tenha com o ambiente. Gradualmente esse espaço vai sendo preenchido pelas experiências humanas, sociais, da herança cultural, das experiências artísticas, da área do brincar, da criatividade e da religiosidade.

Para Winnicott, há três momentos distintos de expressão de vínculos do indivíduo com o objeto. No primeiro, o bebê e *o objeto não são fenômenos separados*. O segundo, que Winnicott denomina *relação de objeto*, é o momento da criação dos objetos e fenômenos transicionais.

O objeto pôde ser criado, encontrado e destruído. A destrutividade cria a qualidade de exterioridade, isto é, o objeto tal como era sentido e usado é destruído pelo bebê e passa a ser investido de um novo sentido, ainda carregado de certa subjetividade, que o bebê vai lhe atribuir de uma forma pessoal e singular. A realidade passa a ser construída e partilhada. Por fim, no terceiro momento, *o uso do objeto*, o objeto sobrevive à destruição, passa de interno para externo, sai do controle do *self* e pode ser usado, usufruído, considerado.

Winnicott escutava as crianças, os pais ou outros profissionais e, a partir da escuta livre, orientava o caso para um tipo de atendimento que considerava adequado àquela pessoa.

Levava em conta o diagnóstico. Fazia um diagnóstico individual e social do paciente e trabalhava de acordo com ele. Por exemplo, para os pacientes psicóticos e *borderlines*, o trabalho inicial consistia num manejo especial e numa adaptação de *setting* para atender a suas necessidades mais primitivas. Para os delinquentes e antissociais, privilegiava o atendimento institucional; para os neuróticos, recomendava uma análise nos moldes mais tradicionais, sem perder a pessoalidade, a sustentabilidade e a empatia. A avaliação diagnóstica era feita durante todas as fases do tratamento, pois ele acreditava que, em determinados momentos do tratamento, o indivíduo poderia apresentar regressão à dependência, impondo-se uma alteração de *setting* e mudanças no manejo do caso.

Winnicott privilegiava o brincar:

> A psicoterapia se efetua na sobreposição de duas áreas do brincar, a do paciente e a do terapeuta [...] onde o brincar não é possível, o trabalho efetuado pelo terapeuta é dirigido então no sentido de trazer o paciente de um estado que não é capaz de brincar para um estado em que o é. (Winnicott, 1975: 59)

Na essência, a teoria e a técnica empregadas no trabalho com crianças não diferia muito do que se fazia com adultos. Winnicott incluía os pais em certos momentos em que julgava necessário; tinha uma sala adaptada às crianças, com brinquedos e materiais lúdicos à disposição de seus clientes. Acreditava que a psicanálise é para aqueles que a querem, necessitam e podem tolerar.

A maneira de pensar a constituição do indivíduo em Winnicott vai se distanciando da criança pulsional de Klein e da criança perversa polimorfa de Freud.

Tomemos agora alguns conceitos da teoria de **Jacques Lacan**, na qual a concepção de constituição do sujeito revela outras perspectivas. O autor retoma uma tendência da escola kleiniana, que fundamenta seu trabalho numa clínica do "sujeito do inconsciente". Ambas as escolas defendem uma unidade na psicanálise, onde a clínica com criança e a clínica com adultos seguem os mesmos parâmetros. Entretanto, essa defesa é baseada em argumentações bastante distintas de acordo com a visão sobre a constituição do psiquismo. Como já foi visto, a teoria kleiniana se caracteriza por uma teoria do "sujeito constituído", ao passo que a teoria lacaniana (e de seus seguidores) está voltada para uma teoria da "constituição do sujeito".

Para a escola lacaniana, o sujeito a advir é marcado desde o início pela intersubjetividade. "A criança é essencialmente inserida na estrutura desejante da família[14], efeito do desejo do Outro" (Volnovich, 1991:24).

---

[14] Já ao nascer, o bebê passa a ter um lugar na família. Esse lugar deve ser entendido em sua dimensão metafórica: o de ocupar uma posição subjetiva, de alterar as posições familiares estabelecidas até então. Cada bebê que chega vem dar seguimento a uma família que tem uma história de várias gerações. Lacan denomina isso como mito familiar.

Como afirma Mannoni (1967), "a criança não é uma entidade em si, mas faz parte de um discurso coletivo" (apud Zornig, 2000: 126).

Ao nascer, o bebê se depara com um *mundo de linguagem*. Falam dele antes mesmo de seu nascimento. Ou seja, antes de falar de si mesmo, ele já é falado: dizem o que ele sente, o que vai fazer, o que deve fazer e o que deve pensar do mundo. É comum ouvir a criança que começa a falar referir-se a si na terceira pessoa; "é como outro que ele se refere primeiramente a si mesmo" (Bernardino, 2006: 25). Lacan denomina esse processo como *alienação*.

Para Lacan, o *infans* vem ocupar um lugar marcado primordialmente pelo desejo materno, se alienando na imagem de um Outro[15]. Instaura-se aí uma relação dual, imaginária[16], e o bebê, fascinado, vive uma dependência quase total na demanda pelo amor da mãe. Ele busca ocupar o lugar daquilo que completa a mãe em seu desejo narcísico. Sua demanda passa a "ser desejado pelo Outro" ou "ter o desejo do Outro como seu desejo".

Posteriormente, para que esse bebê se desaliene das palavras e do saber do Outro e passe a ter uma existência simbólica – para que possa introduzir o "eu" como sujeito em suas frases –, uma nova operação é necessária: a de *separação*. A relação dual (mãe-bebê) necessita da entrada de um terceiro (o pai), que promove uma separação e possibilita que a criança se desprenda dessa captura. Entretanto, não se trata do pai como presença ou ausência concreta, mas sim em sua dimensão simbólica, que, ao exercer uma dupla castração (sobre a criança e sobre a mãe) através da interdição do incesto, introduz a lei e possibilita à criança entrar na ordem da linguagem – na cultura. A esse Outro do discurso social, que situa o sujeito na cadeia significante, Lacan chama *Nome-do-pai*. Será a partir desse Outro que o sujeito fundará sua identidade.

Portanto, para se constituir como um *sujeito* desejante[17], a criança precisa separar-se do efeito mortífero do desejo materno, isto é, deixar de ficar no lugar de ser para sempre o desejo da mãe, de ser *objeto* da mãe[18]. É nesse processo que a criança rompe com a fascinação e "se dá conta" de que o Outro não é tão absoluto, tão perfeito, mas que algo lhe falta. Interessante notar que Lacan não faz da falta do objeto a origem da privação, mas a da criação significante.

Vemos então como Lacan recoloca o pai em sua função primordial dentro da teoria freudiana como operador do complexo de Édipo. Diz Lacan (1954[19]): "não há questão de Édipo se não há um pai; inversamente, falar de Édipo é introduzir como algo essencial, a função do pai" (apud Zornig, 2000: 127). Essa recolocação é pensada em função da ênfase dada à mãe tanto na teoria kleiniana como na winnicottiana.

Portanto, escreve Zornig,

> [...] ao ressaltar a importância da castração simbólica e da função paterna, a teoria lacaniana situa a psicanálise dentro do campo da linguagem, retirando a clínica psicanalítica com crianças de uma perspectiva "realista", na qual os pais da realidade eram confundidos com "função paterna", seja em sua vertente simbólica ou imaginária, seja em sua vertente pedagógica privilegiada como forma de readaptar a criança ao meio ambiente. (Zornig, 2000: 133)

---

[15] Esse Outro é considerado por Lacan como o "Outro primordial", ou seja, alguém que cumpre essa função para o bebê e que não é necessariamente a mãe biológica.

[16] A relação imaginária com o outro se desenvolve numa relação dual, eminentemente narcísica.

[17] A criança passa da condição de desejada para desejante.

[18] Lacan dirá que a criança, antes de ser sujeito, é objeto encarnado. Seu estatuto primeiro é de objeto.

[19] O seminário. Livro 1 – Os escritos técnicos de Freud (1953-1954). Rio de Janeiro: Zahar, 1995.

Para Lacan, o sintoma da criança não é mais do que "o representante de três verdades: a verdade do casal parental, a verdade do fantasma da mãe, e aquela de seu desejo quando seu filho encarna o objeto" (Jerusalinsky, 1997: 9). O que ocorre, geralmente, é a representação de uma ou de outra verdade.

Para o surgimento do "sujeito psíquico", então, todos esses elementos – estrutura familiar, função paterna e as características próprias da criança, entre outros[20] – deverão estar "tramados" entre si. São tramas inconscientes às quais tanto a criança quanto a família se encontram submetidas. Além disso, para que a criança possa se apropriar do seu corpo e da linguagem, uma "imagem" deverá ser constituída para que ela tenha acesso a uma representação psíquica de si mesma. Lacan (1949), em seu texto *O estádio do espelho como formador da função do Eu*, teoriza sobre o processo necessário para a constituição de uma imagem própria. Trata-se do momento em que a criança contempla sua imagem no espelho e ali se "re-conhece". O papel do olhar do outro materno é fundamental, pois a confirmação que oferece à criança com seu olhar e suas palavras possibilita que ela se identifique com a imagem e antecipe a sensação de unificação de seu corpo. Uma "colagem imaginária à ilusão de completude que a imagem especular fornece" (Bernardino, 2006: 29).

Embora Lacan não tenha analisado crianças, observa Zornig,

> [...] as implicações da teoria lacaniana e de outros autores franceses como Mannoni e Dolto para a clínica com crianças ocorrem numa dupla vertente: o discurso parental é privilegiado não como possibilidade de informar e relatar a história da criança, mas sim como desvendamento da posição que a criança ocupa na fantasia parental, enquanto cabe ao analista suportar a transferência em sua dupla faceta: a dos pais e a da criança. (Zornig, 2000: 127)

Passa-se, então, a considerar um campo transferencial múltiplo[21].

Apesar de Lacan ter elaborado uma "virada" metapsicológica, Dolto e Mannoni seguiram-no em sua perspectiva inicial, na qual priorizava o simbólico. Tanto Mannoni quanto Dolto consideram que a neurose dos pais tem um papel fundamental na aparição dos sintomas da criança, dado que ela:

> [...] fixa sua existência num lugar determinado pelos pais em seu sistema de fantasias e desejos. A criança procura responder ao enigma dos significantes obscuros propostos pelos adultos, se identificando ao que julga ser objeto de desejo materno, tentando preencher a falta estrutural do Outro e evitar a angústia de castração (assunção da própria falta). (Zornig, 2000: 127)

Maud Mannoni elabora sua clínica com crianças apoiada nas primeiras formulações lacanianas sobre o sintoma, e nas leituras de Winnicott e Dolto. Reforça que o sintoma vem no lugar de uma palavra que falta e que dá lugar a uma brusca perda de toda marca identificatória. "O sintoma vem como máscara ou palavra cifrada" (Mannoni, 1983: 30-51), ocupando o lugar dessa palavra verdadeira que o adulto não consegue sustentar. A mãe é, nesse sentido,

---

[20] Como descreve Bernardino, "além de sua herança genética, seu sexo, suas feições, a ordem de seu nascimento em relação aos irmãos [...] – as circunstâncias da gravidez, do parto e do puerpério, vão constituir elementos importantes de uma combinatória que resultará justamente em um lugar particular que determinará a forma como será esperado, como serão interpretadas suas manifestações, como será tratado, ou seja, as diversas significações que receberá para poder ir entendendo o que acontece com seu corpo, ir decifrando tanto seu mundo interno quanto o mundo externo. Portanto, é ao ocupar esse lugar que ele se encontrará com a estrutura, a cultura que comporá sua humanidade". (2006: 25-27)

[21] Como nos aponta Sigal, já "o caso do pequeno Hans revela a inextricável implicação da criança, do analista e dos pais nesse tipo de relação", pois foi através de seu pai que Hans dirigiu sua mensagem à Freud. "A mensagem de Hans foi endereçada simultaneamente ao pai e ao Outro analista" (Sigal, 1994: 89).

participante da produção do sintoma. O sintoma se desenvolve, pois, com um Outro e para um Outro. Ressalta-se, portanto, a dimensão *simbólica* do sintoma da criança, na medida em que ele presentifica a "mentira" do adulto. Para a autora, muitas vezes a demanda dos pais esconde a verdadeira questão do sujeito: não é tanto o confronto da criança com uma verdade penosa que é traumatizante, mas o seu confronto com a "mentira" do adulto (vale dizer, o seu fantasma). "É o não-dito que introduz o 'trauma' na criança, que procura responder ao enigma proposto por meio de suas produções fantasmáticas" (Zornig, 2000: 129). Através da situação familiar, a atenção deverá recair, portanto, na palavra dos pais e na da mãe em particular – pois veremos que a posição do pai para a criança vai depender do lugar que ela ocupa no discurso materno. Isto tem importância para a maneira como a criança vai poder, a partir de então, resolver corretamente ou não o seu Édipo, chegar ou não a processos bem-sucedidos de sublimação.

Observamos como Mannoni, ao contrário de Klein, valoriza muito mais a vertente intersubjetiva do sintoma da criança do que a vertente intrapsíquica. Entretanto, há um risco nessa valorização, que pode dar margem a interpretações tais como: "a criança é exclusivamente o sintoma dos pais", operando com isso uma redução na proposta clínico-teórica de Mannoni.

Françoise Dolto, em paralelo à abordagem estrutural de Lacan, manteve uma abordagem psicogenética da criança. Um dos seus méritos foi o de recuperar a palavra da e para a criança, o que vinha sendo esquecido pelos psicanalistas. Em seus textos, propõe a importância de suscitar a verdade do sujeito para que o sujeito e sua verdade se revelem.

Toda sua teorização leva em conta a especificidade do bebê; um ser prematuro e em total dependência em relação aos pais (ou a quaisquer instâncias tutelares). Nesse sentido, ela "dialoga" com a teoria freudiana e a winnicottiana.

O conceito original trazido por Dolto é a *imagem inconsciente do corpo*, ou seja, aquilo através do que se constitui a subjetivação do pequeno humano. Essa imagem é constituída na relação primordial com o Outro. Segundo Dolto,

> [...] a imagem do corpo se constitui em referência à visão efetiva do rosto materno e aos referenciais sensoriais repetitivamente trazidos pela presença da mãe [...] Assim se constrói a imagem do corpo, naquilo que tem de perdurável, nos tormentos e nas alegrias do corpo. (Dolto, 1984: 56)

Afirma a autora que será nesse momento do desenvolvimento que se constituirá o narcisismo vital ou primário[22].

Essa imagem inconsciente do corpo é uma síntese viva e constantemente atualizada das experiências emocionais repetitivamente vividas através de sensações erógenas arcaicas ou atuais de nosso corpo; "uma emoção evocadora atual orienta a escolha inconsciente das associações emocionais subjacentes que ela permite que aflorem" (Dolto, 1984: 62). Afirma a autora que é somente depois da resolução edípica que a imagem do corpo é projetável na representação humana completa. Em suas observações clínicas, confirma que a criança não sabe se é menino ou menina até os três anos de idade.

No seu livro *A imagem inconsciente do corpo*, reafirma que essa imagem do corpo fala do ponto de vista do desejo, ou seja, não deve ser vinculada unicamente à necessidade. Argumenta:

---

[22] Foi na observação de desenhos de crianças e através das correspondências flagrantes entre a clínica e seus desenhos que Dolto articulou essa noção de corpo de relação imaginado. Trata-se de uma representação daquilo que é sentido, "tal como cada um leva a imagem em seu inconsciente como substrato simbólico de sua existência" (Dolto, 1984: 64).

as pulsões que emanam do substrato biológico estruturado sob forma de esquema corporal (lugar da necessidade), só podem efetivamente passar para a expressão no fantasma através da imagem do corpo. Isso se realiza quando existe uma testemunha humana, real ou memorizada. (Dolto, 1992: 28)

Será nessa rede das relações com o outro que a criança se estruturará como ser humano. Mais adiante, essas relações humanas introjetadas permitirão a relação narcísica consigo mesma, relação esta nomeada por Dolto de *narcisismo secundário*.

Portanto, na medida em que a imagem do corpo se estrutura na relação intersubjetiva, qualquer interrupção dessa relação pode ter efeitos danosos.

Insiste na questão da "relação linguageira com o outro"[23]. "É por meio da palavra que desejos findos puderam organizar-se em imagem do corpo [...] se não houver palavras, a imagem do corpo não estrutura o simbolismo do sujeito, mas faz deste um débil ideativo relacional" (Dolto, 1992: 30-31). Isto porque sua imagem do corpo não tem a mediação da palavra.

Uma mesma imagem do corpo se apresenta segundo três modalidades. A primeira é a *imagem de base*, que permite à criança experienciar uma continuidade narcísica. Como assinala Boukobza, "trata-se aí do narcisismo primordial, da continuidade da existência segundo Winnicott" (in Bernardino, 2006: 84). A segunda modalidade é a *imagem funcional*, que é a imagem dinâmica de um sujeito, sua vitalidade, aquilo que busca realizar seu desejo. A terceira modalidade é a *imagem erógena*, na qual se focaliza prazer ou desprazer erótico na relação com o outro. Essas três modalidades que constituem a imagem do corpo são articuladas entre si pela *imagem dinâmica*, "designando com isso a metáfora subjetiva das pulsões de vida que, originadas no ser biológico, são continuamente sustentadas pelo desejo do sujeito de se comunicar com um outro sujeito, por meio de um objeto parcial sensorialmente significado" (Dolto, 1992: 37).

Ainda mais um aspecto: para Dolto, a imagem do corpo leva em conta a identidade desejante do sujeito em relação aos diferentes estágios do seu desenvolvimento. Ela retoma, portanto, a noção freudiana de estágios, mas a transforma. Introduz estágios mais precoces do que os descritos por Freud, tais como o estágio neonatal, o olfativo-respiratório ou mesmo o fetal.

Porém, embora o narcisismo garanta a continuidade do ser, isso não significa que, uma vez constituído, ele seja definitivo. Pelo contrário, remaneja-se em função dos obstáculos com os quais se choca o desejo da criança. Esses obstáculos, as *castrações*[24], vão permitir a simbolização e, ao mesmo tempo, vão contribuir para modelar a imagem do corpo, na história de suas sucessivas reelaborações.

Em seu livro *Seminário de Psicanálise de Crianças*, Dolto descreve a castração como um processo que consiste em "dar à criança os meios de estabelecer a diferença entre imaginário e a realidade autorizada pela lei, nas diferentes etapas de sua vida" (Dolto, 1985: 43). E, como assinala Boukobza, "a linguagem, através das palavras dirigidas à criança, opera a disjunção dos desejos do sujeito e as necessidades do organismo, que eram num primeiro tempo necessariamente cônjuges" (in Bernardino, 2006: 85) – referência feita à noção de apoio de Freud.

---

[23] Refere-se às palavras vindas de um outro que promovem a humanização das percepções de dor e de prazer. Em francês, langagier. Ver nota de rodapé (Dolto, 1992: 11) a respeito do uso e da tradução dessa palavra.

[24] Dolto usa essa expressão no plural, diferentemente de Freud.

A castração, ao promover o acesso à simbolização, é nomeada por Dolto *castração simboligênica*, que se define como uma

> [...] privação da satisfação das pulsões no plano que elas emergem, a saber, num circuito curto em relação com o objeto a que visam, para serem retomadas num circuito longo, em relação com um objeto de transição, e depois com objetos sucessivos que, por transferências recíprocas em cadeia, religam-se ao primeiro objeto. (Dolto, 1985: 44-45)

A castração simboligênica convoca a mediação de uma pessoa que é, ao mesmo tempo, um modelo permissivo e um obstáculo progressivo à satisfação da criança. Com isso, provoca-se o deslocamento da pulsão para outro objeto.

Dolto distingue diferentes castrações: a castração umbilical – o nascimento; a castração oral – o desmame; a castração anal – a aquisição da autonomia motora; a castração edípica – o interdito do incesto.

Os frutos dessas castrações poderiam ser assim descritos: a castração oral torna a criança independente dos dizeres da mãe; a castração anal leva a criança a compreender "que o fazer não pode trazer frutos e não consiste em gerar" (Dolto, 1985: 44); a castração edipiana permite à criança reconhecer o valor da genitalidade dos seus pais.

Acredita que o ser humano é uma fonte autônoma de desejo desde a concepção, afirmando que "é preciso o desejo inconsciente de sobrevivência por parte do embrião em que se origina uma vida humana" (Zornig, 2000: 136). Mais ainda, que "todo ser humano é inconscientemente movido pelo desejo de crescer e vir a ser" (Dolto, 1984: 239). Uma visão endogenista. Mas, ao mesmo tempo, considera o papel da função parental na constituição do sujeito. Tanto é que dedica muita atenção à estrutura familiar, propondo um trabalho preliminar com os pais que tinha por objetivo fazê-los veicular sua demanda, compreender o lugar da criança numa história feita de acontecimentos, desejos e palavras, procurando apreender o que poderia ter alienado a criança em determinados significantes.

Podemos nos perguntar até onde essas duas proposições – endogenista e intersubjetiva – são complementares ou contraditórias.

Dolto afirmava sua crença na responsabilidade da criança diante de seu sintoma, assim como em sua possibilidade de empreender um trabalho analítico com base em sua própria demanda. Apesar disso, evitava atender uma criança psicanaliticamente durante sua fase edipiana, ou seja, em torno dos cinco ou seis anos. Considerava que o vínculo transferencial com o analista durante esse período poderia se tornar prejudicial a uma estruturação libidinal sexuada, pois julgava que tal estruturação só podia efetuar-se favoravelmente dentro da conjuntura familiar triangular, e uma análise corria o risco de retardar a evolução da criança para uma estruturação libidinal adequada[25].

Apesar de poder ser comparada a Anna Freud em sua preocupação educativa de esclarecimento aos pais e por enfatizar uma certa cronologia na clínica, Dolto sempre manteve essa dimensão própria à psicanálise de devolver à criança uma palavra plena e verdadeira que pudesse ser encadeada simbolicamente. Assim como Mannoni, avaliava que as respostas que eram vedadas à criança criavam dificuldades para ela introduzir sua questão de forma diferente, que não pela desordem de comportamento.

---

[25] Assim como Freud, considerava que o desenvolvimento da libido se dava por fases evolutivas.

Dentre outros autores da atualidade que se debruçaram sobre a especificidade da clínica psicanalítica com crianças, elegemos realçar a produção de **Silvia Bleichmar.** A originalidade de sua obra se deve mais à forma com que "faz trabalhar" as teorias. Aprendeu com Laplanche a tomar a leitura da obra de Freud e dos clássicos da Psicanálise como contradições a serem trabalhadas e não como verdades conclusivas, separando os elementos mais fecundos de dogmatismos estéreis. Deixa muito clara a particularidade da clínica psicanalítica com crianças, na medida em que leva às ultimas consequências a afirmação de que, diferentemente do adulto, *a criança é um sujeito em constituição*. Tanto que a primeira tarefa que recomenda no atendimento psicanalítico com crianças é verificar se há ou não um sistema inconsciente instalado para, a partir disso, decidir a forma de intervir na clínica. Para Bleichmar, seguindo Laplanche, o inconsciente não existe nas origens da vida (em contraposição ao que afirma Klein). E mais: ele pode nunca vir a ser instalado, como nos casos de autismo. Mas, então, como é que se funda o inconsciente?

Sobre isso, Bleichmar entende que Freud apresenta duas grandes linhas de pensamento em sua obra, as quais geraram as diferentes correntes psicanalíticas:

- uma teoria *endógena* da fundação do inconsciente, a partir, principalmente, dos conceitos que vai desenvolvendo sobre pulsão, fantasmas originários e o ego da segunda tópica;

- e uma concepção de inconsciente fundado de modo *exógeno*, traumático, a partir do excesso de excitação que o adulto impõe ao psiquismo infantil.

A primeira linha de pensamento sobre o inconsciente dá margem à uma compreensão genéticoevolutiva, na qual a sexualidade surge a partir do somático e o objeto é contingente. É nessa perspectiva que Freud teria desenvolvido suas ideias sobre fixação e regressão da libido, numa direção biologizante do sujeito psíquico, o que, para Bleichmar, é absolutamente imanejável na clínica.

A autora se pauta numa concepção exógena da gênese do inconsciente, do psiquismo, do sujeito enfim, enfatizando aquilo que encontra em algumas formulações freudianas sobre o aparelho psíquico, como aquela descrita em *Além do Princípio do Prazer* (1920).

Auxiliada por Laplanche, remete a constituição do aparelho psíquico infantil à *implantação* de um conjunto de inscrições pelo adulto significativo mais simplificadamente, pela mãe. Ou seja: significantes enigmáticos são transmitidos pelo adulto ao psiquismo incipiente do bebê, que funciona originalmente de maneira muito precária, próximo ao modo do arcorreflexo. Dá ênfase, portanto, ao histórico vivencial, a uma materialidade do inconsciente presente nas marcas mnêmicas propostas por Freud. Esses significantes enigmáticos são inconscientes para esse mesmo adulto emissor, a partir do recalque de sua sexualidade infantil. Essas inscrições implantadas pelo adulto no psiquismo do bebê são como traumatismos digeríveis, que põem em marcha o psiquismo infantil. O conceito de *sedução generalizada* proposto por Laplanche põe em evidência essa inevitável e fundante erotização empreendida pelo adulto, desde fora, ao corpo da criança, e que implanta a pulsão. Ao lado dessa implantação, que produz um traumatismo constitutivo no psiquismo infantil e o põe em marcha, a mãe também promove ligações libidinais a partir de seu *narcisismo transvazante*[26], pré-condição para a instalação do ego infantil.

---

[26] "Estamos pensando en algo que es del orden de un amor que puede trasvasar al otro en el sentido narcisístico y no que se reduce a la mera especularidad". Silvia Bleichmar, veiculado pela internet no site http://www.elsigma.com/site/detalle.asp?IdContenido=8006.

Contrariamente a uma concepção da pulsão apoiada no somático, gerada automaticamente, pensa Bleichmar que a pulsão se apoia nos cuidados exercidos pelo adulto sobre a criança. Porém, nesse modelo aberto do aparelho psíquico – isto é, aberto à possibilidade de ser afetado permanentemente –, pensa que o que ingressa de fora não ingressa tal qual a realidade exterior, mas sob modos diferentes, e será recomposto internamente. É aqui que as concepções de Maud Mannoni lhe parecem insatisfatórias: porque não permitem encontrar os determinantes intrapsíquicos da criança. Para ela, o inconsciente tem origem na operatória sexuada que o produz, o que não é a mesma coisa que estar no outro como tal. Os elementos que constituem o inconsciente estão no mundo externo e perdem essa exterioridade assim que o fundam. Passam a ser intrapsíquicos e externos ao sujeito, na medida em que passam a fazer parte do inconsciente recalcado. O posicionamento do inconsciente em relação ao sujeito, portanto, é sempre de exterioridade.

A *intromissão* provoca uma alteração da energia psíquica que, diferentemente da implantação, não promove crescimento. A intromissão é característica de uma excessiva apropriação sobre o corpo ou sobre o psiquismo da criança. A prematuridade com que a criança se depara com um montante de sexualidade e sadismo advindo do adulto a deixa passivamente subordinada à recepção de excessos inelegáveis. Enquanto a implantação produz um traumatismo necessário para o crescimento psíquico, a intromissão pelo adulto de significantes enigmáticos no psiquismo infantil produz um curto-circuito intraduzível e imetabolizável. As compulsões à repetição que frequentemente se seguem aos movimentos intromissivos do adulto são tentativas de resolução. A sexualidade, concebida não endogeneticamente, mas como advinda do intercâmbio com o outro adulto, é, portanto, sempre traumatizante.

É nesse ponto que a autora acessa o conceito de *metábola* de Laplanche.

Metábola é um conceito que permite pensar que aquilo que é implantado no aparelho psíquico, desde o exterior, se processa em uma produção psíquica que dá especificidade e singularidade aos seres humanos. Bleichmar salienta a importância do conceito laplancheano de metábola para romper com a homotesia estruturalista do postulado lacaniano, já que este último, para ela, propõe uma identidade entre o desejo/discurso materno e o psiquismo infantil. A autora entende que, com esse conceito, Laplanche pretende marcar sua forma de pensar a constituição do inconsciente, um inconsciente residual. O conceito de metábola evidencia que o lugar de partida, o outro adulto, tem condições diferentes do lugar de chegada, o aparato psíquico infantil. Entre o que emite o adulto e aquilo que recebe a criança há *referência* e não *identidade*: surge algo novo intrapsíquicamente, singular a cada sujeito. A mãe externa real ocupará um lugar de privilégio, em forma de representações metabolizadas inconscientemente, mas entre aquilo que ela emite e o que a criança recebe ocorrem desqualificação e requalificação, teorização, fantasmatização constantes.

E isso faz toda a diferença na clínica, sobretudo em relação àquilo que escutamos nas entrevistas preliminares. Somente depois que verificarmos, diante mesmo da criança, como a tópica está se constituindo é que poderemos avaliar quais dos elementos que escutamos nas entrevistas com os pais ela metabolizou e como o fez. A criança deve ser entendida como um sujeito atravessado por seu próprio inconsciente, por seu próprio desejo. O sintoma está sempre a serviço da economia libidinal, e não da economia intersubjetiva.

Voltando à questão do inconsciente: já que não existe desde as origens, ele só pode ser fundado a partir do *recalque originário*. É Freud mesmo quem afirma que o sistema inconsciente se funda através da clivagem do aparelho psíquico nos sistemas consciente/pré-consciente e inconsciente pela ação do recalque originário. Mas ele teorizou essa clivagem do aparelho psíquico em sistemas como sendo da ordem do mítico. Bleichmar defende a ideia de que o recalque originário se inscreve em momentos fundantes, cercáveis e observáveis, dentro e fora da clínica. Se o inconsciente está ou não instalado, pode ser observado através das manifestações das crianças. Nas entrevistas preliminares, verificaremos como está constituída a tópica, como e se o inconsciente está instalado. O recalque originário está instaurado quando as instâncias pré-consciente e inconsciente se encontrarem operando, como Freud nos ensina na *Interpretação dos sonhos* (1900). Sabemos que os sistemas pré-consciente/consciente estão operando quando a lógica do pensamento secundário vigora e o ego funciona como lugar de investimentos narcisistas e sede do sujeito:

> [...] podemos cercar a existência do inconsciente pela presença do pré-consciente. A temporalidade, a negação, a lógica do terceiro excluído não estão no inconsciente, estão no pré-consciente... quando uma criança não distingue *frente* e *atrás, em cima* e *embaixo*, não pode distinguir *ontem* e *hoje*, é porque ainda o processo secundário não se constituiu, nem a posição de sujeito. (Bleichmar, 1999: 122, tradução livre nossa)

Antes da instalação do recalque originário, antes que os sistemas estejam suficientemente instalados, não se pode rigorosamente falar de *sintoma*, mas de *transtorno*. Distinguir sintoma de transtorno, como sugere Bleichmar, auxilia muito a prática clínica, principalmente com crianças. O sintoma, para Freud, exige que as instâncias estejam instaladas, fruto de um conflito intrapsíquico e intersistêmico, produzindo distorções substitutas dos desejos inconscientes, como solução de compromisso entre os sistemas. Enureses e encopreses primárias, por exemplo, serão sempre transtornos porque expressam um exercício pulsional direto, sem distorções, sem conflito entre instâncias psíquicas. Sinalizam um gozo autoerótico não recalcado, uma dificuldade de abandonar modos primários de satisfação da libido. Não há retorno do recalcado, definição de sintoma, mas a descarga direta da pulsão.

Os transtornos não dizem respeito ao recalque (repressão), mas aos destinos da pulsão anteriores a ele: *volta sobre a própria pessoa* e *transformação em seu contrário*. Essas vicissitudes da pulsão, aquém do recalque, exigem intervenções na clínica diversas daquela relativa ao levantamento do recalque. Diferentemente de ir-se ao encontro de algo já existente, nesses casos ou nesses momentos da clínica, Bleichmar indica a formulação de uma neogênese. O sentido da cura é o de fundação, de criação de elementos ou instâncias ausentes ou insuficientemente instaladas. Embora diferencie o fazer clínico com crianças e adultos, é a clínica psicanalítica com crianças que melhor instrumentaliza a psicanálise para lidar com casos onde há uma predominância de organizações falidas, desligadas, sem ou com insuficientes representações simbólicas, tais como os casos *borderlines*, as psicossomáticas, as psicoses, os autismos. Nesses casos ou diante de correntes psíquicas desligadas de representações, o trabalho se centra menos no levantamento do recalque do que na produção de uma costura ou na implantação de suportes simbólicos inéditos a que nomeou *simbolizações de transição*.

Bleichmar não indica psicanálise para todas as crianças. Pensa que uma análise deva ser realizada quando a criança esteja sofrendo demasiadamente por razões não meramente circunstanciais (como quando morre uma pessoa querida) e/ou quando seu processo de constituição subjetiva ficar muito comprometido sem uma intervenção analítica:

> A primeira coisa que tenho que ter em conta quando vejo uma criança é que nível de constituição psíquica alcançou e quais são os riscos que tem essa constituição. Isso vai introduzindo uma metodologia que não se sustenta na intuição, mas em certa busca de estrutura psíquica do

> ponto de vista metapsicológico [...] o que me interessa é a questão estrutural, de que maneira se produzem as formações do inconsciente, se sonha, se pode diferenciar o sonho do pensamento; se mente ou na verdade não pode diferenciar sua produção psíquica por causa de uma dificuldade com o princípio de realidade [...] Minha intenção é a despuerilização da psicanálise de crianças e o reconhecimento metapsicológico, além de uma aproximação dos problemas existenciais da infância. (Bleichmar, 2005, tradução livre nossa.)

Esses inspirados autores, enfim, nos animam a tecer inconclusivas palavras.

A psicanálise com crianças esteve e continua sendo problematizada quanto a sua operância (as crianças são analisáveis?), seu alcance (que instâncias e processos atinge?), sua legitimidade (faz parte dos metais menos nobres, do "cobre" das psicoterapias, ou compõe as barras de "ouro puro" da psicanálise?).

Esses pensadores apostam, certamente, com seus estilos peculiares, não numa *especialidade*, mas numa *especificidade* da psicanálise com crianças. Ou seja, a psicanálise com crianças *é a própria psicanálise*, e não um outro campo. Diferenciando-a da leitura médica, psicológica e pedagógica, esses psicanalistas retiram um olhar fenomenológico sobre a criança para mirarem-na em sua subjetividade, mesmo que, para cada um deles, esse termo tome conotações diversas. E por não aceitarem classificá-las (e desclassificá-las?) é que foram criando modos específicos de levar a clínica psicanalítica com crianças. Nela a criança é escutada enquanto um sujeito singular.

Levando às últimas consequências a arte de interrogar, a psicanálise com crianças muito interrogou a teoria, o método e a prática da psicanálise. A partir do atendimento de crianças, foram-se armando sólidos alicerces para a própria teoria psicanalítica e para a clínica com adultos, além de melhor se fundamentar aqueles já erguidos por Freud. Com isso, em defesa de uma certa especificidade, muito contribuiu para que a psicanálise tirasse da exclusão de seus atendimentos os psicóticos e os *borderlines*, ao ampliar suas intervenções para além do método clássico da associação livre verbal e do levantamento do recalcado.

Bibliografia

ABRAN, Jan. "O self", in *A linguagem de Winnicott*. Trad. Marcelo Del Grande da Silva. Rio de Janeiro: Revinter, 2000.

BERNARDINO, Leda Fischer (org.). *Psicanalisar crianças: que desejo é esse?*, Salvador: Ágalma, 2004.

_____ (org.). *O que a Psicanálise pode ensinar sobre a criança, sujeito em constituição*. São Paulo: Escuta, 2006.

BLEICHMAR, Silvia. *Nas origens do sujeito psíquico – do mito à história*. Porto Alegre: Artes Médicas, 1984.

_____. *A fundação do Inconsciente – destinos de pulsão, destinos do sujeito*. São Paulo: Artes Médicas, 1994.

_____. *Clínica psicoanalítica y neogénesis*. Buenos Aires: Amorrortu, 1999.

_____ (2005). *Entrevista com Silvia Bleichmar,* veiculada no *site* http://www.elsigma.com/site/detalle.asp?IdContenido=8006, acessado em jun. 2007.

DOLTO, Françoise. *No jogo do desejo*. Rio de Janeiro: Zahar, 1984.

_____. *Seminário de Psicanálise de crianças*. Rio de Janeiro: Zahar, 1985.

_____. *A imagem inconsciente do corpo*. São Paulo: Perspectiva, 1992.

FENDRIK, Silvia. *Ficção das origens – contribuição à História da teoria da Psicanálise de crianças*. Porto Alegre: Artes Médicas, 1991.

_____. *Psicoanalistas de niños – la verdadera historia. 1 – Melanie Klein/Anna Freud*. Buenos Aires: Letra Viva, 2004.

FERREIRA, Marcia Regina Porto. *Transtornos da excreção – enurese e encoprese*. São Paulo: Casa do Psicólogo, 2005.

FREUD, Anna. *O tratamento psicanalítico de crianças*. Rio de Janeiro: Imago, 1971a.

_____. *Infância normal e patológica*. Rio de Janeiro: Zahar, 1971b.

JERUSALINSKY, Alfredo Néstor. "Sintomas de infância". *Revista da Associação Psicanalítica de Porto Alegre*, n. 13, 1997.

KLEIN, Melanie *et alii*. *Os progressos da Psicanálise*. Rio de Janeiro: Zahar, 1969.

_____. *Contribuições à Psicanálise*. São Paulo: Mestre Jou, 1970.

MANNONI, Maud. *A criança, sua "doença" e os outros*. Rio de Janeiro: Zahar, 1983.

MILLOT, Catherine. *Freud antipedagogo*. Rio de Janeiro: Jorge Zahar, 2001.

OGDEN, Tomas H. *Os sujeitos da psicanálise*. São Paulo: Casa do Psicólogo, 1996.

PETOT, Jean-Michel. *Melanie Klein II*. São Paulo: Perspectiva, 1988.

RASSIAL, Jean-Jacques. *Da mudança esperada do tratamento psicanalítico da criança,* in Coleção Psicanálise da Criança – Coisa de Criança, vol. 1, n. 9. Salvador: Ágalma, 1997.

ROSENBERG, Ana Maria Sigal (org.). *O lugar dos pais na psicanálise de crianças*. São Paulo: Escuta, 1994.

SOUZA, Audrey Setton Lopes de. "Dois vértices emocionais", in *Revista Viver Mente & Cérebro – coleção Memória da Psicanálise n. 3 – Melanie Klein*. São Paulo: Dueto, *1995.*

VOLNOVICH, Juan Carlos. *Lições introdutórias à Psicanálise de Crianças*. Rio de Janeiro: Relume-Dumará, 1991.

WINNICOTT, C. (1968) "Sobre o uso de objetos", in *Explorações psicanalíticas: D.W. Winnicott*. Porto Alegre: Artes Médicas, 1994.

WINNICOTT, Donald Woods. (1967) "O brincar: a atividade criativa e a busca do eu (self)", "A criatividade e suas origens" e "O papel do espelho da mãe e da família no desenvolvimento infantil", in *O brincar e a realidade*. Rio de Janeiro: Imago, 1975.

ZORNIG, Silvia Abu-Jamra. *A criança e o infantil em Psicanálise*. São Paulo: Escuta, 2000.

Brincar

Parte IV

Melanie Klein e o brincar levado a sério: rumo à possibilidade de análise com crianças

Audrey Setton Lopes de Souza

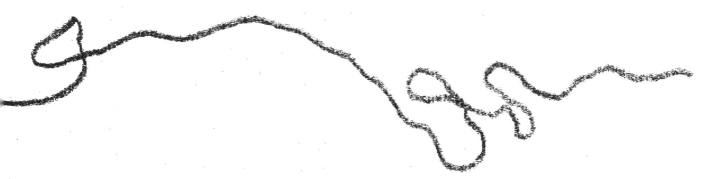

Capítulo VI

Melanie Klein e o brincar levado a sério: rumo à possibilidade de análise com crianças

Se trabalhar com os sonhos abriu caminho para que Freud conhecesse os conteúdos que habitam o inconsciente e formulasse o que seria sua primeira teorização sobre a estrutura e o funcionamento do aparelho psíquico, chegando a declarar que "os sonhos são a via régia para o inconsciente", podemos dizer que, para Klein, o brincar constituiu-se em via régia para o inconsciente da criança.

Como as crianças tinham dificuldades para se comunicar verbalmente, Klein percebeu que, oferecendo-lhes brinquedos e materiais gráficos, reduzia-se a necessidade de associações verbais e se podia estabelecer um contato com elas; aos poucos, foram se delineando para ela o sentido do brincar para a criança e também o sentido desse brincar na situação analítica.

Vamos tentar percorrer esse caminho.

Acompanhando o desenvolvimento da psicanálise, percebemos uma relação muito íntima entre as modificações da teoria e da técnica. Uma das grandes genialidades de Freud era sua liberdade de pensar e, assim, suportar a dor do desconhecimento, libertando-se do conhecimento preestabelecido; assim, como Darwin e Copérnico, pôde revolucionar o conhecimento científico da época, ao introduzir o conceito de inconsciente, tirando a consciência de seu lugar privilegiado.

Como um pensador revolucionário, viu-se defrontado com vários impasses, percebendo que as teorias ou técnicas em que se baseava não eram mais capazes de dar conta dos fenômenos observados. Assim, abandonou a hipnose e a sugestão e introduziu o método das associações livres; frente a novas dificuldades, teve a feliz intuição de observar que, a partir do intenso vínculo criado entre o paciente e o analista, tinha-se acesso ao que não podia ser lembrado, mas se repetia na transferência, o que ensejou novos avanços teóricos.

Não pretendo percorrer novamente a trilha freudiana, mas lembrar que os analistas também se defrontaram com impasses, quando se propuseram a usar a psicanálise com crianças, e o fato de tê-los enfrentado com liberdade para pensar também levou a novos desenvolvimentos teóricos e técnicos.

Este capítulo abordará a forma como Melanie Klein lidou com essas dificuldades, tomando especificamente o brincar da criança como substituto da associação livre. Tinha ela um grande dilema: era possível usar a psicanálise com crianças? Seriam necessárias adaptações? A criança seria capaz de associações livres e transferência?

Opondo-se a qualquer mudança técnica ou atitude pedagógica na análise de crianças - pois entendia que a diferença entre o método de análise de adultos e de crianças é meramente técnica, e não de princípios -, Klein afirma:

> Costuma-se dizer que o comportamento da criança é obviamente diferente do adulto e que, portanto, é preciso aplicar uma nova técnica. Creio que esse argumento está incorreto. Se me permitem adaptar o ditado "É o espírito que constrói o corpo", gostaria de dizer que é a atitude, a convicção interna que encontra a técnica necessária [...] se abordarmos a análise de crianças com a mente aberta, descobriremos maneiras de sondar até mesmo os recessos mais profundos. Então, a partir dos resultados desse procedimento, será possível compreender a verdadeira natureza da criança e perceber que não é preciso impor nenhuma restrição à análise, seja no que diz respeito à profundidade em que se deve penetrar, ou aos métodos através dos quais deve funcionar. (Klein, 1927: 169)

A nova ferramenta proposta para permitir a análise de crianças foi a técnica lúdica.

Podemos situar o início da técnica do brincar já no primeiro artigo de Klein sobre psicanálise. Era um trabalho originalmente escrito em 1919, sobre o desenvolvimento de uma criança, em que já se nota a intuição que a levava a considerar, além do discurso verbal de Fritz, suas brincadeiras e as fantasias que construía nessas atividades. Ela aceita a brincadeira e a ação da criança como meios de expressar o que o adulto faz predominantemente através de palavras.

O artigo é rico no detalhamento das falas, sonhos e brincadeiras da criança, que são tomados como expressão de seu inconsciente. Nesse texto, já se percebe a atenção que Klein dava aos personagens que se constituíam nesses relatos, personagens muitas vezes terroríficos ou idealizados, expressando o germe da teoria que mais tarde desenvolveria.

A observação de crianças chamou a atenção de Klein para alguns aspectos que são primordiais para se compreender sua abordagem do jogo infantil: a existência de um intenso sadismo, o superego infantil operando muito precocemente e de forma muito mais rígida do que no adulto e a consequente presença de um sentimento de culpa muito precoce na criança, que muitas vezes inibe a expressão de seus sentimentos em relação aos adultos amados.

Ao se aproximar de crianças com marcadas dificuldades para brincar, Klein (1921) percebeu que para elas o jogo tinha um caráter extremamente persecutório, como se fosse proibida a expressão simbólica de suas fantasias ou, na verdade, que essas crianças não podiam se valer do jogo como uma representação simbólica que as ajudasse a deslocarem para objetos substitutivos as angústias vividas em relação a seus objetos primordiais. Tais observações a levaram a investigar como se desenvolve a formação de símbolos na criança, inicialmente centralizando suas atenções na ameaça decorrente da destrutividade e depois desenvolvendo a ideia da importância do conflito entre o amor e o ódio na posição depressiva como substrato para a formação de símbolos e a diminuição da ansiedade persecutória. A percepção da existência da mãe como objeto independente, da ambivalência de seus sentimentos, da culpa e da urgência de cuidar e reparar o objeto amado impulsionam a criança a desviar seus impulsos hostis e encontrar objetos substitutivos para a expressão, o conhecimento e a elaboração de suas vivências. Está aberto, assim, o caminho para a simbolização e para o jogo simbólico que tanta utilidade tem para a criança.

Klein percebeu que crianças com dificuldades de brincar adquiriam com a análise uma maior liberdade, dando vazão, em suas brincadeiras, a fantasias terroríficas que, sendo expressas através do jogo, lhes permitiam crescer psiquicamente.

Os relatos do trabalho com Dick, o primeiro tratamento psicanalítico de uma criança autista (Klein, 1930), e de uma criança com marcadas dificuldades intelectuais (Klein, 1931) são interessantes exemplos dessa situação emocional.

Tivemos oportunidade de trabalhar com crianças com inibição intelectual e verificar o efeito de tais fantasias persecutórias sobre a capacidade de pensar, de explorar suas fantasias e de brincar (Souza, 1995).

Foi também ao explorar esses jogos infantis com crianças que Klein pôde desenvolver sua teoria sobre o desenvolvimento infantil.

A descrição da técnica kleiniana de análise de crianças está mais vivamente presente em seus textos iniciais, quando almejava firmar a possibilidade de se manterem na análise com crianças os pressupostos da técnica psicanalítica fundada por Freud no trabalho com adultos. Nesses textos, fala em termos de conflitos entre ego, id e superego, em constante relação e tomados como objetos internos. Seus escritos posteriores são mais focados na exposição dos conceitos teóricos que foi elaborando ao longo de sua experiência, com poucos artigos sobre a técnica do brincar, e nota-se que sua linguagem se afasta das expressões freudianas, passando a usar um modo próprio de exposição dos conceitos, centrado na ideia de um mundo interno, produto de um processo contínuo de desenvolvimento, com uma permanente interação entre fantasias inconscientes, defesas e experiências com a realidade externa (Spillius, 1990).

Retomando o percurso histórico, no texto de 1929, "Personificação no brincar das crianças", Klein afirma que uma das principais funções dos jogos infantis é proporcionar uma via de descarga para as fantasias da criança. Ela destaca a forma como os vários personagens são inventados e distribuídos, chamando de personificação ao processo que conduz à formação desses personagens. O jogo permitiria dissociar ou separar as identificações contraditórias que a criança ainda não é capaz de integrar (mãe boa e mãe má, por exemplo) e, ao projetar essas imagos para o exterior, através dos personagens do jogo, a criança atenua o conflito entre seu ego e seu superego, obtendo uma trégua momentânea, pois agora ela está lidando com dois objetos diferentes. Nesse sentido, o jogo teria uma certa função defensiva, auxiliando no enfrentamento da angústia gerada pela pressão superegoica.

Os contos de fadas são excelentes exemplos dessa configuração. Neles, há sempre uma bruxa ou uma madrasta que persegue a boa menina (fada ou princesa) ou um lobo mau que investe contra os porquinhos indefesos. Muitos pais se surpreendem pelo número de vezes que essas histórias precisam ser repetidas, mesmo que a criança já as conheça "de cor". Para elas, a repetição tem a função de assegurar não só que o bem vence o mal, mas também que a maldade existe e pode ser vencida. Por isso, são inúteis algumas tentativas de se "suavizarem" as histórias - a criança precisa tanto dos personagens maus quanto dos bons. Precisa também de um adulto que lhe conte essas histórias, reconhecendo a existência desse jogo de personagens para a criança.

Além dessa função defensiva, o jogo tem também um caráter de elaboração, pois há ali uma possibilidade de, pela simbolização, deslocar as situações de angústia para o mundo externo, pôr esses personagens em contato e lidar com essas contradições, culpas ou fantasias em situações lúdicas.

A simbolização é essencial, pois é o que permite que a criança transfira para objetos diferentes dos seres humanos não só seus interesses, como também suas fantasias, angústias e culpas. É simbolizando por palavras ou brincadeiras que a criança expressa e modula suas fantasias inconscientes.

Mas cumpre destacar que a simbolização é apenas um dos aspectos presentes, e Klein nos alerta sobre o perigo da tradução generalizada dos símbolos. É frequente dar-se um destaque excessivo ao caráter simbólico do jogo, em detrimento das outras dimensões que Klein atribui ao brincar.

Ela destaca que o jogo é também uma forma de comunicação e expressão. Tem um aspecto simbólico que permite a compreensão do que é expresso durante a sessão, mas adverte o analista para que não se atenha unicamente no simbolismo.

Em sua técnica, está implícita a grande importância dada à capacidade de simbolização da criança, pensada como um processo que lhe permitiria transferir suas ansiedades, fantasias e culpas para os brinquedos como representantes externos de seu mundo interno, o que daria ao jogo o caráter de facilitador da possibilidade de trabalho psíquico, como veremos adiante.

Segundo Klein, além do aspecto simbólico, deve-se atentar aos menores detalhes do brincar: à maneira como a criança brinca, aos papéis que nos atribui, às interrupções ou a mudanças da atividade, aos motivos pelos quais o faz e aos meios que escolhe para sua representação. Assim, o simbolismo presente no jogo só adquire sentido na comunicação que é feita ao analista e que só pode vir à luz na situação criada no *setting* analítico.

Ao expor detalhadamente em 1926 sua técnica de jogo, Klein firma a expressão deste como algo simbólico, uma linguagem figurativa que, por meio da dramatização, permite a expressão do mundo interno infantil. O jogo é visto como uma linguagem para as fantasias inconscientes.

Para Melanie Klein, o jogo:
- é um meio de representação indireta de fantasias, desejos e experiências;
- enseja o mecanismo de defesa da cisão, ou dissociação, e da projeção, permitindo que sejam "separadas" as figuras parentais internas contraditórias e também que sejam expulsas para o mundo exterior, aliviando a cruel pressão superegoica;
- dá alívio e prazer, ao permitir a descarga das fantasias;
- obedece à compulsão à repetição;
- enseja a sublimação através da simbolização.

A capacidade de brincar é essencial para ancorar o contato com a realidade interna e externa e se aprender sobre si mesmo e sobre o mundo; assim, a incapacidade de brincar é um imenso prejuízo para pessoas de qualquer idade.

Foi a partir da possibilidade de dar ao jogo infantil um caráter de comunicação e de elaboração que Klein desenvolveu sua teoria. Ao dar à brincadeira um caráter sério, tomando-o como um trabalho da criança com suas angustias, foi que concretizou suas expansões.

Estão presentes no brincar a possibilidade de representação, a transformação do vivido passivamente em ativo, o domínio da realidade, a repetição do traumático em busca de elaboração e também a busca do novo e da criatividade. Há no brincar um grande trabalho de elaboração, exploração e modificação das angústias.

Winnicott (1971) ampliou essas ideias mostrando que a possibilidade de brincar se constitui na relação, no encontro, no espaço potencial entre realidade interna e externa, o que o levou à formulação de que a principal tarefa do analista é levar o paciente do estado de não conseguir brincar para o estado de poder brincar, destacando a importância de haver um espaço mental para o brincar também no analista. A psicanálise se realizaria no entrecruzamento das áreas do brincar do analista e de seu paciente.

É comum encontrarem-se crianças e adultos que parecem temer seus pensamentos, como se estes não pudessem ser pensados nem mesmo brincando. Muitas vezes, o processo psicanalítico opera no sentido permitir que esses pacientes possam *pensar seus pensamentos*, inicialmente, protegidos pelo *setting* analítico. Às crianças que chegam ao consultório dizendo que "não brincam com armas", "com coisas de criança", "com coisas de maricas" etc., parece ter faltado a experiência protegida dos *playgrounds*, onde teriam dado vazão a suas emoções. Quando, ao lado do seu analista, se permitem tais brincadeiras, podem crescer sem tanto medo de seus pensamentos e fantasias. Da mesma forma, é esse o caminho que a análise abre a adultos dizem não sonhar ou não se lembrar de sonhos.

Destaco ainda o papel desempenhado pelo analista e sua capacidade de brincar.

As contribuições de Bion (1962) foram fundamentais para ancorar essa perspectiva. Ele destaca o papel da *rêverie* materna como elemento primordial para a elaboração das angústias da criança. Apoiado no conceito kleiniano de identificação projetiva, ele formula a ideia de uma identificação projetiva como forma de comunicação das angústias. Muitos analistas kleinianos contemporâneos incorporaram esse conceito em sua clínica, passando a valorizar o papel da mãe no processo de desenvolvimento do bebê e usando a experiência emocional durante a sessão como instrumento primordial no trabalho analítico.

Trabalhando sob o enfoque bioniano, Ferro (1995) destaca que o jogo nasce na relação com a mãe que cuida e que estabelece com a criança profundos intercâmbios comunicativos através de jogos caracterizados por sons, balbucios e verbalizações que seriam acompanhadas psiquicamente por identificações projetivas recíprocas que propiciariam o trânsito, o reconhecimento e a transformação desses estados emocionais, via *rêverie* materna. "Essas relações primárias são o lugar onde se constituem o conto de fadas e o jogo" (Ferro, 1995: 77).

Assim, podemos considerar que a capacidade de brincar da criança se desenvolve a partir da capacidade de brincar do adulto que dela se aproxima e se dispõe a compartilhar com ela esse modo primeiro e primordial de vivenciar o mundo interno e de explorar o conteúdo de suas fantasias. Essa é uma forma de se compreender um dos aspectos primordiais do campo analítico, seja de adultos ou de crianças.

Pode-se pensar que, mais do que de uma compreensão intelectual do como e do porquê de seus sintomas, os pacientes crianças precisam da ajuda do analista para criar esse espaço mental para a vivência e a exploração de seu mundo interno, de uma relação em que primeiramente possam brincar nesse sentido, de um espaço seguro em que possam vivenciar suas fantasias sem o risco da ação. No dizer de Parsons (2001), trata-se de uma experiência de expansão de limites e do súbito prazer de se descobrir uma inesperada liberdade de investigação do mundo e de si mesmo.

Na experiência analítica, Freud já apontava a transferência como um *"playground"*, uma área intermediária entre a doença e a vida real, para que a análise pudesse operar. A transferência permite tirar a compulsão à repetição da clandestinidade, admitindo-a no interior da transferência – como num *"playground"* –, e fazendo com que, dessa forma meio real e meio brincadeira, ela se expanda com mais liberdade, e também revelar ao analista os instintos patogênicos escondidos na mente do paciente. A transferência cria, portanto, uma região intermediária entre a doença e a vida real, através da qual se faz a transição de uma para *outra* (Freud, 1914).

A importância do brincar já tinha sido sugerida por Freud em 1908, quando escreveu sobre a criatividade mostrando que suas fontes estavam no brincar infantil. Assim, o poeta criativo faz o mesmo que a criança que brinca: cria um mundo de fantasia que é levado muito a sério e no qual investe muita emoção, sem confundir realidade e fantasia. São atividades levadas a sério mas em que há uma liberdade para se vivenciarem as fantasias, um dos fatores que tornam tão fascinantes tanto os escritores criativos quanto crianças a brincar. Ler um livro, ver um filme ou observar uma brincadeira infantil satisfazem o anseio por desfrutar essa experiência de exploração do mundo dos sentimentos e mostram como é possível brincar com as fantasias sem perder o contato com a realidade ou enlouquecer, permitindo, na verdade, crescer e se enriquecer com tais experiências.

Em 1920, Freud descreveu o famoso "jogo do carretel"[1], narrando a experiência de uma criança que, impotente frente ao afastamento de sua mãe, se entretém com um jogo em que faz sumir e reaparecer o carretel embaixo da cama. Estava aberto o campo para a exploração da importância do jogo e do brincar como um instrumento para lidar com o mundo interno.

Essas ideias nos levam a refletir sobre a importância do "espaço mental para o brincar" não só para a criança, mas para todos, não só na relação analítica, mas na relação da pessoa consigo mesma.

O papel do brincar no desenvolvimento da civilização foi apontado por Huizinga (1938 apud Santa Rosa, 1999), ao defender a tese de que o jogo puro e simples constitui as bases da civilização, que, sem o espírito lúdico, seria impossível. Procuraremos esclarecer essas proposições por meio do resumo de Santa Roza (1999) das colocações do autor.

Huizinga descreve algumas características formais do fenômeno lúdico:

- o inerente caráter de liberdade: o jogo é livre e voluntário, não se constituindo em tarefa ou obrigação, pois, sob tal condição, deixaria de ser um jogo;
- o jogo não é vida "corrente" e nem vida "real". Trata-se de uma evasão temporária da realidade, de um intervalo na vida cotidiana. É uma atividade "não séria", mas que se mostra capaz de absorver inteiramente o jogador e que, paradoxalmente, tem uma espécie de seriedade intrínseca, capaz de arrebatá-lo;
- o jogo tem limites próprios de tempo e de espaço; tem um começo, uma duração e um final. Assim, opera num campo previamente definido;
- reina no jogo uma ordem: ele tem regras, e qualquer desobediência a elas estraga o jogo, que perde seu valor e seu caráter;
- no jogo, há uma espécie de tensão inerente ao ato de jogar, cuja imprevisibilidade está associada ao engajamento passional que ele provoca e põe à prova a força e tenacidade do jogador, assim como sua habilidade, sua coragem e sua lealdade às regras.

Destacaram-se esses elementos para se referendar a lógica de um brincar simbólico de uma criança, expressa por um autor alheio à psicanálise.

Junqueira Filho (2001) apresenta um interessante trabalho de articulação entre as ideias de Huizinga e o processo analítico, destacando a importância do "espírito lúdico" na construção e manutenção do método analítico. Ele mostra que também os encontros psicanalíticos têm delimitações espacial e temporal, regras, um caráter de tensão e mergulham seus participantes num estado de quase alheamento e que existem situações com o mesmo caráter de "faz de conta", o que permite a vivência e a exploração de certas emoções transferenciais.

---

[1] O leitor encontrará no capítulo 8 uma ampla discussão sobre esse episódio narrado por Freud.

> [...] não são nem vida cotidiana, nem vida real, mas, sim, uma 'exposição consentida' a experiências emocionais a serem processadas através da colaboração mútua que visa, em última análise, esse autoconhecimento. (Junqueira Filho, 2001: 12)

Santa Roza destaca como primordial que "a essência do jogo é determinada pelo estado mental" (1999: 38). Nesse sentido, o brincar:

> [...] está relacionado a essa capacidade de mudança de estado mental, que em primeira instância transforma magicamente o jogador. Só num segundo momento os objetos e o mundo são transformados [...] um pedaço de madeira só é convertido em uma espingarda porque a criança já se transformou em soldado. (Santa Roza, 1999: 38)

Isso conduz à constatação de que a ação de jogar não reside no jogo, mas no jogador e, assim, além de destacar o papel do jogo em várias manifestações, há que verificar o que permite, seja à criança ou ao adulto, brincar, ou melhor, desenvolver uma capacidade de simbolização para viver tal situação paradoxal, que deve ao mesmo tempo ser aceita como real e sabida como não real.

Em Klein, isso se alcança pela capacidade de simbolização, que só pode ser usada mais plenamente na posição depressiva. Nos momentos em que vive uma experiência de forma mais esquizoparanoide, a pessoa criança ou adulto – toma como concretos, ou reais, elementos que podem ser sensações, ideações ou fantasias. Daí a afirmação de Klein de que, na posição esquizoparanoide, a frustração não pode ser vivida como ausência de satisfação, e, sim, como um ataque de um objeto mau concreto.

Numa brincadeira de bicho-papão, por exemplo, é comum que uma criança pequena interrompa o jogo para perguntar se é de verdade ou de mentira, e só volte a brincar animadamente quando tranquilizada pelo adulto em quem confia. Durante a análise, há crianças, mais comprometidas psiquicamente, que interrompem abruptamente determinadas brincadeiras, manifestando intensa persecutoriedade e agressividade em relação ao brinquedo e/ou ao analista; podem-se compreender melhor essas situações se se considerar que, por alguma razão, perdeu-se a capacidade de simbolização. Entendem-se essas vivências levando-se em conta a ideia de um desenvolvimento em que se alternam as posições esquizoparanoides e depressivas, como modos específicos de se vivenciarem as relações decorrentes de angústias frente ao amor e ao ódio e a capacidade de se suportarem as experiências de frustração e de culpa.

Segal (1918) amplia o uso desse conceito ao distinguir o símbolo verdadeiro da equação simbólica. Reserva o termo "símbolo" para os objetos substitutivos constituídos de um modo depressivo, como já se disse resumidamente; tais objetos se prestam ao jogo e o brincar constitui-se um modo de exploração da realidade, um meio de se aprender a diferenciar o simbólico do real. A criança sabe que brincar é "fingir", e isso não lhe inibe o brincar, pelo contrário, o expande, pois ela poderá usufruir a satisfação de expressar suas fantasias, conhecê-las, modificá-las, conhecer a si mesma e ao outro e também a realidade e a potencialidade do objeto concreto que usa nessa representação.

Na equação simbólica, o símbolo se confunde com o objeto simbolizado, na medida em que sua formação está mais pautada num modelo esquizoparanoide, no qual a identificação projetiva tem papel preponderante. Essas perturbações da simbolização podem levar a formas de brincar que impedem que se aprenda com a experiência lúdica e tiram a liberdade da criança para brincar e variar seu jogo, podendo mesmo levar à inibição do jogo, que se torna repetitivo e estereotipado.

> [...] quando a simbolização é dominada por uma identificação projetiva primitiva e o brinquedo é simbolicamente equacionado de modo demasiadamente concreto ao objeto simbolizado, ele não pode ser usado de forma imaginativa. (Segal, 1918: 111)

Quando desprovida dessa possibilidade simbólica, a vida fica muito restrita, pois as angústias persecutórias podem levar a uma intensa escotomização de aspectos da vida psíquica, como se vê em jogos estereotipados e repetitivos, em crianças, e a um empobrecimento afetivo e ao excessivo apego a aspectos concretos, em adultos.

Target e Fonagy (1996) apresentam um modelo do desenvolvimento da realidade psíquica da criança em sua relação com o brincar. Defendem a ideia de que a compreensão do mundo mental não é dada, de que é diferente nas crianças pequenas e também de que, para se desenvolver sadiamente, ela depende da interação com pessoas amorosas e capazes de pensar. Os autores descrevem o longo percurso da criança para que, do brincar, desenvolva a diferença entre realidade e realidade psíquica. A título de exemplo, mostram que a criança pequena precisa da ajuda de um adulto, pois, mesmo tendo certeza de que a brincadeira não é real, ela pode pensar determinados pensamentos e sentimentos da vida real, e um adulto pode prover os limites necessários para protegê-la do caráter imperioso da realidade externa – um adulto capaz de prover o ambiente necessário para a brincadeira.

A incapacidade para brincar é um imenso prejuízo para pessoas de qualquer idade, pois obsta o contato com a realidade. Essa situação paradoxal só tem sentido se se pensar que a fantasia não é o único elemento em trânsito durante o jogo. O brincar é um modo essencial de se estabelecer contato com as realidades interna e externa, de explorá-las e de aprender sobre si mesmo e sobre o mundo.

Até aqui, falou-se sobre o *porquê* de se usar a técnica de brincar na análise de crianças. Para discutir *como* usá-la, apresenta-se uma síntese das sugestões dadas por Klein em seu artigo de 1955, sobre a técnica psicanalítica com crianças, que, articulados aos conhecimentos expostos, podem orientar o trabalho psicanalítico com crianças.

A autora sugere que se use uma caixa ou uma gaveta individual para cada criança, como "parte da relação privada e íntima entre analista e paciente, característica da situação transferencial psicanalítica" (Klein, 1955: 155). A ideia de um material individual é também primordial se se tiver em conta que o enfoque kleiniano orienta sua atenção para a relação da criança com sua destrutividade, e um material individual tanto lhe permite dar vazão a sua agressividade quanto trabalha sua atitude frente a ela, ou seja, suas consequências na mente da criança. Assim, deve-se estar atento à atitude da criança em relação aos brinquedos que eventualmente danificou, em relação ao analista quando expressa esses sentimentos etc.

Quanto aos brinquedos, Klein sugere que sejam pequenos e variados (não mecânicos) e que as figuras humanas não indiquem nenhuma ocupação particular, para que, em sua simplicidade e variedade, se prestem a expressar uma ampla gama de experiências e fantasias. Mesmo destacando que a técnica do brincar não depende de uma seleção particular de material, ela sugere:

> São eles principalmente pequenos homens e mulheres de madeira, geralmente de dois tamanhos, carros, carrinhos de mão, balanços, trens, aviões, animais, árvores, blocos, cercas, papel, tesouras, uma faca, lápis, giz ou tinta, cola, bolas e bolas de gude, massa de modelar e barbante. (Klein, 1955: 154)

Nessa mesma linha, ela propõe que o equipamento do consultório de crianças também seja simples – "Um chão lavável, água corrente, uma mesa, algumas cadeiras, um pequeno sofá, algumas almofadas e um móvel com gavetas" (Klein, 1955: 154) – e indica também a inclusão de tigelinhas, copos e colheres.

Essas orientações visam dar mais liberdade de expressão para a criança, mas tem-se verificado que também são importantes para a liberdade do analista, que deve estar aberto para a escuta e para dar continência à criança, na medida em que está numa sala adequada e não precisa se afligir pela preservação de objetos ou móveis mais delicados. Assim, trata-se também de dar ao analista as condições para manter-se analista dentro da sala.

Os brinquedos não são o único requisito para a análise através do brincar; todas as atividades da criança na situação são tomadas como comunicação: seus desenhos, recortes, atividades com água, modelagem, suas dramatizações etc. Segundo Klein, deve-se atentar aos papéis que a criança atribui ao analista e a si mesma durante essas dramatizações – brincar de loja, de médico, de professor, de mamãe etc.

Outra importante contribuição de Klein e de seus seguidores, influenciados pelos estudos de Bion, foram os conceitos de contratransferência e de identificação projetiva, passando-se a considerar o campo total de interação entre a criança e o analista. Assim, ao encenar determinadas situações, a criança não só atribui um papel ao analista como põe-no a viver aspectos de sua experiência subjetiva.

Ao se compreender que nas situações de jogo a criança projetava "para dentro do analista" fantasias, medos, aspectos cindidos de sua personalidade etc., criou-se um novo significado da transferência – uma nova forma de se obter conhecimento sobre a criança. Esses aspectos são examinados mais detidamente no capítulo sobre transferência – aqui, apenas se sublinha a importância das dramatizações dentro da técnica do jogo.

Bibliografia

BION, Wilfred Ruprecht. *(1967) Uma teoria sobre o processo de pensar. In:* Estudos psicanalíticos revisados (second thoughts). *Trad. Wellington Marcos de Melo Dantas. Rio de Janeiro: Imago, 1988.*

FERRO, Antonino. *(1992)* A técnica na psicanálise infantil. *Trad. Mércia Justun. Rio de Janeiro: Imago, 1995.*

FREUD, Sigmund. *(1920) "Além do princípio do prazer", in* ESB. *Trad. J. Salomão. Rio de Janeiro: Imago, 1980.*

_____. *(1914) "Recordar, repetir e elaborar", in* ESB. *Trad. J. Salomão. Rio de Janeiro: Imago, 1980.*

_____. *(1908) "Escritores criativos e devaneio", in* ESB. *Trad. J. Salomão. Rio de Janeiro: Imago, 1980.*

JUNQUEIRA FILHO, Luiz Carlos Uchôa. (2001) "A virtualidade no método psicanalítico". Trabalho apresentado em reunião científica da SBPSP.

KLEIN, Melanie. *(1919) "Desenvolvimento de uma criança". In:* Contribuições à psicanálise. *Trad.: Miguel Maillet. São Paulo: Mestre Jou, 1970.*

_____. *(1931) "Uma contribuição à teoria da inibição intelectual". In:* Contribuições à psicanálise. *Trad. Miguel Maillet. São Paulo: Mestre Jou, 1970.*

_____. *(1921) "A importância da formação de símbolos no desenvolvimento do ego". In:* Contribuições à psicanálise. *Trad. Miguel Maillet. São Paulo: Mestre Jou, 1970.*

_____. *(1929) "Personificação no brincar das crianças". In:* Contribuições à psicanálise. *Trad. Miguel Maillet. São Paulo: Mestre Jou, 1970.*

_____. *(1927) "Simpósio sobre análise de crianças". In:* Contribuições à psicanálise. *Trad. Miguel Maillet. São Paulo: Mestre Jou, 1970.*

_____. *(1926) "Princípios Psicológicos da análise de crianças pequenas". In:* Contribuições à psicanálise. *Trad. Miguel Maillet. São Paulo: Mestre Jou, 1970.*

_____. *(1955) "A técnica psicanalítica através do brincar: sua história e significado". In:* Inveja e Gratidão e outros trabalhos (1946 1963). Melanie Klein. *Trad.: Elias Mallet da Rocha Barros, Liana Pinto Chaves (coord.) et al. Rio de Janeiro: Imago, 1991.*

PARSONS, Michael. *"A lógica do brincar em psicanálise". In:* Livro Anual de Psicanálise, *vol. XV. São Paulo: Escuta, 2001.*

SANTA ROZA, Elisa. Quando brincar é dizer: a experiência psicanalítica na infância. *Rio de Janeiro: Contra Capa, 1999.*

SEGAL, Hanna. *(1991)* Sonho, fantasia e arte. *Trad. Belinda Mandelbaum. Rio de Janeiro: Imago, 1993.*

SPILLIUS, Elizabeth Bott. *(1988)* Melanie Klein hoje: desenvolvimento da teoria e técnica, *vol. I e II. Trad. Belinda Mandelbaum. Rio de Janeiro: Imago, 1990.*

SOUZA, Audrey Setton Lopes. Pensando a inibição intelectual. *São Paulo: Casa do Psicólogo, 1995.*

TARGET, Mary; FONAGY, Peter. *"Brincando com a realidade", vol. I e II. In:* Livro Anual de Psicanálise, *vol. XII. São Paulo: Escuta, 1996.*

WINNICOTT, Donald Woods. *(1971)* O brincar e a realidade. *Trad. José Otávio de Aguiar Abreu e Vanede Abreu. Rio de Janeiro: Imago, 1975.*

No caminho da transicionalidade: brincando criamos o mundo

Magaly Miranda Marconato Callia

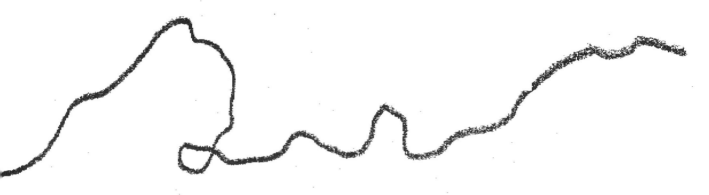

Capítulo VII

No caminho da transicionalidade: brincando criamos o mundo

Quando recebi o convite para escrever este texto, fiquei pensando: por que o brincar parece assim tão importante? Conversei, então, com algumas crianças, que confirmaram essa importância: para elas, brincar é se divertir, é usar a imaginação. Brincam de formas variadas, conforme suas idades, seus momentos de vida. Já alguns adultos me falaram do brincar como algo difícil, que não acontece ou não aconteceu em suas vidas. Outros lembraram de episódios marcantes, e há quem associe, ou melhor, se refira ao brincar como várias possibilidades criativas de se relacionar com o mundo, desde cantar, pular, balançar, fazer de conta até simplesmente conversar.

Sabemos que, desde que nascem, os bebês brincam. E talvez possamos dizer que até mesmo dentro do útero já dão início a atividades próximas do brincar. De certa forma, exploram suas sensações, seus movimentos e o que existe em seu ambiente. Talvez sejam estimulados pelos sons que já são capazes de ouvir, barulhos externos e internos; certamente brincam com o próprio corpo, levando o dedo à boca, assim como podem se distrair reconhecendo vozes humanas, principalmente a de sua mãe ou de seu pai. Ou seja, o bebê humano parece estar sob vários estímulos desde que é concebido, e tentará se relacionar com eles[1].

Chegamos então a uma das características básicas do brincar, de acordo com a visão winnicottiana, que é o relacionar-se consigo mesmo e com o outro. Isso se dá desde o nascimento, ou mesmo antes, e se prolonga na vida adulta, como bem salientou Winnicott em toda a sua obra. Neste capítulo, vou me ater especialmente ao seu livro *O Brincar e a Realidade*, seu último trabalho, publicado pela primeira vez em Londres, em 1971.

De todo modo, já em 1951, em um artigo sobre objeto e fenômeno transicional, Winnicott dá início a toda uma formulação sobre o brincar. Nessa publicação, ele descreveu um campo de investimentos numa área intermediária de experiência, ou seja, que pertence tanto à realidade interna como externa, que é onde o fenômeno transicional se passa. Como veremos adiante, é dentro dessa área que o brincar acontece.

Além de sua importância na vida pessoal de todos nós, alguns aspectos do brincar são fundamentais para compreendermos tanto sua formulação teórica como o uso dessa na prática clínica psicanalítica com crianças e também com adultos. Nesse sentido, destaco aqui o brincar sob o ponto de vista da comunicação, da possibilidade de formação de símbolos e de seu contínuo expandir na vida adulta por meio da área cultural.

---

[1] Provavelmente todas essas sensações presentes desde o início de vida do bebê serão armazenadas e utilizadas no futuro, pois há uma continuidade entre a vida pré e pós-natal. Toda essa vivência sensorial do bebê poderá posteriormente implementar sua imaginação, sua capacidade de simbolização e até mesmo seu pensamento (cf. Piontelli (1971) e Stern (1971)).

Ressalto, ainda, que, ao apresentar a teoria winnicottiana dos fenômenos e objetos transicionais, em que se inserem o brincar e a experiência cultural, não podemos deixar de introduzir a questão do paradoxo[2], noção essencial para entendermos todo o pensamento desse autor e que, em linhas gerais, subsidia toda sua conceitualização teórica[3].

É com esse teor paradoxal que, a meu ver, devemos apreender a teoria de Winnicott. A forma como ele escreve, assim como trabalha com o brincar em sua clínica, nos transmite por vezes uma experiência de "non-sense", ou que deve ser apreendida como na linguagem poética, cuja experiência estará sempre além e aquém das palavras.

É fundamental evidenciar, então, pelo menos um dos paradoxos implícitos na teoria do brincar. Assim como todos os fenômenos transicionais, o brincar se dá em uma área intermediária que não é nem dentro, nem fora, ou seja, não pertence à realidade externa nem à interna, mas é constituído de ambas. No que se refere aos objetos transicionais, sua fórmula paradoxal reside no fato de o objeto ter que ser encontrado para ser criado e criado para ser encontrado, como veremos mais adiante neste capítulo.

Ainda que vários conceitos em relação à constituição do sujeito e à metapsicologia utilizada por Winnicott já tenham sido abordados no capítulo 3, inicio retomando brevemente alguns aspectos fundamentais sobre a teoria dos fenômenos e objetos transicionais e da comunicação mãe-bebê dada através do processo de ilusão e desilusão dentro do espaço potencial.

A ILUSÃO DE ONIPOTÊNCIA COMO CONSTITUTIVA DO SUJEITO

Com a finalidade de melhor compreendermos todo o processo de ilusão e desilusão primordial, que faz parte da conceitualização do espaço potencial, detenho-me aqui em algumas referências do autor, tanto do ponto de vista do bebê, quanto da mãe.

No que diz respeito ao fenômeno da ilusão originária, podemos perceber que desempenha um papel estruturante no psiquismo infantil, sendo que quem propiciará esse fenômeno ao bebê é a sua "mãe suficientemente boa", que se adaptará ativamente às necessidades de seu filho, fazendo com que este tenha a ilusão de que a criou, ou, dito de outra forma, de que criou o mundo, a realidade externa.

O estado no qual a mãe deve se encontrar para propiciar o fenômeno de ilusão para o bebê é denominado por Winnicott *preocupação materna primária*. Trata-se de um estado de sensibilidade aguçada, que geralmente se desenvolve no início da gravidez, acentuando-se em suas últimas semanas e nas primeiras após o nascimento do bebê. O autor destaca, ainda, que essa adaptação às necessidades do bebê será influenciada pela própria história inicial da mãe, ou seja, dependerá do vínculo que ela estabeleceu com sua própria mãe, seu ambiente e do apoio dado pelo pai do bebê, incluindo também aspectos da ancestralidade e da cultura em que todos estão inseridos. Ou seja: para esse autor, é importante considerar a inserção

---

[2] "Etimologicamente paradoxo significa o contrário à opinião (doxa); isto é, contrário à opinião recebida e comum. O paradoxo maravilha, porque, propondo-se a ser como diz que é, diferencia-se do senso comum ou do "bom senso", que é o que afirma um sentido determinável em todas as coisas. O paradoxo, ao contrário, vai contra o senso comum, e afirma a existência de dois sentidos ao mesmo tempo." (Mora (1982), apud Bittencourt, 1994).

[3] A noção do paradoxo nos permite compreender o pensamento de Winnicott inserido numa determinada tradição filosófica, que, por sua vez, torna possível a forma como o autor apresenta os conceitos. Winnicott é um autor inglês, cuja tradição de pensamento está ligada aos empiristas Locke e Humme (In "Tratado sobre a natureza humana", Godoy, Luciana, 2005, informação comunicada oralmente).

da família numa dada cultura para poder compreender o tipo de relação e o significado que o bebê estabelecerá com seu meio.

> Não acredito que seja possível compreender o funcionamento da mãe na fase mais inicial da vida de um bebê, sem entender que ela deve ser capaz de atingir este estado de sensibilidade aumentada, quase uma doença, e recuperar-se dele (introduzo a palavra "doença" porque é necessário que a mulher seja saudável tanto para desenvolver este estado quanto para se recuperar dele quando o bebê a libera...). (Winnicott, 1965: 494, capítulo 24)

Muitas vezes a mãe nem chega a se lembrar desse estado, pois é algo que acontece naturalmente ou intuitivamente. O próprio Winnicott, antes dessa conceituação, referiu-se a um sentimento de devoção que a mãe experiencia com seu bebê, cuidando e dando suporte a ele.

Winnicott utiliza, então, dois termos para se referir à técnica desse cuidado infantil, quais sejam: *handling* – cuidado físico e que tem a ver com o "fazer", como trocar as fraldas, dar banho, etc. – e *holding* – que está relacionado à função ambiental que, sucintamente, envolve o segurar, o manejar e a apresentação de objetos. Em outras palavras, é uma provisão ambiental dada pela mãe que tem a ver com o "ser" da mãe, ou seja, com a capacidade que ela tem de se colocar no lugar do bebê, não só do ponto de vista físico, mas também emocional.

Nessa medida, o termo *holding* não abrange somente o segurar físico de um bebê. Trata-se de um cuidado materno precoce que não deve ser mecânico, pois deve suportar falhas que são humanas. Essa condição de identificação primária tem a ver com a possibilidade de empatia da mãe, pois, como Winnicott menciona, essa mãe um dia já foi um bebê.

Há que se destacar, ainda, que o *holding* oferecido ao bebê acontece quando ele se encontra dependente ao máximo de sua mãe, que se permite ser experienciada como um objeto subjetivo. É, então, uma provisão ambiental que ocorre antes que haja uma relação de objeto; ou seja, anteriormente ao conceito de *viver com*. Isso porque *viver com* já pressupõe que o bebê tenha ultrapassado o estado de ser fundido com a mãe para sua percepção dos objetos como externos a ele próprio. É também nessa fase de dependência absoluta que o fenômeno da ilusão se dá. Como num passe de mágica, o bebê experimenta, então, um sentimento total de onipotência. No dizer de Winnicott (1967), um sentimento de ser Deus, pelo menos por um minuto, e, com isso, a sensação de que criou o mundo, e não que este já estava lá para ser encontrado – eis aqui um primeiro paradoxo que nunca será resolvido e que caracteriza a criatividade primária.

Nesse primeiro momento, o bebê não se diferencia de sua mãe – ele se encontra totalmente fusionado a ela, e por isso dizemos que não haveria uma diferenciação entre eu e não eu – o bebê tem, pois, a ilusão de que a mãe é uma extensão de si; portanto ela é concebida como um objeto subjetivo – nas palavras do autor: "o bebê recebe de um seio que faz parte dele e a mãe dá leite a um bebê que é parte dela mesma" (Winnicott ([1971] 1975: 27).

Poderíamos pensar, então, que esse sentimento de onipotência servirá de alavanca para proporcionar a capacidade primordial do ser humano: exercer a criatividade em seu viver. Em síntese, o bebê pôde pensar que era Deus, vivenciar algo da ordem do divino, de uma criação primária, mas, aos poucos, ele perceberá que é só uma partícula a mais no universo.

> O que se comunica ao bebê é: Venha para o mundo de uma forma criativa, crie o mundo, só o que você criar terá sentido para você. E em seguida: "O mundo está sob o seu controle." A partir desta experiência de onipotência inicial o bebê é capaz de começar a experienciar a frustração, e até mesmo de chegar, um dia, ao outro extremo da onipotência, isto é, de perceber que não passa de uma partícula do universo, um universo que ali já estava antes mesmo da concepção

do bebê, e que foi concebido por um pai e uma mãe que gostavam um do outro. Não é a partir da sensação de ser Deus que os seres humanos chegam à humildade característica da individualidade humana? (Winnicott, 1999: 90)

Essa experiência, que o autor denominou *desilusão*, fará parte de seu processo de humanização.

> A mãe suficientemente boa começa com uma adaptação quase completa às necessidades de seu bebê, e, à medida que o tempo passa, adapta-se cada vez menos completamente, de modo gradativo, segundo a crescente capacidade do bebê em lidar com o fracasso dela. (Winnicott ([1971] 1975: 25)

Esse processo de desilusão começa a ocorrer no momento em que o bebê já não se encontra mais fusionado a sua mãe e está caminhando para a fase seguinte, de dependência relativa. Aqui, ocorrem as falhas inerentes à maternagem, que produzem frustração do ponto de vista do bebê, mas que, desde que ocorram no tempo certo, são necessárias para a introdução da noção de realidade externa. Todo esse processo envolve, como se vê, o fator temporal; ou seja, o bebê tem uma capacidade de tolerância à ausência de respostas às suas necessidades, mas, se a mãe ficar distante mais do que o tempo suportável, isso poderá provocar uma forte angústia no bebê e até mesmo traumatizá-lo.

> Se a mãe ficar distante mais do que x minutos, então a imago se esmaece e, juntamente com ela cessa a capacidade de o bebê utilizar o símbolo da união. O bebê fica aflito, mas esta aflição é logo corrigida, pois a mãe retorna em x+y minutos. Em x+y minutos o bebê não se alterou. Em x+y+z minutos, o bebê ficou traumatizado... o trauma implica que o bebê experimentou uma ruptura na continuidade da vida, de modo que defesas primitivas agora se organizam contra a repetição da "ansiedade impensável" [...] (Winnicott ([1971] 1975: 135)

De qualquer forma, nesse momento, a mãe já pode ser vista como objeto objetivamente percebido, e o bebê pode viver a primeira possessão não eu. É aí que surgem os objetos e fenômenos transicionais, que habitam o espaço potencial – esse seria, como o próprio nome sugere, *possibilidade* – um espaço psíquico que pode ou não ser ocupado e que tem a ver com a capacidade do bebê em tolerar a ausência da mãe, encontrando algo na realidade pela capacidade imaginativa, e que é essencialmente paradoxal; ou seja, sendo um espaço entre bebê e mãe é, ao mesmo tempo, espaço de união e de separação, uma área intermediária de experiência entre realidade externa e interna.

Dizemos, então, que o bebê passa, a partir desse momento, a transitar nessa terceira área de experimentação, intermediária entre realidade interna e externa; mas, para que isso aconteça, terá que ter desenvolvido a confiança no meio, ou na mãe-ambiente, o que significa ter vivido o fenômeno da ilusão.

Para Winnicott, portanto, a criatividade está na possibilidade de sempre transitar entre a realidade interna e a realidade externa, já que o *objeto objetivamente percebido sempre será subjetivamente concebido*. Mantendo-se em uma área intermediária de experimentação (a área transicional), o ser humano pode encontrar um lugar propício para estabelecer relações com os objetos de forma criativa, o que possibilitará, em última instância, ir ao encontro do outro, caracterizando um espaço interpessoal que, aos poucos, irá contribuir para o estabelecimento de uma ideia de estar no mundo, permitindo a continuidade do ser. E a tese desse autor é de que o brincar criativo e a experiência cultural, incluindo seus desenvolvimentos mais apurados, têm como posição o espaço potencial existente entre o bebê e a mãe.

> [...] Trata-se de uma área que não é disputada, porque nenhuma reivindicação é feita em seu nome, exceto que ela exista como lugar de repouso para o indivíduo empenhado na perpétua tarefa humana de manter as realidades interna e externa separadas, ainda que inter-relacionadas. [...] Reivindico aqui um estado intermediário entre a inabilidade de um bebê e sua crescente habilidade em reconhecer e aceitar a realidade. Estou, portanto, estudando a substância da ilusão, aquilo que é permitido ao bebê e que, na vida adulta, é inerente à arte e à religião. (Winnicott ([1971] 1975: 15)

Tudo isso abre campo para o entendimento do simbolismo, que também é abordado por Winnicott de uma maneira própria, como veremos a seguir.

A QUESTÃO SIMBÓLICA DO BRINCAR

Dentre os tantos aspectos dessa temática que poderiam ser abordados, vou me ater ao papel da ilusão na formação de símbolos[4]. Na concepção winnicottiana, quando o simbolismo é empregado, o bebê já está habitando a terceira área de experiência, entre realidade interna e realidade externa, entre criatividade primária e percepção objetiva do mundo; ou seja, o bebê já pode transitar pelo espaço de ilusão e desilusão, fazendo a travessia da realidade interna à externa.

> É verdade que a ponta do cobertor (ou o que quer seja) é simbólica de algum objeto parcial, tal como o seio. No entanto, o importante não é tanto o seu valor simbólico. O fato de ela não ser o seio (ou a mãe), embora real, é tão importante quanto o fato de representar o seio ou a mãe. (Winnicott ([1971] 1975: 19)

Essa é a dinâmica do simbolismo na área transicional, cujo talento é colocar uma coisa no lugar da outra, como é, por exemplo, o caso de um brinquedo, um estímulo visual, sonoro, etc. Assim, se a criança usa seu ursinho como objeto transicional, ela tanto reconhece parcialmente que o ursinho é diferente do objeto primário (seio da mãe) como parcialmente não reconhece isso. De acordo com Winnicott, uma criança nunca deveria ser forçada a fazer esse discernimento cedo demais. Ele enfatiza que o objeto transicional é a primeira possessão não eu da criança – uma área incontestável que deve existir como um lugar de repouso[5]. Parece que estamos falando de algo muito complicado, de algum tipo de mistério, mas essa experiência de simbolização a que Winnicott se refere está presente no brincar, tanto da criança quanto do adulto, sendo algo simples e ao mesmo tempo muito sofisticado.

O estágio final, que seria o da diferenciação (primeiro o ursinho é e não é a mãe e depois ele pode ser visto como uma representação dela apenas), segundo Winnicott, ocorrerá quando o bebê se mover de um estado de possessão ilusória para um estado de desilusão. Para o autor, as experiências de vai-e-vem, de ilusão e desilusão, serão as grandes estimuladoras do processo de

---

[4] Esse é, aliás, o título de um ensaio produzido por Milner em 1952, publicado no livro A loucura suprimida do homem são (1952) e citado por Winnicott em Brincar e Realidade. Para Milner, a identificação de um objeto com o outro é o ancestral do simbolismo, sendo que o conceito de fantasia é essencial para se pensar na questão da fusão ou identificação do sujeito com o objeto, "já que somente em fantasia é possível fundir dois objetos bastante diferentes" (1991). No entanto, ela evidencia que o conceito de fantasia ainda não é suficientemente específico ao ponto de abarcar essa questão; também é necessário utilizar a palavra ilusão...

[5] Anne Alvarez (1992) destaca que, se pensarmos em termos da clínica, o que Winnicott parece nos dizer com sua teoria é que o terapeuta não deve ficar sempre lembrando o paciente de que o ursinho não é sua mãe. Se fizermos isso, talvez descuidemos de algo muito importante, que é a outra parte do seu significado, isto é, que o objeto transicional é a primeira experiência importante que a criança tem de possessão independente, e a não valorização desse aspecto poderia interferir negativamente na criatividade e no desenvolvimento dela.

amadurecimento. Na área intermediária onde ocorre a primeira possessão não eu, o bebê já pode estar separado da mãe e se relacionar com o objeto de forma a perceber gradativamente sua externalidade e, aos poucos, tentando alcançar uma independência dele. Da qualidade de objeto subjetivo como é concebida a mãe durante a fase de dependência absoluta, ela poderá, na área transicional, ser experienciada como um objeto objetivamente percebido, portanto pertencente a uma realidade externa.

Mas não devemos nos esquecer de que nesse momento, ou no espaço transicional, o paradoxo tem que ser sustentado e, portanto, jamais deveríamos desafiar um bebê a responder à pergunta: "foi você que criou o objeto ou ele já estava ali para ser encontrado?". Citando Bittencourt: "ali, o que está em questão não é a realidade psíquica que é pessoal e interna ou a realidade externa ou compartilhada, mas exatamente algo que pertence a uma e a outra, mas não é nem uma nem outra e assim, pronto, eis-nos diante de um paradoxo que deve ser aceito, tolerado e respeitado, jamais resolvido" (1994: 328). O objeto constitui um símbolo da união e de separação da mãe.

Por fim, há ainda outro aspecto a ser destacado: nesse voo de se separar do objeto, que desde o início o bebê tenta fazer, é também primordial a questão da aquisição da confiança na mãe ou substituta (dependendo do nível de fidedignidade das respostas desta às necessidades dele), e que, de alguma forma, também determinará a possibilidade de ele compartilhar com outros suas experiências.

> A confiança do bebê na fidedignidade da mãe e, portanto, na de outras pessoas e coisas, torna possível uma separação do não-eu a partir do eu. Ao mesmo tempo, contudo, pode-se dizer que a separação é evitada pelo preenchimento do espaço potencial com o brincar criativo, com o uso de símbolos e com tudo o que acaba por se somar a uma vida cultural. (Winnicott ([1971] 1975: 151)

Há, pois, uma evolução direta dos fenômenos transicionais para o brincar, do brincar para o brincar compartilhado e deste para as experiências culturais (Winnicott ([1971] 1975).

O BRINCAR NO TEMPO E NO ESPAÇO

Winnicott afirma sua diferença em relação à concepção de Klein sobre o brincar dizendo que ela se atinha mais ao uso do brincar e às fantasias inconscientes envolvidas do que no brincar propriamente dito. Klein valorizava o conteúdo da brincadeira no processo analítico também como forma de comunicação, como expressão do inconsciente; já para Winnicott, o brincar precisa ser estudado como um tema em si mesmo, suplementar ao conceito de sublimação de instinto[6]. Para ele, trata-se de uma atividade que permite uma significação pessoal e a possibilidade da continuidade do ser no mundo. Através do brincar, a realidade externa começa a ser percebida como algo diferente de si.

"Quando uma criança está brincando, se a excitação física do envolvimento instintual se torna evidente, então o brincar se interrompe ou, pelo menos, se estraga" (Winnicott

---

[6] "Isso equivale a dizer que ainda temos de enfrentar a questão de saber sobre o que versa a vida. Nossos pacientes psicóticos nos forçam a conceder atenção a essa espécie de problema básico. Percebemos agora que não é a satisfação instintual que faz um bebê começar a ser, sentir que a vida é real, achar a vida digna de ser vivida. Na verdade, as gratificações instituais começam como funções parciais e tornam-se *seduções*, a menos que estejam baseadas numa capacidade bem estabelecida, na pessoa individualmente, para a experiência total, e para a experiência na área dos fenômenos transicionais. É o eu (self) que tem de preceder o uso do instinto pelo eu (self); o cavaleiro deve dirigir o cavalo, e não se deixar levar" (Winnicott ([1971] 1975: 137).

([1971] 1975: 60); ou seja, ainda que reconhecesse uma excitação nas atividades que envolvem o brincar e a cultura, cujas origens se encontram nas primeiras experiências de ilusão e constituição do espaço potencial, o autor advertia que essa excitação não se deve primordialmente aos instintos envolvidos, mas à precariedade inerente a tais atividades. Isso porque o indivíduo estará sempre podendo ser criativo, na medida em que está entre a subjetividade e a percepção objetiva da realidade.

> O brincar é imensamente estimulante. Que seja bem entendido que não é estimulante primariamente porque as pulsões encontram-se envolvidas! O que gira em torno do brincar é sempre a precariedade do interjogo entre a realidade psíquica pessoal e a experiência de controlar os objetos reais. Esta é a precariedade da própria magia, magia essa que resulta da intimidade de uma relação que é descoberta como confiável. Para ser confiável, uma relação deve ser necessariamente movida pelo amor materno, pelo seu amor-ódio, ou pela sua relação de objeto, e não por formações reativas (Winnicott ([1971] 1975: 71).

Poderíamos dizer, ainda, que o brincar diz respeito à possibilidade que o indivíduo tem, desde que nasce, de se relacionar, de se comunicar, de ter uma ação no mundo. O brincar também possibilita à criança adquirir, no seu início de vida, a noção de tempo e espaço; com isso, ela poderá manejar esses dois eixos primordiais que constelam o sentimento de existir, do ser.

Para que haja experiência de ser alguém no mundo, é necessário que a criança assimile, desde muito cedo, a noção de continuidade no tempo, e isso é alcançado através da mãe-ambiente que cuidará do seu bebê dentro de uma rotina temporal, bem como propiciando um espaço acolhedor de reconhecimento.

Sendo isso vivido de forma gradativa dentro do ritmo do bebê, ele poderá perceber que faz parte do mundo em que vive; dito em outras palavras, ele poderá desenvolver um sentimento de permanência, de ser alguém singular que tem uma contribuição própria para dar à realidade externa.

Ao brincar, através de sua imaginação, a criança pode lidar com ansiedades do passado, do presente e do futuro. Ela pode brincar com a boneca, iludindo-se que esta é realmente um bebê, assim como ela já foi um bebê um dia, ou então imaginando como será no futuro quando vier a ser mãe. Nada mais simples do que a famosa pergunta que geralmente é feita às crianças: o que você vai ser quando crescer? Talvez, em vez de uma resposta, seria mais fácil observar a brincadeira das crianças, que simulam, em seus jogos de faz-de-conta, vários papéis sociais e profissionais que podem estar expressando uma forma de lidar com a realidade futura. O brincar aglutina vários tipos de experiência: sensorial, cognitiva, emocional e social. Em relação ao seu viver social, o brincar cumpre um papel importante na medida que auxilia a socialização uma vez que propicia compartilhar uma experiência em grupo, além do que, contribui na inserção da criança no espaço cultural. Brincar além de um exercício de criatividade, é também a possibilidade de lidar com os mais diversos tipos de sentimento, tais como ansiedades em relação ao seu próprio crescimento, às separações, perdas, etc.

Trata-se, de uma atividade universal. Tem a ver com criar e recriar a realidade e, nesse sentido, a preocupação que os adultos têm com o sucesso pode ser descartada ou, dito de outra maneira, um dos aspectos mais importantes do brincar é a possibilidade de exercer a criatividade que não necessariamente precisa ser avaliada por parâmetros externos. O ser humano adquire, por meio do brincar, as noções de tempo e espaço e, dessa forma, pode imaginar seu futuro. A experiência de SER dentro dos eixos espacial e temporal corrobora a ideia de um DEVIR.

Trago, a seguir, o relato de um paciente cuja experiência com o brincar é bastante rica e ilustra o que foi aqui destacado. Trata-se de uma brincadeira inventada na época da Páscoa e que se chama "Cabeça de ovos".

CABEÇA DE OVOS: O BRINCAR COMPARTILHADO

Tudo começou pelo fato de esse paciente, quando criança, brincar com a decoração das festas infantis que sua mãe fazia. Num certo aniversário, ela utilizou de cascas de ovos para enfeitar alguns doces, e o menino ficou encantado com aqueles pequenos objetos. Observando sua admiração, um dia seu pai lhe deu de presente várias cascas de ovos pintadas com carinhas de palhaços que imitavam expressões faciais das crianças.

O passo seguinte foi esse menino levar para o colégio seus admirados personagens – lá foi ele, todo orgulhoso, mostrar para seus amigos sua nova brincadeira. Mas, nesse momento, teve uma surpresa que o contrariou: quem primeiro viu os palhacinhos em forma de ovos foram as meninas, que logo quiseram pegá-los. Elas fizeram elogios, achando muito bonitos aqueles enfeites e se mostrando interessadas em brincar com eles. Já os meninos não viram graça nenhuma até que sugeriram destruí-los, pois a casquinha fina dos ovos se prestava muito bem a essa brincadeira. É claro que através de toda essa situação o menino viveu sentimentos de felicidade, ansiedade e frustração.

Tudo isso, porém, não impediu que a criatividade do menino continuasse em marcha. Ele cresceu e, como todo adulto que procura manter-se saudável, continuou brincando.

Quando se casou, gostava de fazer caretinhas nos vegetais e nas frutas, colocando-os à vista de sua amada para surpreendê-la. Em certas ocasiões, as carinhas eram alegres, outras vezes tristes ou surpreendentes – assim, ele continuava dramatizando as expressões humanas e agora ambos brincavam e se surpreendiam com os substitutos dos ovos pintados. E ele não parou por aí. Um dia, justamente na época da Páscoa, foi passar o feriado com os seus familiares na casa da praia. Na época, seus três sobrinhos tinham entre 7 e 9 anos de idade, e o tio, ao ver a avó das crianças quebrando ovos para fazer um doce no domingo, pensou: "Juntando estas cascas àquelas que trouxe de casa, poderei inventar uma boa brincadeira...". Então, na noite anterior ao domingo de Páscoa, contou para as crianças a seguinte lenda: "Uma vez por ano, em noite de lua cheia, os cabeças de ovos aparecem. E é bem provável que isso aconteça amanhã! Só que, para vê-los, vocês tem de ir à praia, munidos com lanternas, pois quando colocamos luz sobre eles... adivinhem o que acontece?! Um tipo de surpresa, pois os cabeças de ovos fogem, escapando pelo furinho do ovo, e só ficam ali suas expressões congeladas, pintadas na casquinha".

E como era de se esperar, no dia seguinte, tudo isso aconteceu, todos da família foram à praia e lá encontraram uma dúzia de cabeças de ovos, todos pintados, com várias feições. Quando as crianças olharam para lua, escutaram o tio dizer: "Olha lá estão eles!!!". Rapidamente, as lanternas se iluminaram e os três feixes de luz passaram pelas casquinhas dos ovos. Depois, os três sobrinhos relataram que tinham visto sim (ou teriam imaginado?) a fuga dos "cabeças" para o mar, ficando ali na praia somente suas expressões desenhadas nos ovos....

Daí para frente, cada um pôde inventar uma outra história, enquanto o menino-adulto que a criou me contou vividamente como começara essa brincadeira, que mais uma vez permitia que os cabeças de ovos ganhassem vida... Seria possível até dizer que o final de uma história pode ser sempre o começo de outra... Ou, com base em Winnicott, diria que, nesse episódio, o brincar possibilitou uma apreensão do espaço e do tempo, uma continuidade do ser, fazendo uso, ao mesmo tempo, do mundo interno e do externo, construção e desconstrução, envolvendo o fazer e o viver compartilhado – aspecto primordial do que aqui se põe em relevo.

De fato, desde o início, a preocupação do menino era pintar, desenhar nas cascas de ovos, lembrando que, embora exija, obviamente, algum tipo de concentração, o desenhar também é uma atividade que distrai, ou seja, o que importa aqui é o "estado de quase alheamento, aparentado à concentração dos adultos e crianças mais velhas" (Milner, apud Winnicott ([1971] 1975: 59). Além disso, quis também levá-las aos amigos, compartilhando a brincadeira.

Mas, antes de compartilhar com os amigos, e depois com os sobrinhos, temos o compartilhar com as figuras paternas – o pai do menino também gostava muito de desenhar e pintar, hábitos que acabaram sendo desenvolvidos pelo filho – e ambos tinham certo talento para isso. E há que se considerar, ainda, que as tais cascas de ovo, matéria-prima da brincadeira, eram utilizadas criativamente pela mãe do menino para decorar as guloseimas das festas; ela também tinha como hábito oferecer ovos aos filhos, com um furinho feito para que chupassem a gema e a clara, e assim sobravam cascas para decoração. Como o brincar é precário mas ao mesmo tempo, excitante e tem a ver com o fazer, o menino, seu pai, sua mãe e, depois, seus sobrinhos, acabaram juntos gostando de brincar com os cabeças de ovos.

Mas há também um outro aspecto a ser contemplado – vimos que, assim como o sonho, o brincar não tem somente a ver com satisfação, prazer, etc., tanto que, ao compartilhar sua brincadeira com seus colegas de classe, ele viveu uma grande frustração e angústia.

Ao mesmo tempo, pudemos observar o uso diferenciado que as meninas e os meninos fizeram dos cabeças de ovos. As meninas gostaram e os apreciaram pelo aspecto decorativo, já a brincadeira dos meninos era destruí-los, o que também não deixa de ser uma forma de brincar e lidar com ansiedades primitivas. De qualquer forma, "o dono da brincadeira" não se deu por vencido e continuou a fazer seus desenhos de feições humanas em seus cadernos ou mesmo para a namorada, com intuito de surpreendê-la e, por que não dizer, comunicar e simbolizar seus sentimentos. Ao abrir a geladeira ou olhar na fruteira, estavam lá feições de alegria, tristeza, cansaço, ânimo ou desânimo.

O passo seguinte foi o menino crescido, ocupando agora o lugar de "tio", aproveitar a ocasião da Páscoa junto aos familiares para continuar sendo o criador dos cabeças de ovos, podendo brincar com seus personagens novamente, e assim o fez. Novamente pôde se iludir e iludir os que com ele brincavam. Interessante pensar também que essa brincadeira aconteceu por ocasião de uma festividade religiosa que traz um conteúdo claramente lúdico, já que, nessa data, as crianças ganham ovos de chocolate do coelho da Páscoa. Em várias culturas os ovos simbolizam criação, origem, início.

Até hoje, segundo esse paciente, seus sobrinhos relembram a história por ele criada e, a título especulativo, hipotético, quem sabe um dia eles ou mesmo o menino-adulto possam transformar a brincadeira em algo criativo com a publicação ou ilustração infantil?

O BRINCAR E A CULTURA

Winnicott (1971) vê a experiência cultural como um prolongamento direto do brincar das crianças desde a idade do nascimento ou talvez até antes. Tendo dito isso, não é difícil aplicar toda a teorização feita por ele acerca dos objetos e fenômenos transicionais à experiência cultural. A cultura, campo rico de simbolizações, pode ser apreendida por meio de sua ideia de que são os fenômenos transicionais que dão origem à capacidade simbólica. O fenômeno da ilusão pode se perpetuar na vida adulta através de um brincar compartilhado e da possibilidade criativa de gerar significado, atribuindo sentidos a experiências de vida que podem se remeter a questões importantíssimas desde o nascimento, como, por exemplo, a ausência da mãe, situações de privação ambiental, angústias de separação, etc.

Winnicott diz que o espaço potencial permanece ao longo de nossas vidas dando margem a fenômenos relacionados à transicionalidade, e é esse o caso das atividades culturais (arte, religião e ciência)[7]. Aqui, novamente, como sobre o brincar, seu interesse não é primordialmente pela questão do conteúdo, pela representação ou pelo aspecto instintual. No que diz respeito à cultura, Winnicott se mostra extremamente interessado na investigação do lugar da experiência cultural na existência humana; refere-se a Freud, dizendo "que ele utilizou a palavra 'sublimação' para apontar o caminho a um lugar em que a experiência cultural é significativa, mas talvez não tenha chegado ao ponto de nos dizer em que lugar na mente se acha a experiência cultural" (1971: 133).

Para Winnicott, a experiência cultural (que ocorre na terceira área, a da transicionalidade) é uma continuidade das primeiras experiências vividas pelo bebê dentro do espaço potencial, ou seja, os mesmos fenômenos e processos presentes em relação à conquista dos objetos transicionais e do brincar ocorrem em relação à experiência cultural, que é também uma possibilidade criativa, imaginativa de subjetivar o mundo e, ao mesmo tempo, de incorporar a externalidade, a realidade do mundo ao nosso ser.

De forma poética e original, Winnicott expõe sua percepção desses fenômenos:

> Ora, os bebês, as crianças e os adultos recebem em si a realidade externa como uma veste para os seus sonhos, e projetam-se em objetos e pessoas externas e enriquecem a realidade externa através de suas percepções imaginativas. (Winnicott, 1968: 47)

Gostaria, então, de dar um exemplo do brincar como uma atividade corriqueira no mundo e que faz ligação com as experiências culturais. Lembrei-me de um acontecimento vivido por um jovem que chegava de uma viagem à Índia. Ele estava totalmente maravilhado com a experiência de uma outra cultura e queria compartilhar tudo aquilo que tinha experimentado. Para sua festa de retorno, junto com seus amigos e familiares, planejou uma brincadeira: construiu com eles, de forma bem precária, um balanço, semelhante ao que havia fotografado em sua viagem. Notava-se que essa imagem, a princípio muito lúdica, tinha significado muito para ele, pois mostrava duas crianças juntas se balançando intensamente, atingindo uma altura desafiadora e, ao mesmo tempo, libertadora. Depois me contou que os balanços eram construídos em todos os vilarejos na época de um festival no interior do país, de forma muito rústica, porém sólida. A reprodução dessa brincadeira permitiu a ele ir além de uma descrição ou exposição de fotos, e oferecer uma experiência compartilhada dos sentimentos e sensações da viagem.

Parece haver aqui um brincar relacionado à apreensão de uma experiência cultural vivida também através de um eixo espacial, que configura o ser e estar no mundo, uma vez que o brincar coloca o indivíduo dentro da realidade por meio do espaço e do tempo. Apresentar uma

---

[7] Cultura compreende a tradição herdada, o fundo ou patrimônio comum da humanidade, para o qual todos podemos contribuir e do qual podemos fruir "se tivermos lugar para guardar o que encontramos". Nenhum campo cultural pode ser original, exceto numa base de tradição (Winnicott ([1971] 1975: 138).

experiência, levando em conta o espaço vivido, é também uma possibilidade de compartilhar a brincadeira com outros. Entender os fenômenos da ilusão e da desilusão presentes no brincar, mais tarde totalmente abarcados pela experiência cultural, ajudará muito em nossa clínica tanto com crianças, como com adolescentes e adultos.

O BRINCAR E A CLÍNICA

Quando aquele garotinho bonito de 4 anos entrou na sala segurando sua fraldinha próxima ao rosto e chupando chupeta, logo percebi que tinha um olhar muito vivo e um ar impaciente de espera. Curioso, perscrutou a sala, atendo-se aos brinquedos no chão. Percebendo isso, convidei-o a brincar. Ele imediatamente tirou a chupeta, jogou a fralda no chão e se dirigiu aos brinquedos, escolhendo os bichos e a casa de bonecas como seus objetos preferidos. Ajeitou a casinha, dizendo que estava desarrumada, e depois, brincando com os bichos, indagou o nome deles. Ateve-se mais ao hipopótamo e ao crocodilo, dizendo que eles tinham a boca muito grande e que gostariam de comer e engolir sua mãe. Falou isso de forma espontânea, esboçando um sorriso nos lábios e aproximando os bichos do rosto da mãe, que nesse início permanecia na sala de atendimento.

Por muito tempo esse menino chegava às suas sessões individuais trazendo fraldinha e chupeta, parecendo se apoiar em ambas para poder se separar da mãe, que logo passou a esperá-lo fora da sala. E todos os dias ele me advertia assim que nos encontrávamos: "Não é pra falar, é pra brincar!". Por algum tempo foi essa a forma principal de comunicação que estabelecemos.

A clínica de Winnicott é a clínica da transicionalidade, que inclui o brincar do analista e o do paciente. Como diz, "a psicoterapia é efetuada na superposição de duas áreas lúdicas, a do paciente e a do terapeuta. Se o terapeuta não pode brincar, ele não pode se adequar ao trabalho. Se é o paciente que não pode, então algo precisa ser feito para ajudá-lo a tornar-se capaz de brincar, após o que a psicoterapia pode começar. O brincar é essencial porque nele o paciente manifesta sua criatividade" (Winnicott ([1971] 1975: 80). Para Winnicott, o brincar é também expressão de saúde ou, dito de uma forma mais coloquial, quando uma criança brinca, ela já está "meio caminho andado" na possibilidade de conquistar um lugar criativo de ser no mundo – tem, portanto, uma ferramenta importante para se desenvolver dentro de seu processo maturacional.

> [...] é a brincadeira que é universal e que é própria da saúde: o brincar facilita o crescimento e, portanto, a saúde; o brincar conduz aos relacionamentos grupais; o brincar pode ser uma forma de comunicação na psicoterapia; finalmente, a psicanálise foi desenvolvida como forma altamente especializada do brincar, a serviço da comunicação consigo mesmo e com outros. (Winnicott ([1971] 1975: 63)

No entanto, é importante fazer uma reflexão no que diz respeito a possíveis patologias desenvolvidas a partir de falhas ambientais e defesas organizadas contra elas que ocorrem no início da vida, e que podem, mais adiante, dificultar a localização da pessoa na terceira área de experiência, isto é, na área dos fenômenos e objetos transicionais, onde o brincar e a experiência cultural acontecem[8].

---

[8] Conforme Abadi (1996), Winnicott delimita um quadro segundo a ocorrência do tipo de falha ambiental e o momento maturativo. São basicamente três estruturas que podem ser desdobradas em diferentes graus de enfermidade:

Alguns indivíduos podem se adaptar excessivamente ao ambiente, submetendo-se a ele desde o início da vida, sem exercer nenhum tipo de participação criativa, original no mundo – esse tipo de mecanismo, que pode se tornar patológico, foi chamado por Winnicott de *falso self*. De outro lado, há os que sofrem de privações ambientais extremas e acabam não se sentindo nem sequer pertencentes a uma realidade compartilhada e, dependendo do momento do processo maturacional em que essas falhas ocorrem, temos quadros de tendência antissocial (deprivação) ou psicose (privação)[9]. Na clínica com crianças e adolescentes, não é difícil constatar que dinâmicas ligadas à drogadição, a distúrbios alimentares, a quadros *boderline* e doenças psicossomáticas têm suas raízes na relação que o bebê estabeleceu com seu objeto, no caso, a mãe; ou seja, dentro do espaço potencial, que é onde os fenômenos e os objetos transicionais têm lugar. Nessa medida, os fenômenos e objetos transicionais e sua natureza, seu uso, seu destino, o fato de terem existido ou não são aspectos que precisam ser compreendidos e abordados pelo analista.

Retomando a vinheta clínica com a qual iniciei este subitem, o garotinho em questão apresentava dificuldades de se relacionar com o ambiente e, como ele mesmo dizia, não queria crescer. Os pais haviam se separado 2 anos antes, ele morava havia pouco tempo só com a mãe, embora fosse muito apegado ao pai, que passou a residir na casa em que toda a família vivera – e o menino insistia em dizer que queria a "casa velha". Veio para a terapia por estar muito agressivo na escola, ficava sozinho nos recreios, apresentava dificuldades de evacuação e medo do escuro, além de, segundo a mãe, não querer se desgrudar da chupeta e da fraldinha.

Parecia que esse paciente apresentava uma dinâmica muito dissociada – ora mostrava-se indefeso, dependente, totalmente necessitado de cuidados parentais; ora apresentava-se como um pequeno ditador, que reagia agressivamente, tinha dificuldades de ir ao banheiro, com muitos medos noturnos e por vezes batia em seus colegas na escola.

Durante nosso trabalho, ele passou muito tempo não querendo falar a respeito de si; o que queria era brincar e pedia minha companhia. Nessa brincadeira, muitas vezes me agredia, tanto física quanto verbalmente. Simulava brigas entre os super-heróis, sendo que eu deveria me submeter ao papel de perdedora. Aos poucos, foi podendo me escutar, e a brincadeira foi mudando de tom. Um casal de bonecos, a Minnie e o Mickey, apareceu como líder, sendo que, por designação do paciente, eu era a Minnie e ele, o Mickey. Era um par muito amistoso, que me fazia pensar no quanto essa criança expressava sua vontade de ainda ter os pais juntos. Porém, isso não me parecia o mais importante nas sessões; o que essa criança queria era fazer um par comigo, com alguém que suportasse tanto os seus ataques destrutivos como também uma aproximação muito amorosa, até mesmo corporal.

---

1. Dissociação esquizoide relacionada à privação emocional que acontece numa fase anterior à capacidade do indivíduo de perceber a privação. A diferenciação sujeito-objeto ainda não foi instaurada e a falha ambiental é sentida como perda de si mesmo.
2. Uma segunda estrutura se relaciona com a ideia de que existe um verdadeiro self e um falso self. O falso self pode corresponder a uma estrutura normal ou configurar uma estrutura psicopatológica claramente identificável.
3. A terceira dá origem à tendência antissocial e à psicopatia de uma privação emocional em uma etapa em que esta pode ser percebida pelo indivíduo como algo externo. A dissociação esquizoide e a constituição de um falso self patológico correspondem à fase de dependência absoluta; já a organização de uma tendência antissocial remete à fase posterior de uma dependência relativa. (tradução livre do autor)

[9] Winnicott refere-se à deprivação (no original em inglês deprived) "para caracterizar crianças que sofreram falhas ambientais quando já estavam na fase de dependência relativa, já tendo experienciado uma condição de provisão ambiental suficientemente boa, que foi então perdida"(1971: 141). Já a privação refere-se à fase de dependência absoluta.

Essa experiência de brincarmos juntos sem que eu dissesse muita coisa pareceu necessária para que meu pequeno paciente confiasse em mim, estabelecendo uma relação comigo a ponto de se sentir livre para me usar como um objeto seu, também tentando me destruir; mas ele pôde perceber que eu sobrevivia aos seus ataques[10].

Destaco aqui que essa comunicação silenciosa também se faz presente na clínica psicanalítica, tanto de adultos como de crianças, e é lógico que, quando isso acontece, acentua-se a necessidade da não interpretação verbal. O analista pode realizar brincadeiras com seu paciente, na tentativa de (como já aconteceu um dia entre o bebê e sua mãe) comunicar afetos e novos tipos de sensações inerentes àquela dupla, o que por vezes pode ser vivido dentro de uma relação com um outro (analista como objeto objetivamente percebido) ou em situações de regressão à dependência absoluta (analista como objeto subjetivo).

De fato, as dificuldades de separação que esse garoto apresentava no início de nosso trabalho foram-se diluindo, como também através do relato dos pais pude perceber que ele estava mais capacitado para suportar a separação deles. Aos poucos, o sintoma psicossomático da dificuldade de evacuação foi desaparecendo, trazendo um grande alívio para essa criança. E, embora ele não tivesse ainda muito sociabilizado, já não batia em seus colegas de escola.

Penso que a empatia com o analista possibilita a atenção ao tipo de comunicação ou de não comunicação que nossos pacientes nos dirigem. Por meio de nosso *setting*, incluindo aqui a própria pessoa do analista, podemos nos colocar na condição de uma provisão ambiental que não ocorreu e que, por isso, impediu o desenvolvimento sadio daquele que está ali, diante de nós. O analista tem, então, de ser perspicaz e criativo para produzir suas próprias condições de trabalho junto com os pacientes, e é claro que cada relação é singular, o que demanda possibilidades diversas do brincar. O analista também precisa, portanto, se alimentar na área da transicionalidade para poder ocupar o lugar de um analista suficientemente bom.

Nesta altura, difícil finalizar algo sobre o brincar, chegar a uma conclusão. Trata-se de um tema que sempre estará aberto para investigação, podendo dar origem a novas especulações, a novas considerações, teorizações. De fato, estando na área transicional paradoxal, é algo para não ser resolvido, é algo que tem que ser vivido, experienciado sem a preocupação com uma solução; é a área do repouso psíquico, do relaxamento.

---

[10] "Entende-se, geralmente, que o princípio de realidade envolve o indivíduo em raiva e destruição reativa, mas minha tese é a de que a destruição desempenha um papel na criação da realidade, colocando o objeto fora do eu (self). Para que isso aconteça, condições favoráveis se fazem necessárias... É importante que, nesse contexto, 'sobreviver' signifique 'não retaliar'... Essa atividade destrutiva constitui a tentativa, empreendida pelo paciente, de colocar o analista fora da área do controle onipotente, isto é, para fora, no mundo" (Winnicott ([1971] 1975: 127).

Bibliografia

ABADI, Sonia. *Transiciones – El modelo terapéutico de D. W. Winnicott.* Buenos Aires: Lúmen,1996. Colección de Psicología Integrativa, Perpectivista, Interdisciplinaria.

ABRAM, Jan. *The Language of Winnicott. A dictionary of Winnicott's use of word.* Londres: Karnac Books, 1996.

ALVAREZ, Anne. *Live Company – Psychoanalytic Psychotherapy with Autistic, Borderline, Deprived and Abused Children.* Londres e Nova York: Tavistock/Routledge, 1992.

BITTENCOURT, Ana Maria. *O Paradoxo em Winnicott.* Anais III Encontro Latino-Americano sobre o Pensamento de Winnicott. Vol. I. Grupo de Estudos Psicanalítico de Pelotas, Gramado, 1994.

DAVIS, Madeleine e Wallbridge, David. *Limite e espaço. Uma introdução à obra de D. W. Winnicott.* Eva Nick. Rio de Janeiro: Imago, 1982.

MILNER, Mairon. *A loucura suprimida do homem são: quarenta e quatro anos explorando a Psicanálise.* Paulo Cesar Sandler. Nova Biblioteca de Psicanálise 3. Coodernador da Edição Brasileira Elias Mallet da Rocha Barros. Rio de Janeiro: Imago, 1991.

PARENTE, Sônia Maria B.A. "A criação da externalidade do mundo". In: *Revista Viver Mente & Cérebro.* São Paulo: Duetto, 2006. Coleção Memória da Psicanálise n. 5 – Winnicott.

PIONTELLI, Alessandra. *From Fetus to Child. An observational and psychoanalytic study.* Londres: Routledge, 1992.

OUTEIRAL, José. *Meros Ensaios. Escritos Psicanalíticos.* Rio de Janeiro: Revinter, 1999.

SAFRA, Gilberto. *Desvelando a memória do humano. O brincar, o narrar, o corpo, o sagrado, o silêncio.* São Paulo: Sobornost, 2006.

STERN, Daniel. *The First Relationship: Infant and Mother.* Londres: Fontana/Open Books,1979.

WINNICOTT, Donald Woods. *A criança e o seu mundo.* Rio de Janeiro: LTC, 1965.

WINNICOTT, Donald Woods. *A natureza humana.* Rio de Janeiro: Imago, 1990.

WINNICOTT, Donald Woods. *Explorações Psicanalíticas.* Porto Alegre: Artes Médicas, 1994.

WINNICOTT, Donald Woods. *O ambiente e os processos de maturação.* Estudos sobre teoria do desenvolvimento emocional. 2 ed. Porto Alegre: Artes Médicas, 1988.

WINNICOTT, Donald Woods. *Os Bebês e suas Mães.* São Paulo: Martins Fontes, 1999.

WINNICOTT, Donald Woods. *O Brincar e a Realidade.* Rio de Janeiro: Imago, 1975.

WINNICOTT, Donald Woods. *Textos selecionados da Pediatria à Psicanálise.* Rio de Janeiro: Francisco Alves, 1988.

O jogo do jogo

Adela Stoppel de Gueller

Capítulo VIII

O jogo do jogo

As crianças brincam, ocupam a maior parte de seu tempo brincando. Isso não parece ser algo recente na história da humanidade. A antropologia considera o brinquedo tão antigo quanto o homem e afirma que as civilizações humanas sempre tiveram alguma forma de recreação - uma delas é o brinquedo[1]. Brincar na infância, e ainda brincar com objetos, parece falar de um fato estrutura. Mas qual? Por que as crianças brincam? De que se ocupam na hora de brincar?

Para responder a essas questões, alternaremos as contribuições de Freud sobre o tema, fundamentalmente no texto "Além do princípio do prazer" (1920), com a releitura proposta por Lacan e outros autores que, abandonando a perspectiva do desenvolvimento, substituíram a pergunta "quem joga um jogo?" por "o que está em jogo no brincar?".

Freud se pergunta sobre o brincar depois de ter observado seu netinho, que passava uma temporada em sua casa. Ernest tinha um ano e meio e repetia insistentemente uma brincadeira que Freud achou inicialmente enigmática e até incômoda – jogar para longe, num canto ou embaixo da cama, todos os pequenos objetos que alcançava. Era incômoda, pois punha os adultos a recolher uma e outra vez os objetos que tinham desaparecido, única forma de o jogo prosseguir. Era enigmática porque seu sentido não era evidente.

Já aqui se esboça uma primeira distinção: crianças brincam, adultos trabalham. O jogo pode ser definido como uma atividade de não trabalho – no feliz jogo de palavras de Arnaldo Antunes, "criança não trabalha, criança dá trabalho"[2]. Contudo, quando um analista que atende crianças vai ao encontro do seu paciente, não é estranho que o convide a entrar na sala dizendo "vamos trabalhar"? A psicanálise rompe a dicotomia brincar-trabalhar, ao considerar que no brincar há um trabalho psíquico em jogo, um trabalho de estruturação da subjetividade, é por isso que as brincadeiras da criança são tomadas pelo analista como uma produção que deve ser levada a sério.

Sabemos que Ernest era obediente, não tocava em objetos proibidos nem entrava em certos lugares da casa, não incomodava seus pais de noite e não chorava quando sua mãe, Sofia, saía para trabalhar. Tinha sentimentos ternos por ela. A mãe tinha lhe dado de mamar e tinha-o criado quase sem ajuda alheia.

Ernest não tinha um desenvolvimento particularmente precoce: com um ano e meio, dizia só umas poucas palavras inteligíveis e articulava também vários sons significativos (*bedeutungsvolle Laute*, fonemas com significado), inteligíveis para as pessoas mais próximas.

---

[1] Um exemplo dos primeiros brinquedos que se conhecem são os "mugidores", que pertenciam à antiga cultura mexicana. O brinquedo consiste em fitas planas afiadas de osso e amarradas com uma corda para fazê-los girar e produzir um som parecido com o mugido de um toro, daí seu nome. Segundo Maria Teresa Herrera Ortiz do Museu de arqueológico de Xochimilco, pertencem ao Período Paleolítico, há 20 vinte mil anos. <www.radioformula.com.mx/noticias> Acesso em: 18 de maio de 2007.

[2] Paulo Tatit e Arnaldo Antunes, "Criança não trabalha". In: cd Canções curiosas, Palavra Cantada, 1998.

Quando atirava os objetos, dizia com interesse e satisfação, em tom alto e prolongado "o-o--o-o", que, segundo a mãe e Freud, significava "*fort*" (fora, longe, lá). Freud conclui, então, que o menino brincava de que seus brinquedos partiam.

De início, podemos pensar que, assim como com os sonhos e os atos falhos, Freud considerou que essa atividade, aparentemente sem sentido, tinha algum significado. Para decifrar esse enigma, prestou atenção ao que se repetia nessa atividade: os objetos não valiam por si mesmos, a criança não brincava com os objetos ou com seus brinquedos, mas usava-os com outra função - uma função representativa. Tratava-se de representar o estar longe, o que não se deixa ver, o que não está ao alcance da visão. Sublinhemos, por ora, esse aspecto da brincadeira: afastar algo que está próximo, ao alcance da mão, pôr a distância, separar--se, espalhar. Os adultos têm sua contraparte: trabalham para juntar os objetos dispersos e devolvê-los à criança.

Se os objetos não valem pelo que são, é porque têm uma função simbólica. É possível generalizar essa afirmação e dizer: toda brincadeira que se preze subverte a função dos objetos, porque o ingresso na ordem humana se associa à representação da ausência do objeto e à perda de sua funcionalidade. Um dos signos de humanização do bebê é, pois, que os objetos, deixam de valer pelo que são e tornam-se significantes abertos a inúmeros significados.

Mas o que simbolizam os diferentes objetos que Ernest jogava longe? Freud diz que o jogo encenava a partida da mãe. Observemos que ele não diz simplesmente "a mãe", mas "a mãe se ausentando", a mãe deixando o nenê. Ou seja, que a mãe está situada em relação à criança, se afastando dela. Num estudo retomado mais tarde por Lacan, Wallon tinha observado que desde muito cedo "a criança vigia a porta pela qual sua mãe partiu, indicando que espera vê-la de novo ali" (Wallon, 1965: 160). Lacan assinala aí a fenda que se produz pela ausência da mãe e acrescenta: a antecipação da presença é possível pela fenda deixada pela ausência da mãe. Esse olhar da criança dirigido ao lugar onde o outro estava assinala que ela identificou o objeto, o outro, a mãe, muito antes de ter uma intuição unificadora de sua personalidade física ou psíquica.

Como assinala Freud, em nota de rodapé, Ernest também brincava de desaparecer ele mesmo, fazendo desaparecer sua imagem no espelho. Abaixava-se de tal modo que a imagem no espelho desaparecesse de seus olhos. E, quando a mãe voltava, depois de horas fora de casa, a criança dizia "nenê-o-o-o" (*fort*)[3]. Ele também era, pois, parte de seu jogo - era um objeto entre os objetos. A criança identificada com sua mãe desaparecia como ela, e ele a fazia regressar regressando ele próprio - ela nele mesmo. Uma função estruturante surge de imediato. A brincadeira evidencia uma identificação. Mas de que tipo de identificação se trata? A identificação de que se trata é uma identificação narcisista (Freud, 1921) ou imaginária (Lacan, 1984a). Por meio dessa identificação, a criança adquire a convicção de que ela e sua mãe têm *permanência* para além do campo do visível. A identificação permite unificar experiências diversas, experiências de fragmentação corporal, e permite também conservar uma representação do outro, que servirá de base para a identificação do eu (*moi*), momento que Lacan denomina estádio do espelho.

Não é por acaso que a brincadeira do espelho de Ernest repete a de jogar para longe os objetos. Em ambas, se trata de ordenar em palavras o olhar do Outro primordial, da mãe

---

[3] Momento anterior à aquisição do shifter da primeira pessoa, "eu". Nesse momento, a criança se refere a si mesma ou pelo próprio nome, ou por expressões como "o nenê".

que é nesse momento a principal representante da ordem simbólica. A criança captura nesse jogo a imagem de si mesma como vista ou não vista pelo Outro, e pode se perguntar: existe algo que está ausente? Como existe algo que não é visível? Como podemos buscar algo que não está?

Como precursor desse jogo e em série com ele, há o jogo de esconder-se atrás da fraldinha. Em Inibição, sintoma e ansiedade (1926), Freud afirma que, por não distinguir ausência temporária de perda permanente, a criança, ao perder a mãe de vista, pode se comportar como se a tivesse perdido para sempre. A ainda frágil imagem de si reverte no apagamento da imago materna: perder a mãe de vista é como tê-la perdido definitivamente. O olhar materno ainda sustenta os fios de sua frágil existência, e a criança, como uma marionete que deixa de ser manipulada pelo titereteiro, cai quando não está sendo sustentada pelo olhar da mãe. Fracassos nessa operação podem reverter mais tarde em dificuldades para ficar a sós, para brincar às escondidas ou para se separar da mãe. Inversamente, seu êxito indica que a criança já constituiu uma imago materna que lhe permite desfrutar o retorno da mãe ou até simular indiferença quando ela volta.

Mas voltemos a Ernest. Em sua brincadeira, vemos aparecer simultaneamente um jogo em que os objetos simbolizam a partida da mãe, um jogo diante do espelho em que a própria imagem parte e os primórdios da linguagem falada nomeando essa partida como "o-o-o" e "nenê-o-o-o". Se a mãe parte, se sai em busca de outra coisa além de seu filho, é possível supor que a criança se pergunte sobre o que ela está procurando. "O que minha mãe deseja, além de mim? Eu não sou tudo para ela? Não sou seu falo?" Por isso, podemos pensar que, quando brinca de *fort*, a criança já tomou uma certa distância do Outro, e pode se perguntar "o que sou para o Outro? Pode o Outro me perder?"

Retomemos a mesma questão por outro ângulo. Se a criança pode se perguntar sobre o desejo da mãe e sobre seu lugar nesse desejo, é a partir do fato de a mãe estar ausente. Por isso, para Lacan, dizer desejo equivale a dizer falta. A mãe surge como objeto do seu desejo porque a criança pôde situar-se como objeto de desejo da mãe, ou seja, como seu falo. Está constituído, assim, o triângulo imaginário mãe-criança-falo.

Perguntar-se pela mãe e seu desejo já implica uma distinção entre eu/não eu, entre eu e o outro. Mas esse eu, resultado da constituição do narcisismo secundário[4], não está dado no início. Por isso, antes de brincar de *fort,* a criança brinca para tentar construir um "isto é mim", um "sou". Esses jogos que se produzem ao longo do primeiro ano de vida da criança visam a construção do corpo libidinal do narcisismo primário. Que jogos são esses? Em A negativa (1925), Freud diz que, em fases bem precoces do desenvolvimento, o bebê brinca de comer e cuspir, o que, na linguagem das pulsões orais, equivale a "dentro de mim" e "fora de mim". É um momento em que o eu é um eu-prazer originário, que "deseja introjetar para dentro de si tudo o que é bom, e ejetar de si tudo o que é mau. *Aquilo que é mau, que é estranho ao ego, e aquilo que é externo são, para começar, idênticos*" (Freud, 1925, vol. XIX: 254, grifos nossos).

---

[4] Estamos considerando a distinção proposta por Freud em O Ego e o Id (1923): "Bem no início, toda a libido está acumulada no id, enquanto o ego ainda se acha em processo de formação ou ainda é fraco. O id envia parte dessa libido para catexias objetais eróticas; em consequência, o ego, agora tornado forte, tenta apoderar-se dessa libido do objeto e impor-se ao id como objeto amoroso. O narcisismo do ego é, assim, um narcisismo secundário, que foi retirado dos objetos ("El yo y el ello", 1923, vol. XIX: 46, grifo nosso).

Rodulfo amplia e dá precisão aos jogos que se situam nesse momento da constituição da subjetividade denominando-os jogos de fazer superfície, de extrair-fabricar superfícies contínuas, extensões e traçados sem solução de continuidade entre o que virá a ser eu e o Outro primordial, e afirma que essas atividades se concentram em duas tarefas principais: fazer buracos e fazer superfície (Rodulfo, 1984).

Assim, vemos o bebê se besuntando com papinha, mostrando-nos que o corpo é resultado de uma espécie de *collage*, que o corpo não se constrói inicialmente com um interior e um exterior, não tem inicialmente volume, mas é uma superfície contínua, uma espécie de banda, que Lacan - tomando emprestada a expressão da topologia - denominou banda de Moebius.

A banda de Moebius[5] é uma superfície unidimensional sem dentro e fora, sem interior e exterior, que servirá para representar a unidade que nesse momento constituem o bebê e o Outro primordial (a mãe). Por isso, Dunker pode afirmar que "a constituição do ego no nível do corpo é uma questão relativa à unificação de sua superfície" (Dunker,1996: 199).

Para fazer superfície, o bebê também precisa encontrar buracos no corpo materno e, para isso, belisca-a, puxa-lhe os cabelos, enfia-lhe o dedo no nariz, na boca ou nos olhos, tira--lhe os óculos etc. O bebê precisa perfurar o corpo materno para meter-se nele. É, pois, um tempo em que não há ainda distinção interior/exterior, nem entre conteúdo e continente; a dificuldade dessa descrição em palavras leva ao recurso à topologia[6]. Na linguagem das pulsões orais, as fantasias de devoração, tão bem descritas por Melanie Klein, encontram sua lógica nesse espaço em que a criança pode devorar o corpo da mãe, que, por sua vez, está dentro dela.

Alguém pode perguntar por que estamos falando das brincadeiras dos bebês, se procuramos entender de que brincam as crianças. Pois bem, Robert, o menino psicótico que Rosine Lefort começou a atender quando tinha 3 anos e 9 meses, durante o tratamento, despejava leite e água sobre seu corpo, e isso fazia com que se interrompessem suas crises de pânico. A água e o leite lhe permitiam unificar seu corpo como uma superfície. Ao contrário, quando se despia, o alimentavam ou usava o penico, dava gritos dilacerantes (Lacan, 1984: 144-158)[7].

Isso quer dizer que, quando atendemos crianças com graves perturbações psíquicas, podemos encontrar os jogos iniciais da constituição da subjetividade. Por algum motivo, esses jogos não lograram fazer uma inscrição significante no corpo da criança, que se vê impossibilitada de simbolizar o real, e é nossa tarefa trabalhar junto a ela apostando que o significante se possa inscrever no corpo erógeno. Essas marcas do simbólico são necessárias para que o psiquismo do *infans* se estruture, e a primeira tarefa é construir essa banda de Moebius.

Uma vez que o corpo se unificou como uma superfície, podemos afirmar que está constituído o eu especular. Nesse momento, a criança dedica muito tempo de seu dia a exercitar-se em jogos de transição nos quais o corpo se faz equivalente ao espaço. As operações que a criança realiza no espaço são nesse momento operações sobre o corpo[8]. A lógica desse espaço

---

[5] A banda de Moebius pode ser construída facilmente, com uma tira de papel colada em si mesma com um movimento de torção. Como num passe de mágica, o direito e o avesso ficam em continuidade.

[6] A topologia é uma área da matemática que trata da vizinhança, da transformação contínua, das fronteiras e superfícies dos corpos, também chamada de geometria dos corpos de borracha, ou geometria flexível.

[7] Nas páginas 148 a 154 do Seminário I de Lacan (1984a), há uma descrição pormenorizada do caso.

[8] Por exemplo, lembro-me de uma criança de dois anos fazendo suas primeiras experiências de cortar papel com uma tesoura. Enquanto cortava o papel, sua boca se abria e se fechava no mesmo movimento que fazia a tesoura.

é a lógica do imaginário, que Sami Ali denominou espaço de inclusões recíprocas (Sami-Ali, 1984).

O espaço de inclusões recíprocas foi genialmente pintado por Escher[9], com escadas que saem e voltam ao mesmo lugar e figuras labirínticas. Também tomou forma nas surpreendentes narrativas de Borges[10] ou no clássico *Alice no País das Maravilhas*, de Lewis Carroll. Mas, para imaginar esse espaço, basta pensarmos na estranha narrativa que têm os sonhos.

O espaço de inclusões recíprocas é bidimensional, ainda sem volume, onde os pontos das polaridades coincidem. Nesse momento, a subjetividade tem uma estrutura de transição, já que a oposição dentro-fora está sendo construída e ainda não rege à terceira dimensão (volume, profundidade). Por isso, durante esse período, a criança tira e põe tudo o que há na bolsa da mãe ou nos armários da cozinha. Tenta também voltar a colocar as coisas que saíram de dentro, mas, como não dispõe ainda da distinção grande/pequeno (volume), rimos vendo-as tentando encaixar a força objetos grandes onde não cabem. Também é nesse momento que a criança pode se jogar nos nossos braços sem avaliar o risco de cair e nem nos dar qualquer sinal prévio de que devemos pegá-la.

Alfredo Jerusalinsky inscreve aqui outra série de jogos que ele chama de *jogos de borda*, sublinhando a paixão que as crianças têm pelos limites, pelas fronteiras, e que mais tarde se transforma em paixão pelos desafios. São jogos que exploram o equilíbrio, as fronteiras de um domínio, confrontam o sujeito com a vertigem, com a curiosidade ou o recorde: espiar pelas frestas das portas, enfiar e enfiar-se em buracos, andar pelas beiradas ou por qualquer lugar que ofereça risco de cair, empurrar brinquedos até a borda da mesa e vê-los cair, brincar de cair (na água, no sofá), pular de lugares altos, tocar o que "não pode", entrar onde "não deve" (Jerusalinsky, 1994: 11-16). A borda implica a delimitação de um espaço que não é mais infinito como era o da banda de Moebius, seu antecessor.

Seguindo esse eixo da construção do espaço segundo o qual o primeiro momento é o da construção da superfície contínua (espaço moebiano) e o segundo, o do espaço das inclusões recíprocas (espaço do imaginário, bidimensional), no terceiro momento, aparece o *fort*. Pode-se entender que, quando atira os objetos, a criança cria um espaço que ainda não existia. Não se trata de jogar fora o objeto, mas, ao lançá-lo, de se construir um fora - um espaço tridimensional. Uma vez constituído o fora, podem surgir as oposições aqui-lá, fora-dentro, porque a criança que já constituiu o "mim" não precisa mais se vivenciar no corpo do Outro (a mãe), uma vez que já se reconhece separada desse corpo. Seu corpo já tem um interior e um exterior, já há um eu e um não eu, o corpo tomou a forma topológica de um tubo. Ou seja, o corpo tem um espaço interno, uma superfície que o contorna, um orifício de entrada e outro de saída - é um corpo que já tem a capacidade de reter e de expulsar. Nesse tempo, denominado por Lacan estádio do espelho, o eu (*je*) constitui o corpo próprio a partir da unificação que lhe oferece sua imagem especular (*moi*). Os pontos de ruptura dessa superfície são a boca, os olhos e o ânus.

No estádio do espelho, instaura-se o espaço ilusório e é possível distinguir a imagem do real. Assim, a matriz da identificação especular também delimita o espaço ficcional, um espaço criado pelo simbólico, que dá contornos à imagem e a todo o campo da imaginação. Por isso,

---

[9] Mauritius Cornelis Escher (1898-1972), artista gráfico holandês.
[10] Jorge Luis Borges (1914-1986), escritor e poeta argentino.

mesmo antes de a criança ter uma fala articulada, a matriz do "vamos fazer de conta que eu era" já está constituída. O campo do brincar está instituído e pode ser distinguido do real.

É importante salientar que esses jogos, apresentados aqui numa sequência de aparição que segue a ordem da constituição da subjetividade, não são "superados" nem abandonados. Ao contrário, eles retornam uma e outra vez ao longo da vida, adquirindo novos significados. As mesmas brincadeiras vão sendo ressignificadas à medida que se processa a estruturação da subjetividade. Assim, por exemplo, a criação de continuidades em superfície pode depois ser material da angústia de castração; o que inicialmente significa um ataque ao corpo, como envoltório, mais tarde pode se transformar numa injúria fálica referida aos genitais; a relação entre continente e conteúdo pode depois ser suporte da fantasmática edípica, sob o imperativo desejante de ter um filho do pai. Os jogos de borda podem se transformar em jogos de desafio - ver quantos degraus podemos pular ou voar de asa-delta pode ser um modo medir nosso valor fálico. Por isso, devemos estar atentos para não interpretar em função do que vemos, mas antes tentar entender em que momento da estruturação psíquica se encontra a criança e o que ela está tentando simbolizar em cada momento de sua constituição.

FORT... DA

Voltemos à descrição de Além do princípio do prazer. Algum tempo depois, Freud viu Ernest brincando com um carretel que tinha um fio amarrado. Ele jogava o carretel para dentro do berço e o perdia de vista dizendo "o-o-o", depois puxava-o de volta e, quando ele aparecia, dizia "a-a-a-a" (aqui está). A criança não estava na cama, mas, de fora dela, lançava o carretel por cima da borda da cama, por cima do véu que rodeava o berço, para vê-lo sumir e depois, puxando o fio, fazia-o reaparecer. Segundo Freud, só nesse momento o jogo tinha se completado - era um jogo de fazer desaparecer e reaparecer.

Por que só quando o *da* aparece o jogo está completo? Porque a criança tinha construído uma oposição, logo, tratava-se de uma completude simbólica: ausência e re-presentação, desaparição e retorno. Lacan considera também a importância da oposição fonemática que acompanha a brincadeira, ao afirmar que, com ela, o menino transcende, leva a um plano simbólico o fenômeno da presença e da ausência. Converte-se em amo da coisa, destruindo-a. Ele chega a dizer que "o símbolo emerge e torna-se mais importante que o objeto. O objeto fica transformado, é um objeto com função simbólica, um objeto desvitalizado, um signo" (Lacan, 1984a: 258).

Ernest não chora quando sua mãe vai embora - sua resposta é o *fort-da*. Por isso Freud diz que havia ali um grande progresso cultural, já que a brincadeira permitia que a criança renunciasse à satisfação pulsional. E, por essa renúncia, se dava uma espécie de indenização: encenar o desaparecimento e a volta da mãe quantas vezes o desejasse. O ganho pela renúncia pulsional era, pois, em moeda simbólica.

Freud comenta que o momento de maior prazer para a criança era o segundo, quando o carretel voltava a aparecer, mas diz também que, na maior parte das vezes, Ernest só encenava a primeira parte. O primeiro ato do jogo era mais insistente que o segundo. O afastamento dos objetos era independente do segundo ato. O princípio do prazer ficava então questionado? Estava o brincar além do princípio do prazer?[11]

---

[11] O termo que Freud usa em alemão (spiele) pode ser traduzido tanto por "jogo" como por "brincadeira". Além disso, o alemão admite que o verbo spielen possa também significar "representar" (como no teatro, por exemplo), de modo semelhante ao que

Era impossível que a ida da mãe fosse prazerosa ou indiferente para a criança. Freud admite, então, que:

> [...] no caso da brincadeira, parece que percebemos que as crianças repetem experiências desagradáveis pela razão adicional de poderem dominar uma impressão poderosa muito mais completamente de modo ativo do que poderiam fazê-lo simplesmente experimentando-a de modo passivo. Cada nova repetição parece fortalecer a supremacia que buscam. (Freud, 1920: 16)

Na mudança de posição do sujeito - na assunção ativa de uma situação de passividade (já que a criança não tinha como impedir que sua mãe fosse embora) -, havia uma satisfação, um prazer. Tratava-se do prazer de uma pulsão de dominação. Freud acredita que essa pulsão de dominação é independente do caráter agradável ou não da lembrança. Transformada em brincadeira, a encenação de uma situação dolorosa se sobrepõe à qualidade da lembrança. O "fazer de conta" afasta a angústia e atenua o efeito de desaparição da mãe, porque o sujeito está em posição de agente. Na vivência, a criança era passiva, era afetada por uma experiência desprazerosa. Na brincadeira, ficou num lugar ativo, o que lhe possibilitava transformar o desprazer em prazer. Mandar embora a mãe podia agora ser interpretado como "vá embora, não preciso de você, eu posso mandá-la embora quando eu quiser". Ao fazer de uma experiência passiva um jogo ativo, a criança dominava a situação, transformando-a a seu bel-prazer[12].

A possibilidade de mudança da posição passiva para a ativa é um indicador importante na clínica. As crianças psicóticas raramente invertem as posições, numa brincadeira. Aquele que bate, por exemplo, raramente se deixa bater. Algumas crianças parecem fixar-se na posição passiva, enquanto outras o fazem na posição ativa. O que falta é a possibilidade de trocar com o parceiro a posição no jogo (Dunker, 1996: 212).

Em "*As pulsões e suas vicissitudes*" (1915), Freud já tinha dito que a pulsão podia encontrar satisfação transformando-se no contrário (atividade/passividade) ou no retorno sobre o eu (masoquismo/sadismo). Portanto, o princípio do prazer não estava questionado, mas havia ali alguma coisa além desse princípio, que se ligava à repetição, à insistência da brincadeira.

Lacan considera que a repetição do jogo não se explica pela satisfação da pulsão de domínio e afirma que essa função é secundária. Segundo ele, a insistência e a repetição respondem primariamente à necessidade de exercitar-se na alienação ao Outro. Qual é, então, a novidade que Lacan introduz com essa afirmação? (Lacan, 1987: 70).

Para ele, o *fort-da* indica o momento em que a criança nasce para a linguagem e o momento em que o desejo se humaniza - essas operações são simultâneas, efetivando um tempo da constituição do sujeito que Lacan denomina alienação. O sujeito domina sua privação (não ter a mãe) assumindo-a e eleva seu desejo á segunda potência (ser objeto de desejo de um outro, de um alter ego que o domina).

Se o nome dessa apropriação é alienação é porque, para se tornar um ser falante, o sujeito precisa, segundo Lacan, tomar da linguagem que o antecede significantes que o representem. Assim, a alienação resulta na construção de um enunciado representativo da posição do sujeito que aqui está constituída pela alternância do S1 (*fort*) e do S2 (*da*)[13]. O ego se aliena a esse

---

acontece no inglês com o verbo to play. Por isso Freud pode dizer que a encenação lúdica se aproxima da encenação teatral. E, pelos mesmos motivos que vamos ao teatro assistir a uma tragédia, a criança pode encenar situações que lhe causam dor. Em ambos os casos, se obtém um gozo estético.

[12] A partir dessa ideia, Karl Abraham (1877-1925) desenvolveu o conceito de identificação com o agressor.

[13] A letra S indica significante.

enunciado, que institui no sujeito uma primeira divisão. *Fort* e *da* passam a designar o sujeito sem significá-lo e já indicam a constituição de um sujeito falante e de uma mensagem[14].

Para existir, o sujeito precisa, pois, incluir-se no Outro, extraindo dele significantes que o representem - fazer-se representar é condição necessária para se tornar um falante. Ao se fazer representar por significantes que estavam no discurso concreto de seu ambiente, ao tomar palavras que recebeu de fora, sua existência ganha sentido, mas, simultaneamente, o sujeito perde algo de seu ser: os fonemas que o representam matam algo do que nele era vital.

Uma vez que o sujeito se fez representar por significantes extraídos do Outro, a criança está situada no campo do sentido - eis, então, que ela precisa se separar do Outro. Essa segunda operação se torna possível quando ela encontra intervalos no discurso do outro, quando pode introduzir a questão: ele me diz isso, mas o que quer? É por aí que o sujeito capta algo do desejo do Outro, justamente ali onde não há um encaixe perfeito, onde o Outro vacila, onde hesita em responder. Por isso, o sujeito se separa do Outro ao encontrar o sem sentido. Lacan afirma que o sujeito só se lança na alienação se encontra como complemento algo que lhe aporte a separação: uma promessa de ser - de ser falante. Essa promessa não é outra senão a de habitar um mundo constituído em torno da falta. Por isso, Lacan substitui a expressão "ser humano" pelo neologismo "falasser" (em francês, *parlêtre*).

Para pensar a operação de separação, Lacan dá como exemplo os "por quês" das crianças, que insistem, procurando justamente os lugares em que o Outro duvida, em que não encontra uma resposta pronta. Os tropeços, a surpresa, a comoção provocada no outro são fundamentais aí, porque esses signos mostram à criança o caminho por onde perseguir o enigma da falta do Outro. Pode acontecer que o sujeito se torne esse objeto suposto, tentando obturar a falta - e teremos então um processo de fetichização, uma situação propícia à intervenção de um analista, pois, para manter o desejo em circulação, o sujeito só pode ser um representante não representativo - ou seja, não pode ocupar o lugar de um fetiche.

Com a ajuda dessa teorização, Laznik tentou entender, na clínica, por que as crianças autistas não olham nem emitem vocalizações na presença da mãe. Esse não olhar, nos primórdios da vida, embora não leve necessariamente a um quadro de autismo, indica uma falha grave nesse tempo constitutivo da alienação, uma resistência a entrar nela, um impedimento nessa borda (Laznik, 1994: 31-48). Diferentemente das autistas, as crianças psicóticas conseguem se instalar na alienação, mas não conseguem sair dela por meio da separação, não conseguem fazer o corte que as confronta com o sem sentido, ficam alienadas aos sentidos produzidos pelo Outro, sem poder interrogá-los. Por isso podemos dizer que elas estão na linguagem mas fora do discurso, e daí a falha se manifestar como dificuldade em criar laços sociais. Assim, pode-se afirmar que, no autismo, embora haja linguagem, não necessariamente haverá palavra e, nas psicoses, mesmo havendo palavra, pode não haver articulação no discurso.

Observe-se que não estamos falando de tempos evolutivos, mas de certas operações de estruturação da linguagem e da fala que são necessárias para que o sujeito se constitua como um *falasser*. Assim, na perspectiva lacaniana, as passagens de um nível a outro implicam transposições que não se processam pelo simples amadurecimento do ego, mas por transmutações estruturantes que se operam de modo descontínuo.

---

[14] Seriam shifters, embreantes ou comutadores. Segundo o linguista Émile Benveniste (1902-1976), os shifters são aquilo que atesta a irrupção do discurso (fala) no campo da língua. Lacan toma esse conceito da linguística para estabelecer uma teoria do sujeito.

O CARRETEL

Falamos do *fort* e do *dá*, isto é, da oposição significante que se constitui na brincadeira, mas que lugar Lacan dá ao objeto que a suporta - o carretel? Segundo ele, o carretel não é a mãe - talvez seja mais próximo dizer que ele aponta a sombra da ausência do olhar da mãe. Falamos do olhar da mãe pelo lugar constitutivo que tem sobre o corpo erógeno da criança. Sabemos que algo desse olhar se inscreve no corpo da criança que referimos ao narcisismo primário - o corpo do autoerotismo.

Mas e sua sombra? E a sombra de sua ausência? Quando Lacan conceitua o que é o objeto da psicanálise, está à procura de um representante do irrepresentável e, para isso, pensará no estatuto do carretel. Observe-se, contudo, que não se trata do lugar que o carretel tem nesse momento - pois o sujeito ainda está amarrado a ele por um fio -, mas do lugar que terá que ter. Quando? Quando o sujeito, depois de tê-lo jogado e recuperado inúmeras vezes, puder deixá-lo cair sem esperar nem fazer com que ele retorne. Assim, se o *fort-da* indica, para Lacan, o exercício do sujeito na alienação, a queda do carretel lhe servirá para pensar aquilo de que o sujeito se deve desprender para que se opere a separação, segundo momento constitutivo do sujeito.

Lacan chamou esse objeto que deve cair de *objeto a,* objeto causa do desejo, indicando algo que fica fora da linguagem, que se desvincula do significante, na separação, e que "cai" como um resto não simbolizável nem simbolizado. Segundo Lacan, o *objeto a* é resultado de uma estrutura de corte, representada nesse caso pelo corte que separa o sujeito do carretel[15].

Se a estrutura do sujeito é uma banda de Moebius, que mostra a indissociabilidade entre o sujeito e o Outro, o corte dessa banda, que exige que se a percorra em toda a sua longitude, indica o circuito da pulsão em torno do objeto do desejo[16]. Por isso, para Lacan, os *objetos a* designam os objetos da pulsão: seio, fezes, olhar, voz, objetos parciais que se desprendem do corpo. São os objetos que o desejo contorna: "esse objeto causa do desejo é o objeto da pulsão, ou seja, o objeto em torno do qual a pulsão gira" (Lacan, 1987: 251).

> Na atividade lúdica da criança, encontram-se uma infinidade de brincadeiras que se constroem em torno dessa estrutura de queda: deixar cair objetos do caldeirão, do berço, deixar o próprio corpo cair na água, lançar o pião, (enfiar) bolinhas de gude nos buracos, matar o bandido ou a policia - e ser fundamental o momento de o corpo cair –, cortar uma pipa no céu para vê-la cair, cai-cai balão. (Pavone, 2006: 82)

Na perspectiva lacaniana, todo jogo se constitui para possibilitar a separação de um objeto pulsional que incomoda e uma simbolização que falta, operação que só pode ser efetivada no campo ficcional. Quando brincam, sozinhas ou com outros, as crianças realizam esse trabalho. Mas às vezes aparecem entraves que elas não conseguem transpor sem a intervenção de um analista. Por isso, na análise de crianças, tentamos viabilizar que os objetos pulsionais que as incomodam - que são aqueles que elas sozinhas não conseguem fazer entrar na esfera

---

[15] No fim, o que deixa em seu percurso esse corte cujo interior percorre um oito interior? "O que resta é um só pedaço, duas vezes mais longo, que tem um avesso e um direito" e que destruiu a estrutura topológica banda. As características essenciais da banda desaparecem, sem que o objeto físico tenha sido destruído em sua unidade (Granon-Lafont, Jeanne, 1990: 31). E não é difícil comprová-lo – basta construir uma banda com um pedaço de papel, cortá-la longitudinalmente e passar um lápis pela superfície, antes e depois do corte. A diferença é evidente.

[16] Lacan toma a banda de Moebius para falar também de outros conceitos como a repetição, a estrutura de corte da interpretação e o deslizamento do significado sob o significante. Ver Seminário IX, A Identificação (1961-62) e Seminário XIV, A lógica do fantasma (1966-1967), ambos inéditos.

do brincar - possam, a partir do novo enlace transferencial que se produz com o analista, passar para o campo da ficção, única via para serem simbolizados, ainda que parcialmente.

OS BRINQUEDOS

Freud (1908) disse que as crianças precisam apoiar suas fantasias em objetos tangíveis e visíveis do mundo real e que, quando deixamos de ser crianças, podemos prescindir deles e simplesmente sonhar acordados (devaneios). Contudo, alguns lacanianos baniram os pequenos objetos de seus consultórios. Porge, por exemplo, trabalha com crianças "sem atrativos de jogos ou desenhos" e afirma que, se uma criança se põe a desenhar, pode ver assim um valor diferente naquela atividade (Porge, 1998: 7), e Françoise Dolto deixou só materiais pouco estruturados como massinha, pintura e desenho.

Por que aconteceu isso, se Freud tinha dado o uso dos objetos como uma condição estrutural? Aparentemente, trata-se de uma resposta dos franceses a um uso excessivo da interpretação simbólica, vinda da escola kleiniana. Eles entenderam que esse modo de proceder indicava que não se escutavam as crianças - parecia-lhes que as interpretações já vinham prontas.

E qual é a situação atual? As interpretações kleinianas mudaram, e mudou também o momento social. Hoje, os objetos proliferam e se multiplicam vertiginosamente. As crianças não têm onde guardar seus brinquedos, as prateleiras e as gavetas não chegam para guardar os objetos que ganham nem aqueles que elas fabricam com papelão. Agora, parece que o alerta aos analistas da atualidade passa por não se deixarem siderar pela profusão de objetos que surgem a cada dia no consultório. Ora, essa pode ser boa uma razão para querermos nos livrar definitivamente deles, mas talvez essa solução equivalha a se jogar o bebê junto com a água do banho.

A dificuldade de se trabalhar com pequenos objetos reside em tomá-los pelo que o imaginário social os faz representar. Isso pode servir como uma defesa do analista que quer compreender depressa demais, para não ficar angustiado. Mas, com o exemplo do *fort-da*, mostramos que, num jogo, é preciso esperar, se possível, as associações verbais da criança, para que os objetos indiquem que função têm, e ainda que se mantenha a atenção flutuante, para não fazer dos objetos signos[17]. Lacan assinalou que há um tempo para o objeto cair - será que se resolve algo se nos antecifarmos e retirarmos os objetos de nossa sala?

Na perspectiva lacaniana, os objetos estão no consultório a título de significantes, funcionam como suportes imaginários do significante. Daí que tomemos o uso dos brinquedos pela criança como um modo de ela se fazer representar e ainda produzir uma significação inédita. Combinar significantes, criar metáforas é um modo de produzir um sentido novo. Isso só é possível se tanto a criança como o analista conseguirem não tomar os objetos como signos já prontos, ou seja, se não ficarem completamente cativos pelo significado que lhes atribui o imaginário social. Segundo Roy:

> [...] a técnica, o jogo, o desenho, a massinha são meios utilizados pela criança para fazer ficção dos significantes valiosos e para alojar os objetos que a incomodam. Não se trata de saber se o desenho ou o brincar valem o mesmo que a palavra na associação livre, mas de saber de que modo intervir nas ficções significantes que se reativam na análise. (Roy, 2004: 140)

---

[17] Designa-se por "signo" aquilo que representa alguma coisa para alguém e, por "significante", o que representa um sujeito para um outro significante

Assim, o autor recomenda que o analista desloque o peso da técnica para o lugar de quem assiste a uma criança brincando. A questão que se coloca, então, é: quando e como devemos que intervir na brincadeira da criança?

Sobretudo no campo das neuroses, a intervenção do analista se dirige ao deslocamento dos significantes. Nossa intervenção é necessária quando o jogo se detém ou quando os objetos se tornam signos. No primeiro caso, temos que relançá-lo; no segundo, devemos intervir na transferência. É importante salientar essa modalidade de intervenção do segundo caso, porque, na perspectiva lacaniana, o analista não interpreta a transferência[18], pois se considera que ele não está fora do jogo, não é um observador que interpreta o mundo interno do paciente, mas um personagem que recebe a mensagem endereçada ao Outro, e é do lugar desse personagem que ele pode fazer uma intervenção eficaz. Como afirma Winnicott, antes de tudo, o analista tem que saber brincar, ou seja, tem que saber intervir sem estragar o jogo da criança.

> Intervir no brincar para restituir sua potência simbólica constrita por inibições que obstaculizam o deslizamento dos termos [neurose] ou que impõem a este uma deriva significante infinita [psicose] pode, portanto, apontar – ao menos genericamente a direção do tratamento na clínica com crianças. (Vorcaro, 2006: 183)

Lacan propõe "considerar a sanção simbólica que se dá às fantasias em sua interpretação, mesmo que esteja se trabalhando com as chamadas estruturações pré-verbais". A sanção simbólica aponta a direção da mensagem que o sujeito endereça ao Outro, e não a relação entre o eu e o objeto (dimensão imaginária). Por isso Lacan diz que a interpretação deve progredir no sentido da estruturação simbólica do sujeito. Para tanto, o analista deve situar-se além da estrutura atual do eu do paciente e caminhar em direção ao lugar onde o eu deve advir, ou seja, relançando o desejo (Lacan, 1984a: 107).

A METÁFORA, UMA BRINCADEIRA COM PALAVRAS

Freud relata que, aos 2 anos e meio, Ernest, brincava de jogar no chão um brinquedo de que tinha enjoado e dizia-lhe: "Vai à gue(r)ra!" Tinham-lhe contado que seu pai, que estava ausente, se encontrava no campo de batalha. Logo, o brinquedo metaforizava o soldado-pai sendo mandado embora, ou seja, agora, o jogo simbolizava a rivalidade edípica. Freud comenta que Ernest parecia não sentir a falta do pai e ainda dava claros indícios de não querer ser incomodado na possessão exclusiva da mãe. Note-se que, uma vez mais, Ernest brinca de afastar um objeto qualquer. Note-se também que nas duas brincadeiras a mãe aparece como desejada: no primeiro caso, isso se evidencia no despeito, na vingança do "vá embora porque eu mando" (*fort*); no segundo, porque a criança expressa o desejo de manter seu pai longe. Mas, ao jogar o objeto, agora Ernest mostra que está em outro momento de estruturação subjetiva. O mesmo movimento de jogar longe um objeto foi ressignificado, e agora se trata de brincar de afastar o pai e de pôr em jogo a agressividade com um representante simbólico. Jogar o objeto mandando-o à guerra é, pois, uma metáfora, que podemos seguir na mesma trilha do *fort-da* - um significante foi substituído por outro, conseguindo-se a criação de um sentido novo.

Quando substituímos uma palavra por outra que toma seu lugar na cadeia significante, um significante passa a ficar oculto, embora permaneça presente por sua conexão metonímica

---
[18] Modalidade adotada preferencialmente pela escola inglesa (Klein e Bion).

com o resto da cadeia. Lacan assinala a importância do surgimento de metáforas na constituição da subjetividade, pois elas implicam a operação de recalcamento, constitutiva do inconsciente (Lacan, 1984).

Inicialmente, ao tomar a palavra, a criança põe à prova o poder do significante usando um mesmo termo para designar objetos diferentes - por exemplo, nomeando "au-au" todo tipo de bicho. "Au-au" se desloca entre objetos diferentes. Renomeando essa operação que Freud denominava deslocamento, Lacan toma de empréstimo da linguística a metonímia. Mais tarde, a criança faz outro movimento: diz que o gato faz "au-au" e o cachorro, "miau". O adulto surpreende-se com essa brincadeira e algumas vezes a corrige, supondo que tenha errado por desconhecimento, e em outras tenta entrar no jogo proferindo um disparate maior. Por mais bem intencionadas que sejam quaisquer dessas respostas do adulto, ofendem a criança. Por quê? Porque ela espera dele simplesmente o reconhecimento e a autorização para brincar com as palavras. E não só isso: espera também tomar a dianteira e surpreendê-lo, àquele que ela supõe saber tudo.

Então, quando a criança brinca com as palavras, qual é seu jogo? Para Lacan, nesse momento, ela está experimentando a predicação, e o essencial dessa descoberta é que a um mesmo sujeito se podem ligar diversos predicados. O gato dorme, corre, come, late. Com a predicação, a criança se exercita e usufrui o pouco de liberdade individual que os seres falantes temos por estar submetidos à linguagem. Criar metáforas é, pois, um modo que temos, os *falasseres*, de nos distanciar e nos distinguir dos significantes que nos representavam na alienação. Um modo de recuperar algo do ser fazendo-nos dizer inclusive por aparentes despropósitos. Um modo de gozar o fato de sermos seres feitos de linguagem.

Freud nos deu um belo exemplo desta operação no Homem dos Ratos. Quando era criança - não sabemos exatamente com que idade -, ele atacou o pai dizendo-lhe "tu lâmpada, tu lenço, tu prato". Comovido, seu pai disse, em voz alta: "será criminoso ou um gênio"; assumiu-se destinatário da mensagem que lhe era endereçada e, em troca, deu dois novos significantes para ele se fazer representar. A comoção produzida pelos impropérios do filho fez o pai vacilar, daí que sua frase contenha um "ou" e ofereça duas alternativas. Foi justamente nessa hesitação do adulto que o filho pôde interrogar o desejo de seu pai e se perguntar: "ele me diz isso, mas o que quer?" (Freud, 1909: 206).

É essa pergunta e esse jogo que as crianças psicóticas não conseguem fazer, ficando como aprisionadas aos sentidos produzidos pelo Outro. Lacan afirma que esse mimetismo imaginário preenche nelas o vazio da impossibilidade de simbolização. Em seu discurso, no lugar das significações metafóricas, só encontramos derivação significante, ou seja, um deslizamento puramente metonímico. É por isso que, quando trabalhamos com essas crianças, temos a impressão de que nossas interpretações caem num buraco e não são registradas.

QUANDO O CRIADO-MUDO FALOU

Para ilustrar como se efetuam na clínica essas operações de linguagem, passo a relatar um fragmento clínico. Depois de trabalhar bastante com uma criança que mal falava e se movimentava muito precariamente, surpreendi-me ao ver que, já conseguindo organizar uma brincadeira de casinha, ela introduziu ali uns pedaços de madeira aos quais fazia participar como meninos junto a outros bonequinhos de pano. Inicialmente, me chamou a atenção o uso simbólico do objeto. Ele estava posto na cena como mais um boneco - mas o que representava? Bastante tempo se passou até que eu desse o devido valor àqueles objetos insignificantes - tratava-se de criados-mudos. Só então consegui compreender que havia ali um processo de construção de uma metáfora. Essa metáfora falava da historia da menina, do lugar que tinha ocupado na dinâmica familiar e da sua dificuldade de fala.

Comecei a pensar em qual seria a pré-história dos criados-mudos. Lembrei-me de que, nos nossos primeiros encontros, ela subia precariamente as escadas, de mãos dadas comigo e, pouco depois de iniciada a sessão, começava a chamar e berrar por sua babá/criada, que a esperava embaixo. Diferentemente de Ernest, ela não queria renunciar à satisfação pulsional - precisava e demandava a presença do Outro. Depois de subir com a babá algumas vezes, propus-lhe que falássemos com ela por telefone. Por sua dificuldade de fala, ela mal se podia fazer entender por esse meio, mas escutar a babá a tranquilizava um pouco. Certo dia, em vez de repetir o mesmo procedimento, peguei um objeto qualquer e comecei a fazer de conta que através dele falava com sua babá. A menina, primeiro surpresa, começou depois a sorrir, e aquilo virou uma brincadeira que ela começou a pedir que eu repetisse. Pois bem, aquele objeto qualquer tinha sido o criado-mudo da casinha de brinquedos. Assim, sem me dar conta, eu mesma tinha feito do criado-mudo um objeto através do qual se podia falar, já que se fazia de conta que era um telefone. A menina tinha tomado do Outro esse objeto como um significante, operação que denominamos alienação, e pôde construir com ele uma metáfora que a representasse. O criado-mudo como metáfora lhe permitia separar-se da criada/babá e, ao mesmo tempo, brincar de que era uma vez uma escola em que havia crianças diferentes...

SONHAR, BRINCAR, FANTASIAR

Na *Interpretação dos sonhos* (1900), diz Freud de seu netinho que seu primeiro sonho foi aos 20 meses. Justamente na noite anterior à partida de seu pai para a guerra, Ernest acordou chorando e dizendo "papai, papai... nenê". Na interpretação de Freud, papai e nenê estavam juntos no sonho, embora o choro da criança admitisse a despedida. Freud diz então que a criança, que já brincava de *fort*, tinha como expressar o *conceito* de separação. Traz esse sonho para mostrar que nele se realiza o desejo da criança de estar junto do pai e mostrar-nos que o afeto, nesse caso penoso, não tinha sofrido nenhuma transformação; por isso, a criança acordava chorando. Logo, tratava-se de um sonho de angústia. Partindo desse exemplo, da mesma criança e que traz a mesma temática da separação, nos perguntamos: quais são as diferenças entre o sonho como formação do inconsciente e o brincar?

O sonho tem um caráter alucinatório que só permite distinguir sua irrealidade ao acordar; nele predominam os processos primários: o deslocamento (metonímia), a condensação (metáfora) e o simbolismo. No brincar, como é o faz de conta que predomina, há consciência da irrealidade da trama que se constrói. A criança sabe que se trata de algo imaginário, de uma ficção. Nesse sentido, o predomínio é do processo secundário. Nessa perspectiva, sonhos e brincadeiras se opõem, mas não se comparamos o brincar com os devaneios dos adultos.

Os devaneios são nossos sonhos em estado de vigília e remetem a nossa capacidade de fantasiar. O fantasiar se distingue do brincar porque não requer objetos que o sustentem. Ambos são realizações de desejo e em ambos a elaboração secundária predomina. Mas por que os adultos têm vergonha de seus devaneios e as crianças raramente precisam esconder suas brincadeiras? Isso indicaria uma diferença de posição social? Sabemos que às crianças é socialmente permitido brincar, enquanto dos adultos a sociedade espera que trabalhem e produzam, e não que construam castelos no ar. Sabemos também que as crianças não sofrem essa exigência social que pesa sobre os adultos porque são consideradas uma força de trabalho ainda improdutiva. Sabendo dessa insuficiência, elas brincam, comandadas pelo desejo de ser grandes, e tentam, assim, conciliar sua insuficiência real com o ideal representado pelos adultos. É por isso que Château vê no jogo a expressão da busca pelo outro e, em particular, a expressão da busca pelo adulto, a quem a criança procura imitar ou contrariar (Château, 1987). Mas, segundo Freud, não há necessidade de se postular um instinto de imitação e fala do jogo em termos de desejo. Diz que todas as brincadeiras das crianças são presididas por um desejo maior, que é o de serem grandes e poderem agir como os mais velhos (Freud, 1908). Nessa perspectiva, Jerusalinsky assinala a necessidade que a criança tem de representar o futuro e diz que isso só é possível quando a mãe toma a criança como objeto transicional, ou seja, se a criança pode brincar de ser adulto, é porque ela não é para a mãe seu falo definitivo (Jerusalinsky, 1999).

Se a criança brinca, pois, de ser como os adultos, é porque reconhece sua situação atual como insuficiente. As pessoas grandes lhe indicam os significantes do Ideal do Eu. Assim, o brincar se situa no espaço que separa o eu atual do Ideal do Eu, e, com seu imaginário, ela recobre essa distância. Por isso, as crianças não se ocupam de coisas menores quando brincam, mas das questões maiores que dizem respeito ao lugar e ao sentido de elas existirem. Então, assim como os restos diurnos dos sonhos, devemos tentar decifrar qual é a questão que a criança está tentando responder ao brincar.

O brincar da criança não se limita a ser uma diversão, nem uma descarga fantasmática compensatória ou uma atividade regulada pelas defesas, embora cada um desses aspectos possa estar presente em algumas brincadeiras repetitivas, em momentos de extrema angústia ou quando uma criança atravessa uma desestabilização imaginária do seu mundo - por exemplo, uma situação traumática. O brincar é uma resposta - a única resposta à disposição da criança para elaborar simbolicamente a exigência de trabalho imposta ao psiquismo pelas pulsões (Freud), pela entrada na linguagem (Lacan).

Sabemos que tudo o que é significativo na vida de uma criança passa pelo brincar, que é, por isso, o melhor modo de que dispomos, os analistas, para avaliar o desenvolvimento simbólico de uma criança. Sabemos também que quanto maior é a deterioração patológica de uma criança, maior é sua impossibilidade de brincar, e que é com essa impossibilidade que trabalhamos fundamentalmente na análise de uma criança. Por isso, quando surgem rupturas no mito familiar que detêm os processos de simbolização, o brincar se vê afetado, e aí um analista pode ser chamado a intervir. Trata-se, então, de trabalhar no brincar em direção à reestruturação dos laços simbólicos cortados, único recurso de elaboração que a criança tem para não ficar demasiadamente presa ao real. Nesse sentido, diz Lacan que, no jogo, não se trata de imaginação pura e simples, mas que há ali tentativas do sujeito de responder ao real.

Freud afirmou que as crianças repetem em suas brincadeiras tudo aquilo que lhes deixou uma intensa impressão na vida. Tratam, desse modo, de apropriar-se da situação, tratam de escoar a força da impressão através da repetição. Lacan retoma essa questão afirmando que o brincar possibilita que na infância algo do real passe a existir no simbólico. Ora, se essa operação é possível no brincar, é porque, para transpor algo que insiste como real para registro do simbólico, isso deve adquirir figurabilidade. Logo, as ficções do "faz de conta", os disfarces que as personagens vestem, os cenários construídos nas brincadeiras são roupagens necessárias para que se opere essa transposição. Por isso, por mais de mentirinha que seja uma brincadeira, o jogo é o único lugar onde a verdade do sujeito pode ser enunciada[19].

---

[19] "O imaginário é o lugar onde toda verdade se enuncia" (Lacan, Seminário XXIII, RSI, aula 18/3/1975, inédito). In Edição eletrônica dos seminários, baseada na transcrição editada para a circulação interna pela Escuela Freudiana de Buenos Aires. (s.d.)

Bibliografia

CHÂTEAU, Jean. (1967) *O jogo e a criança*. 4 ed. São Paulo: Summus, 1987.

DERRIDA, Jacques. (1980) *La tarjeta postal de Freud a Lacan y más allá*. México: Siglo XXI, 1986.

DUNKER, Christian. *Tempo e linguagem na psicose da criança*. Tese de Doutorado em Psicologia. Instituto de Psicologia da Universidade de São Paulo. São Paulo, 1996.

FREUD, Sigmund. (1900) *La interpretación de los sueños*. In: *Obras completas*. Vols. IV e V. Buenos Aires: Amorrortu, 1996.

_____. (1926) "Inibición, síntoma y angustia". In: *Obras completas*. Vol. XX. Buenos Aires: Amorrortu, 1996.

_____. (1925) "La negación". In: *Obras completas*. Vol. XIX. Buenos Aires: Amorrortu, 1996.

_____. (1921) "Psicología de las masas y análisis del yo". In: *Obras completas*. Vol. XVIII. Buenos Aires: Amorrortu, 1996.

_____. (1920) "Más allá del principio del placer". In: *Obras completas*. Vol. XVIII. Buenos Aires: Amorrortu, 1996.

_____. (1909) "A propósito de um caso de neurosis obsesiva". In: *Obras completas*. Vol. X. Buenos Aires: Amorrortu, 1996.

_____. (1908) "El creador literário y el fantaseo". In: *Obras completas*. Vol. IX. Buenos Aires: Amorrortu, 1996.

_____. (1915) "Pulsiones y destinos de pulsión". In: *Obras completas*. Vol. XIV. Buenos Aires: Amorrortu, 1996.

GRANON-LAFONT, Jeanne. *A topologia de Jacques Lacan*. Rio de Janeiro: Jorge Zahar, 1990.

GROSSO, Mabel. "Juego y estructura en la clínica con niños". In: *Psicoanálisis con niños*. Buenos Aires: Centro Pequeño Hans/Atuel, 1995, pp. 123-132.

JERUSALINSKY, Alfredo. "La educación es terapéutica?. In: *Escritos de la infancia*. Ano 7, n. 4, nov. 1994, Buenos Aires, pp. 11-16.

_____. *Psicanálise e desenvolvimento infantil*. Porto Alegre: Artes e Ofícios, 1999.

LACAN, Jacques. (1964) Seminário XI. *Los cuatro conceptos fundamentales*. Buenos Aires: Paidós, 1987.

_____. (1953-54) El Seminario de Jacques Lacan. Libro I. *Los escritos técnicos de Freud*. Buenos Aires: Paidós, 1984a.

_____. (1955-56) El Seminario de Jacques Lacan. Libro III. *Las Psicosis*. Buenos Aires: Paidós, 1984b.

_____. (1956-57) El Seminario de Jacques Lacan. Libro IV. *La relación de objeto*. Buenos Aires: Paidós, 1994.

_____. (1966-67) Seminario XIV. *La lógica del fantasma* (inédito).

_____. (1974-75) Seminario XXII. *R.S.I.* (inédito).

LAZNIK, Marie-Cristine. "Do fracasso da instauração da imagem do corpo ao fracasso da instauração do circuito pulsional - Quando a alienação faz falta". In: *O que a clínica do autismo pode ensinar aos psicanalistas*. Coleção Psicanálise da Criança, n. 6. Salvador: Agalma, 1994.

PAVONE, Sandra. *Brinquedos e cultura: o universo lúdico na contemporaneidade*. Dissertação de Mestrado em Comunicação e Semiótica. Pontifícia Universidade Católica de São Paulo. São Paulo, 2006.

PORGE, Erik. A transferência para os bastidores. In: *A criança e o psicanalista*: *Littoral*. Rio de Janeiro: Companhia de Freud, 1998, pp. 7-20.

RODULFO, Ricardo. *El niño y el significante. Un estudio sobre las funciones del jugar en la constitución temprana.* Buenos Aires: Paidós, 2004.

ROY, Daniel. "Introducir lo nuevo. La transferencia en la experiencia psicoanalítica con niños". In: *Psicoanálisis con niños. Clínica lacaniana.* Buenos Aires: Grama, 2004, p. 133-147.

SAMI-ALI. *Lo visual y lo táctil. Ensayo sobre la psicosis y la alergia.* Buenos Aires: Amorrortu, 1984.

SPITZ, René. *O primeiro ano de vida.* São Paulo: Martins Fontes, 2000.

VORCARO, Angela. "Brincar". In: *Angústia: o afeto que não engana.* Campinas: Mercado das Letras, 2006.

WALLON, Henri. *Los orígenes del carácter en el niño. Los preludios del sentimiento de personalidad.* Argentina: Lautaro, 1965.

SANTA ROZA, Eliza. "E agora eu era herói... O brincar na clínica psicanalítica". In: Santa Roza, Eliza e Schueler Reis, Eliana. *Da análise da infância ao infantil na análise.* Rio de Janeiro: Contra Capa, 1997, pp. 75-102.

Parte V

Transferência

Sobre a transferência

Bernardo Tanis

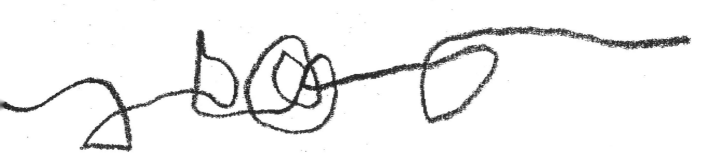

Capítulo IX

Sobre a transferência

Dificilmente o leitor deste livro não terá se defrontado nas suas leituras e estudos anteriores com a noção de transferência. Mesmo que não seja um praticante da Psicanálise, esse conceito é tão central na clínica que sua importância hoje transcendeu seu lar de origem – a clínica de inspiração freudiana – e infiltrou-se de modo explícito ou implícito em todo o campo das psicoterapias, sobretudo na compreensão das diversas relações clínicas que se estabelecem nos campos da Psicologia, da Medicina, da Psicopedagogia, da Fonoaudiologia, etc. Tamanha expansão de um conceito só foi possível dadas sua relevância clínica e sua fecundidade heurística, vale dizer, sua capacidade de iluminar fenômenos clínicos até então pouco compreensíveis. Mas, como todo fenômeno que envolve uma ampla expansão e difusão, ressente-se de uma deformação e muitas vezes de uma banalização que o faz perder a força e o sentido originais.

Todavia, este texto não pretende rastrear o conceito de transferência na obra freudiana e na dos autores pós-freudianos, tarefa que desenvolvi alhures. Remeto os interessados a Tanis (1995, 1995a) e a outros textos como o amplo panorama traçado por Etchegoyen em *Fundamentos da técnica psicanalítica* (de 1989) e, para uma visão mais problematizadora, Viderman ([1970] 1990) e Laplanche ([1987] 1990). Aqui, meu objetivo será manter uma conversa em torno da riqueza e da importância desse conceito, da sua pertinência clínica, abordando, portanto, os problemas que apresenta para uma clínica que nela se sustenta, do envolvimento do analista nesse campo e dos riscos que isso comporta. Proponho enveredarmos por uma trilha que sempre nos surpreende, ora por paisagens calmas, ora por escaladas íngremes, de tirar o fôlego, e que muitas vezes nos fazem viver a incerteza sobre sermos capazes de concluir o percurso. Isso torna a clínica psicanalítica fascinante e ao mesmo tempo difícil, tanto para o analisando como para o analista.

Embora este livro verse sobre a análise com crianças e eu imagine que seu interesse específico está voltado para isso, desenvolverei certas considerações mais gerais sobre a transferência, as quais considero presentes em todo processo analítico – com crianças, adolescentes ou adultos –, pois creio que do rigor com o qual nos aproximamos da noção de transferência dependerá a nossa compreensão dos aspectos singulares da análise com crianças.

APROXIMAÇÃO INICIAL

Estamos muito distantes de uma clínica na qual a dissociação entre sujeito e objeto pode ser defendida, pelo contrário, trata-se se um profundo mergulho na subjetividade para alcançar um grau de objetividade. Poderíamos dizer até que, no campo dos fenômenos inconscientes, com o qual lida a Psicanálise, as noções de objetividade e subjetividade são subvertidas, mostram-se insuficientes para elucidação do processo de semiose interpretativa e transformação gerada pelo campo transferencial. Ora, você dirá, antes de descrever o fenômeno você já está se valendo dele para sua argumentação. Pois é disso que se trata. Não é isso o que acontece com os analisandos? Antes de nos conhecerem, já estão mergulhados numa fantasia transferencial a respeito do analista, já fazemos parte de um imaginário que desconhecemos, mas que nos envolve numa trama fantasmática investida pulsionalmente. Sem prévio aviso, como objeto da pulsão, recebemos esse impacto já no primeiro encontro ou telefonema.

Descrevi, em outra oportunidade, o momento inaugural da transferência de um menino de 7 anos com um grave problema de retenção de fezes, filho de pais que tinham se separado logo após o seu nascimento. Pedro tinha pouco contato com o pai, mas só evacuava quando o visitava, uma vez por semana, o que provocava graves transtornos, dores intestinais e muita preocupação da família. No seu primeiro encontro comigo, me ofereceu uma geleca (uma espécie de massinha de silicone com textura e odor muito peculiares e sugestivos), gesto simbólico, cujo sentido não é necessário saturar de significados, mas que alude a um lugar que estou destinado a ocupar no percurso que juntos iniciamos. O que espera de mim? Que pedido é este? E eu, o acolho com naturalidade? E se tiver nojo da geleca? Que mensagem o gesto transmite? Estamos, nós dois na sala, cada um de nós portador de uma história ancorada numa trama inconsciente, às voltas com uma geleca. Será que se trata apenas de equacionar, aproximando essa geleca das fezes e do sintoma de retenção, da necessidade de ser aceito pelo pai (idealizado?), do ataque que profere contra sua mãe, responsabilizando-a pela separação e pela ausência do pai? Talvez deva aceitar essa geleca e esperar o desdobramento da cena num silêncio acolhedor. Sabendo apenas que esse lugar que ocupo para Pedro pode propiciar que essa situação se apresente com a riqueza de suas fantasias e afetos e, então, não será mais a geleca, mas, sim, o Pedro que estou acolhendo com seus medos e inseguranças, seus ódios e ressentimentos, sua busca de identidade que habita uma rede identificatória truncada, esburacada. Agora já há um laço que nos vincula, nos conhecemos a partir desse primeiro gesto... amoroso? Materno? Paterno? Analítico? Procuramos nomear porque isso nos serve de referência, concede-nos a ilusão de segurança que a ciência legitima, afasta-nos de sermos considerados charlatões. Permite uma linguagem de troca com os nossos colegas. Desse fenômeno, até então sem nome, Freud sofreu o impacto e, em lugar de se afastar, como fizera Breuer, aterrorizado, dispôs-se a encará-lo, não sem ressalvas, como testemunha o epílogo do Caso Dora[1], mas, sabendo que, se não o fizesse, sua descoberta do inconsciente e a clínica que dela emana estariam condenadas. Como a um filho, deu-lhe um nome de batismo: *transferência*. E nós, seguidores desse gesto primordial, vinculado simbólica e transferencialmente ao inventor da Psicanálise, reeditamos esse movimento em nossas análises, oferecendo-nos como suporte para nossos analisandos.

Assim acontece com você, leitor, um provável suporte para estas linhas, pois não há texto que não seja endereçado a um interlocutor – às vezes conhecido, outras vezes não – que, de todo modo, sempre configura o campo da escrita. Mas, embora possamos traçar algumas analogias úteis aqui, os campos não são idênticos: o texto pode gerar efeitos no leitor e suscitar transferências, mas, na situação analítica, o analista está presente, e essa presença corporal, imediata, muitas vezes abstraída (ou objeto de tentativas de neutralização) não pode ser ignorada.

---

[1] FREUD (1905) – "Fragmentos da análise de um caso de histeria". AE, VII.

Assim, prosseguindo, antes de indagar sobre a origem, vejamos uma das primeiras definições de transferência:

> Que são transferências? São reedições, recriações de desejos e fantasias, que na medida em que análise avança só podem despertar e tornarem-se conscientes; mas o mais característico de tudo é a substituição de uma pessoa anterior pela figura do médico. [...] toda uma série de vivências psíquicas anteriores não é vivida como algo passado, mas como vínculo atual com a figura do médico. (Freud, 1905: 101)

Tornar consciente o inconsciente, objetivo principal da análise assinalado por Freud, era solidário da sua compreensão das neuroses a partir da teoria do recalcamento. Uma vez vencidas as resistências e levantadas as barreiras do recalque, a rememoração poderia ser conquistada e as forças em conflito poderiam conquistar um novo arranjo, mais favorável ao equilíbrio psíquico. Mas o fenômeno transferencial assinala que a rememoração tem seus limites e ganha espaço no seu lugar o "vínculo atual com a figura do médico" – constatação que revoluciona a clínica incipiente de Freud e até hoje desafia os analistas. Para o analisando, o analista é experimentado como uma figura histórica significativa do seu passado pessoal: pai, mãe, etc. Hoje, acostumados que estamos à literatura de ficção científica, aos filmes de horror e aos efeitos especiais, isto parece não nos parece tão estranho. No entanto, quem já ocupou o lugar de analista e viu-se objeto de transferência dificilmente encarou esse fenômeno com naturalidade, pois na cena analítica instalam-se planos discursivos diversos, nos quais receptor e emissor parecem estar funcionando em frequências diferentes. Ou melhor, o destinatário da mensagem não se reconhece no lugar e no código assinalado pelo emissor. Esse fenômeno é gerador de uma tensão e decorrente da flagrante instabilidade no campo da comunicação. Uma das principais consequências da descoberta do fenômeno transferencial foi que as noções de *memória e temporalidade*[2] e *identidade* viram-se completamente subvertidas. O inatual é vivido como atual, a memória não obedece ao clássico *registro e evocação*, pois é deformada pelo *processo primário*[3], e aquilo que somos ou achamos que somos não é experimentado desse modo pelo analisando. Vive-se, então, na análise, um estado que Freud denominou *neurose de transferência*, uma nova realidade, produzida como resultante da subjetividade do analisando na situação analítica, que inclui a pessoa e a presença do analista. Assim, leitor, não é de surpreender que você, como todos aqueles que se interessam pela clínica analítica, indagavam-se sobre a necessidade de buscar referências, como o faziam os antigos marinheiros que tomavam as estrelas como norte para navegação, pois o risco de se perder é grande. Pode-se incorrer na sugestão, na busca desesperada do analista por manter sua identidade e o exercício de domínio, ou na "folie à deux", delírio compartilhado entre analista e analisando, equivalente a ficar perdido no mar, à deriva.

Na análise de crianças, muitas vezes a atitude pedagógica ou super-egoica do analista emerge como defesa frente à angústia de enfrentar o desconhecido. Outras vezes, uma atitude dissociada do analista nega o sofrimento da criança e se vale apenas de intervenções constatativas, que pouco ou nada auxiliam na elaboração do sofrimento, perpetuando e cronificando o sofrimento psíquico. Então, onde encontrar essas balizas para a empreitada analítica e, ao mesmo tempo, garantir que não a saturem com um conhecimento apriorístico que vise enquadrar o paciente em categorias previamente formuladas? Esse risco conduz

---

[2] Para uma ampla discussão sobre o assunto, Cf. Tanis (2005) - Memória e Temporalidade: sobre o infantil em Psicanálise.

[3] Cf. Freud (1900) La interpretación de los suenhos.

inexoravelmente a uma experiência racionalizante da análise, sem a consequente possibilidade de transformação. Vejamos algumas possibilidades, mas sabendo, de antemão, que não há garantias. O que se pretende com o trabalho analítico é consequência de um conjunto de fatores, dentre os quais está a própria formação analítica, que fará emergir a capacidade do analista para enfrentar a transferência e sua possível dissolução.

Quando adentramos o campo da transferência, é inevitável que surja a questão da sua origem; afinal, estamos tão acostumados ao pensamento causal que não podemos evitar a busca das fontes desse fenômeno. Em "A dinâmica da transferência" (1912), Freud propõe a raiz inconsciente da transferência como sendo os impulsos libidinais que só puderam se desenvolver na fantasia ou permaneceram inteiramente inconscientes, essas expectativas não satisfeitas estão à espera de uma situação que permita sua exteriorização.

Em "Recordar, repetir, elaborar", escreve Freud: "[...] o paciente não recorda, em geral, nada do esquecido e reprimido, mas o atua. Não o reproduz como lembrança, mas como ação; repete-o, sem saber, é claro, que o repete" Freud (1912a: 152). Como vemos, o foco desloca-se do passado para o presente, o famigerado aqui-agora ganha reconhecimento. Pois é nesse campo atual que ocorrerá o desdobramento das forças em conflito. Isso levou alguns analistas a compreender a transferência como *relação com o analista*. Vale dizer, a experiência afetiva da dupla envolvida no processo. Entretanto, esquece-se, nessa perspectiva, a dimensão inconsciente subjacente ao encontro. A tarefa de tornar consciente o inconsciente, objetivo do processo analítico inicial, não é abandonada, mas compreendida à luz do processo transferencial. Esse aspecto é central, pois se trata do desvelamento de um cenário fantasmático a partir da transferência. Embora essa modalidade de compreender a transferência tenha origem nas patologias neuróticas e a modalidade técnica transforme-se noutros tipos de patologia, como as borderlines ou somatizações, estamos sempre à procura de ampliar a capacidade de simbolização dos nossos analisandos, o que implica a superação de uma situação dual, pela própria natureza triádica do símbolo.

Quero me alongar um pouco nesse ponto, pois percebo em muitos jovens terapeutas, ao se aproximarem da Psicanálise, um certo receio de rigidez técnica que supostamente a Psicanálise proporia. Constrói-se uma falsa crença de que o analista se manteria distante do analisando, como se ele não fosse capaz de compaixão ou de empatia. Então, buscam rapidamente uma aproximação com modelos clínicos que propõem uma resposta afetiva direta, uma identificação com o analisando, perdendo de vista a complexidade da vida psíquica e das forças que a constituem. Ora, a Psicanálise foi pioneira na aproximação daqueles que sofriam com a suas neuroses e não podiam ser escutados; também a Psicanálise reconheceu as paixões que movimentam a alma humana (analista incluído) e buscou tecer possibilidades técnicas que garantissem que o método psicanalítico, base do processo, pudesse acontecer. E a garantia da escuta analítica reside, entre outros fatores, na não fusão com o analisando. A abstinência à qual Freud alude sinaliza um alerta para a possibilidade de atender as demandas do analisando, demandas idealizadas e eróticas. Ora, isso não quer dizer que o analista seja alheio à dor ou ao sofrimento, ou que deva representar teatralmente um papel pré-estabelecido. Trata-se de evoluir na possibilidade de ocupar um lugar de suporte, para que a subjetividade do analisando se desenvolva no cenário analítico, sem sucumbir às demandas que inevitavelmente ocorrerão.

Em "Introdução ao narcisismo" (1914), Freud desenvolve um panorama muito mais complexo do processo analítico, no qual se destacam os componentes narcisistas de resistência relacionados ao narcisismo primário e aos ideais. Diz: "o desenvolvimento do ego consiste num distanciamento do narcisismo primário e gera uma intensa aspiração a recuperá-lo" (1914: 96). Há uma tensão entre o investimento dos objetos amorosos e uma tendência da pulsão a investir o próprio Eu-ideal. Esse processo descoberto por Freud já aponta para um aspecto restitutivo da pulsão, pelo qual a resistência irá operar na transferência, ora através de uma identificação idealizada com o analista, ora via fantasmas persecutórios comandados pela angústia de castração.

Esse processo sofre um novo adensamento nas reflexões de "Para além do princípio do prazer" (1920), em que Freud destaca a compulsão à repetição e a pulsão de morte, pulsão que, como prefere Green (1988), conduz o aparelho psíquico a um desligamento dos investimentos que visa ao Nirvana, conduzindo ao nada, ao vazio.

Em "Construções em análise" (1937), um dos últimos trabalhos nos quais discorre sobre a técnica analítica, Freud preocupa-se menos com a interpretação e mais com o que denomina *construção*. Esta, dirá Freud, é uma tentativa de reconstruir verbalmente uma parte do passado, uma peça da pré-história esquecida. Quando ele compara o trabalho do arqueólogo ao do analista, dirá que este último se encontra numa situação privilegiada, pois possui algo de que o arqueólogo não dispõe: "as repetições de reações que provêm dos primeiros tempos da infância e tudo quanto é mostrado através da transferência em decorrência destas repetições" (1937: 261). Mas Freud vai ainda mais longe quando diz, na sequência, que tudo o que é essencial na vida psíquica conservou-se "de algum modo, em alguma parte" só que "soterrado"[4], e trata-se de uma questão de técnica analítica trazer tais vestígios à luz.

Freud percebe, à medida que avança nas suas teorizações, as diferentes modalidades de inscrição psíquica da experiência, assim como os diferentes graus de registro mnêmico. Desde as formas mais evoluídas, capazes de evocação através da lembrança, até experiências de natureza traumática, cujos traços jamais poderão ser evocados, inscrições psíquicas que vagam desligadas pelo aparelho psíquico, extremamente pobres em representação, mas capazes de produzir estados afetivos caóticos; como assinalou Green (2002), um máximo de expressão e um mínimo de simbolização.

Estas breves observações assinalam o aspecto aberto da obra freudiana e sua teoria da transferência, que se alarga e ganha em sutileza e complexidade na medida em que sua compreensão do psiquismo se aprofunda. No entanto, a obra fundadora viu-se enriquecida, ampliada, questionada, ressignificada pelos analistas que o sucederam até os nossos dias. Quando os aportes de alguns psicanalistas foram a tal ponto significativos que chegaram a rever o modo de compreender o psiquismo e a clínica psicanalítica, sugiram o que se chamou "escolas psicanalíticas". Discorreremos, a seguir, sobre isso, mas, antes, retornemos a nossa clínica.

BREVE DISCUSSÃO CLÍNICA

Retomo sinteticamente um material clínico discutido num outro trabalho[5], com vistas a contribuir para ilustrar algumas ideias em torno da minha compreensão da transferência. Obviamente, tais ilustrações não recobrem a complexidade do fenômeno, mas aludem a alguns dos processos em jogo. Posteriormente, farei algumas observações sobre o complexo campo da psicanálise com crianças e as diferentes teorizações e posturas clínicas.

---

[4] Ideia destacada por Norberto Marucco (1999) – Cura analítica e transferência.
[5] Tanis (1995a) – "A transferência e o infantil".

Fui procurado pelos pais de Rodrigo quando ele tinha 7 anos, a pedido da escola. Não há queixas em relação ao aspecto pedagógico, elas se referem ao seu comportamento. Para os pais, a escola exagera. Em casa, as questões em torno da disciplina e do comportamento de Rodrigo são variáveis, percebo na fala dos pais uma certa ambiguidade. A mãe diz que o pai é muito tolerante e, algumas vezes, estourado. Rodrigo anda sempre sujo, mas não como consequência de brincadeiras, trata-se mais de um jeito desleixado, abandonado.

Minha intenção é referir-me a um aspecto da autoimagem de Rodrigo e a uma situação transferencial particular que colocarão em evidência certos aspectos em torno da demanda da escola e da ambiguidade parental. As primeiras sessões são dedicadas à exploração da sala e de seus recursos, dos brinquedos, da água e dos limites do analista. Tudo é testado e, depois desse movimento, Rodrigo começa uma demolição de todo o material da caixa: lápis, canetas, carrinhos. Tudo é sistematicamente destruído num movimento aparentemente sádico e desafiador. Num primeiro momento, fico impressionado com a agressividade de Rodrigo; é como se temesse também ser destruído. Apesar da ansiedade que esse movimento suscita em mim, em nenhum momento faço algo para impedi-lo. Tenho a impressão de que isso é o que ele provavelmente acaba suscitando nos outros. Até que, afinal, uma outra coisa chama minha atenção: no fim da sessão, todos os restos desses ataques são guardados por ele na caixa, nada é jogado fora, nada é esquecido. Rodrigo conserva os fragmentos de todas as suas investidas.

Numa outra sessão, ele pede que eu segure a tampa da caixa de um jogo para poder lhe dar um golpe certeiro e finalmente rasgá-la. Nesse momento, surge em mim a vontade de não me tornar cúmplice dessas cerimônias de destruição. Digo, então, de modo espontâneo: "Se você quiser, pode quebrar o que tiver vontade; mas eu não vou te ajudar a se destruir." Rodrigo me encara com um olhar diferente: tenta rasgar a caixa, mas logo desiste. Alguma coisa tinha mudado, alguma coisa perdera a graça. Essa intervenção, percebo posteriormente, possibilitou um rearranjo da situação transferencial e o início de um novo trabalho de simbolização. Foi possível, na sequência dessa análise, a conversa sobre sua imagem corporal, a sua necessidade de se identificar com o objeto sujo e agressivo, bem como a relação disso com fantasias sádicoanais.

Destaco o agir de Rodrigo na sessão, a necessidade de expressão dominante e a insaciável compulsão. Minha impressão é de que, diferentemente das broncas e castigos que recebera e que o solicitavam não brincar com os colegas, não sujá-los, tomando cuidado com sua irmã, minha fala o conduz a refletir sobre seu próprio movimento autodestrutivo. A minha recusa instaura no lugar do semelhante uma figura que zela pelo seu bem-estar, que visa a sua proteção. Rodrigo é o segundo filho de um casal que desejava uma menina, pois "seria mais fácil", "era um bebê muito agitado, sempre de pé; no carrinho, tinha que amarrar". Diante disso, ficamos com a impressão de que há uma dificuldade de receber e conter os impulsos agressivos de Rodrigo. Podemos formular a hipótese de que, muito precocemente na sua vida, os movimentos impulsivos ou agressivos foram rejeitados, na tentativa de controlá-los, talvez sempre compreendidos como tentativas de destruição.

Há dias em que Rodrigo pede que eu o segure e amarre com fita adesiva seus braços e pernas. Outras vezes constrói uma teia de aranha e joga-se nela, para depois tratar de libertar-se. Repete essas situações inúmeras vezes. Expressa sua vontade de se conter num jogo pulsional que o condena a uma luta eterna. Progressivamente, os cacos começam a ser redescobertos e os brinquedos, remontados – não do jeito como eram, mas numa nova ordem. Rodrigo torna-se um *bricoleur* da sua própria subjetividade. Não se trata apenas de um rearranjo de fantasias, mas de uma remontagem de fragmentos de sua história pulsionalmente investida. Trata-se, a meu ver, de uma transformação em relação ao infantil.

As intervenções do analista na relação transferencial não são mera explicitação, não se trata de um exercício de hermenêutica, elas têm valor performativo, na medida em que instauram um lugar diferente para a repetição. Quando me refiro à interpretação do analista, não se trata de um modelo canônico de intervenção, mas de uma intervenção cujo efeito *a posteriori* denota uma eficácia, promovendo um novo estado de ordenamento do campo da sessão. A partir de um lugar investido pelo circuito pulsional do analisando, a interpretação se torna eficaz e não apenas uma virtualidade. É por isso que, sujeita ao limite da palavra, ela ganha força, abrindo as portas para a neo-gênese. Entendemos a neo-gênese, concordando com Bleichmar, como "algo que não estava pré-formado e que não teria podido chegar a se instalar por si mesmo, se produz como consequência da intervenção analítica" (2001: 37). Não se trata aqui de uma idealização do analista ou da psicanálise, está em jogo a reordenação tópica, assim como a ressignificação do universo fantasmático a partir da experiência analítica. Possível, na medida em que consideramos o aparelho psíquico aberto ao exterior e às recomposições decorrentes de uma interação com um outro significativo, como sustenta Bleichmar.

Voltemos ao Rodrigo. Há um reconhecimento no contexto da análise dos impulsos destrutivos ao mesmo tempo em que se manifesta um envolvimento subjetivo do analista no campo transferencial. Há uma urgência à qual Rodrigo nos convoca. A minha recusa de cumplicidade instaura uma barreira que pode ser introjetada dando lugar ao início de uma nova posição subjetiva.

O INFANTIL, A TRANSFERÊNCIA E A PSICANÁLISE PÓS-FREUDIANA

O estado de dependência inicial do infante em relação ao adulto fez que várias teorias fossem elaboradas em relação aos modos pelos quais a subjetividade humana se constitui. Mesmo que a Psicanálise tenha o modelo freudiano como fundador, outros surgiram, como os de Klein, Bion, Winnicott, Lacan, Kohout, para citar os principais. Há também alguns complementares, que partem de pressupostos diferentes. Mas, independente do modelo adotado, cada vez mais a dinâmica inconsciente é focada a partir de sua atualização no campo transferencial analista-analisando. Essa compreensão do processo analítico foi ampliando nosso campo de visão dos processos de constituição da subjetividade. Podemos dizer, então, sem receio de generalização, que graças à transferência tivemos acesso ao modo particular pelo qual a subjetividade humana se constitui, assim como aos seus impasses e paradoxos.

Essas ramificações do tronco freudiano inicial deram lugar a um intenso debate de ideias. Debate fecundo, que ampliou o conhecimento da subjetividade humana, mas que, em muitos momentos, foi dominado por pensamentos dogmáticos e interesses políticos no seio do movimento psicanalítico. A psicanálise com crianças não só se viu envolvida nesse debate, senão que muitas vezes esteve no centro dele.

Os primeiros analistas de crianças transitaram, nas suas inquietações, pelos interrogantes freudianos. Perguntava-se se a criança seria capaz de transferência; como isso poderia acontecer, dado que ela estava vivenciando seu conflito edípico em relação aos pais reais; como seria possível já transferir. E como instaurar a associação livre através da linguagem, quando o jogo é a principal forma de comunicação do mundo infantil? E o que dizer da demanda de análise da qual, na maioria das vezes, os pais são os portadores?

Eram tantas as indagações e tão complexas as tentativas de respondê-las, que poucos se aventuravam nesse território, embora muitos o vissem como promissor, não somente pelos aspectos profiláticos e terapêuticos, mas como via de acesso aos estágios mais primitivos da psique humana. A história é conhecida de todos, está lá nos primeiros capítulos deste livro, referentes à história da Psicanálise com crianças, nos quais são relatados os tempos heroicos de Anna Freud, Melanie Klein, Sophie Morgenstein, suas descobertas e controvérsias. Graças a esses pioneiros e sua ousadia clínica, avançamos muito na compreensão do psiquismo infantil, das patologias e das possibilidades de intervenção.

Cabe destacar que, ainda que os debates tenham se originado em relação à análise com crianças, estavam em jogo diferentes concepções da formação do ego e das instâncias ideais, da relação entre a pulsão e a fantasia inconsciente, assim como a relação entre a psique e a realidade exterior. E também é preciso considerar que conviveram aí diferentes perspectivas sobre o objeto e a linguagem. Em suma, a psicanálise com crianças estimulou o desenvolvimento de nossa disciplina e esteve no centro de acirradas discussões.

Não é minha intenção aprofundar esses debates, isso nos afastaria do foco e mereceria um trabalho muito mais extenso, no entanto, é inevitável mencioná-los, pois todos os que se interessam pela Psicanálise e a psicanálise com crianças veem-se envolvidos de um modo ou de outro. Assim, pretendo oferecer ao leitor elementos que estimulem o pensamento e sejam úteis na compreensão da complexidade do tema. Pois bem, poderíamos rastrear as diferentes formas de compreender a transferência. Mas, para isso, remeto ao livro de Etchegoyen, *Fundamentos da técnica Psicanalítica*, de 1989, que dedica vários capítulos à noção de transferência e o faz com muita propriedade. Meu intuito é oferecer ferramentas metodológicas que auxiliem numa análise mais detida dessas diferenças e suas origens, assim como na possibilidade de encontrar certas confluências. Viso, com esta proposta, esclarecer certos ordenadores conceituais de modo a evitar os frequentes extravios nas frequentes armadilhas das ideologias.

Mezan (2000), em um importante trabalho, procurando assentar as bases metodológicas de elaboração de uma história da Psicanálise, destaca quatro eixos que caracterizam epistemologicamente a obra freudiana. Sintetizo-os:

a) Uma teoria geral da psique: que envolve, para Freud, os aspectos tópicos, dinâmicos e econômicos. Vale dizer, o modo de conceber a estrutura do aparelho psíquico, a sua dinâmica conflitiva e as forças que o movimentam.

b) Uma teoria da gênese dessa psique: introduz a noção de uma psique que não é dada como pronta desde o nascimento, que irá se estruturar e desenvolver não necessariamente de modo linear. Envolve aquisição da linguagem, sexualidade infantil, complexo de Édipo, vínculo com os outros, etc.

c) Uma teoria que envolve as modalidades de soluções para os conflitos fundadores. Estamos no campo da psicopatologia psicanalítica; da teoria das neuroses e outras desarmonias psíquicas para as quais a Psicanálise formula hipóteses sobre sua etiologia.

d) Por último, uma concepção do processo psicanalítico, da teoria da transferência, das modalidades de intervenção capazes de transformar certas modalidades de funcionamento psíquico. Estamos na esfera da clínica e suas diferentes possibilidades.

Um olhar atento para estes quatro eixos coloca em evidência a sua interdependência, evidencia que o modo de compreender e exercer a clínica guarda algum nível de conexão com o que entendemos por aparelho psíquico e seu modo de funcionamento, assim como a clínica da transferência nos ensina a respeito da constituição desse mesmo aparelho.

Ainda mais, como nos assinala Mezan no referido texto, os diferentes modelos teóricos tiveram origem na dispersão (e difusão) da Psicanálise por diferentes países. A isso se soma o que o autor coloca como três elementos principais[6] que deram origem a uma escola psicanalítica: uma matriz clínica particular, um determinado contexto cultural e uma leitura específica da obra de Freud. Esses três elementos definidores, pela sua forma pregnante e poder gerador, contribuíram para que diferentes constelações do espaço psíquico fossem exploradas e teorizadas, dando lugar a diferentes teorias sobre a origem e o desenvolvimento do aparelho psíquico, assim como modos de conceber a clínica. Vemos, assim, que abordar a transferência na clínica pós-freudiana é um tema de extrema riqueza e complexidade, pois envolve modelos que evoluíram e se desenvolveram a partir do tronco freudiano inicial. O analista francês Maurice Dayan cunhou a feliz metáfora *árvore dos estilos* para descrever esse florescimento.

Por um lado, a vantagem do modelo apresentado por Mezan é excluir qualquer pretensão de verdade última sobre a psique humana, algo que muitos gostariam de sustentar. Por outro lado, não é uma tarefa fácil para os analistas lidar com a existência de diferentes modelos – como a teoria pulsional, a teoria das relações de objeto ou um modelo baseado na linguística estrutural. Alguns, como Bernardi (1989,1994) analisam de modo muito interessante e com rigor epistemológico as ideias de *pluralismo* e *paradigma* para compreender essa diversidade. Outros propuseram que a "era das escolas", como foi denominada, era dominante nos anos 1960 e 70, e se ela chegou ao fim, é porque teria chegado a hora de buscar os pontos de coincidência e confluência entre modelos, ampliando a possibilidade de diálogo e lutando contra a babelização que decorreria dos grupos se fechando em torno de teorias, com cada vez menos possibilidade de comunicação entre si.

Situando-me nessa luta, pretendo assinalar alguns pontos polêmicos e possíveis caminhos de abertura e diálogo na clínica a partir da transferência.

Um dos pontos centrais no campo da análise com crianças diz respeito ao lugar ocupado pelos pais, seja na constituição subjetiva, seja no processo analítico. Seguindo a tendência de muitos analistas, há vários anos venho me interessando, tanto no trabalho clínico, quanto na reflexão teórica, pelo lugar que ocupa o outro, o adulto na constituição da subjetividade infantil, mas também desse outro mais amplo, que é a cultura na qual vivemos e atuamos.

Assim, vou dedicar alguns parágrafos a esses dois aspectos e convidar você, leitor, para uma reflexão. Veremos que esses dois aspectos – o singular e o cultural – guardam uma vinculação entre si e procuraremos assinalar o ponto de entrelaçamento.

Em torno do primeiro tema, sabemos a importância que tiveram os trabalhos de Winnicott sobre o *holding*, o papel atribuído à mãe no estabelecimento das primeiras funções psíquicas e no interjogo do espaço transicional. Também as contribuições de Bion sobre a *rêverie materna* colocam o outro materno num lugar fundante da metabolização das primeiras experiências e angústias do bebê. Mas, como sabemos, esse objeto não é só fonte de elaboração e crescimento.

---

[6] A origem dessa ideia encontra-se em Mezan (1985) – "As três fontes da Psicanálise"

Dando continuidade a uma citação de Freud em "Considerações sobre a guerra e a morte" (1915), quando afirma que os seres queridos, ao mesmo tempo em que formam nosso patrimônio íntimo, são uma parte de nosso Eu e também estranhos e inimigos, Green propõe a noção de *objeto-trauma* e destaca o aspecto paradoxal do objeto:

> Nesta ótica, o objeto que, no entanto, é originalmente meta das satisfações do Id, é de fato para o Eu, de certa forma, sempre uma causa de desequilíbrio – em poucas palavras, um trauma. Se é verdade que o Eu aspira a uma unificação e que esta unificação interna estende-se para uma unificação com o objeto, a reunião total com o objeto obriga o Eu a perder sua organização. Além disto, na medida em que esta reunificação é impossível, ela também desorganiza o Eu, na medida em que este não tolera esta separação. (1988a: 157)

Assim, Green destaca que o objeto-trauma representa uma ameaça para o Eu e o conduz a modificar seu regime de funcionamento:

> Pois, de um lado, sendo objeto interno à montagem pulsional, está carregado de toda a energética e de toda a fantasmática pulsionais; procura, portanto, penetrar o Eu desde o interior. Por outro lado, na medida em que é externo à montagem pulsional, o objeto não está à disposição do Eu e este deve – ao mesmo tempo em que ordena outras instâncias (o Id, O Super-Eu e a realidade) – violentar-se para sair de sua quietude e ir ao objeto, como se diz, ir ao trabalho. (1988a: 160)

Green recupera o paradoxo do encontro assim como anteriormente o fizera, com tanta lucidez, Winnicott.

Acredito que todos os que trabalhamos com crianças desenvolvemos algum tipo de reflexão pessoal sobre o lugar dos pais, cuja participação, a meu ver, não depende de nenhuma norma burocrática estabelecida *a priori*, mas da singularidade de cada configuração familiar e de como compreendemos metapsicologicamente a noção de infantil e seu vínculo com a transferência, como será explicitado adiante.

O que acontece quando percebemos que essas funções primárias de rêverie e holding parecem ter fracassado? O que determinará que optemos por uma ou outra estratégia clínica levando em consideração como referência fundamental o método psicanalítico; método que, ancorado na escuta transferencial (compreendida num sentido amplo), não se restringe a um *setting* clássico?

Tomaremos como ponto de partida observações de Silvia Bleichmar, notável psicanalista argentina, discípula de Jean Laplanche. Bleichmar (1993) constata que, na Psicanálise atual, há uma oscilação entre dois polos que operam como obstáculos constantes para pensar os fundamentos da clínica com crianças: um, derivado do kleinismo, considera a existência do inconsciente desde as origens e o concebe a partir de uma determinação endógena; o outro, proveniente da teorização de Lacan, localiza a criança seja como falo ou suporte do desejo materno, seja como sintoma do casal parental (p. 192). Simplificando bastante, poderíamos dizer: uma polaridade entre uma intra-subjetividade radical (originada numa homologia entre pulsão e fantasia, quase de origem biológica) e uma intersubjetividade que oferece pouco espaço para a singularidade do infante. Conforme a autora – e nos identificamos com sua proposta –, a chave para a saída desse dualismo redutor reside na compreensão do elo estreito entre a transferência e aquilo que a Psicanálise entende por infantil[7] desde uma

---

[7] A esse respeito, ver nosso trabalho anteriormente mencionado: Memória e temporalidade, sobre o infantil na Psicanálise, no qual discutimos amplamente a noção de infantil com base em casos clínicos e sua posição metapsicológica.

perspectiva metapsicológica. Trata-se de avaliar a pertinência da repetição das condições de emergência e estruturação do aparelho psíquico, que, de algum modo, impõe à transferência determinados caminhos.

O infantil, assinala Bleichmar, é inseparável do pulsional, alude a um modo de inscrição e funcionamento do sexual. Nesse sentido, é indissociável dos tempos de constituição do inconsciente. Abrem-se aqui as portas de uma concepção que questiona o endogenismo absoluto, mas reconhece o papel do intrapsíquico na formação da neurose e na possibilidade da cura. De outro lado, assinala a importância do intersubjetivo reconhecendo os restos, *metabola* (noção originada no pensamento de Laplanche), das inscrições que provêm do semelhante sem que estas tenham um caráter absoluto, atemporal ou transcendental. Isso remete às reflexões de Bleichmar (1993) quanto ao reconhecimento da captura na qual o sujeito se constitui em relação aos seus próprios desejos inscritos e reprimidos no inconsciente, ainda que eles possam ser efeitos residuais de impulsos desejantes que provenham do semelhante (p. 210). Esse esforço de superar posturas dicotômicas conduziu a autora a um estudo sistemático das contribuições dos autores de origem inglesa como Klein, Bion, Winnicott, Tustin, entre outros, assim como discípulos de Lacan, como Mannonni e Dolto. O resultado desse percurso estimulante está registrado em vários livros (dois deles constantes da bibliografia apresentada adiante) e testemunha um esforço de compilação crítica das diferentes contribuições teórico-clínicas.

Uma outra problemática que acaba marcando as discussões sobre a transferência tem origem nos efeitos psíquicos de experiências de natureza traumática cujos traços jamais poderão ser evocados; como dissemos anteriormente, há inscrições psíquicas que vagam desligadas pelo aparelho psíquico e são extremamente pobres em representação, mas capazes de produzir estados afetivos caóticos, como assinala Green (2002), objetos mnêmicos paradoxais, mais próximos do sinal do que do significante, geradores de um máximo de expressão e um mínimo de simbolização. Estamos, aqui, no terreno das somatizações, patologias *borderline*, angústias de vazio e outros quadros que, diferentes da neurose, apontam severas perturbações dos processos de simbolização. Nesses quadros, a defesa dominante não é o recalque, mas as cisões e clivagens do aparelho psíquico, uma dificuldade de integração.

Analistas como Bion e Winnicott contribuíram em grande medida para o trabalho com esse tipo de paciente. Nesse contexto, a situação analítica não é compreendida pelo clássico modelo de transferência formulado por Freud. Bion privilegia as transformações. Para dizê-lo de modo simples: Bion ([1962] 1991) aborda as funções de metabolização de elementos beta (inaptos para representação) em elementos alfa, signos que favorecem o processo de simbolização; os elementos beta não seriam aptos para a atividade de simbolização e seu destino, se não metabolizados, seria a evacuação mental, favorecendo atuações desestruturantes; já os elementos alfa, oriundos da função de rêverie materna, constituem a matéria-prima do sonho. Tomando essa direção, a clínica inspirada nas teorizações de Bion se transforma, a interpretação da transferência dá lugar à função onírica simbolizante no contexto da sessão, assim para Ferro (1995) "o que conta não é tanto a atividade interpretativa decodificadora, mas a real transformação das identificações projetivas do paciente" (Ferro, 1995:25). Bleichmar, trabalhando sobre esses mesmos quadros clínicos, enfatiza a atividade do analista em torno dos traços que poderão emergir na sessão, criando o que denomina *simbolizações de transição*. Trata-se, em ambos autores, de uma clínica atual focada, acima de tudo, nos processos de simbolização.

Uma outra vertente, oriunda do pensamento de Winnicott ([1971] 1975), põe sua atenção nos primeiros tempos da constituição do psiquismo, nas patologias do que Winnicott chamou de *sustentação* ou *holding*; fracasso primitivo do ambiente que impediu as funções de integração primária do *self*, de integração psicossomática e personalização. Assim, o lugar do analista sofre nova alteração como suporte para os processos integrativos, buscando ligar representações desarticuladas do *self*.

As aberturas são, a partir daí, muitas. Aqui, assinalamos apenas algumas direções. A situação analítica ganhou complexidade e, como vimos, também a dimensão transferencial, a ponto de alguns analistas preferirem focar no que denominam *campo da relação*, acreditando que o que se designa com o termo *transferência* já não dá mais conta de todos os fenômenos do processo analítico; outros optam por preservar essa designação não só pelo seu valor histórico, mas também como ordenador conceitual primordial do processo, embora alargando o seu significado, como pudemos assinalar. Com isso, esta breve síntese visa tão-somente destacar o vasto repertório de base psicanalítica, e que depende de nossa postura como analistas lançar mão de estratégias que promovam desenvolvimento psíquico mesmo que o *setting* não obedeça a parâmetros clássicos. Sem dúvida, um maior alcance dessas práticas, tanto no campo da clínica particular como no âmbito mais amplo da saúde pública, poderá trazer grandes benefícios a toda a população.

Cabe ainda uma breve menção à cultura atual e ao modo como se reflete nos processos de subjetivação, inculcando nas crianças a urgência de satisfação de aspectos narcísicos mais condizentes como o Eu-ideal do que com o Ideal do Eu. Elas vão, desse modo, se identificando modelos que elevam o ideal de completude ao paroxismo e têm como correlato angústias de vazio e de aniquilamento, não havendo espaço para os limites próprios à dimensão simbólica da castração. Como trabalhar clinicamente com tais configurações? Eis um dos maiores desafios da clínica atual. Mas esse tema merece uma discussão que transcende o escopo deste texto. Para prosseguir nele, remeto o leitor a Tanis (2003), *Circuito da solidão entre a clínica e a cultura*, e Tanis, Favilli & Anhaia Melo (2007), *A infância roubada*, textos nos quais o leitor interessado encontrará uma discussão e referências bibliográficas sobre a relação psique-cultura.

Por ora, chegamos ao fim do que se pretendeu uma indicação de percurso, baseada em constatações decantadas ao longo de muitos anos de leitura e clínica psicanalítica com crianças. Optei por compartilhar estas indagações e inquietações com a expectativa de que despertarão interesse, mas certo de que cada um deve trilhar seu próprio caminho nas veredas da subjetividade.

Bibliografia

BERNARDI, Ricardo. "The Role of Paradigmatic Determinants in Psychoanalytic Understanding". In: *International Journal of Psycho-Analysis*, 70:341-357, 1989.

_____. "Sobre el pluralismo en Psicoanálisis". APdeBa, XVI, n. 3, 1994.

BION, Wilfred. (1962) *Learning from experience*. London: Karnac, 1991.

_____. (1965) *Transformations*. London: Karnac, 1991.

BLEICHMAR, Silvia. *La fundación de lo inconsciente*. Buenos Aires: Amorrortu, 1993.

_____. *Clínica psicoanalítica y neogénesis*. Buenos Aires: Amorrortu, 2001.

ETCHEGOYEN, Horacio. *Fundamentos da técnica psicanalítica*. Porto Alegre: Artes Médicas, 1989.

FERRO, Antonino. *A técnica na psicanálise infantil*. Rio de Janeiro: Imago, 1995.

FREUD, Sigmund. (1900) La interpretación de los sueños. *Obras completas*. Trad. José Luis Etcheverry. Buenos Aires: AE, IV.

_____. (1905). Fragmento de análisis de un caso de histeria. *Obras completas*. Trad. José Luis Etcheverry. Buenos Aires: AE, VII.

_____. (1912) Sobre la dinámica de la transferencia. *Obras completas*. Trad. José Luis Etcheverry. Buenos Aires: AE, XII.

_____. (1912a) Recordar, repetir y reelaborar. *Obras completas*. Trad. José Luis Etcheverry. Buenos Aires: AE, XII.

_____. (1914) Introducción del narcisismo. *Obras completas*. Trad. José Luis Etcheverry. Buenos Aires: AE, XIV.

_____. (1920) Mas allá del principio del placer. *Obras completas*. Trad. José Luis Etcheverry. Buenos Aires: AE, XVII.

_____. (1937) Construcciones en El análisis. *Obras completas*. Trad. José Luis Etcheverry. Buenos Aires: AE, XXIII.

GREEN, André. "Pulsão de morte, narcisismo negativo, função desobjetalizante". In: GREEN. *A pulsão de morte*. Trad. Claudia Berliner. São Paulo: Escuta, 1988.

_____. *Narcisismo de vida, narcisismo de morte*. Trad. Claudia Berliner. São Paulo: Escuta, 1988a.

_____. "Tiempo y memoria". In: *La diacronía en psicoanálisis*. Buenos Aires: AE, 2002.

LAPLANCHE, Jean. (1987) *La cubeta. Trascendencia de la transferencia*. Trad. Marina Calvo. Buenos Aires: Amorrortu, 1990.

MARUCCO, Norberto. *Cura analítica e transferência*. Buenos Aires: AE, 1999.

MEZAN, Renato. "As três fontes da Psicanálise". In: *Freud Pensador da Cultura*. São Paulo: Brasiliense, 1985.

_____. "História da psicanálise: questões de método". In: *Jornal de Psicanálise*, 33, n. 60/61, 2000.

TANIS, Bernardo. *Memória e temporalidade: sobre o infantil na psicanálise*. São Paulo: Casa do Psicólogo, 1995.

_____. "A transferência e o infantil". In: *Percurso*, n. 14, 1995a.

_____. *Circuitos da solidão entre a clínica e a cultura*. São Paulo: Casa do Psicólogo, 2003.

TANIS, Bernardo; FAVILLI, Myrna & ANHAIA MELO, Celina. *A infância roubada*. São Paulo: no prelo.

VIDERMAN, Serge. (1970) *A construção do espaço analítico*. Trad. S. J. de Almeida. São Paulo: Escuta, 1990.

WINNICOTT, Donald Woods. (1971) *O brincar e a realidade*. Trad. José Octávio de A. Abreu e Vanede Nobre. Rio de Janeiro: Imago, 1975.

Reflexões sobre a transferência na análise de crianças: o enfoque Kleiniano

Audrey Setton Lopes de Souza

Capítulo X

Reflexões sobre a transferência na análise de crianças: o enfoque Kleiniano

A transferência é uma valiosa ferramenta de trabalho no processo psicanalítico, permitindo que, no aqui e agora da sessão, o analista tenha acesso a conteúdos que de outra forma seriam inacessíveis. A difícil tarefa de vencermos as barreiras da resistência e nos aproximarmos do inconsciente encontrou, na teorização e na clínica da transferência, uma nova possibilidade de trabalho com o inconsciente, agora não tão dependente da memória e intimamente relacionado às vivências com o analista[1].

Instrumento fundamental do trabalho analítico, a transferência, tal como Freud a concebeu, precisava ser repensada para que pudesse ser usada na análise de crianças e de psicóticos.

Em 1909, Freud escreve "Análise de uma fobia de um menino de cinco anos", introduzindo a possibilidade de análise com crianças - é o conhecido "Caso do pequeno Hans" (1909)[2]. Sabemos que a análise foi conduzida pelo pai da criança, sob a orientação de Freud, que nessa época acreditava que só um dos pais teria condições de analisar a criança e assim o justificou:

> Ninguém mais poderia, na minha opinião, ter persuadido a criança a fazer quaisquer declarações como as dela [...] dificuldades técnicas no caminho da aplicação da psicanálise numa criança tão jovem como essa seriam incontornáveis. Só porque a autoridade de um pai e a de um médico se uniam numa única pessoa, e porque nela se combinava o carinho com o interesse científico psicanalítico. (Freud, 1909: 15)

A leitura desse memorial permite perceber que, apesar de ter se encontrado apenas uma única vez com Hans, Freud era objeto da transferência do menino, assim como estava em jogo naquela situação uma série de transferências cruzadas entre Freud, Hans, seu pai e sua mãe (discípulos e admiradores de Freud).

Estavam presentes questões fundamentais para a viabilização de uma psicanálise com crianças. Seria uma criança tão jovem capaz de transferência? Poderia submeter-se à análise, nos mesmos moldes que os adultos? Aceitaria essa ajuda de um analista?

Esse foi um dos pontos em que discordaram Melanie Klein e Anna Freud, debatido por Klein nos textos "Simpósio sobre análise de crianças" ([1927] 1970) e "Princípios psicológicos da análise de crianças pequenas" ([1926] 1970). A divergência decorria de concepções

---

[1] Rezze (1997) tem um interessante trabalho de rastreamento do conceito de transferência e Spillius (2006), a partir de artigos não publicados de Melanie Klein, apresenta seus pensamentos sobre a técnica e também um estudo sobre as evoluções da técnica kleiniana.

[2] Tratado mais detalhadamente nos capítulos 3, 4 e 5 deste livro.

diferentes sobre a mente infantil e sobre a natureza da ligação entre a criança e seus pais e, de certa forma, persiste até hoje, sobre o modo de se conduzir a análise de crianças.

Qual o lugar dos pais na análise de crianças? Estando ainda sob forte influência dos pais e da família, como se constituiria a neurose de transferência? Como pensar a transferência na análise da criança? É possível uma repetição de algo que ainda está em formação? Teria a criança consciência da doença e desejo de se submeter-se a análise? Todas essas questões estão no cerne da noção de transferência em que se apoia o analista em seu trabalho.

Desde o início de seus trabalhos com crianças, Klein defendia a possibilidade de elas desenvolverem uma neurose de transferência análoga à do adulto. Acreditava que era possível analisar crianças apoiando-se em alguns elementos essenciais: a manutenção rigorosa de um *setting* analítico, a interpretação da transferência positiva e negativa, a possibilidade de considerar o brincar da criança como o equivalente do sonho e da associação livre, a constatação da presença de um superego primitivo e a convicção de que as imagos parentais não equivalem aos pais reais. Para se compreender o modo de abordagem da transferência em Klein, é necessária uma discussão sobre esses pontos.

Apoiada em sua experiência clínica com crianças e na observação de bebês, Klein desenvolveu uma concepção sobre a constituição do sujeito, segundo a qual já existiria, desde o nascimento, um relacionamento com a mãe, isto é, ao nascer, o bebê já teria um ego rudimentar, capaz de estabelecer relações de objeto e vivenciar ansiedades. Trata-se de um ego ainda não integrado, no qual uma tendência à integração alterna-se com uma desintegração defensiva, frente ao impacto das experiências internas e externas. A projeção e a introjeção colorem as relações da criança com as nuances de seu próprio mundo interno. Essas noções são importantes para compreender por que Klein afirma que, desde muito cedo, os pais, objetos de amor da criança, não são equivalentes ao superego primitivo, não sendo possível equiparar os verdadeiros objetos (pais) com aqueles introjetados pela criança. Assim, o que está em jogo na análise e na transferência de crianças, ainda que pequenas, é a relação com as imagos parentais que, pelo processo de projeções e introjeções, sofreram modificações, tornando-se, em diferentes graus, diferentes da imagem real dos pais.

Além disso, Klein considera que esse modo de estabelecer relações - decorrente das angústias em relação ao amor e ao ódio e da capacidade do ego de suportar as experiências de dor ou frustração - é repetido na situação analítica, criando com o analista uma transferência pautada nesses objetos internos e nas constantes flutuações entre objetos amados e odiados que dominam a experiência.

É importante discriminar o conceito de transferência em Freud e em Klein.

Em Freud, a noção de transferência traz uma ideia de reedição, um processo de transferência de figuras, relações e acontecimentos do passado que são repetidos em relação à figura do analista, sob a influência da compulsão à repetição.

> Que são transferências? São novas edições, ou fac-símiles, dos impulsos e fantasias que são criados e se tornam conscientes durante o andamento da análise; têm, entretanto, essa particularidade, que é característica de sua espécie: substituem uma figura anterior pela figura do médico [...] são simplesmente novas impressões ou reedições. (Freud, 1905: 113)

Além disso, Freud sublinha que a transferência opera como um *playground*, uma área intermediária entre a doença e a vida real, permitindo que a análise possa ali se desenrolar. Ao admiti-la no interior da transferência (como num *playground*), a transferência permite tirar a compulsão à repetição da clandestinidade e, assim, meio real, meio brincadeira, ela pode se expandir com mais liberdade e também revelar ao analista os instintos patogênicos escondidos em sua mente. A transferência criaria, portanto, uma região intermediária, entre a doença e a vida real, através da qual se faz a transição de uma para outra (Freud, 1914).

Esses apontamentos inserem um elemento importante: a manutenção do *setting* como condição que propicia o rastreamento da transferência.

Rezze (1997) faz um rastreamento do conceito de transferência em vários autores e destaca que é "quase impossível tratar o *tema* da transferência em Melanie Klein, porque verificamos que ele só pode ser considerado dentro do *sistema* kleiniano".

Para compreender o sistema kleiniano, devemos ter em mente que, ao descrever uma teoria do desenvolvimento, ela se centra na angústia, nos mecanismos de divisão, projeção e introjeção como elementos que darão o colorido das vivências emocionais. Por isso, ao estudar as pulsões, seu enfoque recai sobre a relação que esta estabelece com o objeto e sobre a experiência emocional subjacente. É com esse enfoque que Klein propõe observar o campo analítico, como um espaço privilegiado (propiciado pelo *setting*) para observar como no par analítico são vividas as emoções e de que forma elas colorem a relação com o analista.

Para ela, as vivências emocionais não podem ser pensadas como constituídas somente a partir da relação com os objetos reais, pois, devido ao papel desempenhado na vida psíquica pela projeção e pela introjeção, o objeto internalizado não é uma cópia do objeto externo, mas, sim, como este foi constituído a partir de uma sucessão de projeções e introjeções. Assim, cada vivência emocional adquire um significado de acordo com as características desses objetos internos. Klein destaca o papel que esse mundo interno desempenha sobre todas as nossas reações e formas de lidar com as situações internas e externas, determinando sobremaneira a forma de viver cada experiência.

A fim de compreendermos o sentido do trabalho analítico para Klein, é importante destacar que, para ela, o que permite o desenvolvimento psíquico é a possibilidade de introjetar com segurança um objeto bom. É esse bom objeto, atuando como um ponto focal dentro do ego, que permite a integração das experiências, dos instintos, das ansiedades etc. Sua teoria procura mostrar em que situações essa integração é prejudicada, o que a leva a pensar na importância de se analisarem com os pacientes exatamente essas situações. A análise visa à reintegração das partes expelidas por projeções ou identificações projetivas em outros objetos e no mundo externo, pois o *self* que recorre a projeções excessivas se enfraquece e, ao ser capaz de reintegrá-las - a partir da análise -, ele se fortalece e passa a conter as angústias e fantasias.

Na transferência, isso pode ser observado no paciente nos momentos em que se sente atacado, privado de amor, impotente ou abandonado pelo objeto (ou pelo analista). Esses momentos - que traduzem formas de ser e de viver do *self*, formas de ser dos objetos e de articulação dos instintos, ansiedades e fantasias - tendem a se repetir sobretudo pelo efeito da pulsão de morte desencadeada pelas situações de frustração ou de inveja.

Nessa proposta de interpretar a transferência negativa, está presente a ideia de permitir a simbolização dessas experiências, isto é, ao ser capaz de dar um sentido às situações ameaçadoras, elas não mais precisarão ser expelidas e projetadas, poderão ser pensadas e acolhidas pelo ego. Na medida em que esse ódio, antes não passível de simbolização, pode ser capturado num sistema de representação, o impulso de vida e o amor podem se desenvolver com mais segurança, e a transferência positiva aparece com mais clareza.

Tal perspectiva sugere que interpretar a transferência negativa não é simplesmente enfatizar o predomínio do ódio e, sim, mostrar a angústia que ele desperta articulando-o com as experiências positivas na forma como são vividas pelo paciente - culpa, desalento, solidão, abandono, persecutoriedade etc.

Como aponta Rocha Barros (1989), a questão essencial envolvida na transferência sob o vértice kleiniano não é a relação passado/presente, mas aquela existente entre mundo interno e mundo externo, pois o conceito de posição rompe, em certa medida, com a noção de tempo cronológico, privilegiando uma certa ótica a partir da qual as experiências são vividas. Dessa forma, aquilo com que temos que lidar ao longo da análise é com um passado a-histórico, que continua mudando e se alterando ao longo do processo psicanalítico.

Retomemos a descrição que Klein faz da análise com Rita, uma de suas primeiras pacientes, quando ainda atendia na casa das crianças, pois é ilustrativa de seu modo de pensar e interpretar a transferência.

> Rita, quando deixada a sós comigo em seu quarto, demonstrou imediatamente sinais do que eu tomei como sendo uma transferência negativa: ela estava ansiosa e silenciosa e logo pediu para sair para o jardim. Eu concordei e fui com ela – posso acrescentar, sob os olhares observadores de sua mãe e de sua tia, que tomaram isto como sinal de fracasso. Elas ficaram muito surpresas ao ver que Rita estava bastante amistosa comigo quando voltamos ao quarto, dez ou quinze minutos mais tarde. A explicação dessa mudança é que, enquanto estávamos fora, eu interpretei para ela sua transferência negativa [...] concluí que ela estava particularmente receosa de alguma coisa que eu poderia fazer a ela quando estava a sós comigo no quarto. (Klein, 1955: 152)

Ela relacionou os temores de Rita à fantasia de que uma mulher má a atacasse quando estivesse sozinha à noite, decorrente de uma cisão da agressividade e dos aspectos da mãe má, que a fazia ser muito apegada à mãe e ter muita dificuldade em ficar sozinha, padecendo de terrores noturnos e de fobia de animais.

Foi também refletindo sobre esse caso que ela decidiu não mais atender na casa da criança, não só pela percepção da atitude ambivalente da mãe em relação ao tratamento:

> Mais importante ainda, percebi que a situação transferencial – a espinha dorsal do procedimento psicanalítico – só pode ser estabelecida e mantida, se o paciente for capaz de sentir que o consultório ou a sala de análise e, na verdade, toda a análise é alguma coisa separada de sua vida familiar cotidiana. Isso porque é só sob tais condições que ele pode superar suas resistências contra vivenciar e expressar pensamentos, sentimentos e desejos que são incompatíveis com as convenções sociais e que, no caso de crianças, são sentidos como contrastantes com muito do que lhes foi ensinado. (Klein, 1955: 153)

Desde o início, o objetivo de Klein era manter com as crianças um *setting* analítico, evitando qualquer atitude moral, educativa ou tranquilizadora. Ela defendia que não era possível observar a transferência, se não se estabelecesse uma situação analítica adequada, e que não se podia estabelecer uma situação analítica adequada, se a transferência não fosse analisada.

Ela sempre reivindicou que o analista de crianças tivesse a mesma atitude frente ao inconsciente que um analista de adultos, repudiando qualquer atitude não analítica e opondo-se a uma ideia, vigente na época, de que a situação analítica com crianças deveria sofrer algumas alterações na técnica[3].

A fim de alcançar seu objetivo de manter-se estritamente fiel ao *setting* analítico, Klein dá ao brincar um caráter de comunicação, equivalente ao sonho e às associações livres, e acredita que essa comunicação pode vir à luz na situação criada nesse espaço. Assim, o tratamento de

---
[3] Esses pontos foram extensamente debatidos nos capítulos 1 e 5 deste livro.

crianças só demanda uma diferença na técnica - ao incluir o brincar -, mas não nos princípios psicanalíticos. Sua inovação pode ser observada - e levada em conta - no interior da situação analítica e, depois, interpretando-se a transferência negativa.

É no aprofundamento de suas reflexões sobre a transferência negativa que se situam os trabalhos pós-kleinianos sobre contratransferência e sobre a comunicação em análise de crianças e de pacientes mais comprometidos (Spillius, 1990).

Nas obras completas de Melanie Klein, há um único artigo sobre o tema da transferência, no qual ela afirma que:

> Sustento que a transferência origina-se nos mesmos processos que, nos estágios mais iniciais, determinam as relações de objeto. Dessa forma, na análise, temos de voltar repetidamente às flutuações entre objetos amados e odiados, externos e internos, que dominam o início da infância. Só podemos apreciar plenamente a interconexão entre as transferências positiva e negativa, se explorarmos o interjogo inicial entre amor e ódio, e o círculo vicioso entre agressão, ansiedades, sentimentos de culpa e uma maior agressão, bem como os vários aspectos dos objetos aos quais são dirigidas essas emoções e ansiedades conflitantes.
>
> [...] Estamos habituados a falar da situação de transferência. Mas será que temos sempre em mente a importância fundamental desse conceito? Minha experiência diz que, ao desenredar os detalhes da transferência, é essencial pensar em termos de situações totais transferidas do passado para o presente, bem como em termos de emoções, defesas e relações de objeto. (Klein, 1952: 76/78)

Segundo Spillius (2006), ao referir-se à transferência como situação total, Klein acredita que o que se transfere para a relação analítica não é a relação real que poderia ter sido vivida pelo paciente com seus pais no passado, mas lugar dessas pessoas no mundo interno do paciente. Essa relação é uma espécie de amálgama da experiência real com a fantasia inconsciente, portanto, constantemente colorida por projeções, reintrojeções e novas projeções, sempre influenciadas pela ansiedade e pelas flutuações entre amor e ódio.

Assim, a atenção do analista estará voltada para a experiência emocional da sessão e particularmente para os elementos que dão o colorido dessas experiências. O que se reedita na transferência são formas de viver as experiências emocionais e padrões de relacionamento com os próprios afetos.

É sempre muito difícil apresentar uma situação analítica em poucas palavras, mas, a título de ilustração, trago aqui uma vinheta clínica.

Atendi uma menina de 5 anos, trazida com a queixa de não aceitar ser uma menina e exigir vestir-se como menino. Após alguns encontros com ela e com seus pais, ficara evidente a dificuldade dessa menina na exploração de suas fantasias edípicas.

Na análise, quando conversava com ela durante as brincadeiras, ela dizia que eu devia me dirigir aos personagens por ela representados usando "o senhor". Brincávamos repetidamente de polícia e ladrão (ela era sempre o policial e eu, o ladrão). O que me chamava atenção era a severidade do policial, que parecia regozijar-se em punir sadicamente o ladrão. Eu pensava naquela situação como uma expressão de seu conflito interno entre seus desejos edípicos e um superego extremamente sádico, que não permitia a manifestação de sua rivalidade com a mãe, mas tinha a convicção de que, antes de trazer à tona essa rivalidade, era preciso que essa menina lidasse com esses elementos, ainda cindidos e separados, nas dramatizações que ela montava. Sofrendo, no papel do ladrão, os severos castigos do policial, pude aos poucos conversar com ela sobre os desejos do ladrão e o rigor do policial, aproximando aos poucos esses personagens. Acolhendo na transferência esses aspectos temidos por ela e enfrentando com ela esse rigoroso policial com que ela se debatia, pudemos, aos poucos, ir mudando o caráter de suas brincadeiras e fantasias.

É impossível compreender o modo atual de se trabalhar com a transferência do modelo kleiniano, sem ter em conta as modificações técnicas decorrentes do conceito de identificação projetiva, que levaram a mudanças significativas no modo de trabalhar, grandemente influenciadas pelas contribuições de Bion.

Em 1946, Klein apresenta a sua teoria da identificação projetiva, mostrando que a projeção pode se dar para dentro do objeto, alterando sua identidade, ampliando o conceito de transferência e, por consequência, o de contratransferência. "O encontro analítico passa a ser visto como uma relação e um processo de comunicação que produz um impacto mútuo, independentemente da vontade do paciente ou do analista" (Rocha Barros, 1989: 20).

O trabalho com crianças, por exemplo, nos coloca muitas vezes no lugar ou da aluna incompetente, ou daquele que sempre perde no jogo, ou do que sabe tudo, ou do curioso e intrometido, ou do controlador e moralizador, ou do que está sempre errado - formas de comunicação da experiência da criança.

Essa perspectiva do trabalho analítico está apoiada nas contribuições de Bion, que ampliou o conceito de identificação projetiva proposto por Klein introduzindo a ideia da identificação projetiva como forma de comunicação e ressaltando o papel do objeto externo para transformar e metabolizar os afetos insuportáveis para o ego do bebê.

O conceito de *rêverie*[4], desenvolvido por Bion, foi incorporado à técnica psicanalítica por vários representantes da escola kleiniana[5], mudando sua forma de trabalhar e de compreender a transferência e a contratransferência e dirigindo o foco das interpretações para a experiência emocional do par analítico durante as sessões.

Reproduzo a descrição de Rocha Barros (2006) desse processo, pois me parece didática e elucidativa:

> Através da identificação projetiva, o paciente projeta aspectos (ou a totalidade de seu *self*) para dentro do analista. O analista (receptor das identificações projetivas) transforma-se, por momentos, nos aspectos negados e projetados do paciente. Ele se transforma no eu com o qual o paciente tem conflitos em ser e, assim, não pode ser. Dessa forma, o analista vivencia, pelo paciente, aquilo que lhe é conflituoso ou que não tolera vivenciar. O receptor da projeção (o analista) torna-se participante na negação, por parte do paciente, de si próprio e passa a existir na fantasia deste com um sujeito separado. Ele é simultaneamente o eu e não eu do paciente. Dessa forma, a parte projetada do paciente é objetivada na subjetividade do analista. (Rocha Barros, 2006: 56)

Esse conceito é diferente do conceito de contratransferência, inicialmente proposto por Freud como a transferência neurótica do analista que, portanto, deveria ser eliminada pelo autocontrole do analista, que deveria observar a "regra da abstinência". Essa ideia deve ser preservada, para proteger o paciente das eventuais atuações do analista[6].

---

[4] Esse termo foi adotado por Bion (1962) para se referir a um estado mental de receptividade da mãe que lhe permite acolher as emoções projetadas por seu bebê e dar-lhes significado. A ideia é que o bebê, através da identificação projetiva, insere na mente da mãe um estado de ansiedade e de terror sentido como intolerável e ao qual ele é incapaz de dar sentido. A partir da introjeção dessa mãe receptiva e compreensiva, a criança será capaz de desenvolver sua própria capacidade de refletir sobre seus próprios estados mentais.

[5] Podemos citar como representantes desse movimento os autores compilados nas obras: Melanie Klein: evoluções (1989) e Melanie Klein hoje, volumes 1 e 2 (1990).

[6] Money-Kyrley (1956) e Pick (1985) escreveram interessantes trabalhos discriminando a contratransferência normal, seus desvios e as possibilidades de elaboração na contratransferência.

Ao se usar os conceitos de identificação projetiva e de contratransferência como comunicação, o que está em jogo é a possibilidade de examinar a experiência por que passa o analista em seu aspecto perturbador e fazer o trabalho mental necessário para superar a perturbação - pensar sobre ela, verificar se ela pode decorrer de uma projeção do paciente e eventualmente conseguir transformá-la em interpretações verbalmente comunicadas ao paciente.

Retomando o caso que comecei a relatar, ao viver o personagem-ladrão que ela me impunha, fui muitas vezes tomada de desejos de vingança em relação ao sádico policial, que me infligia longas e terríveis punições, às vezes sentia pena do ladrão, querendo justificar suas ações, além muitas outras emoções que precisaram ser acolhidas, contidas e trabalhadas dentro de mim, num trabalho de *working through*.

Outra maneira de se descrever a contratransferência é o modelo do "continente-contido", de Bion (1957), que remete também à importância do objeto, primordialmente a mãe, como metabolizadora das emoções do bebê, ainda incapaz de digeri-las. Esse conceito é assim descrito por Segal:

> Quando o bebê sente uma ansiedade intolerável, ele lida com ela projetando-a na mãe. A resposta da mãe é reconhecer essa ansiedade e fazer o que quer que seja necessário para aliviar a aflição do bebê. A percepção do bebê é que projetou algo intolerável sobre o objeto, mas o objeto foi capaz de contê-lo e lidar com isso. Pode então reintrojetar não só a sua ansiedade original, mas uma ansiedade transformada por ter sido contida. Introjeta também um objeto capaz de conter e lidar com a ansiedade. A contenção da ansiedade por um objeto interno capaz de compreender é um início da estabilidade mental. (Segal, 1982: 184)

Vemos aqui um desenvolvimento da ideia kleiniana de introjeção do objeto bom como primordial para a integração da personalidade. A mãe capaz de conter - que Bion denominou capacidade de rêverie – recebe, põe para dentro de si (introjeta) as experiências que o bebê sente como insuportáveis do *self*, dos objetos, ou mesmo de algumas experiências sensoriais e que foram projetadas nela através da fantasia do bebê. Ela precisa tolerar esses afetos, poder pensar sobre eles e compreendê-los; nas palavras de Bion, transformá-los. O momento seguinte seria o de devolvê-los, agora digeridos e desintoxicados, e isso se expressa na sua atitude em relação ao bebê, na maneira como lida com ele. Tal capacidade implica que essa mãe tenha um espaço interno para acomodar a dor e as angústias.

Assim, quando falamos em transferência, devemos também considerar a capacidade do analista de vivenciá-la.

Esse modelo de interação não verbal, característica da relação mãe-bebê, põe o analista no lugar daquele que exerce a função de acolher, por meio de sua rêverie, e transformar as experiências não digeridas de seus pacientes, num trabalho muitas vezes para além das palavras.

Ao finalizar sua análise comigo, um pequeno paciente, de 6 anos, que aterrorizava seus pais e a escola com ameaças de destruição de si mesmo e dos outros, assim definiu sua visão do processo: "Você era a única que não ficava louca comigo, acho que por isso você conseguiu me ajudar."

Ancorados também nas contribuições já citadas de Bion, vários autores kleinianos da atualidade apontam esse caminho, destacando que, se o paciente pode vivenciar o analista como alguém que suporta, compreende, contém e se mantém pensando, mesmo quando é induzido, na situação criada pela criança, a viver as emoções, os impulsos ou sentimentos que ela viveu em suas relações de objeto iniciais, estão criadas as condições para que seja possível a introjeção não só do conteúdo que é interpretado pelo analista, mas também das próprias funções do analista como perceber, suportar e pensar. A possibilidade de introjetar essas funções do ego permite desenvolver uma mente capaz de aprender com a experiência, isto é, uma mente que, frente ao impacto de uma experiência emocional, pode observar, avaliar, lembrar, enfim, pensar única forma de alcançar um certo sentido de realidade que permita superar modos primitivos de funcionamento nos quais evacuação, fuga e onipotência são as formas encontradas para lidar com as tensões.

A partir do exposto, propomos pensar no processo analítico como o processo de uma dupla - duas pessoas que vivem, juntas, dentro do *setting*, uma história analítica. É no desenrolar dessa história compartilhada que se desenvolve a análise.

> A mente do analista seria como uma corda vibrada ao toque das angústias emergentes projetadas. Nesse momento, a neutralidade não se mantém. Como parceiro ativo do drama inaugurado pela transferência, o analista é jogado para um duplo trabalho: sentir e pensar, simultaneamente, para que seja possível, através do enfrentamento do sentimento vivido, abrigar dentro de si e devolver, mais articulada, toda a gama de emoções que o paciente não pode elaborar. É a capacidade de rêverie que entra em cena. Continente de dores arcaicas, ele deve poder descontaminar todo esse explosivo projetado. (Favilli, 1998: 835)

Na construção dessa história analítica, buscamos desenvolver, dentro da relação, um aparato psíquico capaz de pensar e transformar as experiências emocionais pelos dois membros do par.

Todos esses conceitos mostram como o campo analítico abarca experiências que vão muito além de tornar consciente o inconsciente e, assim, aquele que pretender trabalhar nesse campo deve aprofundar-se em todos esses conceitos e também no conhecimento de si mesmo, através de sua análise pessoal.

Bibliografia

BION, Wilfred Ruprecht. (1957) "Diferenciação entre a personalidade psicótica e a personalidade não psicótica". In: *Estudos psicanalíticos revisados*. Rio de Janeiro: Imago, 1988.

_____. (1962) "Uma teoria sobre o processo de pensar". In: *Estudos psicanalíticos revisados*. Rio de Janeiro: Imago, 1988.

FAVILLI, Myrna Pia. "Transformações da posição do analista no *setting*: não estamos mais num só lugar - até onde poderemos chegar?". In: *Revista Brasileira de Psicanálise*, vol. 32, n. 4, 1998.

FREUD, Sigmund. (1969) *Edição Standard Brasileira das Obras Psicológicas Completas de Sigmund Freud (ESB)*. Trad. J. Salomão. Rio de Janeiro: Imago, 1980.

_____. (1905) "Fragmentos da análise de um caso de histeria". In: *ESB*. Trad. J. Salomão. Rio de Janeiro: Imago, 1980.

_____. (1909) "Análise da fobia de um menino de 5 anos (caso Hans)". In: *ESB*. Trad. J. Salomão. Rio de Janeiro: Imago, 1980.

_____. (1914) "Recordar, repetir e elaborar". In: *ESB*. Trad. J. Salomão. Rio de Janeiro: Imago, 1980.

KLEIN, Melanie. (1919/21) "O desenvolvimento de uma criança". In: *Contribuições à psicanálise*. Trad. M. Maillet. São Paulo: Mestre Jou.

_____. (1921/27) "Simpósio sobre análise de crianças". In: *Contribuições à psicanálise*. Trad. M. Maillet. São Paulo: Mestre Jou, 1970.

_____. (1946) "Notas sobre alguns mecanismos esquizóides". In: *Melanie Klein, 1882-1960; Inveja e gratidão e outros trabalhos (1946-1963)*. Trad. da 4 ed. inglesa: Elias Mallet da Rocha Barros, Liana Pinto Chaves (coord.) et al. Rio de Janeiro: Imago, 1991.

_____. (1952) "As origens da transferência". In: *Melanie Klein, 1882-1960; Inveja e gratidão e outros trabalhos (1946-1963)*. Trad. da 4 ed. inglesa: Elias Mallet da Rocha Barros, Liana Pinto Chaves (coord.) et al. Rio de Janeiro: Imago, 1991.

_____. (1955) "A técnica psicanalítica através do brincar: sua história e significado". In: *Melanie Klein, 1882-1960; Inveja e gratidão e outros trabalhos (1946-1963)*. Trad. da 4 ed. inglesa: Elias Mallet da Rocha Barros, Liana Pinto Chaves (coord.) et al. Rio de Janeiro: Imago, 1991.

MONEY-KYRLEY, Roger. (1956) "A contratransferência normal e seus desvios". In: *Melanie Klein Hoje: desenvolvimentos da teoria e técnica*. Editado por Elizabeth Bott Spillius. Rio de Janeiro: Imago, 1990.

PICK, Irma. Brenman. (1985) "Elaboração na contratransferência". In: *Melanie Klein Hoje: desenvolvimentos da teoria e técnica*. Editado por Elizabeth Bott Spillius. Rio de Janeiro: Imago, 1990.

REZZE, Cecil José. "Transferência: rastreamento do conceito e relação com transformação em alucinose". In: SANDLER (org.). *Ensaios Clínicos em psicanálise*. Rio de Janeiro: Imago, 1997.

ROCHA BARROS, Elias Mallet (org.). *Melanie Klein: evoluções*. Trad. Ana Maria Leandro e Lídia Rosemberg Aratangy. São Paulo: Escuta, 1989.

_____. "Contratransferência e interpretação das relações de objeto". In: ZASLAVSKY et al. (org.). *Contratransferência: teoria e prática clínica*. Porto Alegre: Artmed, 2006.

SEGAL, Hanna. *A obra de Hanna Segal: uma abordagem kleiniana da prática clínica*. Trad. Eva Nick. Rio de Janeiro: Imago, 1982.

SPILLIUS, Elizabeth Bott. *Melanie Klein hoje: desenvolvimentos da teoria e técnica*. Editado por Elizabeth Bott Spillius. Rio de Janeiro: Imago, 1990.

_____. "Melanie Klein revisitada: seus pensamentos não publicados sobre técnica". In: *Uma visão da evolução clínica Kleiniana: da antropologia à psicanálise*. Elizabeth Bott Spillius. Rio de Janeiro: Imago, 2006.

_____. "Evoluções da técnica kleiniana". In: *Uma visão da evolução clínica Kleiniana: da antropologia à psicanálise*. Elizabeth Bott Spillius. Rio de Janeiro: Imago, 2006.

Interpretação

Parte VI

Escuta e interpretação na análise de crianças: primeiras aproximações

Maria do Carmo Vidigal Meyer Dittmar

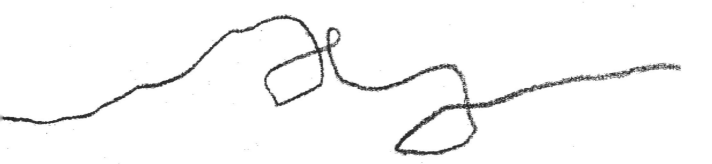

Capítulo XI

Escuta e interpretação na análise de crianças: primeiras aproximações

Escuta e interpretação na análise de crianças – o tema fascina e atrai. O que fazemos diante de nossos pequenos pacientes? Como e por que procedemos assim? Promessa de resposta a enigmas de toda ordem que rondam o analista diante de seu paciente, a abordagem dessas interrogações se mostra extremamente complexa, principalmente quando se trata de crianças. Tema amplo, a interpretação não é sistematicamente examinada pela maioria dos autores, o que nos convida a um trabalho de investigação. No entanto, para cercar minimamente a questão, seria preciso convocar toda a Psicanálise. Tratar-se-ia de uma pesquisa imensa, da qual este trabalho pretende ser apenas uma primeira aproximação.

Assim, este trabalho é necessariamente parcial. Mais do que esgotar o tema, pretende ser um convite para que cada um prossiga nesta pesquisa, lendo diferentes autores – descobridores e criadores – para encontrar em seus desenvolvimentos teóricos e em sua clínica os principais conceitos a partir dos quais direcionam sua escuta e sua interpretação. Em minha investigação, escolhi alguns autores[1] e colhi alguns fragmentos que julguei importantes. Recorri a Melanie Klein, Antonino Ferro, Françoise Dolto e Silvia Bleichmar. O que justifica a eleição de Klein e Dolto é o lugar fundador que ocupam na análise de crianças; quanto a Ferro e Bleichmar, são analistas contemporâneos que, cada um em sua vertente teórica – a do primeiro inglesa, embora ele próprio seja italiano, e a da segunda francesa, embora ela seja argentina –, seguem produzindo ferramentas férteis*. Lê-los a partir dessa pergunta mostrou-se interessante, e é este meu convite. Não abandonei esses autores antes de lhes extrair algo que me parecesse essencial em seu pensamento e que fizesse sentido para a clínica com crianças. Neste percurso, a direção seguida visou recolher os principais eixos em torno dos quais a interpretação se constrói e ganha legitimidade. Optei por buscar a coerência interna de cada um dos modelos, em vez de procurar por seus impasses. A associação livre, a transferência, a contratransferência, a história que os pais nos contam... – embora quase sempre todos esses elementos estivessem presentes, em cada autor um deles ganhava destaque em sua abordagem. A necessidade de articulá-los com a concepção de aparelho psíquico e a de constituição do sujeito era clara, mas ameaçava tornar este trabalho infindável. Notas de rodapé se fizeram essenciais para permitir que o texto tivesse alguma fluência sem perder o rigor necessário. Elas

---

[1] Dentre os autores não abordados, destaco Winnicott, pela importância e singularidade de seus aportes, devidamente contemplados em outros capítulos deste livro. Sobre a interpretação ver, em especial, o capítulo 13.

* Silvia Bleichmar faleceu dia 16 de Agosto de 2007, pouco tempo após a conclusão deste capítulo.

procuram situar algumas das brechas, as mais evidentes, do meu percurso, a partir das quais um aprofundamento seria possível, assim como mencionar alguns conceitos fundamentais para determinado autor, por vezes discriminando-o daqueles presentes em outro.

INICIANDO A CONVERSA...

Primeiro, vamos recorrer a Freud.

No primeiro de seus "Dois verbetes de enciclopédia", de 1922, denominado "A Psicanálise", Freud apresenta a seguinte definição:

Psicanálise é o nome para:

1) um *procedimento psicológico de investigação* de processos psíquicos quase inacessíveis de outra maneira,

2) um *modo de tratamento* das desordens neuróticas, fundado, justamente, no *procedimento de investigação* dos processos inconscientes e

3) uma série de *concepções metapsicológicas* adquiridas por esse meio e que se desenvolvem juntas para formar progressivamente uma nova disciplina científica. (Freud, 1922 *apud* Assoun, 1996: 24, grifos nossos.)

Vemos como nessa definição se desdobram, de forma intrinsecamente articulada, método de investigação, tratamento e construção teórica. A clareza desse enunciado é proporcional à complexidade do campo que evidencia.

De sua clareza advém a sensação de que tudo está dito aí: sim, é claro; a psicanálise, enquanto "procedimento psicológico" específico, é um método de investigação, investigação esta que, em seu próprio exercício de pesquisa e descoberta do inconsciente, consiste em um tratamento. Esta investigação-tratamento é sustentada por uma série de concepções teóricas, as quais, por sua vez, se enriquecem e reformulam constantemente a partir dessa mesma investigação-tratamento que consiste, ao final das contas, na clínica de cada dia.

A complexidade do campo, penso, se relaciona tanto às dificuldades inerentes a esta prática, dada a dificuldade de o ser humano se manter ao mesmo tempo estável e aberto ao novo e desconhecido, como também às sucessivas edificações teóricas que foram se construindo no decorrer do tempo.

Tornou-se corrente falarmos de uma Babel psicanalítica, nos referindo assim à diversidade de teorias existentes e ao fato de que revelam concepções frequentemente inconciliáveis.

Ao tomarmos como tema a interpretação, é-nos exigido encarar os fios específicos de cada modelo teórico construído que permitem que essa prática de investigação acione a cura. Isto nos leva a investigar a articulação entre método e teoria, uma vez que a ação do terapeuta se sustenta – não só, mas também[2] – em sua concepção de sujeito e do aparelho psíquico, esteja ela mais ou menos explicitada e fundamentada teoricamente.

A intenção deste trabalho é, assim, abordar aspectos da intrínseca relação entre teoria e método em cada um dos autores escolhidos; ao mesmo tempo, propõe-se destacar as principais balizas a partir das quais o analista tece a interpretação.

---

[2] Abro aqui, neste trabalho, uma pequena porta para o infinito. Refiro-me, por exemplo, a tudo aquilo que o analista "é", dificilmente nomeável, e que se presentifica incessantemente: seu tom de voz, as palavras que usa, seu olhar, seus gestos... E sabemos o quanto, na análise de crianças, tudo isso se potencializa.

INTERPRETAÇÃO: UMA PRIMEIRA DEFINIÇÃO

Sigamos com uma primeira definição de interpretação em Psicanálise. Trata-se de uma definição bastante geral, cujo mérito é atrelar a interpretação psicanalítica, de saída, a um método específico, para que possamos, restringindo-nos ao campo da Psicanálise, diferenciá-la de qualquer outro tipo possível de interpretação. O autor é Laplanche, que, em um texto denominado "Interpretar (com) Freud", assim define a interpretação em psicanálise:

> O que então caracteriza a interpretação psicanalítica? Não é somente a certeza de que existem nos comportamentos com os quais é confrontada ao menos dois textos: aquele que o sujeito dá ou se dá na imediaticidade de sua consciência, e um texto, uma espécie de discurso inconsciente que se chama "fantasia de desejo". *É o método necessário para passar de um ao outro. Este método, caracterizamo-lo como análise* [...] (Laplanche, 1988: 24, grifo nosso)

Especifica então as duas regras essenciais do diálogo psicanalítico: a da associação livre para o analisando e a da atenção igualmente flutuante para o analista, que formam um todo metodológico, destacando que o essencial é a ênfase em tratar igualmente todos os elementos do discurso. Explicita:

> Todos os detalhes de um sonho, por exemplo, devem ser tomados, sem que nenhum seja privilegiado, como ponto de partida possível para uma cadeia associativa. Mas o próprio termo "elemento" não deve iludir [...] O que chamamos elemento do relato é qualquer coisa, propriamente falando, deste relato, tanto um detalhe como uma cena ou o conjunto do sonho. [...] Assim, podem fazer parte dos elementos do sonho, e sem que nada lhes confira um valor privilegiado, a impressão que conduziu em mim (tristeza? medo?) ou o julgamento que acredito ter em "segundo grau". Este sonho era "vago" ou, então, "a partir daqui não me lembro mais nada": estas frases podem nos pôr na pista, não de uma característica do sonho, mas de um "pensamento latente" entre outros: o de meu amigo X que gosta de usar roupas meio "soltas", ou de um esquecimento que cometi em estado de vigília, antes do sonho. (Laplanche, 1988: 24)

Esse pequeno trecho de Laplanche deixa claro que não basta reconhecermos a existência de dois discursos, um manifesto e outro latente (mesmo que reconheçamos a força do discurso inconsciente pelo nome de "realidade psíquica"), para podermos afirmar que estamos no campo da Psicanálise. É necessário que o método psicanalítico se faça presente para que, do discurso que se dá a ver e ouvir, possamos, nas palavras de Laplanche, "dar audiência ao processo primário", aproximando-nos da escuta de um outro discurso – a partir daí tão-somente esboçado –, discurso este desconhecido tanto pelo analista como pelo paciente. Subjaz a essa ênfase no método uma crítica a toda interpretação psicanalítica que se apoie preponderantemente na decodificação ou tradução de um sentido em outro de forma linear e direta, em especial quando parte de uma teoria e/ou de um pretenso simbolismo universal. Laplanche deixa claro que o risco da tradução, ou retomada de um discurso em outro discurso, se apresenta para todo analista. Nesse texto, sua crítica se dirige em especial a Jung, sem deixar de mencionar o próprio Freud, nos momentos em que validou uma teoria do "simbolismo" que pretendia reencontrar uma linguagem inconsciente universal.

Pois bem, se o método é uma das balizas fundamentais da escuta e interpretação em Psicanálise, somos conduzidos à questão da associação livre na análise de crianças em face da peculiaridade de seu discurso, que, genericamente, costumamos chamar de "brincar".

UMA PRIMEIRA APROXIMAÇÃO A KLEIN "VIA" LAPLANCHE

Em um texto bastante conhecido denominado "É preciso queimar Melanie Klein?", Laplanche, inserindo-se no debate entre Ana Freud e Melanie Klein, coloca-se ao lado desta. Para ele, Klein toma o jogo como uma linguagem que, como toda linguagem, se torna, na análise, algo diferente do que é fora dela, distinguindo-se então do jogo observado objetivamente para se converter no equivalente de um discurso. "Assim como o discurso do analisando presta-se aos movimentos de interpretação, de confirmação, de simbolização, o jogo na análise volta-se para o analista" (Laplanche, 1988: 52). A especificidade da situação psicanalítica é capaz de "virar do avesso" tanto o jogo como a palavra, uma vez que se exclua o que se passa fora da análise – que Laplanche designa como o adaptativo e o funcional – e que isso seja tomado como linguagem na transferência.

Vemos introduzir-se aí um outro eixo fundamental – ao lado da associação livre e da atenção igualmente flutuante – que deve ser levado em conta ao se falar sobre a interpretação na análise com crianças, a saber, a transferência[3].

No entanto, embora reconheça em Klein a escuta do jogo como linguagem em transferência, Laplanche faz uma crítica contundente ao método de interpretação, que ele considera desprezar a associação livre e se sustentar na decodificação a partir de um sistema simbólico preestabelecido.

É importante assinalar que o foco de Laplanche nesse texto não é criticar Klein, mas "fazer trabalhar" a teoria freudiana e a kleiniana, sem tampouco visar assimilar concepções tão diversas e nem tomá-las ao pé da letra, mas aproximá-las em direção ao que vê como fundamental: a forma como ambas tentam responder à exigência do reconhecimento do mundo inconsciente e da verdade da pulsão[4].

No entanto, aqui, retomar a crítica de Laplanche me parece importante por três razões:
1) Em primeiríssimo lugar, por ser muito mais abrangente do que a crítica exclusiva dirigida à técnica kleiniana, como já começamos a enunciar.
2) Em segundo lugar, por abrir a questão, fundamental no que se refere à interpretação na análise de crianças, da concepção kleiniana do brincar como equivalente à associação livre.

---

[3] Mais uma vez, contamos aqui com os desenvolvimentos trazidos pelos capítulos 9 e 10 deste livro para um aprofundamento nesse tema. Vale, no entanto, ressaltar a posição de Laplanche. Enxergando em Melanie Klein uma analista "de primeira", esse autor considera que a "afirmação do mundo interior" efetuada por Klein – mundo este que não é resultado da lembrança de experiências reais mais antigas, e sim "o depósito introjetado destas experiências, mas modificadas pelo próprio processo de introjeção" – permite falar em transferência na análise de crianças: "O problema essencial da transferência não se resume, portanto, a uma relação passado/presente; está na relação entre este mundo interior e as relações novas que se instauram. Neste sentido, não se deve ter medo de dizer que a relação com os pais reais é, ela mesma, uma transferência" (Laplanche, 1988: 54). Laplanche resume assim seu raciocínio: "Nossa conclusão no que concerne a esta revolução da análise de crianças é, portanto, dupla: afirmação do mundo interior – povoado de demônios – que não se parece em nada a um decalque mnésico de um mundo real anterior, mesmo se toma emprestadas suas representações a este mundo anterior. E afirmação que a análise reitera, tanto na criança como no adulto, este corte entre o mundo adaptativo e aquele onde reinam o amor e o ódio" (idem). Necessário ressaltar que Laplanche vai ancorar sua concepção de mundo interior concebendo o conceito de pulsão e suas vicissitudes de forma radicalmente distinta daquela apresentada por Melanie Klein. Mas isto é outra história.

[4] É assim que, neste movimento de aproximação e diferenciação, Laplanche presta uma homenagem à teoria kleiniana, a qual ele considera posicionar-se muito próxima dos processos mais profundos do inconsciente, privilegiando, a partir da especificidade de sua reflexão, a introjeção como processo constitutivo fundamental. Laplanche, no texto citado, situa Klein na "tradição flamejante que reconhece o caráter estranho, estrangeiro, hostil, angustiante do 'nosso mundo interior' e que reconhece a força determinante da realidade psíquica, fazendo de nossas fantasias seres reais, atacantes, sadizantes ou aterrorizantes" (p. 51).

3) E, por último, por trazer à tona a questão da interpretação simbólica – veremos como, no desenvolvimento posterior do pensamento kleiniano, a técnica sofrerá transformações significativas.

Sigamos assim, passo a passo.

Em primeiro lugar, utilizamo-nos da crítica laplanchiana ao modelo kleiniano para chamar atenção ao fato de que qualquer teoria pode se interpor entre a comunicação do analisando e o analista, funcionando como uma outra linguagem capaz de impor significações preconcebidas – tradução ou decodificação de uma linguagem em outra sem levar em conta as associações dos pacientes. É, assim, uma crítica legítima, que evidencia um risco portado por qualquer teoria: um elemento, descontextualizado, pode se tornar a chave principal, ou mesmo única, de interpretação disponível ao analista, levando-o a atribuir significados às produções do paciente, o que ainda se acentua pela peculiar linguagem da criança. Assim, não é incomum, para citar apenas um exemplo, que hipóteses advindas a partir do relato-história dos pais tomem a frente da escuta da criança, também servindo de "dicionário", constituindo um guia supostamente seguro a partir do qual o analista decodifica um termo em outro. Resulta daí que se oblitere a escuta.

Estamos, então, a defender o abandono da referência consistente a uma teoria?

É claro que não. Penso, ao contrário, que tanto o método como a transferência – que situamos como balizas da escuta e da interpretação – se sustentam na metapsicologia; mais adiante, abordaremos também a escuta da história trazida pelos pais. Defendo que o método (associação livre e atenção flutuante), transferência e contratransferência, assim como a escuta da história, articulados pela teoria relativa ao funcionamento do aparelho psíquico e à constituição do sujeito, são os elementos capazes de permitir ao analista abrir sua escuta em direção ao desconhecido, sustentando sua interpretação.

Em segundo lugar, a crítica de Laplanche, ao afirmar que Klein desconsidera a associação livre, nos leva a buscar entender, em Klein, a relação entre brincar e associação livre. Para tanto, nada como ler a descrição kleiniana da técnica do brincar.

Em seu livro *A Psicanálise de Crianças*, editado em 1932, Melanie Klein apresenta uma versão ampliada de seu artigo de 1926, "Princípios psicológicos da análise de crianças pequenas". Dentre as condições para o tratamento de uma criança pequena que parecem estar ausentes, destaca que, embora presentes, as associações de fala – que se apresentam como o principal instrumento de um tratamento adulto – são insuficientes nas crianças. Diz, então, que as características especiais da mente infantil propiciaram a base da análise da técnica do brincar:

> A criança expressa suas fantasias, seus desejos e suas experiências reais de um *modo simbólico*, através de brincadeiras e jogos. Ao fazer isso, ela emprega o mesmo modo de expressão arcaico e filogeneticamente adquirido, a mesma linguagem, por assim dizer, com que estamos familiarizados nos sonhos; e só poderemos compreendê-la plenamente se a abordarmos da forma como Freud nos ensinou a abordar a linguagem dos sonhos. *O simbolismo* é apenas uma parte dela. Se desejarmos compreender o brincar da criança corretamente em relação ao *seu comportamento como um todo* durante a sessão analítica, *não devemos nos contentar em pinçar o significado dos símbolos isoladamente na brincadeira, por impressionantes que sejam tão freqüentemente, mas devemos considerar todos os mecanismos e métodos de representação empregados pelo trabalho do sonho, sem nunca perder de vista a relação de cada fator com a situação como um todo*. A análise de crianças muito pequenas tem mostrado repetidamente quantos *significados diferentes pode ter um único brinquedo ou um único segmento de uma brincadeira e que só podemos inferir e interpretar seu significado quando consideramos suas conexões mais amplas e a situação analítica em que se inserem*. A boneca de Rita, por exemplo, às vezes representava um pênis, às vezes uma criança que ela havia roubado da mãe e às vezes o seu próprio self. Um impacto analítico pleno só pode

ser obtido se colocarmos esses elementos em conexão com o *sentimento de culpa da criança* por meio da interpretação minuciosa deles até o mais mínimo detalhe. A *imagem caleidoscópica total*, muito freqüentemente com toda a aparência de não ter nenhum sentido, que as crianças apresentam em uma única sessão analítica, a maneira como elas passam de brincar com um brinquedo para uma personificação de algo utilizando-se a si próprias e, em seguida, de voltar a brincar com água, a cortar papel ou desenhar, como a criança faz isto ou aquilo, por que muda o seu jogo e que meios escolhe para expressar o conteúdo de suas brincadeiras – podemos ver que todas estas coisas têm método, e se tornarão *significativas se as interpretarmos como interpretamos os sonhos*. Com muita freqüência as crianças expressam na brincadeira as mesmas coisas que estiveram há pouco nos contando através de um sonho ou produzem associações a um sonho na brincadeira que o sucede. Pois o brincar é o meio mais importante de expressão da criança. *Se utilizarmos a técnica do brincar, logo descobriremos que a criança traz tantas associações aos elementos separados da sua brincadeira quanto os adultos com os elementos separados de seus sonhos.* Esses elementos separados do brincar são indicações para o observador experiente; e, enquanto brinca, a criança também conversa e diz toda a sorte de coisas, que têm o valor de genuínas associações. (Klein, 1997: 27, grifos nossos)

Seguir essa descrição de Klein é apaixonante. Qualquer analista de crianças reconhece de imediato uma descrição capaz de dar conta da diversidade de possibilidades do acontecimento clínico que é o encontro com a criança. Impossível abandoná-la.

Deixemos claro: se o citamos tão longamente é porque consideramos que, com esse texto, podemos ir aprendendo a escutar as crianças e, consequentemente, interpretá-las. Na descrição de Klein, acompanhamos o leque de possibilidades de significação de cada um dos brinquedos e do jogo como um todo, os volteios, as interrupções, as quebras de continuidade e os retornos. A imagem do caleidoscópio é extremamente rica e pertinente: remete a uma infinidade de giros possíveis nos quais cada elemento não tem um significado em si, mas ganha significação ao se articular aos outros elementos, sejam estes brinquedos ou segmentos das brincadeiras. Remete também a sucessivas articulações, capazes de criar novas significações desde que não estejamos aprisionados a um sentido preconcebido.

Sigamos então com esta já enorme citação:

> É surpreendente a facilidade com que as crianças aceitam por vezes a interpretação e mostram mesmo um prazer inequívoco nisso. Provavelmente a razão está em que, em certas camadas de suas mentes, *a comunicação entre o consciente e o inconsciente é ainda comparativamente fácil, de modo que o caminho de volta para o inconsciente é muito mais simples de ser encontrado.* Freqüentemente *a interpretação tem efeitos rápidos*, mesmo quando não parece ter sido recebida conscientemente. *Tais efeitos podem ser vistos na maneira pela qual eles permitem que a criança retome um jogo que havia sido interrompido em consequência da emergência de uma inibição e como permitem que ele mude ou se expanda, trazendo aos nossos olhos camadas mais profundas da mente.* E à medida que a ansiedade é desse modo resolvida e o desejo de brincar é restaurado, também o contato analítico se estabelece novamente. À medida que a interpretação libera a energia que a criança despendia para manter a repressão, um novo interesse pelo brincar é gerado. Por outro lado, às vezes nos deparamos com resistências que são muito difíceis de superar. No mais das vezes, isso significa que esbarramos na ansiedade e no sentimento de culpa pertencentes a camadas mais profundas da mente da criança. [...] As formas arcaicas e simbólicas de representação que a criança emprega no seu brincar estão associadas com outro mecanismo primitivo. Quando brinca, a criança mais age do que fala. Ela coloca atos – que originalmente ocuparam o lugar de pensamentos – no lugar das palavras; isto significa que "acting out" é para elas da maior importância. (Klein, 1997: 28, grifos nossos)

É uma delícia, e muito nos ensina, deixarmo-nos levar pela genialidade da descrição dos movimentos efetivos das crianças na clínica e pela observação de como esses movimentos, capazes de nos guiar em busca da apreensão do brincar das crianças como um discurso que nos comunica algo na transferência, nos oferecem indicações preciosas para que nos orientemos ao tomar o brincar da criança como apto a nos oferecer associações legítimas. Deste trecho, destaco ainda a precisão com que a autora mostra que é a escuta dos efeitos da interpretação no desdobramento do brincar da criança que nos sinaliza se nossa intervenção se acha em um bom caminho.

É importante ressaltar que, no modelo kleiniano, a equivalência entre sonho e brincar e a consideração de que o próprio desenvolvimento da brincadeira equivale à associação livre são dadas como certas: não são problematizadas pelos autores, ao contrário do que ocorre em outras teorizações[5].

Mas retomemos as críticas de Laplanche: se Klein tem tanto a nos dizer sobre a escuta da criança em análise, seriam então as considerações de Laplanche levianas, vazias de sentido, existindo apenas para, guardadas certas ressalvas, seguir 'queimando' Melanie Klein? Ou Melanie Klein teria abandonado sua descoberta inicial?

Penso que não. Nem Melanie Klein deixou de escutar as crianças dessa forma, nem Laplanche fala sem conhecimento de causa.

A meu ver, a crítica de Laplanche ganha importância na medida em que nos remete ao posterior fechamento do campo em uma interpretação simbólica – e este é o terceiro ponto que me parece importante assinalar, dada a frequência dessa crítica a Melanie Klein, que não é nova e nem exclusiva de Laplanche. Ela ganha destaque na Psicanálise francesa, tanto entre lacanianos como entre os que temos denominado neofreudianos. Salientamos tratar-se de uma crítica efetuada por autores que se colocam "de fora", à distância da prática kleiniana, carregando a marca desse posicionamento.

Vejamos uma pequena vinheta clínica kleiniana de 1945, extraída da análise de Richard:

> Nessa seção, Richard pegou os desenhos V e VI, que tinha feito no dia anterior, e apresentou associações livres relacionadas a eles. Agora que sua depressão e suas ansiedades hipocondríacas tinham diminuído, o menino pôde encarar as ansiedades que estavam por trás de sua depressão. Ele observou que V parecia um pássaro, um pássaro "muito horrível". A seção azul clara em cima era uma coroa, o pedaço roxo era o olho e o bico estava "escancarado". Esse bico, como se pode ver, era formado pelas seções vermelhas e roxas à direita, ou seja, as cores que sempre representavam o próprio Richard e o irmão. *Propus a interpretação de que a coroa azul-clara indicava que o pássaro era a mãe – a rainha, a mãe ideal do material anterior – que agora parecia voraz e destrutiva. O fato de seu bico ser formado por seções vermelhas e roxas expressava a projeção dos impulsos sádicos-orais do próprio Richard (e do irmão) para a mãe.* (Klein, 1996: 433, grifo nosso)

Voltemos então à descrição kleiniana de sua própria técnica, observando apresentar-se o filtro teórico da analista diante dessa "imagem caleidoscópica total" que é o acontecer da criança em análise. Como não podemos, nesse momento, ser rigorosos e muito menos exaustivos em relação ao sistema kleiniano, ressaltemos do próprio texto citado alguns pontos

---

[5] Como se sabe, estas equivalências são questionadas por Anna Freud; consideramos que seria interessante uma discussão mais aprofundada sobre seus pontos de vista. Também Dolto, como veremos a seguir, dará maior ênfase à necessidade de associações verbais. Já Silvia Bleichmar considera que Klein, ao transformar o jogo em uma categoria semiótica, possibilita o trabalho sob articulações significantes; no entanto, afirma que a equivalência entre jogo e linguagem é muito complexa se ambos deixam de ser considerados como modos de expressão direta do inconsciente, exigindo que tanto o jogo como a palavra sejam pensados levando em conta o tipo de representação e o modo de funcionamento tanto do inconsciente como do pré-consciente. Penso que este é um grande tema, que merece desenvolvimento rigoroso. Cabe aqui citar o trabalho de Elisa Santa Rosa, Quando brincar é dizer, que se aventura nesse caminho (Rio de Janeiro: Relume Dumará, 1993).

relevantes: a possibilidade de um elemento representar o pênis, uma criança roubada da mãe ou seu próprio self e a necessidade de interpretar esses elementos da brincadeira em conexão ao sentimento de culpa até o mais mínimo detalhe. Além disso, o simbolismo para ela (tal como para Freud na *Interpretação dos Sonhos*) é uma parte da brincadeira; considera que o significado dos símbolos isolados é frequentemente impressionante, deixando aberta a possibilidade da escuta do valor simbólico de um elemento em si. Na continuidade desse mesmo texto, aparecerá a suposição de uma proximidade do inconsciente, concebido então como um existente, ao consciente, permitindo um acesso mais fácil a ele. Esse inconsciente-existente (portanto, já constituído na criança desde as origens, o que difere de outras concepções teóricas) seria não só acessível como, no caso das crianças, ainda mais do que nos adultos, se apresentaria de modo direto[6]. Esta última afirmação mostra que o brincar pode ser tomado como estando em referência direta à fantasia inconsciente, concepção que, articulada a uma teoria sobre a origem e o funcionamento do inconsciente e sobre a formação de símbolos, sustenta a interpretação simbólica.

KLEIN "POR KLEIN"[7]

Vamos, no entanto, nos dedicar a um outro aspecto da técnica kleiniana de interpretação, pois essa questão, embora pertinente, parece tomar a parte pelo todo. Afinal, neste trabalho, interessa-me ressaltar a potência de cada um dos modelos clínicos apresentados para a escuta e interpretação na análise de crianças. Em seguida, veremos como os desenvolvimentos posteriores do modelo kleiniano levaram a colocar-se em primeiro plano, pela "porta de entrada" da escuta da ansiedade, o contato emocional com o paciente a partir da análise da transferência e contratransferência.

Sigamos então com Klein. Na técnica de interpretação kleiniana, é a presença da ansiedade e das defesas erigidas contra ela que mobilizará a transformação do jogo da criança, e sua escuta constituirá o vetor principal em torno do qual o analista tece a interpretação. O analista reconhece os efeitos de sua interpretação nos desdobramentos do jogo, sobretudo em sua maior fluência decorrente da interpretação da ansiedade subjacente e na transferência, sendo esses os indícios que lhe permitem verificar a legitimidade de sua intervenção.

Aproximar-nos-emos dessa questão com Petot[8].

Passado um momento inicial que, seguindo Petot, denomina-se hoje como sistema protokleiniano, Klein deixa de seguir Freud em uma teoria alicerçada na libido e no recalcamento e parte para uma teorização aparentemente derivada da segunda tópica, pulsão de morte e teoria da angústia freudianas, para criar um mundo novo no psiquismo. Deixa assim de conceber a ansiedade como resultado da repressão da libido para considerá-la como modo de reação afetiva do ego diante da atividade interna da pulsão de morte. A ansiedade adquire um

---

[6] Em nota de rodapé, escreveu: "A análise de crianças pequenas oferece um dos campos mais frutíferos para a terapia psicanalítica precisamente porque a criança tem a habilidade de representar o seu inconsciente de um modo direto e, assim, se capacita não apenas a experimentar uma extensa ab-reação emocional, mas a vivenciar realmente a situação original na sua análise, de modo que com a ajuda de interpretações suas fixações podem ser consideravelmente resolvidas" (Klein, 1997: 29).

[7] Para um maior aprofundamento sobre o modelo kleiniano, inclusive no que se refere a sua concepção da formação dos símbolos e as concepções atuais da escola inglesa, remetemos ao capítulo 12.

[8] Os dois livros de Petot, Melanie Klein I e II, são referências importantes no estudo da obra de Klein, pois, em vez de nos apresentar suas formulações finais, o autor se ocupa em traçar a história dos conceitos, oferecendo-nos o percurso de sua construção, seus remanejamentos e transformações no decorrer do tempo.

lugar cada vez mais importante em seu pensamento; a autora passa a guiar-se pela escuta da ansiedade e das defesas que se erigem contra ela: é esta que exige a formulação de conceitos e sinaliza a interpretação. Petot, ao evidenciar este percurso de Klein, é enfático ao assinalar o lugar da ansiedade para a interpretação:

> A ansiedade é efetivamente a manifestação imediata e interior da perturbação psíquica, signo (na primeira teoria psicanalítica da ansiedade) da repressão de uma quantidade de libido que se acha bloqueada, em estado de estase, o sinal e o precursor (na segunda teoria freudiana) que anunciam o crescimento de um movimento pulsional não conforme ao ego e o acionamento próximo do processo defensivo, signo da atividade da pulsão de morte (na teoria kleiniana definitiva), [...] e assinala os pontos críticos do conflito defensivo, ou seja, aquilo que deve atingir – pelo menos em última instância – a interpretação. A ansiedade fornece um critério estritamente psicanalítico de pertinência da intervenção psicanalítica. (Petot, 1987: 33)

Assim, a escuta e interpretação da ansiedade e da relação que mantém com o brincar é essencial na técnica kleiniana, pois a ansiedade se manifesta na transferência negativa e nas transformações do jogo. Ao acompanhar os desdobramentos do brincar da criança, Melanie Klein é guiada pelos efeitos da ansiedade e das defesas a ela correlatas no brincar; está "à cata" das fantasias inconscientes subjacentes. Assim, defende que a interpretação da ansiedade deve ser completa: deve remontar ao complexo de Édipo, à ação do sadismo e ao medo de retaliação correspondente. A continuidade do brincar é possibilitada por essa interpretação, e é a resposta que a criança dá sobre sua legitimidade.

Assim, segundo Petot, os quatro elementos essenciais da técnica kleiniana já estão presentes na análise de Rita (1923): ênfase na ansiedade, interpretação da transferência, interpretação profunda remontando ao complexo de Édipo e às pulsões agressivas que estão na origem da ansiedade. Esquematicamente, essa é sua primeira formulação, que se tornará mais complexa com suas novas descobertas. Penso que, posteriormente, a escuta da libido (concebida então como força integradora) se torna um novo elemento, ganhando cada vez mais espaço na compreensão dos movimentos do jogo e, consequentemente, na interpretação.

De qualquer forma, é a interpretação da ansiedade ligada ao Complexo de Édipo, e também a consideração de que a criança é capaz de produzir uma transferência completa, o que conduz a técnica kleiniana a interpretá-la na transferência.

A ansiedade não será remetida às figuras reais, mas às fantasias da criança. A neutralidade e a aceitação do ódio da criança revelado pela interpretação são elementos essenciais da técnica, ao permitir a redução da ansiedade decorrente da fantasia inconsciente e a retomada da brincadeira.

A transferência ganhará novos contornos com o conceito de identificação projetiva – um desenvolvimento tardio que trará como consequência, para os sucessores de Klein, a ênfase na experiência emocional que ocorre no encontro analítico.

A questão da contratransferência passa ao primeiro plano, sendo até hoje objeto de muita reflexão e investigação entre os analistas kleinianos, que não se indagam mais se esta deve ou não ser utilizada, mas procuram estabelecer as condições em que se pode utilizá-la como instrumento de pesquisa do mundo interno do paciente.

Elias Mallet da Rocha Barros (1989), ao considerar o modelo kleiniano na atualidade no que diz respeito à técnica interpretativa, afirma:

> A atividade interpretativa, para os kleinianos, se baseia num acompanhamento minucioso dos movimentos que estão ocorrendo na relação transferencial, de uma maneira que o analista possa

entendê-los e relacioná-los à experiência emocional do paciente. Os kleinianos procuram evitar fazer interpretações que descrevam o paciente como ele é, ao invés de como ele está sendo naquele momento. Pensam os kleinianos, hoje, que se o analista não se dirigir à experiência emocional disponível ao paciente poderá estar certo quanto ao material interpretado mas poderá, por sua vez, não vir a estabelecer qualquer comunicação com o paciente.

A função da interpretação, para os kleinianos, e portanto o objetivo do processo analítico, é o de promover a integração de partes perdidas do ego, em conseqüência do uso das defesas denominadas cisão e identificação projetiva. Esta integração leva a um fortalecimento do ego e, conseqüentemente, a uma maior capacidade de tolerar emoções e fazer face aos conflitos internos e externos, criando condições para uma vida emocional e intelectual mais profunda. (Barros, 1989: 38)

Abordaremos o desenvolvimento do pensamento em Klein na óptica de Antonino Ferro, para, então, seguirmos com esse autor.

DE KLEIN A BION POR ANTONINO FERRO: TRANSFERÊNCIA E CONTRATRANSFERÊNCIA NO CENTRO DA CENA ANALÍTICA

Antonino Ferro (1995) situa suas contribuições na continuidade do pensamento de Bion e dos Baranger. Enquanto alguns autores (como Bott-Spillius, 1983) consideram Bion um continuador de Klein, opinião de Ferro é que Bion opera um corte análogo àquele efetuado por Klein em relação ao modelo freudiano. Encontramos em sua abordagem de Klein uma grande consideração aos desenvolvimentos teóricos desse modelo, o que é potencializado pela referência a desenvolvimentos mais recentes de kleinianos, dentre os quais destaca Meltzer, Aberastury e Lussana.

De saída, nos diz Ferro:

> Klein torna plenamente possível uma efetiva análise infantil, isenta de qualquer intenção pedagógica, graças à genial introdução do material do jogo [...] e à igualmente genial intuição da contínua atividade de personificação (1929) desenvolvida pela criança, com o uso dos brinquedos na sessão, atividade semelhante em tudo e por tudo às associações livres. (Ferro, 1995: 21)

Em Ferro, embora se valorize claramente o modelo kleiniano – inclusive seus desenvolvimentos conceituais no que se refere à descrição da mente infantil e sua constituição (vide cap. IV da obra citada) –, isso não o impede de fazer uma crítica à técnica kleiniana de interpretação e se colocar na vertente do pensamento bioniano. São suas as palavras: em Bion,

> A interpretação não é considerada como algo que, estabelecido um código, permite a extração de um significado (como um modelo kleiniano, com as contínuas referências à fantasia inconsciente "do" paciente, corre o risco às vezes de permitir), mas como a proposta de um sentido sempre não exaustivo, em vir a ser, como diria Bion insaturado, que retira das emoções do par o impulso para novos, mais complexos e articulados significados que veiculam afetos. (Ferro, 1995: 36)

E ainda:

> No *modelo kleiniano* o analista se encontra numa posição de grande privilégio em relação ao paciente e, no fundo, tem sempre uma teoria muito sólida como ponto de referência; já no *modelo bioniano*, o analista tem consciência de que "na sessão analítica devemos lidar com *dois* animais ferozes e perigosos" (Bion, 1978-1980) cuja poderosa natureza emocional está distante de qualquer civilização. (Ferro, 1995: 28)

Vemos então que a crítica de Ferro coincide com a de Laplanche, ao indicar a tendência do analista de fazer a teoria funcionar como chave mestra a partir da qual se decodificam significados.

Na proposta de Ferro, a ênfase está na construção de sentidos. Vemos anunciar-se aí uma concepção distinta de interpretação.

Na descrição de Ferro, o modelo kleiniano se desenvolve em direção à transferência e à contratransferência como balizas da interpretação.

> A translação se torna, agora, a situação observável por excelência, a única da qual se pode ter certeza: a relação atual analista-paciente é esclarecida pela compreensão das identificações projetivas, que enriquece a compreensão da contratransferência; isto ao lado de uma extrema atenção para com os fatos da vida externa do paciente, mesmo sendo as comunicações de realidade externa vistas em conexão com as fantasias inconscientes que as subentendem. (Ferro, 1995: 22)

O conceito de identificação projetiva adquire um valor fundamental como mecanismo utilizado pelo paciente para evacuar angústias próprias, livrando-se delas, por vezes, ao projetá-las em outro, que se torna receptor. Na análise, esse processo permite que o analista, através da contratransferência, tenha acesso a essas emoções do paciente e possa, depois, interpretá-las. Nesse modelo, a relação com o analista – tomado como objeto real externo que possibilita uma boa experiência, mediada pelas interpretações –, é o que permite gradualmente abrandar essas angústias e diminuir a distância entre o mundo dos fantasmas inconscientes e o da realidade externa. Ainda em Klein, o analista:

> [...] intermedeia a relação do paciente com os fantasmas do seu mundo interno: o paciente distorce, ataca, cinde, projeta, enquanto o analista, assumindo aqueles fantasmas, deve tornar o paciente consciente destas operações que ele vai realizando e, em última instância, mostrar-lhe a distância entre seus funcionamentos e a realidade externa da qual, no fundo, o analista é testemunha e depositário. (Ferro, 1995: 22-3)

Segundo Ferro, Melanie Klein recomendava cautela na utilização da contratransferência – entendendo-a como o radar do analista para a interpretação das identificações projetivas –, assim como a máxima atenção ao interpretar o que se observa no paciente.

Como já dissemos, Antonino Ferro considera que o modelo advindo de Bion promove uma ruptura em relação ao modelo kleiniano, ruptura que se dá, em especial, no que se refere ao valor absolutamente diferente atribuído à vida mental do analista durante a sessão.

Na descrição de Ferro do modelo kleiniano, o "paciente parece ser visto e descrito no 'seu' modo de funcionar conosco como imagina que somos" (Ferro, 1995: 23); Bion modifica essa concepção ao mostrar que o paciente não só projeta no analista seu mundo fantasmático como também "sabe com quem está lidando" (Ferro, 1995: 23), de forma que o modo de funcionar do analista é tão determinante do campo quanto o do paciente. Segundo Ferro,

> Para Bion, o analista está presente com todo o peso atual de sua vida mental; as identificações projetivas não são somente as evacuativas e as perturbadoras do paciente em direção ao analista, mas são também uma modalidade normal das mentes dos humanos para comunicar-se; serão portanto recíprocas e cruzadas. (Ferro, 1995: 26-7)

Essa mudança é fundamental para a formulação de seu próprio modelo teórico, que nos apresenta como resultado do encontro fecundo entre muitas das conceituações de Bion e dos Baranger.

APRESENTAÇÃO DO PENSAMENTO DE ANTONINO FERRO

Segundo Ferro,

> A idéia mestra poderia ser expressa assim: entre paciente e analista constitui-se um campo relacional e emocional [...] no interior do qual se criam áreas de resistência da dupla, que somente um trabalho de *working-through* do analista pode *desfazer*, mas isto *freqüentemente não basta*, exatamente porque a contratransferência é inconsciente; mas se é verdade que o paciente "sabe sempre o que o analista tem em mente" (Bion, 1983), ele capta e descreve os seus movimentos de distanciamento e de aproximação: o resultado é que o brotar dos personagens da sessão se coloca como um desenvolvimento de contratransferência do analista por parte do paciente, 'melhor colega', que adquire a função de assinalar continuamente tudo o que acontece no campo, desde vértices para nós absolutamente desconhecidos, que devemos assimilar e elaborar para consentir uma autêntica transformação das forças emocionais presentes e que constituem o próprio campo. (Ferro, 1991: 35)

Vemos, assim, que a escuta do analista "dos personagens da sessão" se dirige a conhecer o que se passa no campo emocional estabelecido entre paciente e analista, evidenciando o funcionamento do par e a história única que se constitui a partir dessas duas mentes em sessão. É da escuta e da elaboração dos movimentos do par, evidenciados pelo material que a criança traz, que surgirão as interpretações mais potentes, capazes de, em momentos de impasse da análise, assegurar sua continuidade ao colocar em evidência acontecimentos que se produzem do encontro das mentes daquele par específico. Esse processo favorece a transformação das forças emocionais em jogo.

Nesse modelo, as identificações projetivas são entendidas de modo fortemente relacional, como algo que ocasiona uma contínua troca de elementos emocionais, estabelecendo o estatuto emocional subterrâneo do par.

Os personagens aparecem na sessão por meios diversos, tais como lembranças infantis, sonhos, desenhos, jogos, fatos atuais e diálogo. São testemunhas da elaboração feita pelas duas mentes das identificações projetivas recíprocas, comunicando em imagens e histórias o que está acontecendo no campo relacional, de onde brotam atendendo a necessidade de exprimir emoções e afetos. Por meio dos personagens da sessão, o paciente conta quem é, para ele, o analista, complementando o trabalho de elaboração do analista que por vezes não basta, pois a contratransferência é inconsciente. O paciente capta e descreve os movimentos de aproximação e distanciamento do analista, em especial suas resistências, assinalando o que acontece no campo desde vértices desconhecidos para o analista. Ao mesmo tempo, o que o analista é para o paciente, e que é por ele assinalado através dos personagens da sessão, tem a ver com o problema do paciente, o qual, segundo Ferro, "nos força a ser de tal modo que o 'seu' problema possa entrar no campo muitas vezes justamente por nosso intermédio" (1995: 37). Prossegue o autor:

> Quando funcionamos com boa disponibilidade e permeabilidade, assumimos em grande parte, e freqüentemente interpretamos, as identificações projetivas do paciente. As modalidades, quaisquer que sejam, de assumir ou não tais identificações projetivas de todo modo nos são contadas de novo pelo paciente. (Ferro, 1995: 37-8)

Vejamos um exemplo (Ferro, 1995: 47-50).

Francesca, menina de dez anos, filha de pais aparentemente frágeis, grita desesperadamente durante várias horas por dia, mas isso ocorre apenas quando está em casa. Em seu primeiro encontro com o analista, faz o desenho de um "bosque onde não há pessoas", segundo diz.

O analista pensa em diferentes interpretações, todas possíveis e coerentes, mas considera que nenhuma será útil para Francesca: o que faria ela "com um manual de botânica e zoologia que lhe explicasse os conteúdos do bosque?", pergunta, referindo-se à inutilidade para a menina de inúmeras possibilidades de interpretação-tradução que se lhe apresentam, baseadas em seu referencial teórico.

Por outro lado, sente também necessidade de dizer algo; o mal-estar é crescente. O contato com seu mal-estar é ponte para o contato com Francesca e com sua questão:

> Afrouxando os laços com os meus referenciais teóricos, começo a sentir, por minha vez, o risco de perder-me. Modelos (e pais) "fracos" nos expõem, pois, ao medo de pensar e de nos encontrarmos "sozinhos" no bosque, onde modelos "fortes" fariam com que nos sentíssemos seguros, mas que nos deixariam ver do bosque somente o que já estivesse prefigurado por eles. (Ferro, 1995: 50)

Então ele diz que Francesca parece ir em seu socorro, por onde podemos ver que as duas mentes estão em comunicação. Ela faz um segundo desenho, no qual aparece uma menina de perfil, sem espessura, vestida de rendas e crochês, muito formal e comportada. O analista segue em contato com sua angústia e suas sensações relacionando-as a Francesca, sua história, seu sintoma, seu funcionamento mental; e, ao mesmo tempo, persiste impossível a seu pensamento conter e traduzir o "fervilhar das emoções".

Francesca coloca o desenho da menina em cima do desenho do bosque. Nesse momento, o analista tem "uma espécie de iluminação" e pergunta: "Me diga, o que faz uma menina sozinha num bosque sem pessoas?". "GRITA!", responde Francesca, que logo começa a desenhar uma outra menina, muito mais vivaz. Esse novo desenho fica incompleto e a sessão termina. Chama atenção que a menina do desenho não tem boca; Ferro registra que "será ainda necessário um longo trabalho para que as angústias de Francesca possam encontrar a sua completa expressão, e antes que possam ser traduzidas em palavras" (1995: 49).

Através desse exemplo, podemos ver também que, embora a escuta esteja absolutamente sintonizada com o que acontece entre o paciente e o analista, a interpretação não se reduz a abordar diretamente a relação. Ao contrário, usa os personagens como peças que se podem mover, ampliando com esse movimento as possibilidades de se narrar o que se passa.

Outros exemplos de Antonino Ferro colocam em destaque a possibilidade de o paciente contar para o analista o efeito desastroso de alguma intervenção sua, ou ainda a impossibilidade, que o paciente percebe, de o analista se manter presente e disponível na sessão:

> Uma criança, correndo pela sala, bate nas teclas de uma máquina de escrever e se lamenta porque a mesma não funciona; "Sendo elétrica, está com o fio desligado", responde o terapeuta. Eis o sinal, por parte da criança, de que não recebe respostas adequadas, que o seu tocar as "teclas" não faz nenhum efeito, que as mesmas não ativam nenhuma *rêverie*; há uma situação elétrica e tensa que leva a terapeuta a "desligar o fio", de modo que, assim fazendo, não consegue sequer dar aquelas respostas mecânicas com as quais a criança "elétrica" já se contentaria. (Ferro, 1995: 89)

O que a criança descreve deve ser então "trabalhado" na transferência; interpretar não serviria para muita coisa: "seria como descobrir uma chaga, e não tratá-la" (1995: 91). Desenvolvendo esse mesmo tema em relação a outro exemplo, explicitará:

> [...] seria necessário reencontrar a capacidade de contato e aproximação, com a consciência de que não podemos saber, em termos de campo, o quanto as distâncias que estabelecíamos fossem uma defesa nossa ou o quanto fossem, ao contrário, algo que é ativado dentro de nós pelo fato de assumirmos as identificações projetivas do paciente, que veiculam "distâncias e não

envolvimento": mas, somente assumindo como também nossas as defesas do campo, podemos transformá-las. (Ferro, 1995: 91)

Ao abordar a interpretação do desenho (note-se que poderia ser qualquer outro tipo de material, como o jogo ou um sonho, por exemplo), Ferro destaca que a forma de interpretar depende do vértice de escuta e do contexto. No contexto da situação analítica, pode-se conceber diferentes vértices a partir dos quais a interpretação se tece, e diferentes modelos privilegiam vértices diferentes. Uma possibilidade é conceber que o desenho é capaz de mostrar o que está acontecendo no mundo interno da criança, seja ao colocar em evidência a fantasia inconsciente da criança que se exterioriza no desenho ao mesmo tempo em que é projetada na transferência, seja ao colocar no centro a própria transferência, dando relevo ao funcionamento mental existente no momento, entendido como projeção dos fantasmas da criança sobre o terapeuta. Nesses modelos, mesmo que se peçam associações em palavras, estas visam trazer à tona o que está na imagem do desenho, à espera de um intérprete. Posto isso, Ferro privilegia outra possibilidade: concebe que o jogo ou o desenho faz referência às forças emocionais do campo pertencentes a ambos os membros do par, e que são estas que devem ser pensadas para que se possa alcançar o paciente "onde ele está". A partir daí, pode-se construir, junto com o paciente, muitos desenvolvimentos narrativos. São as interpretações fracas que permitem, por serem insaturadas, a formação de um sentido compartilhado.

Se no primeiro modelo o desenho é estático e necessita de um código, de uma tradução, no segundo ele se anima e é como um teatro "gerador de significado-sentido" (Meltzer, 1984), facultando às duas mentes um desenvolvimento construtivo. As narrações do par através dos personagens farão brotar o funcionamento do próprio par durante a sessão, tornando possível ao analista encontrar o paciente onde ele está e ocasionando transformações das emoções subjacentes de forma a surgirem novas aberturas de sentido.[9]

O desenrolar narrativo, o colocar em histórias, permite, assim, transformações, ao ensejar a contenção de emoções que serão conduzidas progressivamente para a "pensabilidade e a dizibilidade".

É assim com Franco[10], menino de nove anos, que desenha um avião com linhas para depois colorir os espaços que elas demarcam. As linhas se assemelham, para o analista, a rachaduras da fuselagem, das asas; ele pensa que jamais subiria em um avião assim. Para além das interpretações baseadas em um código de leitura de conteúdos que lhe ocorrem, esse pensamento o remete a uma incontinência interpretativa sua ocorrida na sessão anterior, quando não pôde conter uma interpretação que precisava ainda de tempo para ser dita sem produzir efeitos traumáticos sobre a criança. Relacionando essa lembrança ao desenho, consegue refletir sobre o que Franco está lhe falando através do desenho e da necessidade que tem de colori-lo: Franco "sente rachar a sua confiança no nosso 'veículo', e [...] procura ao mesmo tempo mimetizar, esconder de si mesmo, essa crise de confiança" (1995: 54).

Ferro decide não o dizer diretamente a Franco, e tenta reconquistar "a ordem mental e interpretativa" que seja capaz de "soldar" as rachaduras da confiança. Ao mesmo tempo, percebe um problema de impulsividade em Franco – como a que o movera ao assumir as identificações projetivas de Franco, "ou melhor, de suas partes incontinentes que, em conluio com as minhas, tinham levado à atuação interpretativa..." (1995: 55).

---

[9] Ferro utiliza conceitos importantes, tais como agregado funcional, holografias do funcionamento do par e bastião, assim como os conceitos de elementos alfa e beta, advindos do pensamento de Bion, os quais não poderemos desenvolver aqui.

[10] Caso relatado em Ferro, 1995: 53-55.

Assim, continua a acompanhá-lo no seu texto narrativo, onde passa a escutar um conflito: partes incontinentes e impulsivas em embate com as funções do pensamento. Esse conflito pode, então, começar a ser dito pela narrativa que se desenvolve em torno do desenho: "No texto, com Franco, falamos de conflito entre um exército violento e impulsivo que parte para o ataque impensadamente e um exército regular, bem organizado, capaz de 'pensar' antes de realizar os planos" (1995: 55).

Ferro, por diversas vezes, destaca em seu livro que este é "só um vértice da escuta, e se fosse o único, causaria uma relação que se desdobraria esterilmente sobre si mesma [...]"(1995: 35), afirmação esta que consideramos essencial. Para ele, esse vértice deve estar em oscilação com todos os outros, isto é, com "aquele dotado de maior referencial externo (histórico) em relação às comunicações do paciente, e com aquele dotado de maior atenção para com o mundo interno do paciente com as suas fantasmatizações" (1995: 35).

Em palavras precisas: por diversas vezes, Ferro apresenta a vertente de interpretação advinda de Bion como convivendo com outras duas, a que faz referência ao mundo exterior e à história e a que faz referência ao mundo interno. Embora destaque a importância dos outros vértices de escuta, Ferro deixa claro o que considera mais atinente à especificidade do analista:

> [...] uma particularíssima atenção ao funcionamento do par: porque são justamente os fatos mentais da criança que entram em campo, também através das identificações projetivas da mente do analista, e como este reagirá, assumindo-as ou recusando-as, que constituirão a história específica e irrepetível daquele par. Neste sentido, [...] há uma oscilação contínua entre as transferências (entendidas como repetição e como projeção para o exterior dos fantasmas do mundo interior) e a relação, entendida como aquela nova situação "par específico", que nasce do novo encontro das duas mentes e que dará vida a uma nova história capaz de reorganizar aquelas velhas, saturadas e à espera de "pensabilidade". (Ferro, 1995: 87-8)

Façamos uma breve consideração sobre o modelo apresentado. Vemos como, na Psicanálise que se desenvolve a partir de Klein e Bion, o conceito de contratransferência aglutina uma série de contribuições, e em torno dele se constrói e revigora todo um modelo teórico e de escuta e interpretação.

No contexto deste trabalho, vale destacar que a proposta de Ferro, assim como daqueles que trabalham na direção de aprofundar o uso da contratransferência, é um desdobramento do olhar para a "mente do analista", já trazido em embrião na formulação freudiana da atenção flutuante como contrapartida, do lado do analista, à associação livre do paciente. Trata-se, como já foi dito, de um dos eixos fundamentais a partir dos quais a escuta se abre ao desconhecido e a interpretação ganha vigor.

Em Freud, a contratransferência não foi um conceito central; enfatizava-se a exigência de que o analista a conhecesse através de sua análise pessoal para poder controlá-la e dominá-la melhor. Relacionava-se, portanto, à transferência do analista a partir de seu inconsciente singular e à resistência de sua escuta. Assim, Freud não colocou esse conceito a trabalhar como instrumento de escuta do paciente. No modelo apresentado por Ferro, o foco no campo emocional singular que se cria entre analista e analisando repõe a questão da mente do analista, ao considerá-la tão determinante para a formação do campo quanto a mente do analisando. Nesse campo relacional e emocional, as áreas de resistência são da dupla, e o mais importante não é distinguir o que surge da resistência pessoal do analista daquilo que se origina das identificações projetivas do paciente: a interpretação visa à transformação das forças emocionais em jogo, que podem então ser pensadas e ditas.

Outro aspecto importante é o valor atribuído às interpretações fracas e à abertura para os novos desenvolvimentos através de narrativas, que indicam que se privilegia a construção de sentidos compartilhados, que permitem uma expansão da mente e da possibilidade de pensar, em vez da revelação de sentidos inconscientes pré-existentes.

Mais adiante, quando abordarmos a perspectiva trazida por Silvia Bleichmar a partir do trabalho com os conceitos freudianos, reencontraremos a mesma consideração do processo psicanalítico como não limitado a reencontrar o já existente, o que exige intervenções produtoras de novas formas de simbolização.

DOLTO E A ESCUTA DAS PALAVRAS DAS CRIANÇAS

Encontramos em Françoise Dolto o mesmo compromisso com a escuta da criança e a mesma convicção de sua necessidade e possibilidade de se expressar. É Dolto que nos diz, logo no início de seu livro *A imagem inconsciente do corpo* (1992), que as crianças com as quais se encontrava desejavam compreender, com ela, aquilo que lhes provocava, à sua revelia, dificuldades de viver que conheciam. Para Dolto, mesmo nos casos em que a criança se apresenta de forma extremamente empobrecida e debilitada, ou ainda nos casos de psicose severa, o sujeito desejante está sempre ali, e busca se comunicar com o sujeito presente no analista.

Essa afirmação nos leva a inquirir, em Dolto, do que se trata esse desejo de comunicação que ela coloca no cerne de sua investigação.

Para a autora, o desejo de comunicação é inerente e originário no ser humano; pode se revelar em um bebê, mesmo com poucas horas de vida, antes ainda da primeira mamada, manifestando-se independentemente da busca de satisfação da necessidade. Como sabemos, as necessidades têm que ser satisfeitas, enquanto o desejo suporta sua não realização imediata e pode sofrer transformações. Para Dolto, "é essa a origem, a fonte da simbolização. A imaginação recheia uma percepção parcial, graças à memória, que recria a presença tranquilizadora de uma totalidade existencial para além da falta" (Dolto, 1996: 235).

Vemos aí como, em Dolto, o desejo se alia à memória e à imaginação para, em sua deriva, encontrar substitutos. É assim que o desejo de comunicação inscreve, na origem do sujeito, as marcas trazidas pela relação com o outro significativo – marcas de prazer e desprazer que estarão na origem da simbolização, uma vez que terão que encontrar outros caminhos de realização no psiquismo.

Assim, desejo de comunicação e função simbólica fazem com que "toda satisfação ou insatisfação para o corpo tenha um valor de linguagem para o filho do homem" (Dolto, 1996: 231).

Nesse sentido, Dolto explica como o ser humano, em virtude da função simbólica, é capaz de jogar com o desejo, brincando, em sua imaginação, de encontrar substitutos que possam tapeá-lo:

> [...] para preservar uma saúde psicossomática [...] com que possa continuar a viver fisiologicamente, o ser humano, por ser dotado da função simbólica, internaliza o código de sua relação com o outro, e ama a si próprio como é amado por um outro; há nele um desejo fundamental de reencontrar, nessas percepções, algo que lhe recorde a última relação de prazer em que ele-o outro, ele-sua mãe, foram um só, através de desejos harmônicos. Esse reencontro parece necessário ao ser humano, para que no pré-sujeito, estruturem-se de maneira coesa a inteligência, o corpo, o coração e a linguagem, antes dos cinco anos. É exatamente na idade infantil que se origina a articulação do desejo com a função simbólica, assim como suas armadilhas. (Dolto, 1996: 238)

Assim, Dolto deixa claro que a brincadeira com o desejo, própria do ser humano, não é arbitrária, sendo "os dados viciados e as cartas marcadas": é nesse processo que se constituem as cartas que o sujeito terá à sua disposição para jogar com o desejo na vida.

Para Dolto, em uma análise, o analista, ao não responder à demanda, permite que o desejo insatisfeito permaneça em estado de tensão, podendo assim ser reforçado e se esclarecer. Com isso, não havendo resposta do analista à demanda, no decorrer da análise, assistimos ao jogo com o desejo, propiciando ao sujeito a oportunidade de inventar e criar inconscientemente meios de brincar com o desejo.

> Esse jogo com o desejo é aquilo a que assistimos numa análise, e é o que nos permite, por intermédio da linguagem – que exprime os pensamentos tal como eles ocorrem e traduz as imagens do sonho –, estudar todas as transformações do desejo que o sujeito escolheu em sua vida imaginária e solitária, remontando no tempo aos primeiros desejos que, insatisfeitos, deixaram vestígio em sua memória. (Dolto, 1996: 231)

É assim que Dolto, diante de seus pequenos pacientes, busca encontrar a forma pela qual eles possam se expressar através da linguagem. Ela não oferece brinquedos: apresenta papel, lápis de cor e massa de modelar. Justifica:

> Desenhos, cores espalhadas, formas são, desde logo, meios de expressão espontâneos para a maioria das crianças. Elas gostam de contar aquilo que suas mãos traduziram de seus fantasmas, verbalizando, assim, o que desenharam e modelaram a quem as escuta. Isto, às vezes, não tem relação lógica (para o adulto) com aquilo que o adulto acreditaria estar vendo ali. [...] Estas produções da criança são, assim, verdadeiros fantasmas representados, de onde são decodificáveis as estruturas do inconsciente[11]. Eles só são decodificáveis, enquanto tais, pelos dizeres da criança que antropomorfiza, que dá vida às diferentes partes de seus desenhos, a partir do momento em que fala a este respeito ao analista. É o que há de particular na análise das crianças: aquilo que nos adultos é decifrado a partir de suas associações de idéias sobre um sonho contado, por exemplo, pode ser ilustrado nas crianças, por aquilo que dizem sobre os grafismos e as composições plásticas, suporte de seus fantasmas e de suas fabulações em sua relação de transferência. (Dolto, 1992: 1)

Na opinião de Dolto, o analista não deve brincar com a criança; a autora destaca o risco presente nos casos em que as sessões se significam como encontros para brincar com um outro que "gosta de crianças": "O resultado é uma relação erotizada submissa, a continuação de um estado de 'ser o brinquedo de outro'" (Dolto, 1992: 18).

No entanto, Dolto vai além, negando que a regra para o analista seja partilhar ativamente do jogo da criança:

> Sempre me recusei a brincar com a criança durante a sessão analítica. Da mesma forma que no caso de um paciente adulto nós não entramos em conversação, do mesmo modo com a criança não devemos misturar nossos fantasmas com os seus[12], mas estar na escuta, através de

---

[11] Nesse livro, Dolto (1992) desenvolverá um conceito complexo: imagem do corpo, que ela considera um mediador específico das três instâncias psíquicas ("Isso", "Eu" e "Super-Eu") nas representações alegóricas fornecidas por um sujeito. A imagem do corpo é "peculiar a cada um: está ligada ao sujeito e à sua história", "[...] é a síntese viva de nossas experiências emocionais: inter-humanas, repetidamente vividas através das sensações erógenas eletivas, arcaicas e atuais" (p. 14). A imagem do corpo se transforma e se remaneja, "levando em conta as provas que o sujeito enfrenta e as limitações que ele encontra, nomeadamente sob a forma das castrações simbolígenas que lhe são impostas" (p. 44). Remetemos ao capítulo 5 deste livro.

[12] Podemos notar nesta afirmação uma grande diferença técnica, como sempre decorrente da concepção teórica subjacente, em relação à proposta de Antonino Ferro, para quem, poderíamos dizer, esta "mistura de fantasmas" é inevitável e constitui matéria prima mesma da situação analítica.

seu comportamento, daquilo que ela tem a dizer, do que ela sente e do que pensa, e que, *a priori*, é totalmente aceito por nós. (Dolto, 1992: 19)

Trata-se de um trabalho, de um colocar em palavras fantasmas da criança [...] (Dolto, 1992: 18)

Seus desenhos e modelagens são destinados a serem falados, são na transferência, como o são para a técnica psicanalítica dos adultos, os sonhos, fantasmas e associação livre. (Dolto, 1992: 19)

Sobre esse tema encontrei, em seu *Seminário de psicanálise de crianças* (1985: 28), um diálogo muito curioso entre a autora e uma analista que lhe perguntava o que fazer quando uma criança pede para brincar. A analista dizia que, em face de sua negativa, a criança reclamava: "Você não quer responder". Em seu estilo direto, Dolto lhe sugere retorquir à criança: "Não, eu não quero lhe responder, você não me paga para que eu lhe responda, e eu não lhe pago para que você me responda. Sou paga para escutar o que não funciona bem em você. E então, você não consegue brincar com ninguém?". A analista admite que é verdade; que, então, as crianças brincam sozinhas; mas que isso produz muita tensão. Dolto, novamente, é clara em sua resposta: "A tensão vem de resistir à erotização". Mas pondera:

Todavia, existem brincadeiras de comerciantes que são muito importantes, pois são jogos do oral e do anal. Quando, por exemplo, uma menina lhe diz, "Vou ser o açougueiro, e você vai ser a freguesa. Então, madame, o que a senhora deseja?" Eu, tal como um personagem de Molière, digo baixinho: "Que é que eu digo?" e ela: "Você me diz que precisa de dois cortes disso." Então a senhora repete em um tom monocórdico "Quero dois cortes disso", exatamente o que a criança lhe disse, mas sem acrescentar a isso seu próprio afeto; e depois a senhora volta a dirigir-se baixinho e de lado para a criança: "Que é que eu digo, que é que a freguesa diria?" [...] Pouco a pouco a situação evolui. Afinal foi ela que fez o jogo, utilizando a senhora, a analista, para exprimir o que significa esse brincar com ela mesma. (Dolto, 1985: 28)

Dolto ainda acrescenta:

É um jogo que se abre para outra coisa. Lembro-me do caso de uma menina que me dizia: "A freguesa sempre levava tantos pedaços". E eu lhe perguntei: "mas por que ela leva tantos pedaços? Para quem?" Então, ela respondeu: "É para o marido dela!" E eu retruquei: "E quantos filhos ela tem?" E havia sempre um pedaço que faltava para um filho (idem).

Para Dolto, o jogo que se apresenta é, então, "o ponto de partida de uma associação subjacente que é preciso decodificar, ou então é uma negação da realidade" (1985: 29).

Podemos ver, neste exemplo, que a autora confere especial importância às associações verbais das crianças, as quais solicita explicitamente. Considera que a criança não é capaz de dizer com palavras seus pensamentos, seus sentimentos e seus fantasmas de forma direta, mas sim de falar de seus desenhos e modelagens ao analista em transferência. Em um desenho, por exemplo, o analista pede, além da narrativa do mesmo, que o garoto – no caso, de 11 anos – se coloque no lugar de todos os personagens e que, a partir de cada uma das posições, imagine e diga aquilo que sentiria. Com isso, o que possibilita a análise infantil é que a própria criança traz os dados da interpretação pelo que ela diz de seus desenhos fantasmagóricos.

Algumas perguntas aparecem frequentemente, dando origem a uma conversação que, depois, segue de forma bastante particular, de acordo com a especificidade da criança e da situação. Dolto pergunta: – Quem seria o Sol (ou o tigre, a serpente, a poltrona etc.)? – O que (tal representação) sentiria...? – Se você estivesse em seu desenho, onde é que você estaria?

O diálogo que estabelece com uma criança – um menino de oito anos que busca análise por conta de uma encoprese – pode esclarecer sua proposta de intervenção. Ele modela uma poltrona em argila. Dolto relata:

> Pergunto-lhe: "Onde estaria? – No sótão. – Mas ela parece muito sólida, e a gente não coloca poltronas muito sólidas no sótão. – Sim, é verdade. – Bem, quem seria esta poltrona, se fosse alguém? – Seria o avô... Porque dizem que ele está velho e que não quer morrer. – E é incômodo que ele não morra? – Bem, sim, porque não há lugar em casa e então somos obrigados a ficar em um quarto com papai e mamãe porque vovô não quer que ninguém durma com ele no outro quarto". (Dolto, 1992: 8)

Assim, as associações da criança nos conduzem ao avô, que figura como um estorvo. Dolto nos diz que só por intermédio da "poltrona" a criança pôde contar essa história, a qual dá a ver não o avô real, mas um fantasma subjacente ao sintoma da criança que aparece por meio da representação plástica (o que ela denomina *antropormofização*). No caso, a figura do avô encarna um superego anal (culpabilidade pelo fazer, pelo agir dinamizante, progressivo). A agressividade em direção ao avô é impedida de se manifestar; a criança não tem como resolver o conflito entre expulsá-lo e respeitá-lo, inclusive porque os próprios pais vivem o mesmo conflito, o que os impede de sustentar a existência humanizada do filho e seus esforços escolares. O esquema corporal é saudável, mas a criança retém as fezes e tem evacuações fora de controle, fracassando também na sublimação das pulsões orais e anais, o que se manifesta em dificuldades na escola.

Dolto mostra-se convicta da necessidade e possibilidade de que as crianças pequenas também forneçam associações através de palavras. Salienta, no entanto, que a criança pequena só pode entrar em relação através da projeção, e que somente a partir da castração edipiana e da entrada na ordem simbólica da Lei, a mesma para todos, a relação verdadeira na palavra poderá expressar claramente aquele que fala, enquanto sujeito responsável pelo agir do seu "Eu".

> Até então, o desejo próprio da criança [...] não pode exprimir-se diretamente de forma linguageira autônoma, referida (e dependente) como está principalmente às instâncias tutelares: as quais, focalizando o desejo, definem o mundo relacional da criança. Ela só pode expressar seu desejo através de desejos parciais, através das projeções representadas que ela lhes dá. Daí a importância teórica e prática – na psicanálise – desta noção de imagem do corpo para as crianças de idade pré-edipiana. (Dolto, 1992: 22)

Para Dolto, as palavras mantêm estreita relação com a imagem do corpo, tendo acompanhado, desde as origens, o contato com o corpo do outro. Elas são, então, compreendidas pelas crianças diferentemente de acordo com o estágio ao qual chegaram.

> É, pois, necessário que nós, psicanalistas, compreendamos que as palavras empregadas com as crianças sejam palavras que correspondam a uma experiência sensorial já simbolizada ou em vias de sê-lo. [...] A criança, cuja imagem do corpo é a do estágio oral, só compreende as palavras de prazer de boca e de corpo a ser carregado, aquelas que tem relação com o funcionamento e a erótica oral, para um corpo cujo esquema corporal não é ainda autônomo. (Dolto, 1992: 26)

Dolto dá como exemplo uma menina, de aproximadamente cinco anos, que já há dois anos não pegava nada, nem objetos, nem comida, com as mãos. Quando ela chega à sessão, a analista lhe estende a massa de modelar dizendo: "Você pode pegá-la com sua boca de mão" (1992: 26). Essa fala permite que a criança reaja, pois está de acordo com sua erótica oral. Ela não teria podido compreender um pedido simples para que fizesse algo com a massa, pois isso implicaria em uma imagem de corpo da fase anal que ela havia perdido. Dolto diz:

"na medida em que só tinha mãos na boca, eu lhe pus através da palavra uma boca na mão, dando-lhe novamente um braço que ligava sua mão de braço-boca à sua boca-mão de rosto, este também perdido" (1992: 26).

É importante ressaltar que, ao lado do valor conferido às palavras que podem ser ditas e compreendidas pela criança, Dolto salienta que devemos respeitar os momentos em que ela não tem possibilidade de conversar com o analista, o que ocorre, muitas vezes, quando a criança ainda está engajada na primazia da relação com os pais e não tem consciência do lugar que ocupamos junto a ela e a eles, assim como de seu próprio sofrimento.

Vemos, assim, que o complexo conceito de *imagem do corpo* subjaz às conversas que, num dialeto bastante particular, se tornam possíveis entre Dolto e suas crianças.

> Nas crianças (e nos psicóticos) que não podem falar diretamente sobre seus sonhos e seus fantasmas como fazem os adultos nas associações livres, a imagem do corpo é para o sujeito uma mediação para dizê-los e, para o analista, o meio de reconhecê-los. É, portanto, um dito, um dito a ser decodificado, e cuja chave o psicanalista sozinho não possui. São as associações da criança que trazem a chave: daí por que, em última análise, a criança é ela mesma o analista. Pois é ela que chega a perceber-se, ela mesma, como o lugar de contradições inibidoras para o poder mental, afetivo, social e sexual de sua idade.
>
> Sendo mais clara: a imagem inconsciente do corpo não é a imagem que é desenhada ali, ou representada na modelagem; ela está por ser revelada pelo diálogo analítico com a criança. É por isso que, ao contrário do que se acredita em geral, o analista não poderia interpretar de imediato o material gráfico, plástico, que lhe é trazido pela criança; é esta que, associando sobre seu trabalho, acaba por fornecer os elementos de uma interpretação psicanalítica de seus sintomas. Ainda aí, não diretamente, mas associando sobre as palavras que diz [...]. Levando-se em conta que falar da imagem, da imagem do corpo, não quer dizer que esta seja somente da ordem do imaginário, já que também é da ordem do simbólico, sendo signo de um certo nível da estrutura libidinal como alvo de um conflito, que deve ter seu nó desfeito através da palavra da criança. É preciso ainda que ela seja recebida por quem a escuta através dos acontecimentos pessoais da história da criança. (Dolto, 1992: 9)

Somos assim conduzidos à importância da história da criança – que aparece em sua expressão plástica tal como ela a experimenta em relação a seu momento libidinal –, história esta na qual a criança se estrutura. Assim, o pensamento de Dolto se dirige a uma dialética entre história vivida, momento libidinal e estruturação do sujeito:

> Todas estas representações são simbolicamente ligadas às emoções que marcaram sua pessoa ao longo de sua história, e dão conta das zonas erógenas que sucessivamente prevaleceram nela. Sabe-se que a prevalência, a eletividade das zonas erógenas se modifica, se desloca à proporção do crescimento do sujeito e do desenvolvimento de seu esquema corporal tal como o permite o sistema neurológico da criança [...]. Esta evolução da erogeneidade não é apenas o desenrolar de um programa fisiológico, ela é estruturada pelo teor da relação inter-psíquica com o outro, sobretudo a mãe, e é deste fato que a imagem do corpo é testemunha. (Dolto, 1992: 21)

Através de seus desenhos, por meio de associações de ideias, a criança:

> [...] chega a falar de seu pai, de sua mãe, de sua frátria, de seu meio, de mim mesma em relação a ela e das interpretações às quais eu a submeto. Isto porque tais "interpretações" são, como no caso dos adultos, questões referentes à revivência de tal ou qual fantasma e sobretudo aproximações entre suas associações referentes a este ou aquele período perturbado de sua vida. Entretanto, desenhos e modelagens não lhes são propostos com o objetivo de fazê-las falar sobre o pai, a mãe [...] Eles, assim como os sonhos e os fantasmas dos adultos, são testemunhas do inconsciente. Qualquer desenho, qualquer representação do mundo, já é uma expressão, uma

comunicação muda, um dizer para si mesmo ou um dizer para outrem. Em sessão, é em um convite para a comunicação com o analista, convindo acrescentar a isso que, quando a criança fala em sessão (aliás, exatamente como o adulto), se ela fala do pai, da mãe, dos irmãos, ela não fala destas pessoas em sua realidade, mas deste pai nela, desta mãe nela, de seus irmãos nela; ou seja, já de uma dialética de sua relação com estas pessoas reais que, em seus dizeres, já são fantasiados.
Acreditando que a criança fala destas pessoas em sua realidade, ela fala de fato destas pessoas tais como as representa para si mesma, com respeito a sua própria subjetividade, sendo estas experiências o resultados de superposições ao longo de sua história em sua relação com os adultos. Daí decorre a possibilidade de projeção desta vivência relacional na representação plástica que já descrevemos sob o ângulo de antropomorfização. (Dolto, 1992: 19-20)

Dolto salienta uma especificidade da técnica com crianças que ainda não abordaram o Édipo, incluindo nessa denominação não apenas crianças menores, mas também patologias específicas. Tem por princípio vê-las inicialmente diante dos pais; mais tarde, ver frequentemente os pais sozinhos e, a cada vez que a criança o desejar, deixá-los assistir às sessões e até mesmo participar delas. Para ela, quando uma criança está em tratamento,

[...] é importante que os pais assumam o seu lugar de responsáveis pela criança e por sua castração, afirmando seu desejo autônomo de adultos, com sua confiança em si mesmos tais como se sentem, adultos entre adultos de sua idade, enfim, este narcisismo que lhes é necessário manter[13]. (Dolto, 1992: 23)

Não falamos tão frequentemente na necessidade de "queimar Dolto" ou não, tal como fazemos em relação a Klein; mas, sem dúvida alguma, trata-se de outra grande "feiticeira" da Psicanálise. No breve percurso que fizemos, pudemos ver que ela não tinha bola de cristal, e sim uma enorme capacidade de perguntar, escutar e falar na linguagem das crianças, sustentada, carismática que era, por uma peculiar transferência.

Se Klein nos convida a escutar o brincar como linguagem, em suas múltiplas possibilidades de significação e articulação, Dolto nos incita a convocar e acreditar na possibilidade de fala da criança, a fazer boas perguntas e a investigar seu dialeto. Penso que é muito bela a forma com que ela se refere a Leon, criança de oito anos gravemente comprometida, cujo atendimento ela apresenta no livro *Imagem inconsciente do corpo*. Em dado momento, comenta: "O que existe de psicanalítico [...] na história que relatamos é que foi o próprio Leon que disse as palavras e significou pela linguagem aquilo que permitiria, através da transferência, que nele o sujeito reencontrasse seu desejo" (Dolto, 1992: 263).

Para Dolto, o brinquedo seria, necessariamente, aprisionante, portador de um significado prévio do qual dificilmente conseguiríamos nos desvencilhar. Vale o alerta: um brinquedo pode ser outra coisa. Por vezes, como no exemplo citado, uma poltrona é o avô! Penso que

---

[13] Essas afirmações nos conduzem inevitavelmente a questões relativas à intervenção do analista junto aos pais. Para Dolto, "O desejo da criança exprime-se diante de qualquer homem ou mulher – inclusive o analista – com a prudência defensiva necessária para que seja preservada a estruturação em curso. [...] Por conseguinte, as emoções devidas à situação erótica atual da criança, em curso para o posicionamento (colocação) completo do Édipo em cima dos pais, não podem ser transferidas, sem perigo para a coesão narcísica da criança, em cima do psicanalista, assim como de qualquer outra pessoa feminina ou masculina" (Dolto,1992: 22). Cabe aqui um comentário: embora o posicionamento em questão lembre os debates iniciais entre Anna Freud e Melanie Klein, coincidindo com Anna Freud ao considerar a constituição do sujeito relativa ao Édipo como não encerrada, a resposta que Dolto encontra é completamente diferente: "No caso em que uma criança é pessoalmente atingida por perturbações irreversíveis e pelas quais sofre, o importante é que os pais continuem sendo seus educadores, no dia-a-dia, animados por um projeto pedagógico e por um desejo de direcionamento com respeito a ela. O papel do psicanalista é completamente diferente: ele não se ocupa diretamente da realidade, mas apenas daquilo que ele capta da criança, atualmente, referida a toda sua história passada libidinal" (1992: 24).

tanto a poltrona construída com argila como a "de madeira" podem se abrir à diversidade de sentidos. No entanto, quando a criança modela ou desenha, é ela que "traz" a cadeira, e uma cadeira muito particular, capaz de nos impressionar, como no exemplo citado, por sua "solidez". Ao contrário, os brinquedos no consultório são disponibilizados por nós e têm suas características próprias[14]. A partir dessa colocação, podemos pensar na importância dos brinquedos pouco estruturados e dos materiais expressivos. Mas a mensagem é clara: qualquer brinquedo ou desenho pode ser sempre outra coisa, e a chave do enigma não está em nós mesmos. Há que escutar, há que perguntar; mas penso também que é preciso brincar quando de uma criança se trata, não sendo os brinquedos ou brincadeiras impedimento para que o analista preserve um lugar de não resposta e para que o desejo possa se desdobrar através da linguagem[15].

SILVIA BLEICHMAR E OS LIMITES DO MÉTODO CLÁSSICO – A ESPECIFICIDADE DA "REVELAÇÃO" E A PRODUÇÃO DE NOVAS FORMAS DE SIMBOLIZAÇÃO

Um pensamento lúcido e rigoroso caracteriza Silvia Bleichmar, o que se revela tanto em suas articulações teórico-clínicas como em sua proposição de reordenar os elementos teóricos presentes no campo da Psicanálise, buscando, como costuma dizer, diferenciar o que não mais se sustenta dos universais que constituem seu eixo. Seu ponto de partida é a obra de Freud e as linhas abertas por Jean Laplanche, em especial no que diz respeito ao método de "fazer trabalhar" a teoria freudiana e a todo pensamento, sustentando suas tensões e contradições, sem mutilações ou fechamentos apressados. Além disso, na base de suas formulações estão alguns conceitos elaborados por Laplanche a partir desse trabalho com a teoria freudiana, destacando-se aqueles que se originam da consideração sobre a repressão originária como fundante do inconsciente. Dentre esses conceitos, ganham relevo a revisão da teoria freudiana do apoio a partir da sedução originária, o conceito de objeto fonte da pulsão, o de metábola e outros[16]. A evolução de seu próprio pensamento, no entanto, estabelecerá diferenças com Laplanche. Nesse movimento de apropriação e distanciamento, a clínica com crianças tem lugar fundamental, remetendo Silvia Bleichmar a "cercar" a fundação do aparelho psíquico como tempo real de constituição do sujeito, buscando detectar os momentos de constituição da tópica a partir de suas manifestações na criança pequena. Surge a questão da possibilidade ou não de aplicar o método clássico formulado por Freud a propósito da clínica das neuroses – questão esta que é fundamental para a prática analítica e, mais especificamente, para a interpretação em análise.

Outro aspecto que marca o reordenamento teórico proposto por essa autora é a busca de articular a contribuição de diversos autores, entre os quais Lacan, Klein e Winnicott, levando

---

[14] Aliás, devemos também pensar no que eles "nos significam": o que significam para nós, mas também o que dizem de nós, e ainda o que queremos dizer com eles ao escolhê-los e oferecê-los às crianças etc.

[15] Embora Dolto sempre se refira à transferência, não encontrei em seus escritos nenhum desenvolvimento sobre a contratransferência e sua possibilidade de utilização pelo analista. Como considero este um elemento fundamental para a interpretação, remeto o leitor aos desenvolvimentos de Pierre Fédida, os quais nos abrem a possibilidade de pensar na utilização da contratransferência em uma vertente teórica que admite certa aproximação com Dolto. Ver "Amor e morte na transferência" e "A angústia na contratransferência ou o Sinistro (A inquietante estranheza) da transferência", in Clínica psicanalítica: Estudos (São Paulo: Escuta, 1988).

[16] A procedência do pensamento de Silvia a partir de conceitos de Laplanche é abordada no capítulo 5, no tópico relativo a Silvia Bleichmar.

em conta os impasses existentes, sem justapor posições nem descartar o que se mostra fértil[17]. Nesse trabalho com a teoria, a referência à clínica é imprescindível e constante: dela surgem muitas proposições originais. Para Silvia, a clínica não é o lugar onde se produz a teoria, mas onde se mostram os interrogantes que nos obrigam a repensar a teoria.

Começamos este capítulo dando relevo à intrínseca articulação entre método de investigação, tratamento e construção teórica; em seguida, criticamos a possibilidade de que a teoria seja um entrave à descoberta clínica e à escuta do analista. Neste contexto, a abordagem de Silvia Bleichmar nos parece bastante interessante, ao levar adiante a proposta de articulação entre investigação clínica e construção da teoria.

No entanto, como já começamos a dizer, o desdobramento de seu pensamento a levará a rever a universalidade de aplicação do método. Tal como evidencia a definição que apresentamos no início deste trabalho, nos primórdios, a Psicanálise se restringia ao campo das neuroses, tendo como objeto a investigação dos processos inconscientes.

Para Silvia, nas origens, momento de fundação da tópica psíquica e de constituição do sujeito, o inconsciente ainda não está fundado, o que impede a aplicação do método clássico, que visa tornar consciente o inconsciente recalcado. As consequências disso na clínica são muito interessantes.

Propõe que uma prática psicanalítica transformadora e também capaz de responder às demandas contemporâneas torna imprescindível considerar que o processo psicanalítico não se limita a reencontrar ou revelar o já existente, mas deve produzir novas formas de simbolização.

Para ela, o termo interpretação mostra-se, então, inadequado, devendo ser substituído por intervenção analítica. Propõe assim a abertura de um campo de redefinição de intervenções analíticas a produzir-se nos tempos de constituição psíquica, assim como nas situações nas quais se produz um fracasso nesta constituição (por exemplo, em processos não neuróticos em pacientes adultos).

Esses pressupostos a levam a estabelecer a necessidade de um diagnóstico rigoroso para definir quando se pode aplicar o método clássico de interpretação e quando se faz necessário pensar em outras formas de intervenção analítica, produzindo processos de neogênese.

Para entendermos essa proposta e suas consequências para a clínica, será necessário um percurso teórico que centralize os conceitos de recalque originário e secundário e sua articulação com a fundação do inconsciente e a constituição da tópica psíquica. Sem esse desenvolvimento, sua proposta clínica não pode ser compreendida. A aridez e a densidade dos parágrafos que se seguem, esperamos, serão iluminadas pelos exemplos clínicos que encerram este tópico.

Partindo do pressuposto de que o modelo teórico com que trabalhamos determina nossa prática clínica, Silvia Bleichmar retoma o primeiro modelo teórico e de interpretação na Psicanálise de Freud. Nesse modelo, originado da clínica das neuroses e, mais especificamente,

---

[17] Neste sentido, destaca-se seu trabalho com as ideias desses autores no que diz respeito à fundação do inconsciente e suas consequências para a prática clínica. A afirmação de que o objeto da clínica psicanalítica é o inconsciente leva Silvia Bleichmar a pensar sobre como sua origem é concebida pelos dois grandes modelos existentes na Psicanálise: a escola kleiniana e o estruturalismo francês. Considera que o modelo kleiniano concebe o inconsciente como presente desde as origens, enquanto que a vertente lacaniana o concebe como um efeito da cultura, produzido a partir da inclusão do sujeito em relações estruturantes, no marco de uma organização privilegiada, universal, que é a estrutura do Édipo. Os desenvolvimentos de Silvia se situam nesta segunda vertente, excluindo-se aqueles que considera terem conduzido a um estruturalismo a-historicista. Para ela, tanto o inatismo instintivista kleiniano como o determinismo presente no estruturalismo antibiologizante do lacanismo estão atados ao pré-formado, constituindo-se em obstáculos a uma prática analítica transformadora. Para um aprofundamento sobre esse tema, remetemos a S. Bleichmar, Clínica psicanalítica y neogénesis (Buenos Aires: Amorrortu, 1999). Há tradução em português (São Paulo: Annablume, 2005).

da histeria, o método visava à recuperação de uma recordação esquecida ou, nos desenvolvimentos teóricos posteriores, de uma representação recalcada.

Silvia destaca que o método que se depreende desse modelo só pode ser implementado quando algumas condições estão presentes no psiquismo:

1) O recalque originário deve ter se constituído e estar em funcionamento, dando origem ao sistema inconsciente como separado do sistema pré-consciente-consciente.

2) Como consequência da constituição dos sistemas inconsciente e pré-consciente-consciente, passa a haver conflito psíquico intersistêmico, ou seja, intra-subjetivo.

3) Da mesma forma, passa a existir uma instância psíquica diferenciada do inconsciente, o pré-consciente, que é capaz de fazer o trabalho de produzir consciência – ou seja, passa a existir um sujeito capaz de se posicionar diante do inconsciente. O recalque originário como fundante da clivagem psíquica corresponde, assim, à instauração do ego[18].

Ao trabalhar o modelo freudiano advindo da clínica com as neuroses, enfatiza que, tanto na busca da recordação como na da representação, o método visava recuperar algo que existia como tal. No entanto, adverte que esse modelo, mesmo em Freud, já dava mostras de insuficiência: Freud – a partir de *O Ego e o id* – observa que a formulação "algo se torna consciente" não é precisa, pois não basta que esse algo passe de um sistema a outro: é necessário que mude seu modo de organização. Freud afirma que algo só pode se tornar consciente mediante sua conexão com as correspondentes representações-palavra, ou seja, mediante sua transcrição ao pré-consciente[19]. Desse modo, já em Freud, quando uma representação se faz consciente, tem que se encaixar na linguagem, mudando a forma como está organizada – tem que passar ao processo secundário. Bleichmar explicita que linguagem, em Psicanálise, não corresponde à palavras, e sim ao processo de significação. Consequentemente, não é suficiente que um conteúdo esteja no manifesto, nem mesmo sendo uma palavra, para que possamos dizer que "se tornou consciente", sendo necessário que sofra um enlace diferente, característico do processo secundário, para que adquira sentido para o sujeito[20].

Assim, em relação à cura analítica, assinala que só se pode fazer consciente aquilo de que a consciência possa dar conta, e isso só é possível através de um exercício de significação. Este processo pressupõe um sujeito constituído, capaz de dar sentido a aspectos que o sujeito desconhece de si mesmo.

Além disso, registra que, em *Mais além do Princípio do Prazer* (1920), Freud se pergunta o que fazer com o que não pode ser associado. Silvia considera que os conteúdos inconscientes que nunca foram linguagem são os que não podem ser recuperados por intermédio da associação livre, o que pode acontecer tanto com as crianças como com os adultos.

---

[18] Neste tópico, o sistema pré-consciente e a instância ego aparecem em continuidade e, de certa forma, confundidos. São, no entanto, distinguidos pela autora, que define o ego como "massa libidinal" capaz de produzir sentido, enquanto atribui as operações lógicas ao processo secundário, modo de funcionamento do pré-consciente. Essa distinção será utilizada por Silvia no diagnóstico, diferenciando manifestações que decorrem predominantemente de falhas na instauração do processo secundário ou da instância ego.

[19] Esse "algo" inconsciente é denominado por Freud de Sachvorstellung, o que se traduziu por "representação de coisa". Mas Silvia, seguindo Laplanche, considera que a melhor tradução seria "representação-coisa" e não "representação de coisa", deixando claro que, para ela, esse conceito não se refere a representações de coisas/objetos advindos da percepção da realidade, mas a elementos que operam no inconsciente como coisas, sem estar articulados pela linguagem. Nesse sentido, uma palavra pode ser uma "representação-coisa", uma vez que esteja no inconsciente. É a livre associação que permite sua conexão com a "representação-palavra".

[20] Silvia desenvolve essas ideias em "Uma prática psicanalítica que convoca à transformação", curso realizado no "Encontro com Silvia Bleichmar" promovido pelo Departamento de Psicanálise da Criança do Instituto Sedes Sapientiae em 2 de abril de 2005. A transcrição do curso não foi publicada.

Portanto, para que valha a ideia de que algo "se torna consciente", é necessário que esse algo já tenha estado estruturado sob a lógica do processo secundário, perdido o laço com a representação-palavra como consequência do recalcamento secundário, tornando-se então representação-coisa.

Somos então conduzidos à importância clínica da diferença entre recalque secundário e recalque originário: o que foi originariamente recalcado e, ainda, o que nunca foi recalcado, é algo que não se pode colocar em representações-palavra, porque nunca teve esse estatuto.

A diferença entre recalque originário e recalque secundário é necessária pois não só elas se instauram em tempos distintos, correspondendo à constituição de diferentes instâncias no aparelho psíquico, como também operam sobre representações diferentes, de maneira que, no inconsciente, coexistem formações de diferentes tipos.

Para Silvia, o recalque secundário opera sobre moções edípicas e sobre fragmentos discursivos que, ao serem enviados ao inconsciente, se desqualificam e se tornam representação-coisa, desarticulados do duplo eixo da língua, seguindo modos de composição e recomposição marcados pelo processo primário. Trata-se de um enunciado que se sepulta: implica um desejo intencional, com reconhecimento da renúncia. Sendo assim, essas representações são rearticuláveis mediante a linguagem – a associação livre – e podem recuperar seu caráter discursivo no processo analítico.

O recalque originário, por sua vez, opera sobre os representantes pulsionais, ou seja, sobre aquelas representações que remetem ao autoerotismo, aos objetos-fonte residuais da relação com o outro. Essas representações nunca foram atravessadas pela linguagem e nem capturadas em uma significação, de forma que, para Silvia, "podem ser cercadas pela livre associação, embora esta, por si mesma, nunca possa restituir-lhe um sentido" (Bleichmar, 1994: 177).

No que se refere ao realque originário, ele é fundante do inconsciente e concomitante à constituição do ego e ao funcionamento do sistema pré-consciente-consciente.

No entanto, o recalque originário não é o primeiro momento do aparelho psíquico – precede-o um momento no qual se inscreve a sexualidade. É a função materna que é constituinte da sexualidade. Os cuidados precoces não são da ordem da necessidade (autoconservativa), mas veiculam sexualidade (sedução originária)[21]. Ao mesmo tempo que instaura a sexualidade, é a função materna que constitui também o narcisismo na criança, tendo então uma dupla função, em virtude da existência, no adulto, da clivagem psíquica[22].

Assim, na função materna está a origem da pulsão, mas também está, como efeito da presença do narcisismo materno, a condição de sua ligação, cabendo a ela gerar articulações capazes de ligar as excitações que produziu.

O inconsciente é efeito, então, não só de uma inscrição como também de uma fixação de representações em um espaço, um lugar no aparelho psíquico, que as torna inacessíveis e desconhecidas para o ego. Nesse sentido, a inscrição da pulsão e sua fixação no inconsciente correspondem a tempos distintos: o primeiro, correlativo ao que Laplanche chama de implantação, e o segundo, a sua conservação no inconsciente, fixada por um ato de contrainvestimento. Esse ato é o que constitui o recalque originário, tendo por condições o

---

[21] Para um aprofundamento nesses conceitos, voltamos a remeter o leitor ao capítulo 5.

[22] Vemos nessa formulação de Silvia, tão esclarecedora, um dos resultados de sua proposta de fazer trabalharem os diferentes autores, ordenando, como ela mesma diz, conceitos de Freud, Laplanche e Lacan.

narcisismo materno e sua constituição na criança - o que corresponde à instauração do ego, que sepulta os representantes do autoerotismo no inconsciente.

Silvia esclarece:

> Inscrição e auto-erotismo concernem ao modo de produzir-se a pulsão; recalque originário concerne a um contra-investimento que impedirá para sempre que o representante pulsional continue avançando em direção ao pólo motor, buscando modos compulsivos de satisfação. (Bleichmar, 2005: 94)
>
> Gostaria de marcar o seguinte: as inscrições pulsionais preexistem ao recalque originário. Vocês dirão: "mas, se não há inconsciente, onde estão?" Estão num aparelho que ainda não foi clivado, que não foi cindido pelo recalque, são representações que não têm ainda um estatuto de pertinência. Quando operar o recalque originário serão fixadas ao inconsciente e, graças à fixação, deixarão de perturbar do lado do sujeito no sentido estrito (sujeito do ego, aquele que pode enunciar um desejo ou proibi-lo para si mesmo). De maneira tal que a função equilibrante do recalque originário é, precisamente, permitir que o abandono e as renúncias pulsionais consigam transcrições, para que não submetam constantemente o sujeito a uma força de contra--investimento empobrecedora ou a um risco de psicose, abrindo também caminho à sublimação, para as realizações de cultura que, pelas mediações, ficam afastadas do prazer primário. Depois o superego virá para remodelar toda a arquitetura psíquica. (Bleichmar, 2005: 120)

Falhas no recalque primário se manifestam pela presença de moções compulsivas ou pela impossibilidade de renúncia ao autoerotismo na criança.

Dessa forma, o recalque originário se coloca como um conceito-chave, pois é a partir dele que se pode falar em conflito psíquico e instauração de dois sistemas que funcionam de forma diferente: o pré-consciente, regido pela lógica do processo secundário, e o inconsciente, pela legalidade do processo primário. Como vimos, as representações que habitam esses sistemas também diferem. No entanto, Silvia propõe que certas inscrições não atingem o estatuto de inconsciente. Ela diz:

> No inconsciente operam todas estas representações, mas há algumas, muito particulares, como os signos de percepção, que não foram nem encaixados nem transcritos – ou que só obtiveram uma transcrição insuficiente para a força do afeto que arrastam – e que têm a característica de serem como elementos soltos que não logram ligar-se, que ficam vagando pelo aparelho, livrados a um reinvestimento que os faça passar ao manifesto, sem por isso serem conscientes. Estes elementos não transcritos podem haver aparecido, haver-se inscrito, nos começos da vida em alguns casos não havendo obtido sua transcrição em razão de perdas muito importantes, ou de ausências que os deixaram carentes de uma possível retranscrição – ou ser o produto de traumatismos severos ainda em épocas tardias. (Bleichmar, 1995: 103)

Para Silvia, estas representações não podem ser analisadas em sentido estrito, e só tem sentido trabalhá-las quando produzem uma situação de conflito ou capturam o sujeito de tal maneira que chega a ser, a sentir ou a pensar coisas que não pode compreender e em relação às quais não pode oferecer associações.

Esses elementos nos permitem ver como o conceito de recalque originário tem um lugar central para pensar, como nos diz Silvia Bleichmar, em uma prática sustentada numa perspectiva psicanalítica quando o método não pode ser aplicado em sua totalidade: crianças nas quais a tópica não terminou de se constituir, não ocorrendo a clivagem entre o ego e o inconsciente, ou ainda pacientes graves nos quais esta fracassa.

Tudo isso a leva a ressaltar a importância do diagnóstico – afinal, precisamos saber que tipo de estrutura temos diante de nós e se podemos aplicar o método psicanalítico ou se temos que buscar outras formas de intervenção. Ao tomar como eixo a organização do aparelho psíquico, Silvia dá ênfase às manifestações que decorrem de falhas no recalque originário, mas também àquelas que dão mostras da constituição do ego e de possíveis falhas no funcionamento do processo secundário: transtornos de linguagem e transtornos de pensamento, assim como o emprego dos pronomes pessoais etc.

Para Silvia, diante do sofrimento de uma criança, devemos nos perguntar:

> Esse momento da vida psíquica da criança constitui um processo neurótico, de caráter sintomático, ou é um momento estruturante que configura um transtorno no processo intersubjetivo de produção psíquica? Estamos perante um transtorno ou perante um sintoma? Implica a possibilidade de análise ou não há análise possível? É interpretável ou não é interpretável? É passível de ser desfeito? E como questão fundamental: que lugar ocupa na economia psíquica da criança? Encontra-se a serviço do progresso psíquico? Trata-se de algo que pode encapsular-se de maneira patológica? (Bleichmar, 2005: 34)

Ela afirma:

> Em relação à instauração da cura, a existência do recalque originário evidencia que se produziu, no sujeito, um corte articulado que permite conceber o conflito como intrapsíquico. A partir disso, o conflito se dá entre duas instâncias do aparelho psíquico, se torna intra-subjetivo, quer dizer, intersistêmico (por exemplo, entre o prazer uretal ilimitado e a vergonha de urinar-se) e o sujeito sofre por ser vítima de um sintoma cujo sentido desconhece. O inconsciente toma assim um caráter de alteridade radical [...] Quando uma criança diz: "eu não quero fazer xixi na calça, mas faço"; quando diz: "eu quero ir às festas de aniversário, mas não posso", vemos operando a clivagem psíquica, a existência do recalque e o sofrimento sintomático. (Bleichmar, 2005: 124)

A distinção que estabelece entre sintoma e transtorno é importante para a clínica, relacionada à diferença entre neurose e não neurose. Vemos que "transtorno" é uma noção abrangente, que, para a autora, não coincide necessariamente com uma psicose ou perversão. Considera inclusive a possibilidade de existir um transtorno no interior de uma organização neurótica, o que leva a modos diferentes de intervenção clínica no interior de uma mesma análise. No exemplo seguinte, Silvia demonstra a necessidade de uma intervenção analítica em um transtorno que não aparece como exercício autoerótico, mas decorre de um posicionamento da criança diante da mãe:

> Por exemplo, em uma criança que está constituindo a articulação egóica como negação determinada, quero dizer, que somente pode constituir-se como oposição ao desejo do outro para produzir, dessa maneira, uma afirmação sobre ela mesma, um transtorno alimentar relacionado a uma posição negativista com a mãe não é um sintoma. Tal situação pode obrigar a que se faça um trabalho com a dupla mãe/filho, com o intuito de trabalhar o problema das relações intersubjetivas, tendo em vista a maneira como estão se produzindo processos de intromissão que dificultam o exercício da pulsão oral. [...] Por alguma razão a criança teve que apelar a uma defesa tão extremada, como parar de comer, para conseguir opor-se. Já que não pode dizer "não" nem pode afirmar um desejo: pára de comer. Nesses casos devemos trabalhar com o modelo do transtorno; em outros casos, não. O mesmo acontece com os transtornos ligados ao anal e ao uretral. Uma encoprese primária não é um sintoma; já uma encoprese ou uma enurese secundárias podem ser sintomas. (Bleichmar, 2005: 170)

Sigamos agora com exemplos clínicos que nos possibilitem acompanhar a intervenção do analista.

Escolhemos este exemplo (Bleichmar, 1995: 188-92)[23] por sua simplicidade – tanto no que se refere à queixa que motiva a consulta, como às intervenções que suscita –, a qual contrasta com os riscos de agravamento a que a criança e a família estariam expostos caso a intervenção analítica não tivesse ocorrido.

Trata-se, além disso, de uma situação clínica que opera com os elementos teóricos já discutidos, os quais subjazem à eleição da estratégia clínica – no caso, entrevistar mãe e criança –, assim como às intervenções realizadas. Esperamos que o exemplo clarifique e torne a teoria mais viva e próxima do cotidiano. Ademais, a partir dele, abordaremos mais um eixo importante para a interpretação, já mencionado mas ainda não explorado aqui: a importância da história-relato dos pais.

Para Silvia Bleichmar, este exemplo é eficaz porque nos permite acompanhar uma descrição clínica na qual a intervenção analítica é capaz de fazer surgir *in situ* "um recalcamento que abre as possibilidades de uma virada na instalação dos movimentos constituintes do aparelho psíquico" (p. 190).

Javier, criança de dois anos e oito meses, é trazido por seus pais porque morde suas duas irmãs mais velhas e também os colegas na escola. Descrito como encantador e irreverente, não cede diante de repreendas – mesmo em outras situações –, mostrando-se, então, como um "homenzinho indomável".

Javier chega à consulta com a mãe e se dirige a uma cesta que a analista deixou à sua disposição, na qual colocara, de propósito, entre outros brinquedos, um carrinho de corda que, quando desliza, abre a "boca-capô", fazendo surgir uma dentadura de latão pintado. De fato, Javier o escolhe e, "aferrado com uma mão" ao colo da mãe, pede-lhe que dê corda no carrinho e o faça funcionar. Repete-o três vezes, rindo com satisfação quando o carrinho vai embora.

Silvia faz "uma intervenção": "o carrinho, como Javier, quando se distancia da mamãe, quer comer tudo o que encontra, por isso morde tudo aquilo que encontra pela frente".

Ele olha a analista e chama a mãe para ir embora. Como ela se recusa, ele persiste em seu chamado e termina por chorar aos gritos.

A mãe o acolhe; quando se tranquiliza um pouco, tentam conversar a respeito. Silvia lhe fala:

> [...] que quer dizer isso, que mamãe fique, recusando seu pedido, dando importância a esta senhora que disse que não se poderia ir? Ele está muito brabo: Silvia, como um papai, disse: Javier, não se pode fazer tudo o que se quer, isso é perigoso para ti e para os demais. (Bleichmar, 1995: 189)

Em nota de rodapé, Silvia esclarece que não disse *como o papai*, e sim *como um papai*, pois é a função que está em jogo. Até porque o pai, neste caso, tem tanta dificuldade como a mãe para recusar-se.

Aqui, vale um comentário: penso que este é o tipo de intervenção ao qual Silvia se refere quando menciona a possibilidade de que uma instância simbólica se posicione no interior do campo a partir de uma colocação do analista. Sigamos com o exemplo.

A analista pergunta à mãe o que fazem quando ele se torna "insuportável" – termo usado pela família para descrevê-lo em situações nas quais lhes parece impossível impor qualquer limite. A mãe diz que o mandam a seu quarto para se tranquilizar.

---

[23] "A Fundação do Inconsciente", Capítulo 7: a psicanálise "de fronteira": Clínica psicanalítica e neogênese.

Silvia assinala à mãe o quanto lhe é difícil sustentar a proibição e ao mesmo tempo conter as condutas perigosas – melhor não vê-lo, afastá-lo –; com isso, obriga Javier a um exercício de autocontrole para o qual não está preparado, levando-o a um movimento que oscila entre a rigidez e o estouro. Propõe que ela passe a contê-lo da mesma forma como fez durante a sessão, envolvendo-o nos seus braços.

Na segunda entrevista, assim que chegam, reproduz-se a cena de choro e de raiva. Depois de um momento, Javier se aproxima de um isqueiro e tenta acendê-lo. Silvia tira-o de sua mão com suavidade e o acende para que ele o apague. Ele faz isso e é festejado pela analista, no que é seguida pela mãe de Javier. Por vezes, o menino tenta tirar o isqueiro da analista e, ao ser impedido, chora. A mãe o contém nos braços e o jogo recomeça.

A analista lhe diz que "algo o queima por dentro, quando começa a correr, a morder, a tirar coisas; que não sabe como acalmar isto que queima por dentro" (p. 189).

Na terceira consulta, entra muito decidido; olha Silvia sorridente e diz: "'Sonhei... eu sonhei'. 'Com que sonhaste, Javier?' 'Com o crocodilo(!!). Havia um crocodilo... a boca aberta, hamm' (faz um gesto como se fosse comer-me)", observa Silvia (p. 189).

A mãe conta que o filho acordou angustiado e foi ao quarto dos pais; que naqueles dias esteve muito mais carinhoso, e que deixou de morder.

Silvia pondera: "O sonho realizando uma satisfação pulsional não conseguida[...] A recusa do sujeito à sua impulsão de morder possibilitou uma formação do inconsciente" (p. 189).

Silvia segue atendendo Javier por cerca de 12 sessões, ao mesmo tempo em que trabalha com os pais para ressignificar os acontecimentos.

A analista registra:

> O recalcamento trabalha de um modo altamente individual: uma criança com linguagem constituída, controle de esfíncteres, noção de si e do objeto, enlaces libidinais, fica entregue, no entanto, em um ponto de sua constituição, a um fracasso do sepultamento de um representante oral que a leva ao sadismo e lhe impossibilita o exercício de formações do inconsciente capazes de permitir a elaboração psíquica.

> O trabalho psicanalítico é destinado a cercar o que é aquilo que obstaculiza a instalação do recalcamento originário – tanto do lado da criança como do lado de seus determinantes edípicos, parentais -, e a incidir em sua fundação definitiva. (Bleichmar, 1995: 190)

Um ano depois, Silvia é novamente consultada. Javier já tem três anos e nove meses. Os pais, inquietos, contam-lhe que o filho urinou no parque, diante de um grupo de meninas, dizendo "olhem, olhem", entre desafiante e sedutor. Também rindo, excitado, levantou a saia de uma amiga de sua irmã mais velha, adolescente, tentando tocar-lhe o traseiro.

Silvia considera que:

> [...] uma angústia de castração está subjacente a suas demonstrações de machismo, e isso vai acompanhado de temores de passivização dos quais se defende ativamente. É um menino encantador, sedutor, e todo mundo solicita-lhe beijos, mima-o, tenta apoderar-se dele. (Bleichmar, 1995: 189)

Javier vem à entrevista com sua mãe. Logo pega o isqueiro, pede que o acenda e depois o apaga. A mãe conta que essa brincadeira permaneceu durante o intervalo entre as consultas.

Na conversa com a analista, a mãe pode levantar sua própria hipótese sobre o que ocorre com o filho: acredita que ele seja super-estimulado, pois é muito adorável e todo mundo o toca, pede beijos.

A analista então lhe fala sobre a propriedade de seu corpo; que ele tem direito a recusar-se a todos esses apertões, os quais "fazem com que novamente sinta este fogo que queima dentro"; ele está pedindo a ela que o ajude a apagá-lo. Ele então diz: "Eu tenho um pinto grande, grande como o do papai". Silvia intervém: "É teu pinto, precisa dizer às mulheres que o tens, que é teu, que é grande, que és um homem" (Bleichmar, 1995: 191).

A mãe conta que todos insistem com ele quando não quer corresponder às solicitações, acrescentando: "É um pouco o brinquedo de todos..." (p. 191). Silvia propõe entrevistas com os pais e ressalta algumas questões a dirigir ao pai:

Por que cede seu filho à circulação feminina? De que modo ele próprio apropria-se do corpo seduzido-sedutor do filho sem poder arrancá-lo da posição passiva na qual está situado, deixando-o entregue a graus de excitação tão elevados, e, correlativas a isso, a defesas dessa ordem? (Bleichmar, 1995: 191)

Depois ocorre uma nova entrevista com mãe e criança, e Silvia nos conta que Javier começou a recusar-se. Por exemplo:

> "Acabaram-se" – diz com graça, mostrando as mãozinhas vazias quando alguém lhe solicita um beijo.
>
> [...]
>
> Um intercâmbio no qual seu próprio desejo e seu direito à apropriação de seu corpo começam a ser aceitos alivia-o enormemente. (Bleichmar, 1995: 191)

A propósito deste material, Silvia comenta que, entre uma consulta e outra, algo mudou no funcionamento psíquico do menino.

No primeiro tempo, Javier não apresenta sintomas e sim uma dificuldade na inibição de certos modos de exercício pulsional direto e no seu sepultamento no inconsciente. A pulsão oral canibalística não aparece inibida no seu fim, mostrando uma falha no recalque originário. Ao mesmo tempo, as funções ligadoras do ego ainda não operam de forma suficiente para sustentar o recalcado em um lugar tópico definitivo, impedindo a descarga motora.

A partir da intervenção analítica, inaugura-se uma nova etapa, na qual vemos Javier:

> [...] tendo sepultado os representantes pulsionais de origem, consolidado o recalcamento originário, e instalado em um encaminhamento edípico (no sentido do Édipo complexo) que faz surgir a angústia de castração e que reinscreve o ativo-passivo em termos de recusa ao submetimento amoroso ao semelhante e de exercício da masculinidade. (Bleichmar, 1995: 191)

Em nenhum dos dois momentos, o que preocupa os pais e motiva a consulta são sintomas:

> As intervenções pontuais realizadas tendem, simplesmente, a tentar desarticular um núcleo patógeno que, se for cristalizado, pode perturbar a evolução futura e desembocar em coagulações patológicas cujo desmantelamento requer prolongados períodos de análise. (Bleichmar, 1995: 191)

> O lugar que este menino ocupava no fantasma parental, e as formas metabólicas de inscrição dos desejos-mensagens derivados deles, é o que foi trabalhado nas entrevistas realizadas. Em um sentido restrito isto não pode ser considerado análise. (Bleichmar, 1995: 192)

Para completar este percurso pelos textos de Silvia Bleichmar, considero importante abordar a forma como ela escuta e trabalha com a história trazida pelos pacientes – mais especificamente, no caso das crianças, com a que é contada por seus pais.

A ênfase conferida pela autora à escuta da história se fundamenta na concepção de sujeito como sendo estruturado historicamente a partir de experiências que o determinam – concepção exógena da origem e constituição do aparelho psíquico. Ela deixa claro, no entanto, que a relevância conferida ao histórico vivencial não implica uma intervenção que se reduza a encontrar o que já está inscrito, nem se contrapõe à proposta de intervenções que visem produzir novas formas de composição e organização psíquica, como veremos a seguir.

Embora ela distinga dois momentos em seu pensamento, penso que essas duas vertentes permanecem constantemente articuladas e presentes.

Ela destaca, em sua trajetória, um primeiro momento em que deu ênfase a um trabalho com a história no qual buscava cercar a constituição do aparelho psíquico em seus tempos reais e não míticos, tempos ligados à estruturação do psiquismo: o momento de constituição do recalque originário, o modo de funcionamento do processo secundário e ainda a constituição egoica, as modalidades do narcisismo e os antecessores do superego, procurando assim situar o modo de funcionamento do psiquismo da criança a partir da metapsicologia. Penso que essa escuta permanece muito presente na sua elaboração da hipótese diagnóstica, e se articula à busca por encontrar na história singular trazida pelos pais as relações entre a estrutura edípica inicial – lugar que a criança ocupa no psiquismo dos pais – e a "história significante" que desembocará na estrutura singular da criança. Esta, não está em continuidade direta com o psiquismo dos pais, uma vez que o que vem deles passa por um processo de inscrição e recomposição singular (metabolização, como ela diz, seguindo Laplanche) no psiquismo da criança. Esse fator é fundamental para orientar nossa escuta diante do relato dos pais. Ela diz:

> De modo breve: entre os caracteres primários dos progenitores – estrutura do Édipo de partida, como o denominamos – e as vicissitudes as quais atravessa a história da criança, produzem-se fenômenos de transformação, de traumatismo e metábole que são os que contam na determinação causal do sintoma. Quando trabalhamos na recomposição das determinações patológicas de uma criança, ou na reinscrição das representações, há de se levar isto muito em conta. Com o cuidado, por outro lado, de não confundir a história real com os modos significantes, traumatizantes, com os quais se inscreve. O acontecimento deve ser compreendido num contexto simbólico que lhe outorgue valor mais ou menos traumático, segundo as condições de metabolização. (Bleichmar, 2005: 56)

Silvia esclarece que "história significante" quer dizer que "não se trata de buscarmos uma 'história de vida', nem tampouco uma 'anamnese' – no sentido de um conjunto de dados providos pelo sujeito interrogado a respeito de seu passado e de sua doença" (Bleichmar, 1995: 151).

O que importa é que possamos fazer perguntas que nos permitam entender os efeitos do que aconteceu na subjetividade da criança, o que depende de seu momento de estruturação psíquica. Assim, busca uma história das vicissitudes libidinais – tanto pulsionais como amorosas. Essa história não pode "ser concebida como a 'via régia' de acesso ao inconsciente, na medida em que o inconsciente só é apreensível a partir das próprias produções do sujeito passível de produzir um sintoma [...]" (Bleichmar, 1995: 51).

A "história significante" é também aquela que justificará um particular enlace entre traumatismo e transtorno – traumatismo, aqui, entendido como inevitável e necessário, correlativo à produção da sexualidade[24]. Essa ênfase na busca do traumático marca um segundo momento em sua abordagem à história. Ela busca elementos que não são tomados em conta no relato, mas que podem ser deduzidos e descobertos através de perguntas, procurando

---

[24] Sobre a concepção de trauma para a autora, voltamos a remeter ao capítulo 5.

o que se depreende da história e que não pode ser historicizado. Diferencia historicizar de construir uma história. Considera que construir uma história é fechar o ego em seu próprio relato, enquanto o que ela visa é remeter cada elemento ao contexto em que se produziu, simbolizá-lo e ligá-lo. O que lhe interessa é o modo como o ego é bombardeado constantemente por aquilo que não se simboliza, que provém do vivencial inscrito.

Encerro, então, com um pequeno trecho extraído de um relato clínico que nos permitirá entender a importância da busca, na história, desse enlace entre traumatismo e transtorno e sua relação com uma intervenção analítica que procura ligar um elemento não simbolizado. Neste caso, como veremos, se trata de um traumatismo severo, impossível de ser metabolizado pelo psiquismo da criança.

Silvia nos fala de Alberto, de cinco anos, que é uma criança psicótica. Ela tem conhecimento de que, em sua história, dos quatro meses até aproximadamente dois anos de idade, ficou aos cuidados de uma babá que, depois se soube, o agredia fisicamente. Relata:

> Ao invés de manifestar angústia ou braveza, durante os três primeiros meses de tratamento, ora fugia do consultório [...] ora, pondo a mão muito próxima de meu rosto, fazia um movimento de aborrecimento, como de um pássaro que se aproximasse velozmente de meus olhos, fechando e abrindo os dedos dobrados; acompanhava estes atos com uma frase monótona e aguda: "pipiripipi... pipiripipi... pipiripipi", "é assim a cara de *pynipon*? Não gostas da cara de *pynipon*?". Um sorriso estereotipado, o rosto convertido em uma máscara de olhos vazios. Então arrisquei uma interpretação: ele fazia esses movimentos com suas mãos, ante meus olhos, como X (a babá que se encarregou dele até os dois anos) havia feito quando pequeno, assustando-o. Tentou fazê-lo por um tempo mais, mas o sorriso se manifestava em um gesto de brabeza cada vez maior; eu segurei sua mão, que se tornou cada vez mais hostil, e então ele começou a gritar, proferindo insultos e gritos de desesperação. Rodeei-o com meus braços, dizendo-lhe que entendia sua braveza, que X lhe havia feito muito mal, e que ele sofria ao recordá-lo. Acalmou-se pouco a pouco, e pudemos, cada vez que por breves momentos fazia o movimento e o som, falar da questão, da qual não se lembrava muito, até que pediu a sua mãe, uma vez em minha presença, que lhe contasse a respeito daquela época. (Bleichmar, 1994: 110)

Vemos assim que, para Silvia Bleichmar, o trabalho do analista, mediante intervenções "ligadoras", de recomposição dos sistemas representacionais, possibilita a produção, a partir do material existente, de algo diferente do que encontrou inicialmente:

> [...] a cura analítica não se reduz, nos tempos da infância – nem com pacientes gravemente perturbados ou atravessados por situações traumáticas extremas –, à extradição do inconsciente, mas à recomposição das relações entre os sistemas psíquicos. O trabalho sobre o desligado e sua recaptura analítica é o que dá possibilidade ao sujeito de uma instalação da tópica psíquica. (Bleichmar, 1994: 202)

Se retomarmos agora nossas interrogações iniciais sobre escuta e interpretação, verificaremos que, no percurso com essa autora, nos ocupamos mais de "por que fazemos" e "o que fazemos" quando diante de nossos pacientes, do que de "como fazemos". Em alguns textos, ela nos dá algumas indicações, afirmando estar convencida de que a "ferramenta privilegiada" da psicanálise é a palavra, sendo que "a única produção possível de sentido é aquela que ocorre por meio da linguagem, por meio da palavra" (Bleichmar, 2005: 199). No entanto, valoriza, por exemplo, em Winnicott, "a procura por um modo de intervenção que apela a todas as formas criativas de simbolização, abrindo novos caminhos à ligação e a produção psíquica", estabelecendo "modos de intervenções simbolizantes que inauguram novas vias para fazer frente a situações clínicas inabordáveis pelo modelo clássico de interpretação".

(p. 200). Por vezes, diz, as crianças necessitam de outras formas de simbolização, como desenhos ou ações, sendo a linguagem verbal do analista insuficiente; mas estas devem estar também acompanhadas de palavras.

Finalizando, sobre o trabalho teórico do analista, em especial do analista de crianças, ela nos diz:

> Vocês sabem que estas questões têm interesse prático para a eleição da intervenção analítica no campo da clínica. Não há analista de crianças na atualidade que não se indague: a partir de onde estou interpretando? [...] Uma das maneiras de interpretar – a qual sempre operou com efeitos tanto reassegurantes para o analista como de incremento resistencial para os pacientes – consiste em aplicar e em deduzir, a partir de um sistema teórico, um sentido para os sintomas, para as ações do paciente, para suas posturas corporais, e até para seus silêncios. [...] Nesse pré-formado, que o analista propõe à criança, há uma captura que desconhece as maneiras com que as representações e fantasmas se inscreveram nela (criança) [...]. Por quê? Porque não há nada mais angustiante para um analista do que se deter frente a um enigma, a um outro que não tem resposta. A criança é profundamente traumatizante para o analista por colocar-se perante ele tão somente com interpelações, sem respostas e sem que ele saiba onde buscá-las. [...] A teoria tem a virtude de evitar a escuridão; mas ao mesmo tempo é na escuridão do enigma onde se desenham as fraturas que nos permitem pensar. (Bleichmar, 2005: 56-57)

Silvia Bleichmar é, em minha opinião, analista das mais audazes. Alicerçada pelo pensamento freudiano, não deixa de dizer, como a criança de Andersen, que "O rei está nu" sempre que alguma peça do quebra-cabeça teórico dá indícios de estar obstaculizando o pensamento ou a clínica. Por vezes, sua lucidez é tal que o que diz ganha a força de uma evidência. Por outro lado, a complexidade de seu pensamento deve nos levar a reflexão, apoiando-se em um duplo movimento de apropriação e distanciamento, tal a originalidade de alguns de seus ordenamentos conceituais. Penso que os elementos teóricos com que tivemos que trabalhar para abordar o tema da escuta e interpretação dão mostras do que acabei de dizer.

CONCLUSÃO

Este trabalho se encerra reencontrando seus limites, tais como enunciados em seu nome: Escuta e interpretação na psicanálise de crianças: primeiras aproximações.

Associação livre, atenção flutuante, transferência e contratransferência, história trazida pelos pais, reflexão teórica... Como disse no início, em cada um dos analistas apresentados, um ou outro desses elementos aparece com maior destaque, sustentando a escuta e a interpretação. Busquei apresentar, em um recorte da produção desses autores, aspectos da teoria que articulam esses elementos, sinalizando uma direção para a escuta do desconhecido e a interpretação. Assim, encaramos distintos modelos teóricos e nos deparamos com ferramentas férteis de um modelo que não são recobertas por outro. Nesse processo de investigação, não obtivemos coincidências – não há possibilidade de simples justaposição. Enfrentamos a "Babel", e, se diferentes aportes fazem sentido para a clínica e instigam nossa reflexão, passamos a ter que suportar sua tensão.

No encerramento deste percurso, o convite que faço é, assim, duplo: que nos deixemos tocar pela clínica e teoria de diferentes autores e procurar tanto por sua coerência como por seus impasses internos; e que sigamos buscando diferenciá-los para melhor poder articulá-los. Para tanto, é necessário ir à fonte, lê-los no original.

Desse modo, as propostas de Laplanche e Silvia Bleichmar, que, entre outros, pretendem fazer trabalhar a teoria com rigor, se mostra, como sempre, necessária.

Bibliografia

ASSOUN, Paul-Laurent. *Metapsicologia freudiana: uma introdução*. Rio de Janeiro: Jorge Zahar, 1996.

BARROS, Elias Mallet da Rocha (org.). *Melanie Klein: Evoluções*. São Paulo: Escuta, 1999.

BLEICHMAR, Silvia. *A fundação do inconsciente. Destinos de pulsão, destinos de sujeito*. Porto Alegre: Artes Médicas, 1994.

_____. *Clínica psicanalítica e neogênese*. São Paulo: Annablume, 1995.

_____. *Clínica psicoanalítica y neogénesis*. Buenos Aires: Amorrortu, 1999.

DOLTO, Françoise. *Seminário de Psicanálise de Crianças*. Rio de Janeiro: Zahar, 1985.

_____. *A imagem inconsciente do corpo*. São Paulo: Perspectiva, 1992.

_____. "No jogo do desejo, dados viciados e cartas marcadas", in *No jogo do desejo: ensaios clínicos*. 2 ed. São Paulo: Ática, 1996.

FÉDIDA, Pierre. "Amor e morte na transferência" e "A angústia na contratransferência ou o Sinistro (a inquietante estranheza) da transferência". In: *Clínica psicanalítica: Estudos*. São Paulo: Escuta, 1988.

FERRO, Antonino. *A técnica na Psicanálise Infantil A criança e o analista: da relação ao campo emocional*. Rio de Janeiro: Imago, 1995.

FREUD, Sigmund. "Dois verbetes de enciclopédia", in *ESB*, vol. 18.

LAPLANCHE, Jean. "Interpretar (com) Freud" e "É preciso queimar Melanie Klein?", in *Teoria da Sedução generalizada e outros ensaios*. Porto Alegre: Artes Médicas, 1988.

KLEIN, Melanie (1926). "Princípios psicológicos da análise de crianças pequenas". In: *Obras completas de Melanie Klein, vol. I - Melanie Klein. Amor, culpa e reparação e outros trabalhos (1921-1945)*. Rio de Janeiro: Imago, 1996.

_____. (1932) "Fundamentos psicológicos da análise de crianças". In: *Obras completas de Melanie Klein II A Psicanálise de Crianças*. Rio de Janeiro: Imago, 1997.

_____. (1945) "O complexo de Édipo à luz das ansiedades arcaicas". In: *Obras completas de Melanie Klein, vol. I: Melanie Klein. Amor, culpa e reparação e outros trabalhos (1921-1945)*. Rio de Janeiro: Imago, 1996.

PETOT, Jean-Michel. *Melanie Klein I - Primeiras descobertas e primeiro sistema - 1919-1932*. São Paulo: Perspectiva, 1987.

SANTA ROSA, Elisa. *Quando brincar é dizer*. Rio de Janeiro: Relume Dumará, 1993.

A mudança paradigmática da interpretação na escola inglesa a partir de Klein

Elsa Vera Kunze Post Susemihl

Capítulo XII

A mudança paradigmática da interpretação na escola inglesa a partir de Klein

Klein iniciou seu trabalho psicanalítico debruçando-se sobre o novo campo da análise de crianças. Na verdade, ela não foi a primeira analista que se propôs a utilizar a ainda jovem Psicanálise no tratamento de crianças, mas penso que seu mérito foi o de ter se dedicado à profunda reflexão e à discussão dessa sua experiência, produzindo grande quantidade de escritos clínicos e teóricos logo apresentados à comunidade psicanalítica.

Neles, desde o início, Klein se posiciona de maneira bastante firme em relação a alguns pontos básicos na análise de crianças. Mostra-se uma analista radical, no sentido de não fazer concessões aos princípios e ao método da psicanálise e não abrir mão deles ao trabalhar psicanaliticamente com crianças. Sustenta essa posição com muita ênfase, ancorando-se na própria experiência de Freud com o pequeno Hans. Refere-se explicitamente ao relato desse trabalho inaugural e, citando-o, afirma como postulado básico da análise de crianças que trazer à consciência da criança suas tendências inconscientes era tanto seguro como proveitoso. Nesse sentido, vê como possível e salutar sondar e se aprofundar nas questões edípicas dos seus pequenos pacientes e, ainda, que os resultados assim obtidos são comparáveis aos da análise de adultos (1927: 194-195).

Desde o início Klein está basicamente interessada no trabalho com o inconsciente, os seus impulsos e as suas fantasias, e entende que as crianças não são, fundamentalmente, diferentes dos adultos no tocante às questões inconscientes (1927: 199). Ela considera que desde o nascimento o bebê já conta com um ego rudimentar capaz de apreender angústia, ter fantasias inconscientes e reagir com mecanismos de defesa muito primários. Esse ego se desenvolverá ao longo da vida, e o fato de, na criança, o ego ainda não ter alcançado o seu completo desenvolvimento é o que determina a diferença entre um tratamento psicanalítico de criança e um de adulto.

Klein adota uma posição totalmente voltada ao que entende ser *psicanálise* – o trabalho com o inconsciente –, entendendo a função analítica (lidar com inconsciente) incompatível com qualquer tipo de função educativa se dirigir diretamente ao consciente ou ao ego). Essas duas funções não podem ser exercidas em conjunto, nem alternadamente, pela mesma pessoa, sob risco de se perder a especificidade da função analítica: "com as crianças, não podemos esperar achar alguma base duradoura para nosso trabalho analítico num propósito consciente, o qual, como sabemos, até mesmo nos adultos não se firmaria muito tempo como suporte único da análise" (1927: 200). Esse ponto se tornou um impasse e veio a causar uma grande e acalorada discussão entre ela e sua principal oponente, Anna Freud, que era favorável justamente a uma fase pré-analítica com a criança, na qual esta se conscientizaria da sua doença e da necessidade de tratamento, ao mesmo tempo em que estabeleceria uma relação de confiança com o analista.

Klein, então, sustenta que "uma situação analítica verdadeira pode ser produzida somente por meios analíticos" (1927: 198), o que significa uma orientação básica em direção ao inconsciente. Caso a criança apresente reações desfavoráveis em relação ao analista – de medo, angústia, raiva, etc. –, essas reações são compreendidas e trabalhadas como transferência negativa e são analisadas no contexto da situação e da relação analítica que se estabelece com o analista. Klein lida com essa situação frente a uma criança da mesma maneira que o faria caso se tratasse de um paciente adulto. Nesses termos, a situação poderia ser referida às questões edípicas em andamento e seria assim interpretada:

> [...] eu, pessoalmente, faço isso [trabalhar com ansiedade e culpa desde o início] e constatei que posso confiar plenamente numa técnica que se baseia no princípio de tomar em consideração e de elaborar analiticamente as quantidades de ansiedade e de sentimento de culpa que são tão fortes em todas as crianças e que são muito mais claras e manejáveis nas crianças do que nos adultos (1927: 201).

Ou ainda, mais adiante:

> Minha experiência tem confirmado minha crença de que, se desde logo traduzo esta aversão como sentimentos de ansiedade e de transferência negativa, e assim a interpreto em conexão com os dados que a criança fornece ao mesmo tempo, e faço então remontar esta aversão ao seu objeto original, isto é, à mãe, posso imediatamente observar que a ansiedade diminui. (1927: 201)

Ou seja, tanto a transferência negativa quanto a positiva são interpretadas remontando a seu objeto original (1927: 202). Temos, então, que desde o início o centro da interpretação em Klein é a ansiedade, inicialmente vista como resultado dos impulsos libidinais reprimidos (Freud) e logo a seguir como proveniente do sadismo e da agressividade, isto é, da pulsão de morte. O foco do analista na interpretação é a ansiedade suscitada pela experiência emocional na transferência e através da interpretação da fantasia e da defesa frente a ela, a pulsão será remontada aos seus objetos de origem. É a pulsão agressiva e não mais a libido que dá origem à ansiedade e gera sentimento de culpa.

Para resumir os pontos destacados até o momento sobre a postura de Klein frente à interpretação no trabalho com crianças, postura adotada desde os primórdios da sua experiência, temos que:

- o trabalho psicanalítico se refere ao trabalho com o inconsciente tanto no adulto como na criança;
- não é necessário, nem possível, exercer um trabalho analítico junto a uma função educativa;
- não existe diferença fundamental entre o inconsciente da criança e o do adulto;
- tanto a transferência negativa quanto a positiva devem ser interpretadas à luz das suas tendências e impulsos inconscientes;
- o centro da interpretação é a ansiedade, que tem sua origem nas pulsões sádicas e hostis e no sentimento de culpa delas decorrente.

Klein compreende o brincar da criança como uma ação que apresenta simbolicamente as suas ansiedades e fantasias. Ela, então, se comunica com a criança através dessa linguagem simbólica do jogo, que expressa as fantasias inconscientes da criança. Na medida em que as crianças não dispõem da possibilidade de fazer associações livres verbais, Klein aproveita o brincar como um meio para ter acesso imediato ao mundo inconsciente delas. Para Klein, o processo de formação de símbolos na criança está intrinsecamente atado à vida de fantasia e às vicissitudes da ansiedade da criança. Somente através da interpretação direta do simbolismo apresentado pela criança é possível alcançar sua ansiedade e ter acesso ao seu inconsciente, o que levará a criança a apresentar novas fantasias que, se forem acompanhadas e desenvolvidas, podem levar a um novo aparecimento de ansiedade, sendo esse o caminho por ela descrito como progresso na análise (1927: 206).

Aqui, é necessário ter em mente que a teoria de Klein é bastante clara a respeito do simbolismo que embasa essa sua atuação e que se assenta na maneira pela qual se estabelece, para ela, a relação da criança com o mundo externo. Ela segue a via aberta por Ferenczi e Jones (por sua vez, fundamentada na tradição freudiana), ao perceber a aproximação gradativa da criança com o mundo externo a partir de uma identificação primária que ela faz dos objetos desse mundo exterior com partes do seu corpo; num primeiro momento, partes do corpo investidas libidinalmente pelo autoerotismo. Essa identificação primária ou, como Klein a chama, essa *equação simbólica* é colocada em andamento pelo funcionamento do princípio do prazer. Logo Klein percebe que aquelas partes do corpo às quais são dirigidos os impulsos sádicos também são identificadas com objetos do mundo externo através da ansiedade (1930: 297).

> Todos esses processos [inconscientes do desenvolvimento inicial emocional infantil, as ansiedades, defesas e fantasias] estão ligados ao impulso da criança para formação de símbolos e fazem parte da sua vida de fantasia. Sob impacto de ansiedade, frustração e diante da sua habilidade insuficiente para expressar suas emoções com relação aos objetos amados, a criança é levada a transferir suas emoções e ansiedades para os objetos que a cercam. Esta transferência ocorre num primeiro momento para partes do seu próprio corpo, bem como para partes do corpo materno.[1] (1963: 277)[2]

Nesta altura, detenhamo-nos numa observação. Podemos lembrar aqui da série na qual o bebê inicialmente mama no seio materno, depois passa a sugar o próprio polegar (autoerotismo), depois eventualmente uma chupeta ou uma mamadeira e, a seguir, todos os objetos do mundo externo são experimentados e conhecidos através do contato oral, colocando-os na boca, sugando-os ou mordendo-os. Esses comportamentos, para Klein, estão sendo movidos pela equivalência simbólica subjacente a eles, ou seja, seio-polegar-chupeta-mamadeira-objetos do mundo externo num primeiro momento sempre remetem à experiência de satisfação ou frustração pulsional com o objeto original, isto é, experiências ligadas ao amor ou ao ódio e que estão imbricadas na sua vida de fantasia e são transferidas para os objetos circundantes.

Esse simbolismo constrói a relação do sujeito com o mundo exterior e com a realidade em geral (1930: 297). É assim que, nas análises de Klein, revela-se que o mundo exterior e o corpo simbolizam-se reciprocamente, por meio de uma equivalência simbólica. Dessa forma, o simbolismo equaciona diferentes elementos do corpo entre si e, depois, do próprio

---

[1] Nesse sentido, o investimento libidinal do corpo, processo que se realiza, ele próprio, a partir do investimento autoerótico primário das zonas erógenas, passa em um segundo momento a ser um investimento libidinal secundário da realidade exterior, processo que Klein denomina aqui de simbolismo e que resulta na instalação da sublimação (Petot, 1991: 60).

[2] Neste capítulo, são de nossa responsabilidade as traduções dos textos referidos em língua estrangeira na bibliografia.

corpo com o corpo da mãe e o mundo externo, sempre a partir da vida de fantasia, que representa na mente o universo pulsional, e que é assim transferida ou deslocada para os objetos externos, para poder se expressar. Os processos de desenvolvimento pelos quais a criança pequena passa "estão ligados ao processo de formação de símbolos, que possibilita a criança a transferir não somente seu interesse, mas também emoções e fantasias, ansiedade e culpa de um objeto ao outro" (1952: 51); é "através da formação de símbolos, então, [que] a criança desloca seu interesse para uma série de objetos, do seio para os brinquedos [...] e transfere suas relações e emoções pessoais como raiva, ódio, perseguição e ansiedades depressivas e culpa para estes objetos" (1952: 115). Ou seja: "na medida em que fantasias permeiam toda a vida mental desde seu início, existe uma poderosa pulsão para ligá-las aos vários objetos – reais e fantasiados – que se tornam símbolos e promovem uma saída para as emoções da criança" (1963: 298-299)[3].

Essa noção de simbolismo propicia, para a dupla analista-criança, uma linguagem que permite falar de "coisas que não têm palavras", do mundo interno primitivo. Na situação transferencial, esse mundo primitivo é revivido, reconstruído e colocado em palavras com ajuda do analista. "De fato, não é possível traduzir a linguagem do inconsciente em consciência sem emprestarmos, para tanto, palavras que pertencem ao âmbito do consciente" (1957: 180) – está registrado aqui o alerta: não devemos tomar tão concretamente as palavras e os símbolos, assim como a criança também não o faz; não devemos nos esquecer de que estão no lugar de algo que, por ser arcaico e inconsciente, carece de nomes que ainda precisam ser inventados.

Vale a pena dizer algumas palavras a respeito da maneira de Klein interpretar, eventualmente criticada até os dias de hoje como *invasiva*, *selvagem* ou *injustificada*, apontando para uma decodificação simbólica pré-estabelecida. Já em 1927, Klein tentava esclarecer que seu interesse se centrava nas fantasias inconscientes apresentadas de forma simbólica no brincar da criança durante a sessão, o simbolismo sendo uma linguagem (outra que não a verbal) que permite à criança expressar seu mundo interno. Para podermos alcançar a fantasia inconsciente que se manifesta por meio do simbolismo, é necessário observar:

> [...] o mesmo material psíquico em várias repetições muitas vezes em forma concreta por meios tais como brinquedos, água, recortes, desenhos, etc. e supondo ainda que eu possa observar que essas atividades particulares são predominantemente acompanhadas, no momento, por um sentimento de culpa, manifestando-se como ansiedade ou como representações que implicam em super-compensação e que são a expressão da formação de reações supondo, portanto, que eu chegue à intuição de certas conexões; – neste caso interpreto estes fenômenos, ligando-os com o inconsciente e com a situação analítica. (1927: 204)

Longe de uma tradução unívoca simplista de alguns signos, Klein reforça, aqui, sua atenção para a observação repetida do mesmo material psíquico nas suas várias formas de expressão e em relação a todo o movimento da sessão, inclusive o transferencial, para captar o sentido da fantasia que está sendo veiculada simbolicamente pela criança, ou seja, o simbolismo presente

---

[3] Paralelamente, Klein também descreve como esse processo de investimento libidinal do mundo externo acompanha o desenvolvimento das atividades do ego, no caso das crianças, a aquisição da fala e o desenvolvimento dos movimentos, sendo que parte da libido é investida também nesses processos através da sublimação – capacidade de empregar uma libido supérflua no investimento das tendências do ego – imprimindo-lhes assim todo o simbolismo próprio da pulsão sexual relativa aos objetos originais (Petot, 1991: 65).

no brincar sempre é compreendido e interpretado na sua relação com outras comunicações e associações (1926: 185-186).

Assim também Klein explicita claramente que o significado de um determinado jogo sempre é absolutamente particular, peculiar a uma situação específica, não existindo um sentido simbólico *a priori*:

> [...] desde o início, o foco da minha atenção esteve na ansiedade da criança e por meio da interpretação dos seus conteúdos me vi capaz de diminuir a ansiedade. Para tanto, tive que utilizar plenamente a linguagem simbólica do jogo, que reconheci como parte essencial da maneira que a criança se expressa. Cada jogo, um tijolo, uma pequena figura, um carro, não representam somente aquilo que sempre representam, mas em seu jogo têm uma variedade de sentidos simbólicos, assim como estão ligados a fantasias, desejos e experiências. Este modo de expressão arcaico é também a linguagem que conhecemos dos sonhos e, aproximando-me do brincar da criança como Freud o fez interpretando os sonhos, consegui acesso ao inconsciente da criança. Precisamos considerar que cada criança usa os símbolos em conexão com suas emoções e ansiedades particulares e em relação a toda a situação que é apresentada na análise; meras traduções generalizadas de símbolos não fazem sentido. (1955: 137)

Klein tem essa concepção tanto do desenvolvimento pulsional representado na mente pelas fantasias inconscientes, quanto do desenvolvimento da relação com o mundo externo e com os objetos e ainda o desenvolvimento das capacidades mentais (identificação primária, equação simbólica e simbolismo) articuladas com noções de repressão e sublimação como base para suas interpretações. É essa visão aqui apresentada muito resumidamente que lhe confere legitimidade quando se dirige de forma tão concreta e direta aos seus pequenos pacientes neuróticos e inibidos. Ela parte do princípio de que sua inibição está sendo movida por tais identificações primárias e tais equações simbólicas, que precisam ser esclarecidas para pôr o desenvolvimento em andamento. É nesse sentido, também, que o brincar tem, para Klein, o estatuto de maior importância, e que nos acostumamos a dizer que ela descobriu a técnica do brincar. Não foi somente por se propor a brincar com uma criança ou a se comunicar com ela através de um jogo, mas sobretudo porque, para ela, o brincar se insere nessa série descrita acima dentro de um contexto metapsicológico e de desenvolvimento psicossexual bastante específico, no qual, através do brincar, a criança expressa suas emoções, ansiedades e fantasias inconscientes.

O simbolismo presente nos jogos infantis é compreendido à luz das descobertas de Klein a respeito do desenvolvimento psicossexual infantil. Klein logo descobriu que uma criança de 3 anos já trilhou um longo percurso inconsciente com relação às questões edípicas e, ao contrário do que via Freud, para ela, os desejos edípicos já se manifestam por volta do final do primeiro ano de vida – surgem basicamente no bojo das frustrações orais ligadas ao desmame e se desenvolvem sob influência de tendências sádicas que predominam nesse período e são fomentadas pelas frustrações anais e edípicas (1928: 253). Klein detalha nos seus textos, bastante pormenorizadamente, os impulsos, fantasias e ansiedades relativas a essas épocas precoces. Quando uma criança pequena é trazida para análise, ela já experienciou uma gama de situações internas emocionais, e é pensando isso que Klein sustenta ser possível, mesmo no caso de uma criança ainda com pouca idade, dar-se a transferência. Diz:

> A análise de crianças muito novas me demonstrou que mesmo um menino de 3 anos já deixou atrás de si a parte mais importante da evolução do complexo de Édipo. Por conseguinte, ele já está muito afastado, devido à repressão e aos sentimentos de culpa, dos objetos que ele

originalmente cobiçava. As suas relações com ele têm sofrido distorções e transformações, de modo que os atuais objetos de amor são agora imagos dos objetos originais (1927: 209-210)[4].

Ela confirma, a seguir, que os dois instrumentos da análise de adulto a associação livre e a interpretação da transferência são absolutamente úteis na análise de crianças.

Vejamos uma vinheta analítica. Um menino de 10 anos em análise por problemas de alimentação muito restritiva faz uma paisagem polar de massinha na qual existem, entre outras coisas, um leão marinho, um pinguim com seu filhote e ainda uma ave. Enquanto brincava com outros brinquedos de ataques e lutas, conversávamos sobre sua dificuldade em passar a noite na casa de um amigo. Comentei, então, que talvez tivesse medos relacionados a esses ataques e lutas quando se encontrava longe de casa, ao que me respondeu prontamente que não, que tinha medo disto: num piscar de olhos se voltou para a paisagem polar que estava encostada em um canto da sala, e fez o leão marinho-pai comer a pinguim-mãe e matar o pinguim-filho. Penso que ele me contou dos destroços que sobram quando essa constelação de um complexo de Édipo arcaico, premido pelas fantasias sádico-orais e por um superego primitivo, estão em ação. Isso leva a uma inibição do desenvolvimento e a uma grande dificuldade de introjeção, inclusive de alimentos. Vale ressaltar, também, que o complexo de Édipo precoce pode estar atuante em qualquer idade.

Junto a suas descobertas de um complexo de Édipo precoce, Klein também encontra atuando simultaneamente um superego primitivo e severo, que, via de regra, está em contradição com os verdadeiros objetos de amor da criança, ou seja, seus pais. Klein constata que esse superego infantil é um "produto altamente resistente, radicalmente inalterável e não essencialmente diverso daquele dos adultos" (1927: 215), sendo que aquilo que faz a diferença entre o adulto e a criança não é tanto o superego subjacente e profundo, mas o ego mais desenvolvido do adulto e que a criança precisa desenvolver para fazer frente às questões postas por esse superego. Nas palavras de Klein: "De acordo com minha experiência, no surgimento do complexo de Édipo e no começo de sua formação, o superego é de caráter tirânico, formado sobre o padrão dos estágios pré-genitais, então em ascendência" (1929: 275). Mais uma vez, é importante ressaltar que os verdadeiros objetos externos da criança (os pais), não podem ser identificados com os objetos internos (no caso, o superego). Essa é uma diferenciação fundamental para a compreensão das contribuições de Klein. O mundo interno da criança (e do adulto também) é um mundo povoado por objetos internos, que são o resultado da introjeção das relações emocionais que o indivíduo tem com seus objetos externos. Quando se fala, aqui, de relação emocional, isso significa relações carregadas de afetos, tanto de amor como de ódio, nas suas mais diferentes misturas e tonalidades. Tais relações com os objetos do mundo externo vão se colorindo com base nesses afetos e vão sendo introjetadas, permanecendo no mundo interno como objetos internos com diferentes

---

[4] Petot (1991: 102) esclarece que Klein utiliza a expressão neurose de transferência somente uma vez em 1927 em resposta a uma crítica de Anna Freud. Destaca que Klein apresenta uma concepção específica de transferência, referindo-se geralmente a uma situação transferencial, com o que quer designar a projeção no mundo externo e no analista dos objetos internos e do mundo interno. Essa situação já se dá muito precocemente na criança e influencia também a relação da criança pequena com seus pais e outros adultos: "A transferência observada na psicanálise de crianças não é, portanto, um deslocamento da relação com os pais reais para a relação com o analista, mas sim uma aplicação a um novo objeto do mesmo tipo de relação mantida com os pais, a transferência para objetos reais de sentimentos dirigidos aos objetos internos" (p. 105). A diferença dessa visão em relação à de Anna Freud é que essa não trabalha com a ideia de imago ou objeto interno, ao contrário, a relação da criança é compreendida a partir dos pais reais; essa relação vai ser estendida ao analista, que, no entanto, não vai substituir os pais e, dessa forma, não pode ser considerada como transferência.

significações emocionais e afetivas. É nesse sentido que Klein se refere aos *objetos bons* e aos *objetos maus*, um mundo interno composto por polos de experiência emocional: de um lado, tudo o que tem a ver com experiências de amor e gratificação; de outro, tudo que está relacionado com ódio, frustração, dor e perseguição. O mundo interno resulta daquilo que existe no mundo externo, amalgamado com as projeções feitas nesse mundo externo e que voltaram para dentro.

Inicialmente, Klein se referia às várias identificações que se formariam no *self* em oposição ao superego severo, depois passa a se referir muito aos objetos internos. É esse mundo interno descrito por Klein cada vez mais claramente que vai ser de fato transferido na relação analítica, ou seja, a criança projeta e transfere as suas diferentes relações objetais internas, atualizando-as na sessão externamente com o analista. E é, então, na interpretação que se elucidará e discriminará o sentido emocional das relações internas; assim a criança se torna capaz de discriminar amor e ódio, dentro e fora e, sobretudo, no contato com seu inconsciente, desenvolve seu ego e afere seu contato com a realidade.

A esse respeito, atentemos para esta vinheta analítica. Em atendimento, uma menina de 4 anos e 6 meses brinca, durante uma parte da sessão, de fazer comida para dois pôneis, um que pertence ao material de sua caixa lúdica e outro que ela trouxe de casa, dizendo que ela também tem um pônei em casa, como aquele que eu havia colocado para ela na caixa e com o qual só pode brincar durante os nossos encontros. A brincadeira consistia em repartir a alimentação entre os dois, sendo que um deles, no caso o da caixa lúdica, o meu, recebia menos alimento que o dela, pois era menor. Na sessão seguinte ela aparece aos prantos no colo de sua mãe, que me conta que a menina não queria comparecer de forma alguma, pois havia dito algo a respeito de um animal que existe na sala de ludo e do qual está com muito medo. Após alguns instantes, me recordo do nosso jogo da última sessão e lhe proponho que vejamos juntas onde ele está e o que fazer com ele. Incentivada por mim, ela me acompanha, um tanto hesitante, e temos, então, que afastar o animal da caixa e deixá-lo de "castigo" no canto da sala para podermos prosseguir. Nesse momento, entendo que o pônei da caixa de ludo se tornou uma projeção do superego primitivo e vingativo da paciente, que agora estava pronto para castigá-la pelo fato de ela não ter dado alimento suficiente ao meu pônei. A menina expressa dessa forma toda uma situação do seu mundo interno, ligada a vivências de privação e falta, impulsos de ódio e agressividade, projeção deles e sentimentos de culpa, e o resultado é um superego arcaico, primitivo, vingativo, ameaçador extremamente atuante, que não pode ainda se desenvolver e abrandar, e que foi projetado no pônei.

Resumindo o que vimos até aqui, poderíamos dizer que:

- a formação de símbolos, para Klein, se baseia na transferência de fantasias, emoções e ansiedades referentes às experiências de amor e ódio com os objetos originais, o próprio corpo e o corpo da mãe num primeiro momento, para objetos do mundo circundante por meio de uma equivalência simbólica;
- através do simbolismo, a criança expressa sobretudo suas fantasias inconscientes referentes aos seus impulsos edípicos precoces, ao seu sadismo e ao seu superego primitivo, alcançando certo alívio da ansiedade provocada por elas;
- desde uma idade muito tenra, o complexo de Édipo se apresenta e deve ser interpretado nas suas profundezas;

• as imagos internas, ou os objetos internos, resultado de projeção de fantasias e emoções nas relações com os objetos externos – que são, a seguir, internalizados – formam um complexo mundo interno, que vai ser transferido e se manifesta na transferência com o analista, e cuja existência e funcionamento são a base da interpretação;

• através da interpretação da fantasia inconsciente, das emoções e das ansiedades envolvidas, a criança torna-se capaz de acessar seu mundo inconsciente e discriminá-lo do mundo externo real, desenvolvendo seu senso de realidade e seu ego.

Em seu texto de 1929, "Personificação nos jogos das crianças", Klein mostra com muita clareza como todos esses aspectos acima descritos, relacionados à interpretação, estão interconectados. Basicamente, à luz de diferentes exemplos clínicos, mostra como entende a transferência do mundo interno da criança durante o brincar, quando ela transfere para os personagens que inventa no seu jogo, por meio de mecanismos psíquicos de divisão e projeção, as diferentes relações objetais internas, aspectos das instâncias psíquicas id, ego e superego e todo um mundo de emoções como agressividade, ataques hostis, voracidade, inveja, amor, culpa e gratidão. Por meio do brincar nas suas diferentes modalidades, a criança expressa o seu mundo interno para o analista, ao mesmo tempo em que alivia sua ansiedade e as emoções insuportáveis por meio da abreação.

Uma forma peculiar do brincar é a atribuição de papéis ao analista, quando a criança o convida a entrar em sua brincadeira ativamente e participar de seu mundo de fantasia e faz-de-conta. Klein mostra como o analista pode e deve participar do brincar da criança, aceitando assumir ativamente papéis consignados a ele pela criança nas brincadeiras, tendo sempre em mente que ele deve desempenhar sobretudo aquilo que lhe é atribuído pela criança, colocando-se à sua disposição e ajudando-a a dar expressão dramática aos conteúdos inconscientes do seu mundo interno. Na medida em que o analista se prontifica a abrir mão da sua identidade, por algum tempo e em parte, e receber os conteúdos internos da criança, pode perceber o jogo dinâmico de relações que estão sendo expressas, as fantasias, defesas e ansiedades subjacentes. Isso o instrumenta para, a seguir, interpretar a situação, com vistas a esclarecê-la à criança na transferência e, assim, propiciar um melhor contato com a realidade. Nesse segundo momento, o da interpretação, abre-se para o analista também a possibilidade de se dirigir à criança de várias maneiras diferentes para transmitir a interpretação, sendo que ele vai ter que achar a mais apropriada a cada momento. Ao lado da interpretação verbal, o analista tem, no momento de um jogo de personificação ou de papéis, a oportunidade de transmitir algo da sua compreensão durante o próprio jogo, pode aproveitar algum personagem que lhe foi atribuído para incluir algo relativo ao contexto interpretativo que ele visa fornecer, ou, ainda, pode acrescentar um elemento novo no contexto apresentado pela criança, jogando uma nova luz sobre as questões ou propiciando alguma experiência diferente daquela apresentada. Isso confere, sem dúvida, maior plasticidade à posição do analista de crianças, pois requer dele o uso e o manejo de sua própria criatividade, sendo um grande potencial de comunicação. Nesses termos, não é somente a criança que entra na análise com todo seu corpo, seus gestos e atitudes, mas o analista, queira ou não, também responde e é percebido pela criança em sua totalidade e não somente pelas suas comunicações verbais. Abre-se aqui um imenso campo de comunicação atuante nessa relação.

O jogo da criança oferece ao analista a possibilidade de conhecer mais, não somente sobre os conteúdos de fantasia do seu inconsciente, mas também sobre suas estratégias de defesa frente à ansiedade, a possibilidade que ela tem de realizar seus desejos, sua atitude em relação à realidade e como suporta suas fantasias. Por isso, é importante considerar tanto as fantasias inconscientes pré-genitais e genitais que a criança expressa, como a sua maneira de demonstrar as forças dinâmicas que estão atuando no seu mundo interno e como os dois princípios do funcionamento mental estão trabalhando. O analista poderá utilizar-se de todos esses meios para conhecer a criança e formular aquelas interpretações que julgar necessárias.

Retomemos o caso da menina e os pôneis. A menina de 4 anos e 6 meses que, na sessão, começa um jogo de alimentar dois pôneis, um dela e outro meu, faz dois pratos e diz: "este é o prato do meu pônei e ele vai ganhar muita comida porque tá com muita fome e é muito grande, o seu é pequeno e vai ganhar só um pouquinho". Penso que ela se refere a uma situação interna já manifestada anteriormente, que está relacionada com o fato de ela ser pequena (a menor na família, menor que o irmão mais velho e que eu também), ser menina e não menino ("meninos podem tudo", conforme já enunciou como uma vantagem deles). Essa situação, na qual se percebe recebendo pouco (em desvantagem), me sugere a hipótese de trabalho: a raiva é manifestada por ela por meio do seu sintoma – que é fazer xixi e cocô nas calças, eventualmente. Dou voz, então, ao meu pônei: "puxa, que coisa, eu sou menor e ainda por cima ganho menos comida, sobra menos pra mim, fico em desvantagem! Tô começando a ficar com raiva dessa situação!" E, assim, possibilito um início de contato, abrindo um campo para expressão de sentimentos hostis.

É importante destacar, aqui, que as interpretações de conteúdo simbólico de Klein nunca prescindem de uma visão dinâmica de forças atuantes na mente da criança e dos mecanismos de defesa psíquicos envolvidos, e que muitas vezes eles mesmos, os mecanismos de defesa e essas forças, são expressos por meio de conteúdos simbólicos e de fantasias:

> Da conclusão de que a transferência está baseada sobre o mecanismo de representação das personagens, extraí uma sugestão para a técnica. Já mencionei a transformação, muitas vezes tão rápida, do inimigo em amigo, da mãe malvada em mãe boa. Em tais jogos, que implicam a personificação, esta mudança se observa constantemente, depois da liberação de quantidade de ansiedade como conseqüência das interpretações. Mas como o analista assume os papéis hostis requeridos pela situação do jogo e os submete assim à análise, vem a produzir-se um constante progresso na passagem das imagos que inspiram ansiedade para as identificações mais benévolas, que mais se aproximam da realidade. Em outras palavras: um dos fins principais da análise – a modificação gradual da severidade do superego – se consegue quando o analista assume os papéis que a situação analítica faz com que se lhe atribuam. Esta afirmação exprime simplesmente o que sabemos ser uma necessidade na análise de adultos, ou seja, que o analista deve ser simplesmente um meio em relação com o qual se podem ativar as diferentes imagos e reviver as fantasias, para poderem ser analisadas. (Klein, 1929: 281)

Em 1946, Klein descreve o mecanismo de identificação projetiva que viria a se tornar um grande instrumento de trabalho, esclarecendo os mais diferentes momentos do relacionamento paciente-analista. Com esse mecanismo, Klein descreve uma fantasia muito primitiva, mas atuante ao longo de toda a vida, qual seja, a de que é possível uma pessoa se livrar de partes indesejadas de sua mente projetando-as em outra pessoa. Na relação mãe-bebê isso se daria quando o bebê, em um momento de extremo desamparo, projeta esse sentimento penoso na mãe. O resultado desse mecanismo pode ser que a mãe venha a se sentir desamparada e, assim, responsável por esse sentimento para a criança[5]. Uma compreensão simplista e enga-

---

[5] Bion (1962) desenvolve essa observação de Klein quando ressalta a importância que tem para o desenvolvimento do bebê uma mãe que esteja disponível para receber tais identificações projetivas, "digerindo-as" e possibilitando a reintrojeção, pelo bebê, de conteúdos mais suportáveis. Ele chama essa função receptiva da mãe de rêverie.

nosa desse mecanismo é que o bebê "passou" seu sentimento de desamparo para a mãe. Não é isso que Klein descreve, pois ela se refere a uma fantasia, o bebê acredita onipotentemente que ele pode se livrar desse seu sentimento de mal-estar colocando-o na mãe. De fato, ele provoca na mãe esse sentimento e, então, se identifica. Trata-se da *identificação projetiva*, que é sempre um empobrecimento e um esvaziamento para o ego do indivíduo, sendo que seu uso contínuo impede o desenvolvimento psíquico. Em uma sessão analítica com crianças, e mesmo com adultos, é comum esse mecanismo ser utilizado e configura uma ferramenta muito útil para o trabalho interpretativo.

A esse propósito, consideremos a seguinte vinheta analítica. Uma menina de 3 anos e 11 meses, em atendimento já há alguns meses, ocupava-se de brincadeiras que eventualmente me incluíam, ou desenhava e recortava coisas na mesinha de ludo. Em uma certa sessão, negou-se inicialmente a me acompanhar para a sala e, a seguir, se encaminhou para a sala de atendimento de adultos, anexa à sala de ludo, deitou no divã, bebeu da sua garrafinha de água como se estivesse mamando, me olhou, mas não me dirigiu uma palavra nem um gesto que pudesse ser significado por mim. Após algumas tentativas minhas de estabelecer um contato verbal com a paciente, calo-me e acompanho-a, observando uma série de movimentos e atitudes que vão se tornando cada vez mais desconexos para mim. A menina começa a se mexer sobre o divã muito inquieta, depois escorrega para o chão, fica rastejando no chão da sala, escala uma cadeira, sempre olhando para mim, um olhar ao qual sou incapaz de atribuir algum sentido. Volta para o chão, rasteja novamente, sobe no divã, dá uma cambalhota no divã, depois no chão, tenta plantar bananeira, dá outra cambalhota, volta a rastejar, sobe no divã e cai para o vão entre o divã e a parede, onde fica quieta durante algum tempo. Vai, então, para baixo do divã e a sessão segue um tempo nesse mesmo ritmo. Tento fazer ainda algumas intervenções, com base naquilo que me vinha à mente. Uma regressão, brincar de ser bebê, querer demonstrar suas aptidões físicas, expressar seu desalento... Mas, diante de seu olhar, que não expressava nada que eu pudesse captar mas que continuava em mim, fui sendo tomada por uma sensação muito desagradável de não estar entendendo nada e não saber por onde começar a pensar. Tudo isso se dando num contato visual. Pude, então, me lembrar do que observara no contato dessa menina com sua mãe, que muito estranha certas manifestações da filha e que, reiteradamente, conta como não faz sentido para ela nada do que a filha faz ou do que lhe acontece. Penso, então, que a paciente comunica sua dificuldade de captar o sentido emocional daquilo que está em andamento, e, ainda, penso que, por identificação projetiva, a paciente me pôs numa situação semelhante à dela, na qual agora eu perco a possibilidade de significar emocionalmente o que ocorria entre nós. Estava sendo veiculada dessa forma toda uma gama de situações que tinham a ver com compreender e ser compreendida, conter e ser contida, ou seu negativo, não compreender e não ser compreendida, não conter e não ser contida, e a desconexão e o desamparo que isso causa, uma situação que faz parte do mundo interno da paciente, estabelecida por meio da projeção-introjeção de sua relação com uma mãe que tem grandes dificuldades de contato e que, agora, na sessão, por meio da identificação projetiva, era provocada em mim. Quando isso se esclareceu, tive a possibilidade de interpretar e conversar com a menina.

Em 1946, Klein já havia descrito o mundo interno, não como estrutura única e coesa, mas como multifacetado, capaz de múltiplas relações objetais, fantasias e sentimentos contraditórios, que se manifestam das mais diferentes formas na relação da pessoa com seu meio, inclusive durante as personificações no brincar. No texto "Notas sobre alguns mecanismo esquizoides" (1946), ela descreve minuciosamente uma configuração mental que chama de *posição esquizoparanoide*, cuja origem remonta a uma época muito inicial da vida mental, caracterizada pelos mecanismos defensivos de idealização, negação onipotente, cisão e identificação projetiva. Trata-se de uma situação psíquica na qual o objeto bom e o objeto mau precisam ser mantidos cindidos e separados internamente um do outro, pois a angústia predominante é persecutória, isto é, teme-se que o objeto mau aniquile o objeto bom. Essa cisão do objeto e da relação objetal a partir do investimento das pulsões de vida e de morte traz consigo também uma cisão do próprio ego, e é essa a grande descoberta de Klein nessa altura. A parte do ego que se relaciona com o objeto bom é cindida daquela que está relacionada com o objeto mau, sendo que essa parte cindida funciona como inexistente para o paciente. O entendimento de tais mecanismos joga uma nova luz sobre os processos psíquicos dos pacientes esquizofrênicos e encaminha seu tratamento. Klein mostra como eles fazem parte do desenvolvimento normal do bebê e como, em determinadas circunstâncias, podem se tornar excessivos e levar a uma psicopatologia:

> Os vários processos de divisão do ego e dos objetos internos resultam no sentimento de que o ego está em pedaços. Isso equivale a um estado de desintegração. No desenvolvimento normal, estes estados são transitórios. Entre outros fatores, a gratificação pelo bom objeto externo ajuda repetidamente a abrir caminho através desses estados esquizóides [...] Se os estados de divisão e, portanto, de desintegração que o ego é incapaz de superar, ocorrem com excessiva freqüência e persistem por tempo demasiado, então, em meu entender, devem ser encarados como um sinal de doença esquizofrênica na criança e algumas indicações dessa doença podem ser observadas já nos primeiros meses de vida (1946: 324).

Na medida em que as experiências emocionais reais do indivíduo lhe permitem, essas partes cindidas vão se integrando, e o indivíduo pode lidar com a culpa, a depressão e a reparação advindas dessa integração, passando, assim, à posição depressiva.

Na posição esquizoparanoide e diante de um mecanismo de defesa como a cisão, é necessário repensar a função da interpretação, visto que não estamos mais falando de repressão e conteúdos conscientes e inconscientes interligados por uma cadeia associativa de ideias, mas, sim, de partes do aparelho psíquico separadas e cindidas, e partes que contêm blocos de ego, objeto, pulsão, ansiedade e fantasia, cuja existência não deixa rastro nem traços. A identificação projetiva passa a ser um instrumento de maior valor, pois é através da comunicação que pode ser estabelecida por meio dela que o analista pode ter algum contato com o que foi cindido pelo paciente e ajudá-lo, com base nisso, a se reaproximar dessa parte e reintegrá-la. Nesse processo, a relação analítica que se estabelece é da maior importância, e o analista entra em cena de uma maneira bastante ativa[6].

Em Klein, a interpretação volta-se para a apreensão da realidade psíquica da criança conforme ela pode ser alcançada por meio de suas diferentes manifestações na sessão. A sessão, o aqui-agora da experiência analítica, que inclui a relação emocional que se estabelece na relação terapêutica entre o paciente e o analista, é o centro e o foco. É aí que o analista tem condições de conhecer seu paciente e é aí que este dá vazão, pelas mais diferentes formas, ao seu mundo interno, suas fantasias, suas ansiedades e suas defesas; é também aí que o analista pode interferir por meio de uma interpretação e elucidar algumas das fantasias, ansiedades

---

[6] Bion (1967) levará adiante essa ideia e se referirá a uma personalidade psicótica e uma personalidade não psicótica, ambas presentes e alternadamente atuantes em todos nós, cada uma com características de funcionamento psíquico muito específicas.

e defesas, propiciando uma experiência emocional ao analisando, que talvez seja única e diferente de todas as outras que ele teve ao longo da vida. As relações objetais internas, os objetos internos bons, maus, cindidos, perseguidores, amados, odiados, idealizados, as diferentes configurações pelas quais todos esses elementos se encontram no mundo interno psíquico da criança são externalizados e atualizados por ela na sessão, através da expressão das fantasias inconscientes, e com base nesses elementos o analista pode apresentar esse mundo interno ao paciente, objetivando, a partir desse contato, um desenvolvimento, uma integração e uma adaptação às condições reais de vida. A interpretação sempre está baseada nos três elementos básicos e interdependentes *angústia*, *fantasia* e *defesa*, e a boa experiência com o objeto externo real – o analista – baseada na sua função interpretativa, é introjetada pelo paciente que, dessa forma, pode atenuar a angústia.

Notemos, aqui, que, ao longo do desenvolvimento dessas formulações de Klein, suas concepções a respeito de transferência, complexo de Édipo, superego e interpretação vão adquirindo uma característica própria e paulatinamente se distanciam de alguns pontos centrais da interpretação formulada por Freud. Nesse sentido, podemos dizer que a concepção de uma interpretação reconstrutiva, nos moldes que Freud lhe dá em "Construções em Psicanálise" (de 1937), se vê enfraquecida na abordagem de Klein. Em vez de procurar o passado por meio de recordações ou de uma (re)construção dos fatos psíquicos ocorridos outrora, conforme Freud o propõe, Klein entende que o passado se manifesta em termos das relações objetais atuais projetadas no encontro analítico e que tais relações objetais já contêm em si esse passado e o atualizam no presente. A formulação explicitada é a de que o presente é uma função do passado, o presente contém de forma mais ou menos completa o passado, que se atualiza no aqui-agora da relação analítica. Com a interpretação do aqui-agora da situação analítica, o passado e o presente são interpretados simultaneamente. Poderíamos pensar que o foco da transferência e da interpretação em Freud seria a discriminação entre passado projetado e transferido para o presente e o presente atual real; já em Klein, o foco se desloca para a discriminação entre fantasia e mundo interno e realidade externa – sempre com a ressalva de que tais simplificações não abarcam o todo dos conceitos, pois sem dúvida esse passado de Freud também contém a alucinação e a fantasia. No acompanhamento dos movimentos dinâmicos emocionais que o paciente apresenta na sessão e na sua interpretação (o que aqui significa a elucidação para o paciente sobre esses movimentos e as angústias, fantasias e defesas que os originam e os determinam, tendo como referência sempre a relação com o analista) se dá uma maior integração e o fortalecimento do ego, a capacidade de simbolização e verbalização e um maior contato com a realidade psíquica inconsciente.

Resumindo, temos até aqui:

- na personificação que ocorre durante o brincar da criança, diferentes aspectos do mundo interno da criança são expressos nos diferentes papéis atribuídos aos personagens durante o seu jogo. O analista tem, assim, acesso a esse mundo interno do paciente;
- Klein descreve, em 1946, o mecanismo de defesa da identificação projetiva, a posição esquizoparanoide com a cisão do ego, aproximando-se da gênese dos processos psicóticos e levando a uma recolocação da função da interpretação;

- na posição esquizoparanoide e diante da cisão, a interpretação não tem mais o sentido de conectar conteúdos afetivos às suas representações correspondentes (repressão), mas precisa recapturar e reintegrar as partes cindidas do *self*;
- diferentemente da interpretação (re)construtiva de Freud, em Klein a interpretação se baseia na ansiedade, na fantasia e na defesa atualizadas na relação com o analista. Ao invés de uma história linear e de fatos psíquicos passados a serem recordados, ela está atenta à origem das fantasias, ansiedades e defesas que, mesmo remetendo ao passado, estarão sempre imersas no interjogo projetivo-introjetivo atual. Nova atenção será dada à relação analista-analisando, como uma relação a ser construída e que deve se tornar um continente para que as partes cindidas reapareçam e sejam integradas ao *self*.

PARA ALÉM DE KLEIN

As contribuições de Klein tiveram o mérito de estimular muitos analistas a desenvolver e aprofundar as questões por ela apresentadas. A seguir, cito algumas que estão mais relacionadas com o tema da interpretação.

Bion, atento leitor de Klein, mais tarde ampliou a compreensão do mecanismo de defesa da identificação projetiva descrito por Klein e sublinhou o seu aspecto de comunicação, ou seja, mostrou como, a partir da identificação projetiva, o analista pode ter maior acesso ao mundo emocional do paciente. Ao projetar para dentro do analista partes do seu *self*, o paciente "tenta" provocar algo nele e, na medida em que o analista se coloca receptivo a isso, ele pode perceber em si algo do que trata a identificação projetiva do paciente, e que, dessa forma, passa a ter uma função comunicativa. Por algum tempo o analista contém em sua mente determinados climas emocionais do paciente que suscitam certas fantasias nele e, a partir do treino analítico, da sua formação (logo, de sua capacidade de análise própria e de sua intuição analiticamente treinada), o analista pode compreender algo a respeito desses conteúdos e pode interpretá-los para o paciente. O analista é, assim, um continente temporário de determinados tópicos emocionais ainda insuportáveis para o paciente. Esses conteúdos agora metabolizados e "digeridos" pelo analista podem ser reintrojetados de uma maneira talvez mais compreensível e suportável para o paciente. Este introjeta a partir dessa experiência também um objeto capaz de pensar. Essa concepção da identificação projetiva levou a uma grande abertura com relação à compreensão da relação que se estabelece em uma análise entre o analista e o analisando, pois, a partir disso, o encontro analítico passa a ser visto cada vez mais como um encontro, como uma relação que se estabelece entre duas pessoas e que produz um grande impacto em ambas, desencadeando um processo de comunicação. A interpretação vai perdendo o sentido de uma descrição exterior a respeito da dinâmica intra-psíquica do paciente e passa a incluir os elementos presentes da relação que se estabelece entre o analista e seu paciente, porém, sem nunca perder de vista que a função do encontro e da relação é sempre o conhecimento da mente do paciente.

Em 1962, Bion apresenta considerações que vieram a reformular notavelmente a maneira como os analistas que seguiam as contribuições de Klein se dirigiam aos seus pacientes e os interpretavam. Ressalta na concepção de objeto parcial não mais a sua anatomia, conforme Klein o fazia ao se referir concretamente a *seio*, *pênis*, *vagina*, *boca*, etc., mas, sim, a sua função ou a sua fisiologia, falando em *alimentação*, *envenenamento*, *retenção*, *expelir*, *amar* e *odiar*. As interpretações foram, assim, perdendo sua referência mais concreta às partes do corpo e foram adquirindo uma linguagem mais coloquial e adulta, para falar de experiências emocionais em andamento, sublinhando as funções e fantasias ligadas àquelas partes corporais.

Uma nova contribuição desse autor, agora já além das contribuições de Klein, refere-se a seu trabalho com paciente psicóticos, quando ele percebe limitações das interpretações pautadas no referencial kleiniano. Supõe estar diante de um distúrbio do pensar, e que, nesse caso, precisava de um aprofundamento teórico para abordar esse tipo de dificuldade. Sua pergunta básica era: o que impossibilitava tais pacientes de aprenderem algo a partir da experiência emocional que tinham com ele no trabalho analítico? O que os impossibilitava de aproveitar as suas interpretações? Isso o leva a supor uma função da mente a que ele chama *função alfa*, que transforma elementos básicos, "crus", de uma experiência emocional (*elementos beta*) em elementos trabalhados, "digeridos", que podem ser armazenados e depois reutilizados pela mente (*elementos alfa*). A ideia de uma tal função surge de sua leitura de *A interpretação dos sonhos*, onde Freud descreve o trabalho onírico do sonho. Daí, Bion formula a ideia de que, se a função alfa não ocorre na mente do paciente, não há possibilidade de aprendizagem emocional, nem desenvolvimento mental. Não há também possibilidade de um aproveitamento de qualquer tipo de interpretação simbólica pelo indivíduo em sua vida futura, pois, em resumo, não há transformação nem desenvolvimento.

Bion se refere àquelas crianças ou a adultos que ainda não têm um aparelho mental apto a pensar, isto é, apto a associar e a compreender interpretações simbólicas, algo ainda não foi desenvolvido por essas pessoas em termos de capacidade de pensar, e isso é que lhe parece necessário estudar. Assim, ele aponta para além dos conteúdos do pensamento, ou seja, para o próprio aparelho mental, são suas funções, seu desenvolvimento, sua construção. No dizer de Ferro (1992):

> [...] isto inverte toda e qualquer aproximação com o paciente (e com as partes psicóticas de cada paciente), porque não mais estará em jogo o trabalho sobre a repressão (Freud) ou sobre a cisão (Klein), mas será necessário um trabalho em direção à fonte: aquele sobre o "lugar" para pensar os pensamentos, sobre o continente antes que sobre o conteúdo. (p. 27)

Passa a ser importante, desde aí, a possibilidade que o par analista-paciente tem para construir e sustentar uma relação que contenha e dê sentido às experiências emocionais que vão se desenrolar durante a sessão; não se trata mais de uma relação que está em busca de verdades históricas ou objetivas do paciente, mas de uma relação que, a partir do contato profundo com as emoções despertadas naquele encontro, oferece um modelo de relação mental que possa ser introjetado pelo analisando, cuja característica é conter e conhecer o que se passa emocionalmente, e assim desenvolver o aparelho do pensar.

Ferro (1992) desenvolve, com apoio nessas ideias de Bion, uma técnica para a psicanálise infantil, entendendo o jogo dentro de um *setting* e de um contrato como "uma narração, por meio de uma língua particular, das emoções presentes na sala, através de personagens não necessariamente antropomorfos", sendo que "o que a criança nos descreve continuamente é como sente a nossa presença emocional com ela, as nossas intervenções, como codeterminamos emoções com ela" (p. 87). O jogo é uma atividade pertencente a um campo:

> [...] se é verdade que desde logo as identificações projetivas cruzadas estabelecem um tecido emocional comum ao par, a criança através do jogo começará a narrar o que acontece no campo emocional do seu ponto de vista, ponto de vista desconhecido por nós e que devemos compartilhar para estar em "uníssono" (Bion) e para podermos depois encontrar juntos um outro vértice compartilhável. (p. 87)

Desse modo, Ferro ressalta sempre que esse é um vértice de escuta que deve estar em oscilação com todos os outros: isto é, aqueles que nos fazem olhar o jogo como reelaboração de fantasmas do mundo interior ou como reelaboração de fatos externos históricos. No vértice então proposto, a decodificação de significados inconscientes cede lugar à construção de sentidos na relação, a partir da identificação projetiva, que é considerada nos dois sentidos, tanto do paciente em relação ao analista quanto ao contrário. Dessa forma se dá uma profunda troca e comunicação emocional entre os elementos constitutivos do par, cuja tarefa será encontrar meios de sonhar e narrar essa experiência dando-lhe um sentido, transformando-a em elementos alfa, experiência esta que propicia o desenvolvimento mental, a capacidade do paciente de pensar. A interpretação, aqui, está longe do sentido inicial a ela atribuído por Freud, qual seja, a de tornar consciente um conteúdo inconsciente, pois estamos aqui lidando com experiências emocionais que não têm ainda esse desenvolvimento, ainda não foram pensadas e reprimidas, ainda não existe uma repressão primária que criou, a partir da censura e da resistência, uma separação entre dois sistemas. As interpretações ou comunicações do analista devem procurar abrir novos campos, fortalecendo o vínculo emocional. Bion se refere a interpretações que não saturem o campo, mas que possibilitem abertura para o surgimento do novo e do desconhecido.

Essas contribuições de Bion, aqui resumidas somente a título de indicação, abriram muitos caminhos e pesquisas, principalmente no que concerne àqueles pacientes que apresentam transtornos globais de desenvolvimento, como, por exemplo, autismo ou psicoses.

Temos, assim, como pontos principais dessas novas contribuições:

- a identificação projetiva passa a ser entendida na sua possibilidade de comunicar estados emocionais cindidos do paciente ao analista. A partir da possibilidade do analista de conter e metabolizar esses estados emocionais e devolvê-los ao paciente em forma de conteúdos mais suportáveis, nomeando-os e atribuindo-lhes algum sentido, o paciente tem a oportunidade de reintrojetar tais conteúdos, bem como de introjetar a própria experiência emocional de conter e pensar, transformando seus elementos beta em elementos alfa;
- Bion enfatiza o modelo fisiológico de funcionamento da mente em detrimento do modelo anatômico, o que vem a modificar a maneira de os analistas se comunicarem com os pacientes a respeito das fantasias corporais primitivas;
- Ferro concebe a relação analítica com a criança como a possibilidade de tecer uma narrativa em conjunto a respeito da relação que se estabelece entre analista e analisando, acrescentando aos dois vértices anteriores (Freud e Klein) mais um, a partir do qual considera o jogo, junto a outro material que a criança apresenta, como expressão da relação que está sendo tecida na sessão, com suas aproximações, afastamentos e resistências. A ênfase é na observação e na análise das obstruções da narrativa, tanto por parte do paciente, quanto por parte do analista.

Bion ainda traz outras contribuições muitos interessantes para o desenvolvimento da Psicanálise no tocante ao nosso tema da interpretação, destaco aqui a sua ideia de *transformação*. Ao longo de seus textos, enfatiza a tendência da mente para a alucinação, como, aliás, Freud nunca deixou de notar. Bion mostra como a alucinação é um recurso do qual a mente lança mão com muita frequência, para se evadir do contato com a dor, que geralmente acompanha o contato com a realidade. Isso significa que, em vez de perceber a realidade, a mente cria a realidade alucinada, que está mais de acordo com os seus desejos. Dentre os diferentes tipos de transformação que a mente faz da realidade ao tentar apreendê-la, essa é uma e se dá em um meio de alucinose. Bion a chama de *transformação em alucinose*.

Outro tipo de transformação acontece quando está em andamento a neurose de transferência, conforme já descrita por Freud, ou seja, quando algo do passado é transferido em bloco para uma situação e uma pessoa atuais, transformando o contato com a realidade atual a partir de algo do passado. Bion chama essa transformação da (percepção) da realidade de *transformação em movimento rígido*, acentuando seu aspecto de transferência em bloco de algo do passado para o presente. Entre outras transformações que descreve, ele ressalta aquela que seria mais próxima de uma apreensão da realidade, mas, ainda assim, uma transformação, na medida em que a realidade em si nunca é efetivamente apreendida como tal. A essa transformação ele dá o nome de *transformação em direção à O*, O sendo a realidade última inalcançável por definição. Seria aquela transformação na sessão, quando analista e paciente se aproximam de um *insight* que jogará algum tipo de nova luz sobre uma verdade interna do paciente.

A interpretação do analista também é uma transformação, na medida em que, por meio dela, ele apresenta e descreve de forma específica – logo, transformada – uma experiência vivida com o analisando, sendo que essa transformação deve guardar algo em comum com a experiência original, o que seria sua invariância. Nas suas palavras:

> Em analogia com o artista ou o matemático, proponho que o trabalho do analista deveria ser entendido como a transformação de uma realização (a experiência psicanalítica atual) em uma interpretação ou uma série de interpretações, a partir destes dois conceitos introduzidos – transformação e invariância (1965: 6).

Vale ressaltar que essa concepção de transformação é indissociável de seu par: a invariância, ou seja, aquilo que não muda e que está no cerne da transformação.

Existe, assim, uma realidade – no caso da Psicanálise, um inconsciente – que, por definição, é incognoscível e assim permanecerá, mas cujos efeitos e consequências podem ser abarcados e permitem uma aproximação. Temos, com isso, novas observações do que acontece em uma relação analítica, que levam a outras possibilidades de interpretação, além da interpretação clássica da transferência. Esta, que aqui se chama de *transformação em movimento rígido*, está ligada ao universo do aparelho psíquico desenvolvido o suficiente para ter inconsciente, consciente, repressão e sintoma. Na *transformação projetiva*, estaria em andamento a identificação projetiva e não poderíamos mais falar dessa interpretação; e o mesmo se dá nas outras transformações.

Um novo e amplo campo se abre aqui diante dessas ideias, fomentando reflexões sobre o alcance e a função de uma interpretação e outros questionamentos, inclusive do que ainda chamamos de interpretação. Bion, frente a esse tema, segue com bastante seriedade os passos de Klein, na medida em que, para ele, tudo aquilo que realmente importa em uma análise se dá na relação entre o paciente e o analista no momento mesmo do encontro analítico, cada qual exercendo suas funções nesse encontro, e que esse algo que acontece, essa realização, é o que deve ser abarcado pela interpretação, e é através dessa realização que se cumpre a tarefa analítica, o conhecimento da mente do paciente.

Resumindo:

- a interpretação no âmbito que Freud a concebe se dá basicamente dentro do modelo da repressão (ligar as representações mentais ao seu conteúdo pulsional correspondente, associação desfeita pela repressão);
- Klein, após algumas modificações mais pontuais e a partir da descrição da identificação projetiva e do mecanismo da cisão, traz uma nova tarefa para a função interpretativa, que consiste em reintegrar as partes cindidas do ego;
- Bion passa a falar de transformações, acrescentando a essas duas possibilidades outras, quando impera a alucinose ou quando ainda se está próximo de uma apreensão da realidade quer interna, quer externa.

Bibliografia

BION, Wilfred Ruprecht. (1962) *Learning from experience*. Londres: Karnac, 1991.

_____. *Transformations, change from learning to growth*. Londres: William Heinemann Medical Books, 1965.

_____. "Differentiation of the Psychotic and the Non-Psychotic Personalities". In: *Second Thoughts*. Londres: William Heinemann Medical Books, 1967.

BION, Wilfred Ruprecht; ROSENFELD, Herbert & SEGAL, Hanna. "Melanie Klein". In: *International Journal of Psycho-Analysis*, 42: 4-8, Londres, 1961.

FERRO, Antonino. (1992) *A técnica na psicanálise infantil*. Trad. Mercia Justum. Rio de Janeiro: Imago, 1995.

KLEIN, Melanie (1926) "Princípios psicológicos da análise infantil". Trad. Miguel Maillet. In: *Contribuições à psicanálise*. São Paulo: Mestre Jou, 1981.

_____. (1927) "Simpósio sobre a análise infantil". Trad. Miguel Maillet. In: *Contribuições à psicanálise*. São Paulo: Mestre Jou, 1981.

_____. (1928) "Primeiras fases do complexo de Édipo". Trad. Miguel Maillet. In: *Contribuições à psicanálise*. São Paulo: Mestre Jou, 1981.

_____. (1929) "A personificação nos jogos das crianças". Trad. Miguel Maillet. In: *Contribuições à psicanálise*. São Paulo: Mestre Jou, 1981.

_____. (1930) "A importância da formação de símbolos no desenvolvimento do ego". Trad. Miguel Maillet. In: *Contribuições à psicanálise*. São Paulo: Mestre Jou, 1981.

_____. (1946) "Notas sobre alguns mecanismos esquizóides". Trad. Álvaro Cabral In: RIVIERE (org.). *Os progressos da psicanálise*. Rio de Janeiro: Zahar, 1978.

_____. (1952) "The origins of transference". In: *Envy and gratitude and other works, 1946-1963*. London: Karnac, 1993.

_____. (1957) "Envy and gratitude". In: *Envy and gratitude and other works, 1946-1963*. London: Karnac, 1993.

_____. (1955) "The psycho-analytical play technique". In: *Envy and gratitude and other works, 1946-1963*. London: Karnac,1993.

_____. (1952) "The behaviour of young infants". In: *Envy and gratitude and other works, 1946-1963*. London: Karnac,1993.

_____. (1963) "Some reflections on `The Orestia'". In: *Envy and gratitude and other works, 1946-1963*. London: Karnac,1993.

PETOT, Jean-Michel. (1979) *Melanie Klein I*. Trad. Marise Levy, Noemi Moritz Kon, Belinda Piltcher Haber, Marina Kon Bilenky. São Paulo: Perspectiva, 1991.

SEGAL, Hanna. (1973) *Introdução à obra de Melanie Klein*. Trad. Júlio Castañon Guimarães. Rio de Janeiro: Imago, 1975.

A interpretação psicanalítica: entre o *sonhar*, o *brincar* e o *viajar*

Lia Pitliuk

Capítulo XIII

A interpretação psicanalítica: entre o *sonhar*, o *brincar* e o *viajar*

INTRODUÇÃO

Como bem sabemos, a teoria psicanalítica não se organiza de uma forma linear ou mesmo hierárquica: a Psicanálise se constitui em verdadeira rede conceitual, de forma que, a cada tema que abordamos com alguma profundidade, temos a impressão de estar num ponto de convergência, numa espécie de "centro" para onde tendem os fios da rede inteira. A noção de *interpretação psicanalítica* não é exceção: do surgimento da Psicanálise aos dias de hoje, a prática do analista foi concebida de maneiras muito diferentes, em conexão com as movimentações conceituais da teoria psicanalítica nestes pouco mais de cem anos de existência. Isso quer dizer, então, que não há como tomar uma noção de tamanha importância como a de *interpretação* (nosso objetivo aqui) em sentido único ou restrito; como todos os grandes conceitos psicanalíticos, esse também exige que consideremos sua história constitutiva, seus desdobramentos, suas ampliações e transformações.

Interpretar, obviamente, não é prerrogativa da Psicanálise; não só muitas outras disciplinas também se situam como interpretativas, mas de fato nós, seres humanos, somos interpretantes por natureza, ou seja, atribuímos sentidos às coisas que vemos, que ouvimos, que sentimos, que pensamos, que experienciamos. Olhamos para uma nuvem escura no céu e pensamos que provavelmente choverá em pouco tempo; vemos uma expressão no rosto de alguém e pensamos que ele está aborrecido; sentimos um cheiro de queimado e pensamos que nosso almoço, no forno, está inutilizado. São interpretações, atribuições de sentido a elementos do cotidiano.

Já a noção de interpretação *psicanalítica* é bem mais circunscrita: ela se refere, antes de mais nada, à significação inconsciente das produções psíquicas. Entretanto, apesar da simplicidade dessa formulação, não se trata de um conceito de apreensão imediata e fácil. De Freud aos analistas contemporâneos, do atendimento de adultos ao trabalho com crianças, das neuroses às psicopatologias mais variadas, dos desdobramentos metapsicológicos a distintas estratégias clínicas, muitos fatores, entrelaçados, contribuíram para a construção de uma verdadeira história da interpretação psicanalítica. História que precisa ser conhecida para que se possa manejar o conceito sem que fique reduzido às suas dimensões mais estereotipadas.

Ocorre que uma retomada histórica, por mais breve que seja, sempre corre o risco de se constituir num amontoado enciclopédico de referências, de nomes e datas que pouco contribuem para que nos localizemos e para que situemos autores, teorizações e modos de trabalhar. E temos ainda as noções adjacentes ou significativamente afins – neste caso, por exemplo, os conceitos de *construção* ou os de *elaboração* e *perlaboração*, dos quais, infelizmente, não teremos oportunidade de tratar neste capítulo.

A alternativa ao compêndio está no que poderíamos chamar de "passeio historiante", que, para ser realmente útil, exige um "guia". Neste capítulo serão o sonho e o brincar – como objetos a serem interpretados, como enigmas e como modos de estar na vida – que nos servirão de guia. Tentaremos apreender, num breve "caminho historiante", as *diferenças de posição* que os analistas foram podendo assumir frente a esses fenômenos, o que foi determinando modos bastante diversos de conceber a prática do psicanalista.

O leitor logo perceberá que neste percurso passaremos longe de autores importantíssimos, os quais, sem dúvida alguma, mereceriam destaque. É o caso de Bion, por exemplo... Também de Klein, grande intérprete dos sonhos das crianças acordadas... E de Lacan, que tão bem soube descortinar o potencial brincante da palavra... Também Ferenczi, Fédida, Bollas, Pontalis. São muitas as possibilidades de companhia para o percurso. Mas escolhi Winnicott. E penso que estaremos muito bem acompanhados.

O MODELO DA INTERPRETAÇÃO DE SONHOS

A noção de *interpretação*, em Psicanálise, está enraizada na concepção de um psiquismo que, por obra do recalcamento, desconhece boa parte de si mesmo; ou seja, na ideia de que o sujeito desconhece a motivação e o sentido de grande parte de seus atos, de suas palavras, de suas produções de um modo geral. Sendo o desconhecimento não apenas uma simples ignorância mas, de fato, um *não suportar saber*, surge um impasse (conflito psíquico) quando, por alguma razão, uma parcela dos sentidos inconscientes (representações de maior ou menor intensidade) ameaça vir à tona. O sintoma neurótico surge, então, como formação conciliatória, condensando e dando vazão, de formas distorcidas e disfarçadas, às forças que exigiam expressão e que, desse modo, ameaçavam o sujeito de se defrontar com o insuportável.

Em suas primeiras elaborações teórico-clínicas, Freud localizou a recuperação da saúde no resgate do que havia sido excluído e, assim, a interpretação psicanalítica passou a ser considerada o instrumento de cura por excelência. Tratava-se de recuperar um sentido pré-existente encoberto, de desvelar e comunicar ao paciente o que estava oculto por trás de uma ou de várias camadas encobridoras. É o que Freud nos explica em 1895, a propósito do tratamento da histeria: sugerindo às pacientes que, concentrando-se, elas teriam acesso a lembranças importantes para a compreensão de seus sintomas, fazia com que produzissem associações que permitiam, então, que ele "adivinhasse o segredo" e o contasse à paciente. Às vezes imediatamente, às vezes após um tempo de elaboração, o sintoma em questão desaparecia, e foi assim que Freud concebeu um método de tratamento das neuroses (Freud, 1893-95).

No ano seguinte à publicação dos *Estudos sobre a histeria*, Freud enfrenta a morte de seu pai, o que o lança numa grave crise pessoal e o move a iniciar sua "autoanálise"; nela, utiliza o mesmo método desenvolvido na clínica das neuroses, agora aplicado a seus próprios sonhos. Ou seja, Freud estabelece uma equivalência entre sintomas e sonhos: ambos seriam expressões visíveis, mas ininteligíveis, de processos inconscientes e recalcados, regidos por uma lógica própria, característica do sistema que em breve seria nomeado como *Inconsciente*.

A interpretação dos sonhos, publicada em 1900, será a obra freudiana tomada por muitos como inauguradora da Psicanálise propriamente dita. Nela, Freud estabelece seu método: decompor o sonho em elementos e solicitar ao sonhador suas associações a cada um deles. Supondo que tanto os elementos do sonho quanto suas associações advêm dos assim chamados *complexos inconscientes* ("grupos de ideias e de interesses intensamente emocionais"), sua premissa básica é a de que a proliferação de associações promoverá, em quem escuta, uma apreensão do complexo inconsciente promotor do sonho.

Trata-se de percorrer em sentido inverso – regressivo, de fato – o caminho da construção do manifesto (sonho ou sintoma), desfazendo as deformações a que o material original foi exposto (as condensações, os deslocamentos, as transformações de pensamento em imagem e as elaborações secundárias). A meta de Freud é se aproximar ao máximo do que poderia ser o *material latente* original: a partir do manifesto, atingir (muitas vezes "adivinhar") o latente e explicitá-lo ao paciente – concepção absolutamente coerente com seus pontos de vista metapsicológicos e psicopatológicos da época. De fato, no modelo da interpretação de sonhos, a tarefa do analista estava bastante próxima de apontar, elucidar, expor, explicar, traduzir, esclarecer – operações concebidas numa visão racionalista do processo terapêutico. Este é o sentido de *Deutung* (*interpretação*, em alemão).

Aqui temos não apenas um método para interpretar sonhos, mas as bases de um método para interpretar quaisquer manifestações subjetivas oriundas de um psiquismo dividido pelo recalcamento. Temos um exemplo disso, já no campo da análise de crianças, na proposta de Melanie Klein, que fará da interpretação dos jogos da criança um equivalente da interpretação de sonhos. Klein propõe que a análise de crianças se apoie totalmente no modelo da análise dos sonhos:

> A criança expressa suas fantasias, desejos e experiências de uma forma simbólica, através de jogos e brinquedos. Ao fazê-lo, utiliza os mesmos modos arcaicos e filogenéticos de expressão, a mesma linguagem com que já nos familiarizamos nos sonhos; a plena compreensão dessa linguagem só será obtida se dela nos acercarmos da maneira que Freud nos ensinou a nos acercarmos dos sonhos:

> Se quisermos compreender corretamente o brinquedo da criança em relação a todo o seu comportamento durante a hora de análise, [...] é preciso levar em consideração todos os mecanismos e métodos de representação empregados no trabalho onírico, jamais perdendo de vista a relação de cada fator isolado com a situação global (Klein, 1932: 20-31).

E mais:

> O quadro caleidoscópico global, amiúde sem significado aparente, que as crianças nos apresentam numa única hora de análise; o conteúdo de seus jogos, a maneira como brincam, os meios de que se utilizam [...] e os motivos que se ocultam por trás de uma mudança de jogo [...] todas essas coisas seguem um método cujo significado poderemos captar se as interpretarmos como interpretamos os sonhos. (Klein, 1932: 31)

O MODELO DO "UMBIGO DO SONHO"

Mas retomemos o caminho freudiano, prévio às elaborações kleinianas e à análise das crianças. Com a entrada em cena, em lugar de honra, da transferência, as interpretações foram gradualmente perdendo seu caráter intelectualista. Em primeiro lugar, porque as intervenções do analista passam a ser entendidas dentro do interjogo transferencial-contratransferencial, tomado por afetos e pelos riscos da sedução. O analista se concebe cada vez menos em posição de observador, tanto pela compreensão dos lugares que seus pacientes lhe atribuem, como por se perceber também sujeito, tanto quanto eles, às vicissitudes de um aparelho dividido, às leis do processo primário, à premência do desejo. Em segundo lugar, a própria capacidade receptiva do paciente é encarada como dependente do que se passa na relação analítica; assim, as intervenções do analista passam a ter como meta, também, o combate aos empecilhos relacionais e o zelo pela qualidade do vínculo paciente-analista.

Em paralelo, os sintomas deixam de ser compreendidos apenas como marcas de algo previamente excluído e passam a implicar os movimentos pulsionais. O tratamento passa a ter como tarefa produzir *desvios* na direção da energia pulsional. Para isso, a análise passa a se oferecer como espaço de repetição, atraindo as energias pulsionais de modo a, por intermédio da intervenção simbolizante do analista, promover deslocamentos de investimento que permitam o surgimento de novas configurações existenciais, de novos modos de sentir, pensar e viver.

Essa maneira de conceituar o processo analítico se fez acompanhar, evidentemente, de uma ampliação do que se considerava o "fazer analítico", cada vez menos calcado na imagem da *tradução*. O próprio Freud falará menos em *Deutung* – talvez justamente pelo sentido preciso que esse termo tem em alemão.

Os termos derivados do latim *interpretatione*[1] não têm o mesmo significado, uma vez que apontam para uma atribuição de sentido bem mais subjetiva e arbitrária (Laplanche & Pontalis, 1967). Talvez, exatamente por isso, o conceito tenha se mantido central na produção psicanalítica, só que se distanciando do modelo do intérprete-tradutor e se aproximando, por exemplo, da imagem de um instrumentista interpretando uma música.

Com isso, nos introduzimos na dimensão da *simbolização*. Um símbolo é algo que representa, significa e expressa uma outra coisa que não ele mesmo, como um instrumentista que interpreta uma obra composta por outro músico: no próprio movimento de representar, significar e expressar algo, ele – símbolo ou músico – introduz uma inflexão trazida por sua própria singularidade. Uma interpretação musical produz, em certa medida, uma obra diferente, nova... e nesse mesmo movimento produz a perspectiva de que outras interpretações poderão surgir.

E é assim que a noção de interpretação nos conduz a uma função essencial de *abertura*, já presente no que Freud denominava "umbigo do sonho", ponto em que o sonho mergulha no desconhecido (Lacombe, 1982). Inclusive por seu efeito de *ruptura* dos significados triviais e corriqueiros de cada coisa, a interpretação psicanalítica promove uma suspensão do campo habitual, o que necessariamente convoca reestruturações e novas relações (Herrmann, 1989). Ou seja, a interpretação não apenas não esgota seu objeto mas, de fato, aponta para uma multiplicidade de sentidos, associações e compreensões, num movimento que não exageraremos ao caracterizar como infinito.

E não imaginemos que o "novo" permaneceu apenas indicado como potencialidade: à medida em que a Psicanálise foi trabalhando com sujeitos menos estruturados – por um lado, quadros psicopatológicos caracterizados por déficits de simbolização e, por outro, crianças em algum momento prévio ao do aparelho psíquico plenamente constituído –, a dimensão criativa da interpretação foi ganhando relevância.

> Klee ensinou-nos que a arte não reproduz o visível, ela torna visível. A mais profunda função da interpretação não é dizer o que foi, reproduzindo-o, mas fazer que, no espaço analítico, apareçam figuras que não estão visíveis em nenhuma outra parte porque não têm outra existência

---

[1] *Interpretação* em português; *interpretation* em inglês; *interprétation* em francês; *interpretación* em espanhol.

que não aquela que lhes dá o espaço que, tornando-as visíveis, as faz existir. Hegel pressentia que teríamos que *fabricar* a verdade. (Viderman, 1982: 320-321)

É assim que na análise de crianças Silvia Bleichmar, por exemplo, falará de *neogênese*, marcando que a intervenção analítica efetivamente *produz* algo que não estava formado, que não estava instalado. Notemos que isso já é bastante diferente da concepção de interpretação analítica como interpretação musical. É nesse contexto que Bleichmar utiliza o termo *intervenção*: a seus olhos, a noção de interpretação já não abarca toda a atividade do analista que deve incluir, por exemplo, a *construção* em que "o analista [...] gera palavras para algo que nunca teve palavras" (Bleichmar, 2000: 65).

A intervenção analítica, assim, surge como aquela que traz/produz/favorece uma composição ou recomposição psíquica. E, para que isso ocorra, o trabalho do analista se dirige não apenas à revelação, mas: a) à ruptura de campo, de forma a abrir espaço para o surgimento de novas configurações; e b) à construção de articulações ou sentidos ainda não existentes.

É da interpretação psicanalítica enquanto *trabalho* que estamos nos aproximando – trabalho permanente de "descolamento" do dado imediato, da significação explícita e aparentemente hegemônica, para que novos sentidos possam emergir; e também trabalho de acolhimento das associações, sentimentos, representações e estados que emergem. Um trabalho que não necessariamente culmina numa sentença interpretativa tradicional: se o analista "se descola" do sentido literal, suas falas, expressões vocais, gestuais, fisionômicas... enfim, tudo que ele manifesta carrega esse "descolamento" e a potencialidade de abertura a novos sentidos.

Chegamos, assim, à dimensão mais ampliada possível do termo *interpretação*, já muito distante da ideia de uma comunicação intersubjetiva compreensiva e integradora: a interpretação como resultado de um trabalho psíquico cuja maior parte certamente não é consciente.

O MODELO DO BRINCAR

A ideia de um *trabalho interpretativo permanente* (entendido como campo interpretativo) nos remete de volta ao tema dos sonhos em Psicanálise, só que agora de uma nova forma. O modelo da *interpretação de sonhos* é tributário das teorizações e desenvolvimentos clínicos ligados à neurose e ao aparelho organizado pelo recalcamento: um paciente relativamente discriminado, já acordado, depois de ter sonhado, narra seu sonho e associa, frente a um analista-intérprete que, ouvindo-o de sua poltrona, chega ao significado do sonho e o comunica ao paciente.

O trabalho com formações clínicas variadas e com crianças – ou seja, com funcionamentos psíquicos diferentes do encontrado no sujeito neurótico adulto – traz outros cenários da clínica analítica, bem menos aparentados ao modelo da interpretação de sonhos. Talvez mais aparentados ao modelo do sonhar, na perspectiva de que a própria sessão pode ser pensada como um convite ao sonho, um trabalho propiciador de sonho e até mesmo uma espécie de sonho.

Nesse percurso, sublinhemos o lugar da psicanálise de crianças e, com ela, a consideração do brincar. Se inicialmente a criança foi abordada pela Psicanálise a partir das suposições construídas nas análises de adultos, a prática clínica com as próprias crianças e o estudo do brincar – que, obviamente, não é prerrogativa das crianças – implicaram em reestruturações de todo o campo psicanalítico. Mais que isso, o estudo do brincar produziu (e segue produzindo) profundas transformações na Psicanálise como modo de pensamento (Rodulfo,

1997), sendo provavelmente um elemento-chave para que se venha tomando o sonhar, e não apenas o conteúdo do sonho, como função e como eixo do trabalho analítico.

Claro que isso não se dá de forma maciça. No mesmo sentido que o ocorrido em relação aos sonhos, muitos analistas se mantiveram trabalhando com as crianças valendo-se da interpretação de seus jogos (assim como de seus desenhos, de suas dramatizações, etc.) como meios expressivos, conforme acabamos de ver a propósito de Klein. Entretanto, com Winnicott surge a dimensão do brincar como algo "em si", habitado pelo não sentido e pela falta de explicação, e com funções constitutivas e elaborativas essenciais. Algo que não vale apenas por seu sentido, por sua significação, nem mesmo inconsciente (Rodulfo, 1993).

A começar porque, para Winnicott, o brincar não está totalmente ancorado no mundo interno, mas habita o *espaço potencial* (*playground*), área intermediária entre a realidade psíquica e a experiência com o mundo externo. Assim como no universo onírico, pela via do brincar, tudo – literalmente tudo – pode se transformar em outra coisa, pode ser usado da maneira que for necessário, pode se dispor de outras formas, se compor, se ultrapassar. Os limites – conceituais, lógicos, materiais, psíquicos – são transgredidos... Ou, melhor dizendo, são postos entre parênteses. Na esteira de Fédida, diríamos que há um *trabalho do brincar* no mesmo sentido da elaboração freudiana do *trabalho do sonho* (Leite, 1996).

É plenamente compreensível, portanto, que o brincar – e não apenas o trabalho interpretativo do psicanalista – seja concebido por Winnicott como terapêutico em si mesmo. Não há espaço, aqui, para desenvolver todo o pensamento winnicottiano; retenhamos, porém, que, para ele, o fundamental é que o paciente – criança ou adulto – possa viver a experiência de *apenas existir, sem nenhuma intenção*. Atingir o estado de amorfia, de não integração, a região não ancorada em saberes supostos, em referências e expectativas externas, e então se surpreender com o que se é capaz de criar, de produzir, simplesmente sendo. Isso é possível no campo do brincar, dirá Winnicott.

Precisamos, aqui, de uma discriminação muito importante. Hoje há um forte modismo envolvendo os termos criar, inventar e congêneres, e muitos pensam que a clínica winnicottiana trabalha em prol de que os pacientes se tornem capazes de produzir coisas interessantes ou úteis. Nada mais distante da perspectiva winnicottiana, voltada exatamente à suspensão dos critérios utilitários e das exigências dos ideais. O convite de Winnicott se dirige à experiência do *ser suficientemente bom*, simplesmente pelo fato de se existir tal como se é (que, enquanto potencial, não está dado: precisa ser descoberto, produzido). Essa é a verdadeira surpresa de cada paciente quando, ao suspender suas defesas, depara-se com potencialidades de que nunca se supôs capaz.

Nada disso é possível sem um outro para quem o sujeito seja, verdadeiramente, *suficientemente bom*, e nisso reside o essencial da função do analista: sustentar a aceitação que tornará desnecessária a armadura defensiva que congela a vida. Como uma espécie de guardião – ao modo de uma *mãe suficientemente boa*, tal como teorizada por Winnicott –, o analista tem a função de garantir a atmosfera de não exigência que permite a seu paciente parar de reagir ao ambiente para poder *ser*.

A interpretação, o silêncio e as intervenções e os manejos dos mais variados tipos inserem-se nessa perspectiva e é dela que recebem seu sentido e valor. Aliás, em *O brincar & a realidade* encontramos um depoimento tocante de Winnicott relativo à sua avaliação de seu próprio trabalho, no sentido do que estamos tratando aqui:

Só recentemente me tornei capaz de esperar; e esperar, ainda, pela evolução natural da transferência que surge da confiança crescente do paciente na técnica e no cenário psicanalítico, e evitar romper esse processo natural pela produção de interpretações. [...] Estarrece-me pensar quanta mudança profunda impedi, ou retardei, em pacientes de *certa categoria de classificação* [refere-se a borderlines, esquizóides, pacientes graves] pela minha necessidade pessoal de interpretar. Se pudermos esperar, o paciente chegará à compreensão criativamente, e com imensa alegria; hoje posso fruir mais prazer nessa alegria do que costumava com o sentimento de ter sido arguto. (Winnicott, 1971a: 121)

Não se trata de pensar que o analista winnicottiano "prefere não interpretar" ou "interpreta apenas frente a quadros neuróticos", como ouvimos com certa frequência. O fundamental está na atitude que subjaz aos procedimentos do analista em sua práxis. Práxis que inclui a não interpretação, dispositivo essencial posterior ao trabalho interpretativo intenso, que abre caminho à capacidade do paciente de *ser* e de *experimentar* (Khan, 1969).

E se a *aceitação* se constitui em princípio de base para o *manejo* na situação clínica, para o silêncio, para o espelhamento e para a interpretação do analista, notemos que essa aceitação se dirige ao que acontece não apenas ao paciente, mas também, e com igual peso, ao que acontece ao próprio analista em sua relação com o paciente. Ao que acontece à dupla, sem dúvida. E talvez possamos ser ainda mais precisos: ao que acontece *entre* os membros da dupla, pois é justamente nos espaços intermediários, no transicional, que se coloca a prática winnicottiana.

Essa concepção da prática analítica traz em seu bojo, evidentemente, um forte questionamento da interpretação como atribuição de sentido, a ênfase recaindo agora sobre a capacidade do analista de se desprender de seus modos habituais de apreensão, abrir-se aos não sentidos, acolher o que o encontro lhe suscita e sugere. Pois será exatamente no estranhamento, no inesperado, na não comunicação e na não compreensão que se instaura a situação analítica e, com ela, as possibilidades de descentramento e de um "novo começo" (Balint, 1968).

Creio que os melhores exemplos dessa forma de trabalho podem ser encontrados no livro *Consultas terapêuticas em psiquiatria infantil* (de 1971). Trata-se de um conjunto de relatos de consultas avulsas em que Winnicott faz uso do que batizou de "jogo dos rabiscos", no qual analista e paciente se alternam e vão compondo uma comunicação muito delicada e profunda.

Winnicott propõe a cada criança: "Fecharei os olhos e farei um risco a esmo no papel; você o transformará em alguma coisa e depois será sua vez e você fará o mesmo e eu transformarei seu traço em alguma coisa" (1971b: 20). A própria apresentação do jogo já nos impressiona por seu poder de condensar, em tão poucas palavras, o que se pode entender por *transicional*, por espaço potencial, por superposição do brincar do analista e do brincar do paciente. Em paralelo, conversam sobre várias coisas a partir de associações espontâneas da criança ou do analista, e também a partir de perguntas de Winnicott – como, por exemplo, questões relativas aos sonhos da criança.

Os relatos vão, então, se sucedendo no livro e são muito interessantes para nossos fins justamente porque se referem a processos muito breves (uma a três consultas, em geral), permitindo-nos apreender com certa facilidade o modo de Winnicott pensar, intervir, brincar, interpretar.. e também silenciar e esperar: "[...] espero até que o traço essencial da comunicação da criança seja revelado. Assim, falo sobre o traço essencial, mas o mais importante não é tanto eu falar quanto o fato de a criança ter encontrado alguma coisa" (p. 79).

No relato da consulta de Eliza, por exemplo, a menina termina seu desenho dizendo que era uma coisa indo por um túnel, talvez uma toupeira. Winnicott comenta com o leitor: "Senti que havia aí um simbolismo infantil de defecação, ou nascimento, ou relacionamento sexual, e deixei o problema sem interpretação" (p. 59). Ou na consulta de Hesta, quando a menina chama de "Homem sinistro" ao rosto que desenhou; Winnicott então comenta com o leitor: "Um homem sinistro é o que poderia ter sido feito por mim. Pode-se pensar ainda em termos do pai como uma figura sexual ou ainda em um homem com más intenções, como, por exemplo, um médico tentando trabalhar nela a pedido dos pais, ou seja, curá-la de um modo que ameaçaria sua individualidade. Não fiz interpretações e assim permiti que todos os vários significados coexistissem" (p. 192).

Nem sempre Winnicott evita interpretar, mas a impressão que temos é de que, quando interpreta, continua "permitindo que todos os vários significados coexistam", ao modo de um sonho que, como tal, permanece prenhe de possibilidades, de sentidos, de aberturas. Assim, na consulta de Robin, Winnicott pergunta: "Você acha que poderia ser fezes?" (p. 44). Esse sentido permanecerá, "pairando" no resto da consulta sem que Winnicott se sinta premido por alguma necessidade pessoal de reafirmá-lo. Robin diz que é terra. E o desenho em questão, junto com outros desenhos, comporá depois o cenário de uma fazenda, que será articulada à representação de ser adulto e trabalhar (em oposição a permanecer pequeno no colo da mãe).

Fezes ou terra? A questão não se coloca dessa forma para Winnicott, já que nenhuma significação o captura, obstaculizando a "viagem" da sessão. O que interessa a Winnicott, muito claramente, é que ambos, ele e criança, possam extrair/produzir significados que lhes sirvam para a comunicação e os processamentos *entre* ambos.

Aliás, em muitos momentos vemos Winnicott dizendo coisas aos pacientes sem nenhuma intenção interpretativa, mesmo no sentido amplo da expressão. Por exemplo, com a intenção de aliviar a ansiedade ou de promover um certo descanso: "disse coisas para descansar um pouco nesse estágio, confiante de que estávamos nos comunicando de modo significativo" (p. 28)" ou "... para aliviar a tensão do tema central, falamos sobre sua família e a sua casa" (p. 32).

Enfim, somos tentados a multiplicar os exemplos, mas o melhor é mesmo remeter o leitor ao próprio livro, inclusive porque ali estão as reproduções dos desenhos dos "jogos dos rabiscos". Não se trata, aqui, de fazer qualquer tipo de inventário dos modos de Winnicott intervir. O que nos interessa ressaltar, isso sim, é a indicação de quanto suas atitudes na clínica estão ancoradas em seu contato com o paciente, em seu contato consigo mesmo, em suas ideias sobre o funcionamento somato-psíquico humano na doença e na saúde e, com igual peso, em sua *atitude brincante* em relação a tudo isso.

O MODELO DO *SONHAR* E DO *VIAJAR*

Ora, esse espaço intermediário da não integração *a priori*, da liberdade criativa, do absurdo e mesmo do caos – o espaço do brincar, em suma – corresponde também ao que concebemos como *universo onírico*. De fato podemos dizer que, a partir de Winnicott, não apenas o brincar, mas o próprio sonhar como experiência, com todo o seu potencial de estranheza, fugacidade, primitivismo, intensidade e mistério, passa a funcionar como modelo do dispositivo analítico.

Da "viagem" analítica, talvez dissesse Gurfinkel, um dos autores brasileiros que mais tem se dedicado ao estudo da função do sonhar, concebido este último como *experiência* e *viagem* insólita, como abertura, como passagem e transformação (Gurfinkel, 2004). Em Fédida, também encontramos a ideia de processo analítico abrindo espaço a um campo não cotidiano da experiência, à regressão e ao primitivo, ao estrangeiro e ao estranhamento, ao vivido intraduzível, ao subterrâneo, ao informe.

Não há regressão que seja apenas temporal; uma regressão sempre é, imediatamente, também tópica e formal. Sendo assim, a fala habitual, a do senso comum, não apenas não alcança como também evita o contato com essa região do humano tão bem caracterizada como *o estrangeiro*. O fundamental, sem dúvida alguma, é que nos oponhamos à banalização da comunicação, que anula os mistérios e dilui o que há de essencial no vivido (Fédida, 1996).

Não que a interpretação desapareça do horizonte psicanalítico: concebida agora como nascendo na não comunicação e na angústia do estranhamento, ao mesmo tempo ela se dirige à construção de uma ponte com o vivido emocional, de contato e de algum modo de clareamento dele; mas, uma vez que se considere a regressão um dos pontos centrais do processo, o contato e a comunicação não se darão, evidentemente, pelos canais comuns das relações cotidianas.

De fato, nos últimos anos muitos autores têm enfatizado o risco de que a interpretação de elementos complexos promova o esvaziamento da potencialidade de significação, de simbolização, de criatividade (Khan, 1972; Safra, 1996).

Vemos surgir, então, uma espécie de convocação à comunicação subterrânea, não verbal (ou para-verbal) entre paciente e analista, e do paciente consigo mesmo. Isso se traduz, antes de mais nada, na valorização da capacidade do analista de acompanhar os processos regressivos de seu paciente, de verdadeiramente *estar com* ele, e na criação de uma atmosfera que acolha o infantil, o recalcado, o vazio, o não sabido, o vir-a-ser. Ganham proeminência as propostas, ao analista, de abrir mão de saberes *a priori* para a sustentação da angústia e do desconforto de não saber, para o contato com os próprios sentimentos e com as próprias vivências regressivas, sensoriais e corporais, tomadas como instrumentos de captação do primitivo presente na sessão. Trata-se de aceitar o estado-de-risco (Fonseca, 1998) aí embutido, sem o qual não há como pensar em processo psicanalítico.

Devemos nos acautelar, porém, diante de uma certa tendência a glorificar a regressão, o contato afetivo e a sensação *per se*, isolados da contrapartida de tomada de distância, metabolização, simbolização (conforme apontam Laplanche, Bleichmar, Bion, entre outros). Aqui temos uma questão fundamental, no que diz respeito ao trabalho do psicanalista.

Já há vários anos estamos imersos em um verdadeiro *movimento* – e não só da Psicanálise – voltado à crítica ao pré-formado e ao pré-estabelecido. No que tange ao nosso campo, essa crítica ao "instituído-de-antemão" é essencial, e novamente nos lembramos de Winnicott, um crítico ardoroso da reverência ao instituído. A "aplicação" do saber psicanalítico a qualquer preço é um exemplo importante do que a clínica psicanalítica não é; e esse fenômeno – a tentativa de "aplicar" conhecimentos acumulados – tem consequências muito graves: um efeito enlouquecedor, em muitos casos; uma obstaculização do interesse por qualquer conhecimento, na maioria deles; e em todos, com certeza, um sério esgotamento da Psicanálise como convite e possibilidade de *trabalho psíquico*.

Por quê? Porque, sendo instituído de antemão e por outros, qualquer saber permanece dissociado das referências e das experiências que o tornaram necessário e mesmo que o produziram. Por exemplo, a leitura sobre a transferência em psicanálise de crianças nos fornece uma série sem fim de informações descritivas: de que as crianças costumam enxergar em seus analistas um pai punidor e vingativo... e um garantidor de limites que, portanto, acalma e protege... e um modelo de identificação admirado e invejado... e um colo maternal, carinhoso e acolhedor... e também um progenitor possessivo e voraz... e um rival ciumento... e um parceiro sexual... etc., etc., etc.

Há um abismo intransponível entre pensar nessa coleção de referências teórico-clínicas e a experiência psicanalítica: experiência (afetiva, corporal, intelectual) de estar inserido – e muitas vezes "enroscado" – em qualquer uma dessas relações com um determinado paciente. Absolutamente tudo no analista é diferente num caso e no outro, e é muito ingênuo imaginar que o conhecimento acumulado *antes* e *por outros* possa conduzir o analista no percurso clínico que será feito com um paciente.

Entretanto, claro está que o apego ao conhecimento acumulado se liga à necessidade de se orientar e de ter garantias em relação ao trabalho; o corolário disso está na vertigem que ameaça quem ousa se lançar num caminho sem as escoras do saber *a priori*. Não basta condenar essa busca de garantias, posto que ela também é uma busca de legitimidade, e a pergunta sobre a legitimidade de nossa prática é não apenas pertinente, mas absolutamente necessária. A questão a que não podemos nos furtar, então, é: se nossa prática não se funda no conhecimento acumulado e nas sistematizações teóricas, onde então ela encontra sustentação? Em outras palavras, se o "descolamento" é fundamental, há algum tipo de "colagem" – de suporte, de fundamentação – para o trabalho do analista?

Um dos maiores paradoxos trabalhados por Winnicott nos aponta um horizonte: é quando nos perdemos que temos alguma chance de nos achar. Muito longe de um chavão, essa representação se refere ao fato de que, quando aceitamos não nos guiar por referências que nos são alheias, abrimos espaço para nos inserirmos na situação e experienciar o acontecimento – processo que permite o encontro e/ou a construção de referências próprias, ancoradas na vivência e no processamento pessoal, com as quais se pode estabelecer vínculos, inclusive com o já teorizado, com o já escutado, com o já pensado e instituído. Nesse contexto, o teorizado deixa de ser o "instituído-de-antemão" para se tornar algo próprio, porque encarnado no vivido.

Passamos, desse modo, a conceber a interpretação como absolutamente ancorada na subjetividade: no mal-estar, no inconsciente, no desejo, na fantasia, nas defesas e também – mas não privilegiadamente – na consciência. Isto é: a interpretação implica diretamente quem a formula. E se ela é *eficaz* – no sentido de promover algum movimento –, isso se deve ao fato de a ela estar ligado um trabalho psíquico de permitir o surgimento das manifestações do inconsciente (as do paciente, as do analista, as do par) e de *tomá-las em consideração*. Assim, nas reflexões sobre o que de fato seria efetivo no trabalho do analista, é seu funcionamento mental que vem em primeiro plano e que tem sido objeto de estudos muito aprofundados (Bion, Fédida, etc.). Porque – é fundamental insistir – é de *trabalho* que se trata.

A interpretação também passa a ser entendida como algo que se constrói a partir do vivido *com* o outro – ou seja, no encontro das subjetividades. Isso se relaciona com o processo contemporâneo de atenuamento da separação analista/analisando, que acompanha a desconstrução de categorias estanques como as que opõem sujeito/objeto, eu/outro, fora/dentro, etc. Desconstrução esta, sabemos, nada alheia à própria Psicanálise, já que em boa parte ela é efeito das teorizações sobre identificação, projeção/introjeção, transferência, etc.

– concepções que trabalharam muito concretamente em prol da dissolução daquelas oposições. Assim, cada vez menos se pensa em analisando-que-associa e analista-que-observa, ou em interpretação *do* analista, e sim em associações do paciente *e* do analista, em interpretações emergentes do *entre,* do *encontro* das subjetividades.

Da atenção a "um paciente que sonhou" ou a "um paciente que brinca", chega-se a uma escuta-que-brinca-e-sonha-e-viaja no desafio de "entregar-se à associação livre do paciente, decompor e recompor palavras e sentidos, escutar sonhando, abandonar e ser abandonado pelas referências, por nossos mestres, pela teoria; sentir-se perdido, sem eira nem beira, mergulhado na estranheza, no silêncio, e daí emergir a interpretação" (Aidar et. al., 2003-04: 152).

Ou emergir a clareza de que não há que interpretar:

> O jogo conduzira Mark a expressar fantasia sem o sentimento de estar sendo tolo. A figura que ele tinha diante de si era inteiramente sua e toda a idéia surgiu inesperadamente, para ele, de seu próprio inconsciente. Minha função aqui era não interpretar. O principal fator terapêutico era que o menino encontrara uma ponte para o mundo interior de uma maneira muito natural. Este desenho era como um sonho, que tinha valor por ter sido sonhado e lembrado. (Winnicott, 1971b: 300)

Trata-se do brincar, do sonhar, assim como da interpretação psicanalítica, colocados, como vemos, totalmente a serviço de uma função – e de um trabalho. Função e trabalho de comunicação, de estabelecimento de pontes com o mundo interior, com o "si-mesmo" e com o outro, nas várias acepções da palavra *outro*: o outro-que-não-eu, certamente... e também o outro-em-mim... Função e trabalho de produzir e de permitir o trânsito, a passagem. Função e trabalho magnificamente sintetizados por Gurfinkel:

> Não há sonho – se o sonhar se fizer verdadeiramente como *experiência* – que não toque a angústia de alguma vertigem; não há sonho que, ao ser lembrado, não desperte uma centelha de descentramento; não há sonho que, ao ser relatado, não surpreenda o sujeito com uma associação inesperada; não há interpretação verdadeira que não quebre a supremacia de um Eu unitário e reconduza o sujeito a alguma experiência do inconsciente e do si-mesmo. (Gurfinkel, 2003/2004: 89)

Função e trabalho *analíticos*, propriamente.

Bibliografia

AIDAR, Maria Aparecida Kfouri; FROCHTENGARTEN, Janete & ULHÔA Cintra, Elisa Maria de. "Da materialidade do psíquico". In: *Percurso Revista de Psicanálise*, ano XVI, n. 31/32, 2003/2004.

BALINT, Michael. (1968) *A falha básica: aspectos terapêuticos da regressão*. Porto Alegre: Artes Médicas Sul, 1993.

BLEICHMAR, Silvia. (2000) *Clínica psicanalítica e neogênese*. São Paulo: Annablume, 2005.

FÉDIDA, Pierre. (1996) "Seminário clínico de Pierre Fedida". In: *Percurso Revista de Psicanálise*, ano XVI, n. 31/32, 2003/2004.

FONSECA, Eliane Accioly. *Corpo-de-Sonho: Arte e Psicanálise*. São Paulo: Annablume, 1998.

FREUD, Sigmund. (1893-95) *Estudos sobre a Histeria*. In: *ESB*, vol. III. Rio de Janeiro: Imago, 1976.

_____. (1916-17). *Conferências Introdutórias sobre Psicanálise - Conferência V*. In: *ESB*, vol. XV. Rio de Janeiro: Imago, 1976.

GURFINKEL, Decio. "Sonhar e viajar: na vertical do estrangeiro". In: *Percurso Revista de Psicanálise*, ano XVI, n. 31/32, 2003/2004.

_____. *Sonho, sono e gesto: estudo das funções intermediárias no processo onírico*. 2004. Tese (doutorado) Instituto de Psicologia da Universidade de São Paulo.

HERRMANN, Fabio. "Interpretação: a invariância do método nas várias teorias e práticas clínicas". In: FIGUEIRA (org.). *Interpretação: sobre o método da psicanálise*. Rio de Janeiro: Imago, 1989.

KHAN, Mohammed Masud Raza. (1969) "Vicissitudes do ser, do conhecer e do experimentar na situação terapêutica". In: *Psicanálise: teoria, técnica e casos clínicos*. Rio de Janeiro: Francisco Alves, 1984.

_____. (1972) "Uso e abuso do sonho na experiência psíquica". In: *Psicanálise: teoria, técnica e casos clínicos*. Rio de Janeiro: Francisco Alves, 1984.

KLEIN, Melanie. (1932) "Fundamentos psicológicos da análise infantil". In: *Psicanálise da Criança*. São Paulo: Mestre Jou, 1975.

LAPLANCHE, Jean & PONTALIS, Jean-Bertrand. (1967) *Vocabulário de Psicanálise*. Lisboa: Moraes, 1976.

LACOMBE, Fábio Penna. "O drama da transferência". In: BIRMAN (org.), *Transferência e interpretação*. Rio de Janeiro: Campus, 1982.

LEITE, Eliana Borges Pereira. "Ressonâncias do objeto. O brincar e o espaço analítico: Fédida, Winnicott e o fort-da". In: *Percurso Revista de Psicanálise*, ano XIX, n. 17, 1996.

RODULFO, Ricardo. (1993) "De vuelta por Winnicott. Para un estudio sobre la inercia de los principios del Psicoanálisis". In: *El psicoanálisis de nuevo*. Buenos Aires: Eudeba, 2004.

_____. (1997) "Psicoanálisis de niños: un regreso al futuro". In: *El psicoanálisis de nuevo*. Buenos Aires: Eudeba, 2004.

_____. "El estudio del juego del niño y el porvenir del psicoanálisis. Un ensayo de deconstrucción". In: *Actualidad Psicológica*, n. 263. Buenos Aires, 1999.

SAFRA, Gilberto. "O trabalho não-verbal na análise de crianças". In: *Espaço Criança Escritos Psicanalíticos*, n. 1, vol. II, São Paulo, 1996.

SCHAFFA, Sandra Lorenzon. "A matéria da interpretação". In: *Percurso Revista de Psicanálise*, ano XVI, n. 31/32, 2003/2004.

VIDERMAN, Serge. (1982) *A Construção do Espaço Analítico.* São Paulo: Escuta, 1990.

WINNICOTT, Donald Woods. (1971a) *O brincar e a realidade*. Trad. José Octávio de Aguiar Abreu e Vanede Nobre. Rio de Janeiro: Imago, 1975.

_____. (1971b) *Consultas terapêuticas em psiquiatria infantil*. Trad. Joseti Marques Xisto Cunha. Rio de Janeiro: Imago, 1984.

Guia de Leitura

Alienação, 112; 161-62;163;166;167.

Ambiente (ver também mãe-ambiente), 109; 140.

Ambiente suficientemente bom, 109.

Ambivalência, 65; 107; 128.

Ameaça de castração (ver também medo da castração; angústia da castração e ansiedade de castração), 63-64; 82; 96.

Análise de psicóticos, 111; 120; 224; 254.

Angústia (ver também ansiedade), 30; 60-61; 66;68-70; 83; 106; 110; 192.

Angústia depressiva, 84.

Angústia de castração (ver também ansiedade de castração; medo dacastração e ameaça da castração), 68; 70-71; 113; 160.

Angústia de vazio, 185-6.

Angústia persecutória, 251.

Ansiedade (ver também angústia), 81-82; 197; 213; 242; 243.

Ansiedade de castração (ver também ameaça de castração; medo da castração e angústia da castração), 81.

Ansiedade impensável, 142.

Ansiedades arcaicas, 80.

Aprender com a experiência, 198.

Área intermediária (ver também área transicional),139-140; 142; 144; 266.

Área transicional (ver também área intermediária), 142; 151.

Arte interpretativa, 65.

Associação livre, 207; 271.

Banda de Moebius, 158; 159.

Castração (ver também simbolização da castração; castração simbólica), 63; 68; 112; 115-116.

Castração simbólica, 94-95; 112; 116.

Cisão (ver também cisão do ego e desintegração), 83; 130; 251; 257.

Cisão do ego (ver também cisão), 251; 257.

Complexo de castração (ver também complexo de Édipo), 63; 68; 94.

Complexo de Édipo, 58; 61; 64-65; 68;70; 72; 84; 110; 112.

Complexo de Édipo negativo, 65; 84.

Complexo de Édipo positivo, 65; 84.

Complexo de Édipo precoce, 80; 108; 246.

Compulsão à repetição, 27; 179; 192.

Comunicação silenciosa, 151.

Concernimento, 109-110.

Condensação, 67; 167.

Constituição do sujeito (ver também constituição psíquica), 21; 111-112; 192.

Constituição psíquica (ver também constituição do sujeito), 110; 119; 227.

Continente-contido, 197.

Continuidade da existência (ver também continuidade do ser), 109; 110; 115.

Continuidade do ser (ver também continuidade da existência), 115; 142-144.

Contratransferência, 135; 197-198; 215-216; 219.

Corpo erógeno, 24; 158; 163.

Culpa, 24; 66; 107; 128; 133; 195; 242; 244; 246.

Demanda, 37; 60; 71; 112; 178; 221.

Demanda de análise, 105; 182.

Demando do Outro, 38.

Demanda materna, 38.

Dependência, 68; 72; 112.

Dependência absoluta, 109; 141; 144; 150.

Dependência relativa, 109; 142; 150.

Deprivação, 150.

Desejo, 24; 41; 60; 61-62; 64-71; 78; 112-116; 117-118; 157; 220; 221; 223.

Desejo materno, 41; 112-114; 157; 184.

Desejo parental; 41; 114.

Desilusão, 142-143.

Desintegração, 251.

Desintegração defensiva, 192.

Deslocamento, 67; 166-167.

Diferenciação entre eu e não eu, 141.

Discurso parental, 41; 113.

Divisão (ver também cisão), 83; 96; 107; 162; 251.

Ego, 28; 36; 89; 104; 107; 119; 157; 158; 179; 212-213; 228-230; 244.

Ego rudimentar, 192; 241.

Elemento alfa (ver também função alfa), 185; 254-255.

Elemento beta (ver também função alfa), 185; 254-255.

Empatia, 141; 151.

Equação simbólica, 133; 245.

Espaço de inclusões recíprocas, 158.

Espaço potencial, 109-110; 130; 142; 144-145; 266-267.

Estádio do espelho, 113; 156; 159.

Eu-prazer originário, 157.

Experiência emocional, 79; 193; 195; 213-214; 242; 247; 255.

Falasser, 162; 166.

Falo, 37; 41; 59; 94; 96; 157.

Falo imaginário, 94; 96.

Falo simbólico, 94; 96.

Falso self, 150.

Fantasia inconsciente, 78-79; 244.

Fantasia originária, 63.

Fase fálica, 59-62; 64; 68-69.

Fase pré-edípica, 61.

Fenômeno transicional, 139.

Fobia, 57-60; 68-70; 80-81; 93.

Função alfa (ver também elemento alfa e elemento beta), 254.

Função paterna, 93-95; 112.

Handling, 141.

Histeria de angústia, 60; 71.

Histeria de conversão, 60.

Holding (sustentação), 109; 141; 183; 269.

Identificação, 61; 65; 94; 156; 159; 179.

Identificação primária, 41; 141; 243.

Identificação projetiva, 131; 133-134; 196-197; 213-215; 249-257.

Ilusão, 21; 110; 113; 140-143; 148.

Imagem de base, 115.

Imagem erógena, 115.

Imagem funcional, 115.

Imagem inconsciente do corpo, 114; 224.

Imaginário, 38-40; 164; 168; 176.

Imagos parentais, 31; 192.

Integração, 192-193; 214; 251-152.

Introjeção, 79; 106; 192-193; 196-197; 208; 246.

Introjeção do objeto bom, 196-197.

Intromissão, 118; 231.

Invariância, 256.

Inveja, 33; 68; 106.

Mãe suficientemente boa, 140; 142; 266.

Mãe-ambiente, 110; 142.

Medo da castração, 64.

Metábola, 118; 185.

Metáfora, 95; 164; 165.

Metonímia, 93, 166-167.

Mundo interno, 129-130; 192-195; 213; 244; 246-250; 252.

Não integração, 108; 266; 268.

Narcisismo, 21; 115.

Narcisismo primário, 36; 114; 157; 163; 179.

Narcisismo secundário, 115; 157.

Narcisismo transvazante, 117.

Neogênese, 119; 227; 265.

Neurose de transferência, 72-73; 104-105; 177; 246; 256.

Neurose infantil, 71-72; 104.

Nome do Pai, 37; 112.

Objeto a, 163.

Objeto idealizado, 83.

Objeto interno, 79; 107; 110; 184; 197.

Objeto interno bom, 83; 193; 197; 251.

Objeto interno mau, 83; 84; 133; 251.

Objeto objetivamente percebido, 142; 144; 151.

Objeto parcial, 253.

Objeto persecutório, 107.

Objeto subjetivo, 141; 144; 151.

Objeto transicional, 34-40; 143.

Objeto total, 107.

Papel do espelho, 110.

Pensar, 198; 253-255.

Persecutoriedade, 133.

Personalização, 109.

Personificação, 129; 248-252.

Perverso polimorfo, 103.

Posição (conceito kleiniano), 31; 107-108; 194.

Posição depressiva, 84; 107-108; 128; 251.

Posição esquizoparanoide, 84; 107; 133; 251-253.

Pré-eu, 36.

Preocupação materna primária, 140.

Primeira possessão não eu, 142-144.

Projeção, 70; 81; 83; 106; 130; 192; 246; 248.

Projeção para dentro do objeto, 196-197.

Provisão ambiental, 141; 150.

Pulsão, 25; 37-38; 60; 62; 69; 78-80; 118-119; 161; 163; 179; 229; 244.

Pulsão de morte, 27; 31; 33; 67; 79-80; 106; 193; 212-213; 242.

Pulsão de vida, 27; 67; 79; 106.

Real (registro do), 38; 92;158;168.

Recalque, 25; 60; 68-70; 177; 227-231.

Recalque originário, 118-119; 227-31.

Regressão, 111; 151.

Relação de objeto, 31; 34; 59; 107.

Reparação, 32; 106-107.

Resistência, 65; 108; 177; 191; 210; 216; 219; 237.

Retroação (Après-coup, Nachträglichkeit), 26; 64; 89.

Revêrie, 131; 183; 184-185; 196-198; 249.

Sadismo, 31; 80; 84; 161; 213; 233; 247.

Sedução generalizada, 117.

Self, 109.

Setting, 34; 111; 130-131; 151; 184; 186; 192-195; 254.

Sexualidade Infantil, 22; 25-26; 57-61; 71-72.

Shifter, 156; 162.

Significação, 36; 64; 66; 90-93; 96; 164; 210; 225; 228; 229; 261; 265; 269.

Significância, 90-93.

Significante, 90-93; 112; 116; 156; 162-166.

Significantes enigmáticos, 113; 117-118.

Signo, 156; 160-164; 230; 244.

Simbólico, 78; 89-94; 113; 130; 143; 209; 245; 249.

Simbólico (como registro), 38; 89-92; 113; 158-160; 168; 224.

Símbolo, 94; 109; 128-129; 139; 143-144; 156; 165; 178; 207; 243-252; 264.

Simbolização, 36; 94;116; 128-134; 160; 185-186; 193; 212; 220; 226-227; 235-236; 264.

Simbolização da castração, 93-95.

Simbolizações de transição, 119; 185.

Sonho de angústia, 83; 167.

Sublimação, 230; 243-244.

Superego, 24; 31; 79; 104-105; 108-109.

Superego precoce (primitivo, arcaico), 31; 80-81; 108-109; 128-129; 246-249.

Topologia, 158.

Transformação em alucinose, 256.

Transformação em direção a O, 256.

Tranformação em movimento rígido, 256.

Tranformação projetiva, 256.

Transformação no contrário, 161.

Transicionalidade, 109-110; 148-149.

Trauma (traumático, traumatismo), 26-27; 41; 63-69; 72; 114; 117-118; 130; 142; 179; 184-185; 230; 235-237.

Uso do objeto, 34; 111.

Volta sobre a própria pessoa, 119.

Zonas erógenas, 36; 38; 59-60; 103; 224; 243.

Sobre os autores

Ada Morgenstern. Psicanalista. Formada em psicologia e mestre em Psicologia Social pelo Instituto de Psicologia da USP. Coordenadora e membro do setor de eventos do departamento de Psicanálise da Criança do Instituto Sedes Sapientiae. Professora e supervisora do curso de formação em Psicanálise da Criança do Instituto Sedes Sapientiae e na Clínica Dimensão (Goiânia). Participa do grupo de pesquisa sobre Gemelaridade e Reprodução Assistida do Departamento de Psicanálise da Criança – Instituto Sedes Sapientiae/SP. Autora de *Perseu, Medusa e Camille Claudel: sobre a experiência de captura estética* (Atelier, 2009). Artista plástica e coautora do livro *Mais Além do Sonhar*.
ada.morgenstern@gmail.com

Adela Stoppel de Gueller. Psicanalista. Formada em Psicologia pela Universidade de Buenos Aires. Mestre e doutora em Psicologia Clínica pela PUC-SP. Autora de *Vestígios do tempo: paradoxos da atemporalidade no pensamento freudiano,* (Arte & Ciência, 2005). Organizadora do livro *Psicanálise com crianças na contemporaneidade: extensões da clínica* (Dimensão, 2007). Coautora de *Atendimento psicanalítico de crianças* (Zagodoni, 2011). Professora do curso de especialização em Teoria Psicanalítica da COGEAE-PUC/SP. Professora e supervisora do curso de Psicanálise da Criança do Instituto Sedes Sapientiae e na Clínica Dimensão (Goiânia). Membro do departamento de Psicanálise da Criança do Instituto Sedes Sapientiae e da Associação Universitária de Pesquisa em Psicopatologia Fundamental. Participa do grupo de pesquisa sobre Gemelaridade e Reprodução Assistida do Departamento de Psicanálise da Criança – Instituto Sedes Sapientiae/SP. Integra a equipe Clínica Interdisciplinar Prof. Dr. Mauro Spinelli.
adelastoppel@terra.com.br

Afrânio de Matos Ferreira. Psicólogo, psicanalista, professor supervisor e membro do departamento de Psicanálise da Criança do Instituto Sedes Sapientiae, onde coordenou o curso de formação e o departamento. Coordena o curso de Aperfeiçoamento *Winnicott: Experiência e Pensamento* e o Espaço Potencial Winnicott, em São Paulo. Coordena o Curso *Winnicott* em Brasília. Participa da comissão científica da Revista psicanalítica *Rabisco*. Autor de escritos psicanalíticos em livros e revistas especializadas.
afraniodematos@uol.com.br

Audrey Setton Lopes de Souza. Psicanalista, professora doutora do Instituto de Psicologia da Universidade de São Paulo (IPUSP), onde atua como professora, pesquisadora e orientadora de graduação, mestrado e doutorado. Membro da Sociedade Brasileira de Psicanálise de São Paulo. Membro do departamento de Psicanálise da Criança do Instituto Sedes Sapientiae, no qual atua como professora do curso de formação em Psicanálise da Criança e do curso de Introdução à Intervenção Precoce na Relação Pais-Bebê. É professora do curso de Psicanálise da Criança na Clínica Dimensão, em Goiânia; e do curso de especialização

em Psicopatologia e Saúde Pública (USP). Autora do livro *Pensando a Inibição Intelectual* e de escritos psicanalíticos em livros e revistas especializadas.
asetton@uol.com.br

Bernardo Tanis. Psicanalista. Formado em Psicologia pela USP, mestre e doutor em Psicologia Clínica pela PUC-SP. Membro efetivo da Sociedade Brasileira de Psicanálise de São Paulo. Docente do Instituto de Psicanálise Durval Marcondes da SBPSP. Editor da Revista Brasileira de Psicanálise – publicação oficial da Federação Brasileira de Psicanálise (Febrapsi). Membro dos Departamentos de Psicanálise e Psicanálise da Criança do Instituto Sedes Sapientiae. Docente e supervisor do curso de formação em Psicanálise da Criança. Foi professor do curso de especialização em Teoria Psicanalítica da COGEAE-PUC/SP. Ministrou palestras, seminários teóricos e supervisões nos campos de Psicanálise, Psicanálise com crianças e Saúde mental em vários estados do Brasil e Congressos no Brasil e no exterior. Ex-diretor de Comunidade e Cultura da Federação Psicanalítica Latino Americana (FEPAL). Autor de artigos psicanalíticos publicados em revistas especializadas e dos livros: *Memória e temporalidade sobre o infantil em psicanálise* e, *Circuitos da solidão: entre a clínica e a cultura*, e organizador de *Psicanálise nas Tramas da Cidade*, publicados pela Casa do Psicólogo, São Paulo.
tanis@uol.com.br

Elsa Vera Kunze Post Susemihl. Psicanalista, psicóloga pela USP, especialista em Psicologia Clínica pelo CRP. Membro e docente do Departamento de Psicanálise da Criança do Instituto Sedes Sapientiae, Membro efetivo da Sociedade Brasileira de Psicanálise de São Paulo, docente do Instituto Durval Marcondes da SBPSP. Professora e supervisora do curso de especialização em Psicanálise da Criança e dos cursos de extensão: "Clínica psicanalítica com crianças: a configuração de um campo" e "Leituras psicanalíticas do brincar", e dos cursos de departamento "Introdução às ideias de Bion" e "De Bion a Ferro: transformações em psicanálise da criança", todos do Departamento de Psicanálise da Criança do Instituto Sedes Sapientiae. Professora do curso de Psicanálise da Criança na Clínica Dimensão, em Goiânia. Trabalhos científicos publicados em revistas especializadas nacionais (*Revista Brasileira de Psicanálise* e *Jornal de Psicanálise*) e internacionais. Trabalho clínico com crianças, adolescentes e adultos, grupos de estudo e supervisão em consultório. Tradutora da equipe da *Nova Tradução das Obras Psicológicas de S. Freud* da Imago Editora.
esusemihl@gmail.com

Lia Pitliuk. Psicanalista, membro dos departamentos de Psicanálise e de Psicanálise da Criança, ambos do Instituto Sedes Sapientiae. Professora do curso de formação em Psicanálise da Criança e do curso Leituras psicanalíticas do brincar, do departamento de Psicanálise da Criança. Ministrou cursos de formação, seminários e supervisões no Centro de Estudos Psicanalíticos de Barretos, no Núcleo Psicanalítico de Taubaté, na Universidade Estadual de Londrina, na Clínica Dimensão de Goiânia, no Curso de Especialização em Sexualidade Humana da Unicamp, no Centro de Estudos de Sexualidade Humana do Instituto H. Ellis, no Centro de Estudos Psicanalíticos de São Paulo. Autora de escritos psicanalíticos em livros e revistas especializadas.
lia.internet@gmail.com

Magaly Miranda Marconato Callia. Psicanalista, membro filiado da Sociedade Brasileira de Psicanálise de São Paulo. Membro do departamento de Psicanálise da Criança no Instituto Sedes Sapientiae, professora do curso de formação em Psicanálise da Criança e dos cursos: Introdução à intervenção precoce na relação pais-bebê e Winnicott Experiência e Pensamento. Aluna associada na Tavistock Clinic, em 1981, e no Child and Family Department, no curso Child Psychotherapy, em 1986. Mestre em Psicologia Social pela London School of Economics and Political Science (LSE) – University of London. Autora de escritos psicanalíticos em livros e revistas especializadas.
magaly.mm@uol.com.br

Marcia Porto Ferreira. Psicanalista, mestre em Psicologia Clínica pela PUC-SP. Professora e supervisora do curso de formação em Psicanálise da Criança do Instituto Sedes Sapientiae. Coordenadora do Grupo Acesso Estudos, Intervenções e Pesquisa sobre Adoção da Clínica Psicológica do Instituto Sedes Sapientiae. Cocoordenadora do grupo de pesquisa Ciranda – Perspectivas teórico-clínicas na psicanálise com crianças, do Departamento de Psicanálise da Criança do Instituto Sedes Sapientiae/SP. Autora do livro *Transtornos da excreção – enurese encoprese* (Casa do Psicólogo, 2005) e do artigo "A Criança, o psicanalista e a clínica institucional" in *Psicanálise com crianças na contemporaneidade: extensões da clínica* (Dimensão, 2007), entre outros.
mrpf@sti.com.br

Maria Dias Soares. Psicanalista. Formada em Psicologia pela PUC-RJ, com especialização em atendimento a adolescente pelo Instituto de Psiquiatria da UFRJ. Especialista em Psicologia Clínica pelo CRP. Professora e supervisora do curso de formação em Psicanálise da Criança do Instituto Sedes Sapientiae. Membro do departamento de Psicanálise da Criança do Instituto Sedes Sapientiae, do qual é coordenadora atualmente. Trabalho clínico com crianças, adolescentes, adultos e supervisão em consultório.
md.soares@terra.com.br

Maria do Carmo Vidigal Meyer Dittmar. Psicanalista. Formada em Psicologia pela PUC-SP. Especialista em Psicologia Clínica e Hospitalar pelo CRP. Membro dos Departamentos de Psicanálise e de Psicanálise da Criança do Instituto Sedes Sapientiae. Professora e supervisora do curso de formação em Psicanálise da Criança do Instituto Sedes Sapientiae. Cocoordenadora do grupo de pesquisa Ciranda – Perspectivas teórico-clínicas na psicanálise com crianças, do Departamento de Psicanálise da Criança do Instituto Sedes Sapientiae/SP. Foi psicóloga, técnica de ensino e pesquisa, dos CSE da Associação Hospital de Cotia e Geraldo de Paula Souza, F. S. P. da Universidade de São Paulo (1987-1999), coordenadora do setor de eventos do Departamento de Psicanálise da Criança, supervisora de equipes de saúde mental por meio de convênio do Departamento de Psicanálise do Instituto Sedes Sapientiae com a Prefeitura de São Paulo e Orientadora da Escola Vera Cruz. Organizadora do livro *Psicanálise com crianças na contemporaneidade: extensões da clínica* (Dimensão, 2007).
lilavidigal@terra.com.br

Maria José Porto Bugni. Psicanalista. Psicóloga formada pela USP, especialista em Psicologia Clínica e Hospitalar (CRP). Psicóloga clínica do Serviço de Atendimento Psicológico do Instituto de Psicologia, do COSEAS e do HU da Universidade São Paulo, de 1983 a 1999. Professora e supervisora do curso de formação em Psicanálise da Criança do Insituto Sedes Sapientiae e da Clínica Dimensão de Goiânia. Membro do Departamento de Psicanálise da Criança do Instituto Sedes Sapientiae.
cbugni@uol.com.br

Mary Ono. Psicanalista. Psicóloga formada pela USP, especialista em Psicologia Clínica (CRP). Membro do departamento de Psicanálise da Criança do Instituto Sedes Sapientiae. Professora e supervisora do curso de formação em Psicanálise da Criança e do curso Clínica psicanalítica com crianças: a configuração de um campo, do Instituto Sedes Sapientiae. Professora e supervisora do curso Psicanálise da Criança da Clínica Dimensão, de Goiânia. Foi supervisora e coordenadora do convênio do departamento de Psicanálise do Instituto Sedes Sapientiae – Coordenadoria de Saúde Mental da Secretaria de Saúde do Estado de São Paulo.
onomay@hotmail.com

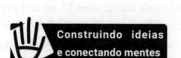

Este livro foi composto com tipografia Adobe Garamond Pro e impresso em
papel Off Set LD 75g na Promove Artes Gráfica em maio de 2022.